编委会

唐青林（中国人民大学民商法学硕士）
李　舒（华中科技大学法学硕士）
牛国梁（黑龙江大学法学博士）
贾　华（中国人民大学民商法学硕士）
李佳聪（北京外国语大学法学硕士）
陆　洋（中国政法大学国际经济法硕士）
王冠如（北京外国语大学法学硕士）
于传远（中国政法大学法学硕士）
杨　巍（中国政法大学法律硕士）

云亭法律实务书系

判决书中的合同法

最高人民法院经典案例评析及合同法律实务指南

唐青林　李　舒　　主　编
牛国梁　李佳聪　　副主编

第 2 版

中国法治出版社
CHINA LEGAL PUBLISHING HOUSE

再版前言

本书自 2020 年出版以来，一晃已五年。伴随着 2021 年《民法典》①的正式出台，《合同法》变为"合同编"，有关制度也随着立法改变而发生变化。

2023 年最高人民法院办公厅发布法办〔2023〕551 号文件，宣布正式开通的人民法院案例库。根据最高人民法院 2024 年 5 月 8 日正式施行的《人民法院案例库建设运行工作规程》第三条第一款规定："人民法院案例库收录最高人民法院发布的指导性案例和经最高人民法院审核入库的参考案例，供各级人民法院和社会公众查询、使用、学习、研究。"第四条第一款规定："人民法院案例库收录的参考案例，应当是裁判已经发生法律效力，且对类案审判具有参考示范价值的案例。"因此，我们决定以人民法院案例库中的案例为主体，对本书进行再版修订，以期更好地服务于广大读者，满足日益增长的合同实务经验需求。

本次修订检视了裁判规则在《民法典》背景下的适用性，删除了第 1 版中裁判规则过时或者发生频率较低的 13 篇案例，以人民法院案例库中具有代表性的案例分别替换了 5 篇案例、在删除的基础上新增了 12 篇案例，对第 1 版中未能得到讨论的若干问题加以阐述。

本书的研究将延续第 1 版的形式，围绕阅读提示、裁判要旨、案情介绍、实务要点总结、相关法律规定与法院判决展开，以保证为读者呈现一个更加全面、立体的法律案例与制度解析体系。

由于学识和能力有限，书中尚存在诸多不足之处，内容难免存在纰漏，真诚希望得到读者的批评、指正，也欢迎读者就本书中的有关问题与我们进行探讨，我们的邮箱是 18601900636@163.com。

唐青林　李舒

---

① 为行文方便，本书引用的冠以"中华人民共和国"的法律、行政法规等，统一略去"中华人民共和国"字样。

目 录
Contents

第一章　合同的识别

001　招商引资协议纠纷应提起民事诉讼还是行政诉讼 / 1

第二章　合同的订立

002　只有转账记录，无合同或借条，可否认定借款关系 / 8
003　意向书有没有法律约束力 / 14
004　国有土地使用权出让公告属于要约还是要约邀请 / 18
005　缔约过失责任下的信赖利益损失应如何判断 / 23
006　个人印章签署的合同是否有效？应由谁来证明印章真假 / 26
007　将空白合同交给对方，视为对合同内容的无限授权 / 30
008　约定签章后合同生效的，是否必须当事人签字且盖章该合同才生效 / 32
009　格式条款提供方如何尽对免责条款的合理提示及说明义务 / 36
010　违反报批义务致使合同不能生效，应否承担缔约过失责任 / 40
011　缔约过失的赔偿范围是否包含可得利益损失 / 46

第三章　合同的效力

012　不正当阻止合同约定的生效条件成就，视为合同已生效 / 57
013　合同约定义务可否成为民事法律行为所附条件 / 59
014　银行主管在资金监管承诺上签字，银行是否需要承担责任 / 62
015　无权代理中相对人能否撤销合同 / 68
016　主张构成表见代理的应由谁承担举证责任 / 74

017　法定代表行为的认定规则及对外效力 / 79
018　恶意串通的认定规则与证明标准 / 84
019　以物抵债协议与流质契约的本质区别 / 88
020　债务清偿期届满前达成以物抵债协议是否有效 / 92
021　债务清偿期届满后达成的以物抵债协议是否有效 / 95
022　人民法院不能以地方性法规、行政规章作为确认合同无效的依据 / 101
023　在自然保护区内签订的矿产资源开采合同是否有效 / 108
024　当事人实施犯罪行为签订的合同并不当然无效 / 111
025　以假债权骗取银行保理融资，能否被认定为真债权 / 114
026　损害国企利益的合同是否有效 / 117
027　企业经常放贷所订立的借款合同无效 / 121
028　违规低于评估价转让国有资产是否因损害国家利益而无效 / 131
029　未按抵押合同约定办理抵押登记，是否应承担责任 / 137
030　划拨土地上房屋未经审批能否转让 / 145
031　签订阴阳合同偷逃税款甚至构成逃税罪的合同是否有效 / 154
032　应收账款确认函涉嫌犯罪事实，债权质押合同是否成立 / 157
033　如何识别效力性强制性规定与管理性强制性规定 / 161
034　委托管理协议真实目的系操纵股票价格应认定协议无效 / 166
035　国有农场土地未经批准，流转合同是否有效 / 171
036　冒用他人名义签订的合同是否有效？相关行为是否构成合同诈骗罪 / 180
037　转让已被查封房地产的买卖合同是否有效 / 185
038　倒签日期的合同是否有效 / 188
039　以冲击、拉闸停电相威胁，所签合同可否撤销 / 191
040　以价值1.4亿元的玉石抵销450万元债款，是否构成显失公平，能否撤销合同 / 196
041　冒充国家机关领导干部签订的合同能否撤销 / 201

第四章　合同的履行

042　第三人代为履行债务应以债务人和债权人在合同中明确约定为前提 / 206
043　如何区分债务转移与第三人代为履行 / 209
044　先履行合同一方违约在先，后履行一方是否需承担违约责任 / 213
045　不安抗辩权与先履行抗辩权冲突时如何处理 / 217

046 合同一方当事人不得以案外人违约为由主张行使不安抗辩权 / 220

047 卖方未开发票，买方能否拒绝付款 / 223

048 债权人可否直接受领通过代位权诉讼取得的财产 / 228

049 债务人怠于主张非到期债权的，债权人能否行使代位权 / 233

050 债权人行使撤销权，其客观要件的判断标准及举证责任如何规定 / 238

051 债务人低价转让股权满足哪些条件可被债权人撤销 / 243

052 股权转让和股权让与担保的区分原则 / 247

第五章 合同的变更和转让

053 债权转让可否以登报的形式通知债务人 / 254

054 债权转让未通知债务人，受让人能否直接起诉 / 258

055 如何区分一般保证与债务加入 / 261

056 债务加入人履行债务后，能否向原债务人的保证人追偿 / 264

第六章 合同的权利义务终止

057 合同解除后，违约方是否有权请求对方支付资金占用的利息损失 / 268

058 违反合同约定转租、改变房屋用途是否构成根本违约，违约方能否解除合同 / 272

059 在合同中明确约定合同目的是否必要 / 276

060 合同解除后违约金条款是否继续有效 / 281

061 合同解除后是否需恢复至签约前的状态 / 284

062 合同双方约定"永不反悔"，能否解除合同 / 288

063 以预期违约为由解除合同需要具备哪些前提条件 / 292

064 合同解除后能否请求赔偿可得利益 / 296

065 诉讼中被告应以抗辩方式还是反诉方式主张抵销债务 / 300

066 债务人无力全部清偿数笔债务时按照什么顺序清偿 / 305

067 债权人向连带债务人主张权利是否放弃了对其他连带债务人的债权 / 309

第七章 违约责任

068 政府规划调整、政策变化导致违约应向对方当事人承担违约责任 / 312

069 判定违约责任应考虑合同约定、违约程度、可得利益损失等因素 / 321

- **070** 守约方要求继续履行但合同不适合强制履行的，应予解除 / 330
- **071** 项目将来的盈利（预期经营利润）是否属于违约赔偿范围 / 333
- **072** 守约方的可得利益损失如何计算 / 336
- **073** 金融借款合同约定的利息、罚息、复利及违约金等超过年利率24%的，应如何处理 / 342
- **074** 逾期付款，违约金依法应按什么标准计算 / 345
- **075** 主张违约金过高要求调减，由谁承担举证责任 / 349
- **076** 违约金与损害赔偿能否同时主张 / 355
- **077** 国务院规定的土地出让合同逾期支付违约金年36.5%是否过高，可否调整 / 359
- **078** 合同没有约定违约金的，可否主张逾期付款违约金 / 362
- **079** 合同约定违约金有何益处？法院能否对约定违约金进行调整 / 365
- **080** 定金罚则不足以弥补守约方损失的，可否要求赔偿超出部分的损失 / 369
- **081** 不可抗力的具体认定标准 / 376
- **082** 合同以外第三人致使债权不能实现时，可否向第三人请求承担责任 / 380
- **083** 抵押权未经登记，债权人能否以抵押合同主张违约责任 / 383
- **084** 因政策调整导致合同因目的不能实现而解除合同，是否应承担违约责任 / 388
- **085** 逾期付款违约金应计算至何时 / 393
- **086** 承包人向执行法院主张优先受偿权能否成立 / 397

第八章　合同的解释

- **087** 当事人对同一内容达成多份协议时，以哪份协议为准 / 400
- **088** 名为合作开发实为土地使用权转让合同的特殊法律效果 / 404
- **089** 融资租赁与借贷的本质区别是什么 / 408

第九章　其他合同

- **090** 预约合同不得强制订立本约合同 / 414
- **091** 预约合同的损害赔偿范围以信赖利益为限 / 418
- **092** 主张律师未解决问题拒付千万元律师费被判败诉 / 422
- **093** 提供拿地居间服务是否有效？仅完成部分义务时如何确定居间报酬 / 425

第十章　合同的诉讼

- **094** 法院判决发生错误裁判时能否申请国家赔偿 / 428

095 借贷案件审理中,法院未依申请调取银行流水是否程序违法 / 431
096 刑事案件正在追赃期间能否提起民事诉讼,如何民事执行 / 435
097 刑事追赃未获足额救济时能否通过民事诉讼寻求救济 / 439
098 信访能否中断民事诉讼时效并延长起诉期限 / 442
099 民事案件与刑事案件非基于同一事实的,人民法院对相应民事案件应予受理 / 444
100 如何判断民刑交叉案件是否构成"同一事实" / 447

第一章　合同的识别

001 招商引资协议纠纷应提起民事诉讼还是行政诉讼[*]

> **阅读提示**：招商引资协议系行政机关与投资企业签订的协议，旨在引进投资，发展地方经济。招商引资协议属于行政协议还是民事协议？发生纠纷后当事人到底该提起民事诉讼还是行政诉讼？在本案例中，最高人民法院认为：在民事权利义务和行政权利义务交织的招商引资协议纠纷中，当事人享有诉讼类型的选择权。

裁判要旨

行政协议一般包括以下要素：一是协议一方当事人必须是行政主体；二是该行政主体行使的是行政职权；三是协议目的是实现社会公共利益或者行政管理目标；四是协议的主要内容约定的是行政法上的权利义务关系。本案招商引资协议内容除包括相关民事权利义务约定，还包括大量难以与协议相分离的行政权利义务约定，依法属于行政协议范畴。

由于行政管理的复杂性以及双方当事人协议约定内容的多样性，判断一项协议是属于行政协议还是属于民事协议，不能仅看其名称，也不能仅依据其中的少数或者个别条文来判定，而应当结合以上要素和协议的主要内容综合判断。就本案的招商引资协议而言：协议的一方当事人海某工业园管委会是行政机关；海某工业园管委会在协议中处分的虽有民事机关法人的职权，但如有关土地出让金价格的确定、二期项目开发用地的预留、配套平整土地、给予政策补贴、帮助减免相应税费、对开发、利用土地及未来改变土地用途时的同意并逐级上报审批、对香港斯某尔实业

---

[*] 案件来源：香港斯某尔实业（集团）有限公司、泰某市人民政府经贸行政管理（内贸、外贸）再审行政裁定书，最高人民法院（2017）最高法行再99号。

(集团)有限公司(以下简称斯某尔公司)可能存在的违法用地行为的监督管理和行政处罚等约定,主要是行政职权;协议的如约履行,将相应提高当地经济生产总量,提高政府财税收入,部分解决就业问题,有助于对外开放、经济技术发展和产业结构调整,有利于地方的长远发展,显然是为了促进社会公共利益;协议的主要内容包括政策补贴、税费减免奖励、配套人才住宅、高管人才子女就学等,约定的是行政法上的权利义务。

招商引资协议中有关民事权利义务的约定与行政权利义务的约定互相交织、难以完全分离,原告在诉讼请求、诉讼类型及诉讼标的等问题上依法具有选择权,有权就招商引资协议的全部或部分内容提起诉讼。斯某尔公司在一审诉讼期间或者根据一审法院的指引,可选择通过民事诉讼解决本案纠纷,但鉴于斯某尔公司出于诉讼管辖等方面的考虑,坚持选择行政诉讼程序寻求救济,则应同样予以尊重,并作为行政案件立案和审理。

案情介绍

1. 海某工业园管委会、斯某尔公司先后于2013年9月、12月签订《海某工业园区工业项目招商合同书》《补充协议书》(以下统称招商引资协议)。斯某尔公司于2014年12月1日完成土地摘牌,以新注册的森某尔机器人有限公司作为受让人,与泰某市国土资源局签订《国有建设用地使用权出让合同》。

2. 斯某尔公司认为泰某市政府、海某区政府、海某工业园管委会未依照招商引资协议的约定履行义务,遂于2015年5月向泰某市中院提起行政诉讼,请求判令:泰某市政府、海某区政府、海某工业园管委会立即履行招商引资协议;海某工业园管委会支付土地差价款1625万元,并承担相应的违约责任。泰某市中院认为,招商引资协议仅系形成借款与赠与的民事法律关系,而不具有行政法上的权利义务内容,故裁定驳回斯某尔公司的起诉。

3. 斯某尔公司不服,上诉至江苏省高院。江苏省高院裁定驳回上诉,维持泰某市中院裁定。

4. 斯某尔公司仍不服,向最高人民法院申请再审。最高人民法院裁定指令泰某市中院继续审理本案。

实务要点总结

既然最高人民法院认为在招商引资协议中民事权利义务的约定与行政权利义务

的约定难以完全分离的情形下，当事人对诉讼类型享有选择权，那么建议在该种情形下提起行政诉讼。当然，从效率优先的角度，如果提起行政诉讼被驳回，可直接提起民事诉讼，避免冗长的诉讼过程。

相关法律规定

《中华人民共和国行政诉讼法》（2017年修正）

第十二条　人民法院受理公民、法人或者其他组织提起的下列诉讼：

（一）对行政拘留、暂扣或者吊销许可证和执照、责令停产停业、没收违法所得、没收非法财物、罚款、警告等行政处罚不服的；

（二）对限制人身自由或者对财产的查封、扣押、冻结等行政强制措施和行政强制执行不服的；

（三）申请行政许可，行政机关拒绝或者在法定期限内不予答复，或者对行政机关作出的有关行政许可的其他决定不服的；

（四）对行政机关作出的关于确认土地、矿藏、水流、森林、山岭、草原、荒地、滩涂、海域等自然资源的所有权或者使用权的决定不服的；

（五）对征收、征用决定及其补偿决定不服的；

（六）申请行政机关履行保护人身权、财产权等合法权益的法定职责，行政机关拒绝履行或者不予答复的；

（七）认为行政机关侵犯其经营自主权或者农村土地承包经营权、农村土地经营权的；

（八）认为行政机关滥用行政权力排除或者限制竞争的；

（九）认为行政机关违法集资、摊派费用或者违法要求履行其他义务的；

（十）认为行政机关没有依法支付抚恤金、最低生活保障待遇或者社会保险待遇的；

（十一）认为行政机关不依法履行、未按照约定履行或者违法变更、解除政府特许经营协议、土地房屋征收补偿协议等协议的；

（十二）认为行政机关侵犯其他人身权、财产权等合法权益的。

除前款规定外，人民法院受理法律、法规规定可以提起诉讼的其他行政案件。

法院判决

以下为该案在法院审理阶段，裁定书中"本院认为"就该问题的论述。

一、关于本案招商引资协议是否为行政协议的问题

协议是经过谈判、协商而制定的当事各方共同承认、共同遵守的文件。利用协议来约定权利义务是各种社会主体普遍采用的手段。平等的民事主体间签订的协议，属民事协议；引发的纠纷，按照民事救济程序解决。随着行政管理方式的多样化和行政管理理念从高权命令向协商、合作的转变，行政机关在法律规定的职权范围内，通过协商一致的方式约定其与行政管理相对人之间的权利义务关系，此种协议也被统称为行政协议（行政契约、行政合同）；由此引发的纠纷，一般通过行政救济程序解决。《行政诉讼法》第十二条第一款规定："人民法院受理公民、法人或者其他组织提起的下列诉讼：……（十一）认为行政机关不依法履行、未按照约定履行或者违法变更、解除政府特许经营协议、土地房屋征收补偿协议等协议的……"《最高人民法院关于适用〈中华人民共和国行政诉讼法〉若干问题的解释》第十一条第一款规定："行政机关为实现公共利益或者行政管理目标，在法定职责范围内，与公民、法人或者其他组织协商订立的具有行政法上权利义务内容的协议，属于行政诉讼法第十二条第一款第十一项规定的行政协议。"因此，行政协议一般包括以下要素：一是协议有一方当事人必须是行政主体；二是该行政主体行使的是行政职权；三是协议目的是实现社会公共利益或者行政管理目标；四是协议的主要内容约定的是行政法上的权利义务关系。由于行政管理的复杂性以及双方当事人协议约定内容的多样性，判断一项协议是属于行政协议还是属于民事协议，不能仅看其名称，也不能仅依据其中的少数或者个别条文来判定，而应当结合以上要素和协议的主要内容综合判断。

对本案的招商引资协议而言：

（一）协议的一方当事人海某工业园管委会是行政机关。海某工业园管委会是经江苏省人民政府批准设立，作为海某区政府派出机构，对开发区实行统一领导和管理的行政机构；协议权利义务的最终承担者系海某区政府，因此具备协议订立一方必须是行政主体的形式特征。

（二）海某工业园管委会在协议中处分的虽有民事机关法人的职权但主要是行政职权。根据《江苏省经济技术开发区管理条例》第八条、第九条的规定，以及《江苏省政府关于同意设立南京栖霞经济开发区等34家省级开发区的批复》（苏政复〔2006〕35号），海某工业园管委会属于海某区政府派出机构，具有"制定开发区的总体规划和发展计划，按规定负责审批或者审核开发区内的投资建设项目，负责开发区内的基础公用设施的建设和管理，对市属各有关部门设在开发区内的分支机构的工作进行监督和协调，依法行使海某区政府授予的其他职权，代表海某区政

府对开发区实行统一领导和管理"等法定职责。招商引资协议约定海某工业园管委会行使的职权和义务，如有关土地出让金价格的确定、二期项目开发用地的预留、配套平整土地、给予政策补贴、帮助减免相应税费、对开发、利用土地及未来改变土地用途时的同意并逐级上报审批、对斯某尔公司可能存在的违法用地行为的监督管理和行政处罚等，均属《江苏省经济技术开发区管理条例》规定以及海某区政府所授予的行政管理职权。

（三）协议的目的是实现公共利益。《江苏省经济技术开发区管理条例》第三条第二款规定："开发区旨在发展对外经济技术合作，引进外资、先进技术、先进设备、人才和科学管理方式，以兴办外商投资、出口创汇、高新技术项目为主，相应发展第三产业，加强与省内外的经济技术合作，促进对外开放和经济技术的发展。"招商引资协议正是为了实现上述目的，为了实现公共利益需要而签订。协议约定，斯某尔公司将主要从事智能电脑针织机械的生产、制造和销售业务，企业总投资5000万美元，注册资本3000万美元；斯某尔公司将从当地学校招录职业技工300名，解决部分就业问题；条件成熟时，斯某尔公司还将二期项目扩产，海某工业园管委会同时预留100亩土地用于保障投资。协议的如约履行，将相应提高当地经济生产总量，提高政府财税收入，部分解决就业问题，有助于对外开放、经济技术发展和产业结构调整，有利于地方的长远发展。这些显然是为了促进社会公共利益，而非海某工业园管委会以及海某区政府自身的法人利益。

（四）协议的主要内容约定的是行政法上的权利义务。协议虽有海某工业园管委会借款给斯某尔公司，支付国有建设用地使用权招拍挂成交价与5万元/亩基数差额部分的约定，但协议的主要内容仍然为行政法上的权利义务。协议约定，斯某尔公司负担保证所使用土地为拟申报项目的工业用地性质，不擅自改变土地用途，如需改变土地使用用途，应征得海某工业园管委会同意并报上级有权部门批准，重新签订土地使用权出让合同，调整土地使用权出让金并办理登记等义务；海某工业园管委会则相应负担对斯某尔公司申请变更土地使用用途进行审核上报的义务；协议还约定，斯某尔公司待协议生效后，负担及时申请外资企业工商注册登记，办理计划、测量、规划、国土、建设、交通、消防、财政、人防、质监等相关行政审批、缴纳相关配套费用的义务；海某工业园管委会则相应负担协助斯某尔公司办理完成其申请的行政审批和登记手续，争取政策补贴，帮助减免建设规费等义务；协议并约定，斯某尔公司需服从海某工业园管委会及当地政府管理，及时向海某工业园管委会主管税务机关纳税，以及以土地摘牌之日后24个月为起始时间，连续三年企业入库税收分别达到人民币10万元/亩、15万元/亩时，申请相应税费减免奖励等；海某工业园管委会则需对斯某尔公司依法纳税进行监管，积极争取和利用有关招商引资政策，针对斯某尔公司投产后五年内所缴纳国税、地税、基金等税费，视情形对斯某尔公司进行奖励，以及在斯某尔公司设立新企业注册后一个月内配套安排25套住宅房屋，用于斯某尔公司引进高管人才，并帮助解决相关高管人才子女就学问题，帮助协调泰州地区有关职业技术学校与斯某尔公司签订就业安置协议等。这些权利义务虽有部分民事权利义务性质，但更多约定涉及地方政府不同职能部门的行政职权，分别受多部行政法律规范调整，具有明显的行政法上的权利义务特征。而事实上，此类约定也系海某工业园管委会代表海某区政府进行的行政允诺。

总之，本案招商引资协议一方为行政主体，协议目的符合公共利益需要，海某工业园管委会行使的主要是《江苏省经济技术开发区管理条例》规定的行政职权，协议内容除包括相关民事权利义务约定，还包括大量难以与协议相分离的行政权利义务约定，依法属于《最高人民法院关于适用〈中华人民共和国行政诉讼法〉若干问题的解释》第十一条第一款规定的行政协议范畴。一审法院仅以双方约定的部分内容，即认定招商引资协议仅系形成借款与赠与的民事法律关系，而不具有行政法上的权利义务内容，属于认定事实错误。

二、关于本案纠纷解决应当适用民事诉讼程序还是行政诉讼程序的问题

我国实行国家统一的法院制度，不存在普通法院与行政法院的管辖区分，人民法院内部仅系分庭管理，民事和行政审判庭也非以自己名义独立对外行使审判权，而是统一以人民法院名义行使审判权。因而，民事协议与行政协议、民事诉讼与行政诉讼，一般仅具有法理分工和管辖指引功能。审理行政协议案件既要适用行政法律规范，也要适用不违反行政法和行政诉讼法强制性规定的民事法律规范。实践中，民事协议可能交由行政审判庭审理，行政协议也可能交由民事审判庭审理。区分民事协议与行政协议、民事诉讼与行政诉讼，更多应考虑审判的便利性、纠纷解决的有效性、裁判结果的权威性以及上下级法院间裁判标准的一致性，也应考虑何种诉讼更有利于对行政权力的监督和公共利益的维护。

本案协议有关民事权利义务的约定与行政权利义务的约定互相交织、难以完全分离。海某工业园管委会代表海某区政府所作的权利义务的约定，涉及多个行政管理领域，多项行政管理职能，人民法院对此类约定的合法性、有效性进行审查，既要考虑是否确属当事人之间真实自愿和协商一致，还应考虑行政管理领域的具体法律规定，约定对地方政府及其职能部门的约束力，以及合同的相对性原则的适用等。与民事诉讼程序相比，行政诉讼程序更有利于全面审查协议中有关税收承诺、

土地出让价款承诺、行政许可承诺等诸项涉及行政法律规范之适用条款的合法性与合约性；而协议包含的工商、质监、房管、建设、交通等多个行政许可审批事项的约定，适用行政诉讼程序审理也更为适宜。尤其重要的是，本案斯某尔公司作为一审原告，在诉讼请求、诉讼类型及诉讼标的等问题上依法具有选择权，其有权就招商引资协议的全部或部分内容提起诉讼。如果斯某尔公司在一审诉讼期间或者根据一审法院的指引，选择通过民事诉讼解决本案纠纷，亦无不可。在此情形下，上级法院应当尊重当事人选择权，而不宜仅因协议定性问题推翻下级法院生效裁判。但鉴于斯某尔公司因诉讼管辖等方面考虑，坚持选择行政诉讼程序寻求救济，则人民法院应同样予以尊重，并作为行政案件立案和审理。

第二章 合同的订立

002 只有转账记录，无合同或借条，可否认定借款关系*

> **阅读提示**：司法实践中，借款纠纷不胜枚举，不签合同、不打借条的情形也层出不穷，在这种情况下，债权人如何证明借款法律关系成立，最高人民法院又是如何认定借款合同缺失情况下的法律关系的？
>
> 根据合同法的规定，当事人订立合同，有书面形式、口头形式和其他形式，双方当事人的行为可以推定有订立合同意愿的，属于以"其他形式"订立的合同。
>
> 笔者通过梳理大量最高人民法院的案例，总结出如下裁判规则：虽未签订书面合同，但当事人的民事行为能够推定形成借款法律关系意愿的，借款合同成立。

裁判要旨

双方当事人之间并没有签订书面借款合同，亦没有明确约定借款金额、期限、还款方式等内容的口头借款协议，但是否签订书面借款合同并非证明借款合同成立的绝对标准，因此判断双方当事人是否成立借款合同，要结合全案的证据和事实认定，当事人已经做出的民事行为能够推定双方有形成合同关系意愿的，也应当认定合同成立。

本案中债权人以其行动实际地履行了出借行为，并且该笔借款完全符合债务人的利益，后来的一些书面文件中也能反映债务人接受并确认的意思，故能够推定双方当事人就借款合同达成基本一致的意思表示。而且该笔借款一方已实际垫付，另

---

* 案件来源：中某银行股份有限公司十堰分行、中某银行股份有限公司湖北省分行与十堰荣某东风汽车专营有限公司金融借款合同纠纷二审民事判决书，最高人民法院（2013）最高法民二终字第4号。

一方已实际使用，双方已形成事实上的借款法律关系更无异议。

案情介绍

1. 2003 年，十堰荣某东风汽车专营有限公司（以下简称荣某公司）开具金额 300 万元、收款人为长某公司的转账支票一张，款项进入长某公司在中某银行湖北分行的账户。中某银行湖北分行用此款项处理对长某公司 1.5 亿元贷款偿还事宜。

2. 2005 年至 2006 年，湖北十堰市金融机构发生票据违规事件，中某银行十堰分行及其分支机构面临停止银行承兑汇票业务的风险，急需寻求第三方填补债务，十堰市人民政府介入组织协调。

3. 2006 年 7 月，十堰市人民政府主持召开关于化解票据风险的会议，与会单位有湖北省银监局、中某银行湖北分行、十堰市银监分局、中某银行十堰分行、荣某公司等；会议后，荣某公司于 2006 年 8 月至 2007 年 4 月以两种方式多次向中某银行十堰分行及其下属分支机构付款，共计 5800 余万元。

4. 2007 年 4 月，十堰市人民政府主持相关会议并作出 11 号会议纪要，明确记载，"荣某公司因借支十堰分行所造成的损失，由十堰分行承担挽回责任"，此后 5 月 20 号会议纪要也记载"之后中某银行湖北分行、十堰分行会同荣某公司采取措施，尽快归还荣某公司的垫款"。中某银行十堰分行及其分支机构也因荣某公司的垫资款化解了票据风险。

5. 2010 年，中某银行十堰分行请求协助处理荣某公司欠中某银行十堰分行贷款事宜，同时显示，对于荣某公司的垫资问题，双方处于协商处理中。2011 年 6 月，荣某公司起诉中某银行十堰分行、中某银行湖北分行，要求偿还垫资款项。

6. 一审判决认定双方均成立事实上的借款关系，支持了荣某公司的请求，中某银行十堰分行、中某银行湖北分行以与荣某公司没有借款合同，不存在借款关系为由提起上诉，二审驳回上诉，维持原判。

实务要点总结

第一，借款合同原则上采用书面形式是法律的倡导性规定，对当事人而言也是强有力的维权依据。债权人在支出借款之前或支出时，最好与债务人签订书面合同，确认双方之间存在借款关系，即使当时来不及准备，也可以在事后及时补签。

第二，合同领域尊重意思自治，当事人当然可以采用其他形式订立合同，如口头协议或者通过双方当事人的履行行为推定合同成立。如果发生纠纷，又缺失书面合同，为避免有理说不清，债权人可以通过举证自己已经实际支付借款，并且对方也已经实际使用或表示接受来证明事实上的借款关系成立，以此向债务人主张债权。

相关法律规定

《中华人民共和国合同法》（已失效）

第十条　当事人订立合同，有书面形式、口头形式和其他形式。

法律、行政法规规定采用书面形式的，应当采用书面形式。当事人约定采用书面形式的，应当采用书面形式。

第一百九十七条　借款合同采用书面形式，但自然人之间借款另有约定的除外。

借款合同的内容包括借款种类、币种、用途、数额、利率、期限和还款方式等条款。

第三十六条　法律、行政法规规定或者当事人约定采用书面形式订立合同，当事人未采用书面形式但一方已经履行主要义务，对方接受的，该合同成立。

《最高人民法院关于适用〈中华人民共和国合同法〉若干问题的解释（二）》（已失效）

第二条　当事人未以书面形式或者口头形式订立合同，但从双方从事的民事行为能够推定双方有订立合同意愿的，人民法院可以认定是以合同法第十条第一款中的"其他形式"订立的合同。但法律另有规定的除外。

《中华人民共和国民法典》

第四百六十九条　当事人订立合同，可以采用书面形式、口头形式或者其他形式。

书面形式是合同书、信件、电报、电传、传真等可以有形地表现所载内容的形式。

以电子数据交换、电子邮件等方式能够有形地表现所载内容，并可以随时调取查用的数据电文，视为书面形式。

第六百六十八条　借款合同应当采用书面形式，但是自然人之间借款另有约定的除外。

借款合同的内容一般包括借款种类、币种、用途、数额、利率、期限和还款方式等条款。

第四百九十条 当事人采用合同书形式订立合同的，自当事人均签名、盖章或者按指印时合同成立。在签名、盖章或者按指印之前，当事人一方已经履行主要义务，对方接受时，该合同成立。

法律、行政法规规定或者当事人约定合同应当采用书面形式订立，当事人未采用书面形式但是一方已经履行主要义务，对方接受时，该合同成立。

法院判决

以下为该案在法院审理阶段，判决书中"本院认为"就该问题的论述。

本案二审争议的焦点是：荣某公司与中某银行十堰分行、中某银行湖北分行是否形成借款法律关系。《合同法》第十条规定："当事人订立合同，有书面形式、口头形式和其他形式。法律、行政法规规定采用书面形式的，应当采用书面形式。当事人约定采用书面形式的，应当采用书面形式。"第一百九十七条第一款规定："借款合同采用书面形式，但自然人之间借款另有约定的除外。"上述规定表明，我国合同法要求除自然人之外的当事人之间订立借款合同应当采用书面形式。但同时《合同法》第三十六条规定："法律、行政法规规定或者当事人约定采用书面形式订立合同，当事人未采用书面形式但一方已经履行主要义务，对方接受的，该合同成立。"这又表明，是否签订书面合同并非判断当事人之间是否形成借款法律关系的绝对标准，如果从当事人已经作出的民事行为能够推定双方有形成借款法律关系意愿的，也应当认定借款合同成立。本案中，荣某公司主张与中某银行十堰分行、中某银行湖北分行形成借款法律关系，但当事人之间并没有签订书面借款合同，亦没有明确的约定借款金额、期限、还款方式等内容的口头借款协议。因此本案当事人之间是否形成借款法律关系，需要对全案事实和证据进行综合分析判断。

一、荣某公司与中某银行十堰分行是否形成借款法律关系

根据原审法院查明的事实，本案的发生有特殊背景。2005年至2006年，湖北省十堰市金融机构发生票据违规事件，中某银行十堰分行下属东风支行、张湾支行、茅箭支行的工作人员违规将质押在三家支行的银行承兑汇票借给汇某等公司使用，导致中某银行十堰分行大量到期债权不能收回，中某银行十堰分行及其分支机构面临被银行监管部门停止银行承兑汇票业务的风险。为解决该事件，防范金融风险，中某银行十堰分行急需寻求第三方填补债务，十堰市人民政府也介入进行了组织协调。2006年7月30日，十堰市人民政府主持召开由湖北省银监局、中某银行湖北分行、十堰市银监分局、中某银行十堰分行、荣某公司等有关人员参加的会

议，会议议题为《关于中某银行十堰市分行票据质押风险化解问题》，并于2007年5月16日作出20号会议纪要。会议之后，荣某公司于2006年8月2日至2007年4月17日先后以两种方式多次向中某银行十堰分行、东风支行、张湾支行、茅箭支行付款，一种方式是荣某公司直接或者委托他人向汇某等公司在中某银行的账户付款或者开立以汇某等公司为收款人的转账支票，转账支票由中某银行工作人员签字取走；另一种方式是荣某公司直接向中某银行十堰分行、东风支行付款。原审法院认定荣某公司支付款项共计5858万元。2007年4月6日，十堰市人民政府主持召开由十堰市人民检察院、十堰市公安局、十堰市银监分局、中某银行十堰分行、荣某公司等有关人员参加的会议，会议议题为《关于支持十堰市荣某东风汽车专营有限公司发展有关问题》，并于同年4月12日作出11号会议纪要。2010年，中某银行十堰分行分别向十堰市人民政府、十堰市金融办书面报告请求协助处理荣某公司欠中某银行十堰分行贷款事宜，报告同时显示，对于荣某公司的垫资问题，双方处于协商处理中。2010年11月，中某银行湖北分行起诉荣某公司，要求偿还所欠贷款。2011年6月，荣某公司起诉中某银行十堰分行、中某银行湖北分行，要求偿还本案垫资款项。

对于上述11号会议纪要，中某银行十堰分行确认其真实性、合法性，但对关联性提出异议，认为会议纪要不同于当事人设立法律关系的协议书，不能代表中某银行十堰分行的意思表示，不能证明荣某公司是应中某银行十堰分行要求垫资，中某银行十堰分行不应承担向荣某公司偿还垫付资金的义务；对于20号会议纪要，中某银行十堰分行称该纪要形成于会议之后十个月，内容是虚假的。对于中某银行十堰分行的质证意见，本院认为，政府会议纪要作为政府记载、传达会议情况的公文，确如中某银行十堰分行所称，不同于当事人之间设立法律关系的协议书，但会议纪要作为对会议所议定事项的概要纪实，能够反映出参会各方对于议定事项的主观态度和意见，该主观态度和意见是判断当事人在诉争问题上是否达成一致的重要考证。从中某银行十堰分行的质证意见看，中某银行十堰分行并未对会议纪要关于荣某公司为解决票据违规事件、维护十堰信用环境作出巨大贡献的记载提出异议，亦未否认荣某公司筹集资金先行垫交中某银行十堰分行用于解决票据违规事件的事实。同时，上述事实亦能够从2010年12月20日十堰市金融办在中某银行十堰分行《关于我行近期化解荣某公司不良债务有关情况报告》上关于"荣某公司在当年的风险化解上作出了实质性贡献"的批示得到印证。因此，从上述事实和证据之间的关联性分析，原审法院关于荣某公司垫付资金5858万元用于帮助中某银行十堰分行解决票据违规事件的认定有事实依据，并无不当。而本案当事人争议的焦点是，荣某公司主张上述款项是为中某银行十堰分行垫资，其与中某银行十堰分行形成借款法律关系；中某银行十堰分行抗辩主张荣某公司不是为其垫资，而是为汇某公司等案外人垫资，荣某公司与汇某公司等案外人形成借款法律关系。

如前所述，本案票据违规事件由中某银行十堰分行及其支行工作人员与汇某等公司串通、违规操作引发，中某银行十堰分行为此受到的债权损失理应向汇某等公司追偿。在此情况下，荣某公司虽出于其经营活动依赖于中某银行十堰分行的授信、贷款、银行承兑汇票等业务支持的考虑，但其在无任何约定或者法定义务的情况下，在中某银行十堰分行面临行业监管部门处罚的紧急情况下，先行垫资帮助中某银行十堰分行解决了票据违规事件。不可否认，荣某公司的垫资行为符合中某银行十堰分行的利益需要。因此在荣某公司与中某银行十堰分行之间，中某银行十堰分行成为垫资行为的受益人。对于荣某公司如何收回垫资款的问题，根据本案查明的事实，十堰市人民政府曾经召开专题会议予以研究。11号会议纪要明确记载，"荣某公司因借支十堰分行所造成的损失，由十堰分行承担挽回责任"，该内容与20号会议纪要记载的"之后中某银行湖北分行、十堰分行会同荣某公司采取措施，尽快归还荣某公司的垫款"的内容相比较，二者并无本质矛盾，能反映出双方当事人达成基本一致的意思表示，即对于荣某公司的损失，应当由中某银行十堰分行承担责任。至于11号会议纪要关于"由检察、公安等部门加大案件查办力度，尽可能追回中某银行十堰分行的承兑信用欠贷，并及时将追回的款物移交荣某公司"的记载，实际上应为中某银行十堰分行挽回其因票据违规事件所受损失的方式，而不应成为荣某公司挽回其垫资损失的必要、唯一方式。荣某公司已经接收中某银行十堰分行通过有关机关追缴的部分财产权利，同意在垫资款中予以扣抵，原审法院对此亦予以认定。

综合分析上述事实和证据之间的关联性，本院认为，荣某公司为中某银行十堰分行的垫资行为，使得双方形成事实上的借款法律关系，荣某公司由此受到的损失应当由中某银行十堰分行承担返还垫资款本金和利息的责任。原审法院对此认定正确，应予维持。中某银行十堰分行上诉所称其未与荣某公司形成借款法律关系，不应承担案涉款项归还责任的理由，与本案查明的事实不符，本院不予支持。

二、荣某公司与中某银行湖北分行是否形成借款法律关系

根据原审法院查明的事实，本案能够确认荣某公司为协助中某银行湖北分行处理长某公司贷款事宜垫资300万元的事实。对于上述款项，荣某公司与中某银行湖北分行虽未签订书面借款合同，但一方已实际垫付，另一方已实际使用，双方已形成事实上的借款法律关系。原审法院关于荣某公司与中某银行湖北分行形成事实上

借款法律关系，中某银行湖北分行对案涉 300 万元负有偿还本息义务的认定，有事实依据，应予维持。中某银行湖北分行上诉所称原审法院认定荣某公司与之形成借款关系并判令其归还证据不足、适用法律不当的理由，与本案查明的事实不符，本院不予支持。

003 意向书有没有法律约束力[*]

> **阅读提示**：商事实践中，当事人双方出于多种考虑，签订文件时并非都采取"合同""协议"的形式，意向书就是比较常见的一种，法律上对意向书的性质并未进行明确规定。
>
> 笔者在检索最高人民法院有关意向书的案例时发现，对于意向书法律性质的认定多种多样：如果是磋商性文件，则没有法律拘束力；如果构成本约，则一方当事人违反要承担违约责任；如果构成预约，则一方当事人违反要承担预约合同的违约责任。
>
> 判断意向书的法律性质和效力，要从意向书的具体内容出发，不管是预约还是本约，合同的成立都需要满足主要条款内容明确；意向书中若不具备合同基本要素，法律性质只能是磋商性文件，不能成为当事人主张权利义务的依据。2023 年 12 月 4 日公布的《最高人民法院关于适用〈中华人民共和国民法典〉合同编通则若干问题的解释》第六条关于意向书法律性质的判断，与前述判断标准一致。

裁判要旨

对于意向书的法律性质和效力的认定，应当从约定的形式是否典型、约定的内容是否明确、当事人是否有受约束的意思等方面综合考察。如果意向书的标的、数量等不确定，缺少当事人受其约束的意思表示，一般认定为未成立合同，只是磋商性文件。合同成立需要当事人的合意，而成立合同所必要的"合意"，通常理解为：①就合同的主要条款达成一致；②当事人对于其意思表示受法律拘束亦有合意。

本案中，洋某经济开发区管理委员会（以下简称洋某管委会）和澳某资产管理

---

[*] 案件来源：洋某经济开发区管理委员会与澳某资产管理有限公司其他房地产开发经营合同纠纷申请再审民事裁定书，最高人民法院（2014）最高法民申字第 263 号。

有限公司（以下简称澳某公司）签订的投资意向书中，当事人虽然是确定和明确的，但对于合同的标的和数量，投资意向书只是在描述澳某公司所称的从光某公司处受让土地的情况的基础上，对澳某公司拟置换土地的意向及洋某开发区管理局表示同意协调置换进行了约定，而对于是否必须置换成功以及置换土地的具体位置和面积均未作出明确约定；并且双方在投资意向书中虽然对签订背景进行了描述，但并未明确约定洋某管委会在置换土地过程中的权利和义务，当事人也未表明受其约束的意思。据此无法认定洋某管委会与澳某公司就土地置换达成了合意，投资意向书并不具有合同成立的一般要件，只是磋商性、谈判性文件，没有法律拘束力，双方并未形成民事法律关系。

案情介绍

1. 1993年3月，光某公司将D2-17-1、D2-17-2两块土地的使用权转让给洋某开发公司，使用期限至2060年，土地用途为商业用地。之后，洋某管委会承接了洋某开发公司的全部权利和义务。

2. 2002年1月，光某公司资不抵债，中国人民银行决定撤销光某公司并由其组织清算。2007年3月，澳某公司与光某公司清算组签订了《资产包整体转让协议》，约定由澳某公司受让光某公司位于洋某经济开发区的两宗土地，资产明细表显示该两宗土地的价值为7742.77万元。2007年5月，某省政府作出《关于洋某经济开发区总体规划的批复》，据此洋某经济开发区将D2-17-1及D2-17-2两块商业用地变更为工业工地。

3. 2008年4月，澳某公司与洋某管委会签订《关于建设高档酒店的投资意向书》（以下简称《投资意向书》），确认由于洋某开发区规划变更，D2-17-1、D2-17-2两宗地块已不适于建设酒店，澳某公司为服从新的规划，拟将原地置换至东部生活区及新英湾沿海一带。《投资意向书》第三条第一项约定，经财政部批准，澳某公司受让了光某公司位于洋某开发区内D2-17-1和D2-17-2两个地块的土地使用权，合计面积为15951平方米（约24亩），土地性质为商业用地。第二项约定，洋某经济开发区管理局支持澳某公司在洋某投资建设高档酒店，同意协调置换土地……

4. 2012年3月，澳某公司起诉称洋某管委会未按照约定为澳某公司协调置换土地构成违约，请求解除《投资意向书》，一审法院支持澳某公司解除合同的请求，洋某管委会上诉，二审法院改判认为《投资意向书》为磋商性、谈判性文件，不具有法律效力，请求解除合同没有法律依据；澳某公司申请再审，被裁定驳回。

实务要点总结

第一，合同当事人在签订"意向书"之类的文件时，要格外关注文件内容，仔细阅读文件是否含有就协商事项双方达成合意的条款，包括协商的具体内容、当事人受其约束的意思表示等，不能简单约定双方就协商事项表示同意，以免到发生纠纷主张权利时才被告知"一厢情愿"。

第二，要使意向书具有法律效力，双方需要在意向书中明确清楚地约定协商事项的主要条款，例如标的、数量、价款、履行方式、违约责任等，并且也要包括双方之间的权利义务的安排，以证明对此事项达成合意，成立合同。

相关法律规定

《最高人民法院关于适用〈中华人民共和国民法典〉合同编通则若干问题的解释》

第三条 当事人对合同是否成立存在争议，人民法院能够确定当事人姓名或者名称、标的和数量的，一般应当认定合同成立。但是，法律另有规定或者当事人另有约定的除外。

根据前款规定能够认定合同已经成立的，对合同欠缺的内容，人民法院应当依据民法典第五百一十条、第五百一十一条等规定予以确定。

当事人主张合同无效或者请求撤销、解除合同等，人民法院认为合同不成立的，应当依据《最高人民法院关于民事诉讼证据的若干规定》第五十三条的规定将合同是否成立作为焦点问题进行审理，并可以根据案件的具体情况重新指定举证期限。

第六条 当事人以认购书、订购书、预订书等形式约定在将来一定期限内订立合同，或者为担保在将来一定期限内订立合同交付了定金，能够确定将来所要订立合同的主体、标的等内容的，人民法院应当认定预约合同成立。

当事人通过签订意向书或者备忘录等方式，仅表达交易的意向，未约定在将来一定期限内订立合同，或者虽然有约定但是难以确定将来所要订立合同的主体、标的等内容，一方主张预约合同成立的，人民法院不予支持。

当事人订立的认购书、订购书、预订书等已就合同标的、数量、价款或者报酬等主要内容达成合意，符合本解释第三条第一款规定的合同成立条件，未明确约定在将来一定期限内另行订立合同，或者虽然有约定但是当事人一方已实施履行行为且对方接受的，人民法院应当认定本约合同成立。

《中华人民共和国合同法》（已失效）

第十三条 当事人订立合同，采取要约、承诺方式。

第十四条 要约是希望和他人订立合同的意思表示，该意思表示应当符合下列规定：

（一）内容具体确定；

（二）表明经受要约人承诺，要约人即受该意思表示约束。

第二十一条 承诺是受要约人同意要约的意思表示。

《中华人民共和国民法典》

第四百七十一条 当事人订立合同，可以采取要约、承诺方式或者其他方式。

第四百七十二条 要约是希望与他人订立合同的意思表示，该意思表示应当符合下列条件：

（一）内容具体确定；

（二）表明经受要约人承诺，要约人即受该意思表示约束。

第四百七十九条 承诺是受要约人同意要约的意思表示。

法院判决

以下为该案在法院审理阶段，裁定书中"本院认为"就该问题的论述。

本院经审查认为，本案关键在于对《投资意向书》的法律定性。一般而言，从一方发出愿意签订合同的意思表示（要约或要约邀请）到合同的正式成立，其间会经历一个协商过程，并对合同的主要内容达成初步合意，最终以口头或书面方式成立合同。《最高人民法院关于适用〈中华人民共和国合同法〉若干问题的解释（二）》第一条中规定："人民法院能够确定当事人名称或者姓名、标的和数量的，一般应当认定合同成立。"本案《投资意向书》并不具备合同的基本要素。从标题看，该文件明确为"意向书"，并非常用的"合同""协议"等名称；从内容看，该文件对于双方的权利义务以及法律责任约定并不明确，只是表明为了澳某公司能够在相应的地块进行商业投资开发，洋某管委会有为其协调置换土地的意愿，但并未约定置换土地的具体位置和面积及履行期限等；从具体措辞看，双方明确约定洋某管委会"协调置换土地"，表明从"协调"到真正"置换"还是需要经过再协商、再约定。因此，本院生效判决认定《投资意向书》的性质为磋商性、谈判性文件，符合法律规定和当事人真实意思表示。另外，澳某公司并不能以其取得光某公司资产包为由，主张其应当取得相应的土地使用权。洋某管委会于2006年8月收回土地,并向光某公司清算组送达了告知书,澳某公司与光某公司清算组于2007年3月签订《资产包整体转让协议》,晚于洋某管委会收回土地时间,澳某公司应当自行承担相应后果。①

004 国有土地使用权出让公告属于要约还是要约邀请*

> **阅读提示**:要约邀请是希望他人向自己发出要约的意思表示,如寄送的价目表、拍卖公告、招标公告、招股说明书等,只是当事人订立合同的预备行为,本身不具有法律意义;而要约是旨在订立合同的具有法律意义的意思表示行为,行为人在法律上须承担责任。
>
> 国有土地使用权出让公告目的在于促使或诱引更多的人提出要约,属于要约邀请,竞买人提出报价后才是要约行为,国土局在挂牌期限届满后确认竞得人,即构成对竞买人的承诺。在承诺之前,竞买人即使提出报价支付保证金,双方也未形成合同关系。2023年12月4日公布的《最高人民法院关于适用〈中华人民共和国民法典〉合同编通则若干问题的解释》第四条关于招标方式订立合同的规定,即明确当中标通知书到达中标人时合同才成立。

裁判要旨

国有土地使用权出让公告属于要约邀请,竞买人在竞买申请过程中提出报价,并按要约邀请支付保证金的行为,属于要约,双方当事人尚未形成土地使用权出让合同关系。国有土地使用权出让方因出让公告违反法律的禁止性规定,撤销公告后,造成竞买人在缔约阶段发生信赖利益损失的,应对竞买人的实际损失承担缔约过失责任。要约邀请不形成合同关系,撤回要约邀请亦不产生合同上的责任。因此,本案中在要约邀请人未承诺,双方关系仍停留于缔结合同过程中的要约阶段的

---

① 《最高人民法院关于适用〈中华人民共和国合同法〉若干问题的解释(二)》已失效,但其中第一条关于合同成立的规定得到沿用。2023年12月4日公布的《最高人民法院关于适用〈中华人民共和国民法典〉合同编通则若干问题的解释》第三条第一款规定:"当事人对合同是否成立存在争议,人民法院能够确定当事人姓名或者名称、标的和数量的,一般应当认定合同成立。但是,法律另有规定或者当事人另有约定的除外。"

* 案件来源:时某集团公司诉浙江省玉某县国土局土地使用权出让合同纠纷二审案,最高人民法院(2003)最高法民一终字第82号。

情况下撤回要约，竞买人要求其继续履行的主张于法无据，不予支持。

案情介绍

1. 2002年11月7日，玉某县国土资源局（以下简称国土局）在《玉某报》上刊登了《玉某县国土资源局国有土地使用权挂牌出让公告》，其中第13条载明："挂牌期限届满，按照下列规定确定是否成交：……②在挂牌期限内有两个或两个以上的竞买人报价的，出价最高者为竞得人；报价相同的，先提交报价单者为竞得人，但报价低于底价者除外……"

2. 2002年11月20日，国土局收到时某集团公司（以下简称时某公司）的"挂牌出让竞买申请书"，并且时某公司依约汇入玉某县土地储备中心2000万元，国土局也出具收据确认收到该笔款项。次日，时某公司向国土局提供了"挂牌出让竞买报价单"，报价为5000万元。

3. 2001年12月14日，渝某公司与国土局签订《国有土地使用权出让草签合同》，不久汇入玉某县坎某渔港开发中心100万元；2002年10月17日、18日，又汇入玉某县财政局1500余万元；2002年11月14日，渝某公司按国土局要求将上述款项直接转为挂牌竞买保证金，国土局同意；同月20日，渝某公司汇入玉某县土地储备中心280万元；同月21日，渝某公司向国土局提供了"挂牌出让竞买报价单"，报价为5100万元。

4. 2002年11月20日，浙江省国土资源厅接到举报称，玉某县国土局在土地挂牌出让中有不规范、暗箱操作行为后，查明该宗土地正在上报审批而未获批准，要求国土局在未经依法批准前停止挂牌。同年11月22日，国土局分别向时某公司、渝某公司发出通知表明停止对案涉土地的挂牌出让并将2000万元退还给时某公司。

5. 时某公司起诉，认为国土局的发布公告及接受挂牌押金和挂牌报价的行为是要约和承诺，对双方都具有法律约束力，国土局违约，要求将该土地依法出让。一审法院认为挂牌公告是要约邀请，合同并未成立，时某公司败诉。时某公司不服，提起上诉，上诉维持原判。

实务要点总结

签订合同之前一定要区分要约和要约邀请，具体体现在：

第一，要约是当事人自己主动订立合同的具有法律意义的意思表示行为，内容明确具体且含有当事人愿意接受其约束的意旨，具备构成合同的要素。

第二，要约邀请只是希望对方主动向自己提出订立合同的意思表示，不具有明确具体的合同的要素，如标的、数量、价格等。要约邀请人对于相对人的意思表示仍有决定承诺与否的自由。典型形式如寄送的价目表、拍卖公告、招标公告、招股说明书、商业广告，但这也只是基本的参照，不能免去对具体情形的考量而进行判断。

相关法律规定

《最高人民法院关于适用〈中华人民共和国民法典〉合同编通则若干问题的解释》

第四条　采取招标方式订立合同，当事人请求确认合同自中标通知书到达中标人时成立的，人民法院应予支持。合同成立后，当事人拒绝签订书面合同的，人民法院应当依据招标文件、投标文件和中标通知书等确定合同内容。

采取现场拍卖、网络拍卖等公开竞价方式订立合同，当事人请求确认合同自拍卖师落槌、电子交易系统确认成交时成立的，人民法院应予支持。合同成立后，当事人拒绝签订成交确认书的，人民法院应当依据拍卖公告、竞买人的报价等确定合同内容。

产权交易所等机构主持拍卖、挂牌交易，其公布的拍卖公告、交易规则等文件公开确定了合同成立需要具备的条件，当事人请求确认合同自该条件具备时成立的，人民法院应予支持。

《中华人民共和国合同法》（已失效）

第十三条　当事人订立合同，采取要约、承诺方式。

第十四条　要约是希望和他人订立合同的意思表示，该意思表示应当符合下列规定：

（一）内容具体确定；

（二）表明经受要约人承诺，要约人即受该意思表示约束。

第十五条　要约邀请是希望他人向自己发出要约的意思表示。寄送的价目表、拍卖公告、招标公告、招股说明书、商业广告等为要约邀请。

商业广告的内容符合要约规定的，视为要约。

《中华人民共和国民法典》

第四百七十一条　当事人订立合同，可以采取要约、承诺方式或者其他方式。

第四百七十二条　要约是希望与他人订立合同的意思表示，该意思表示应当符合下列条件：

（一）内容具体确定；

（二）表明经受要约人承诺，要约人即受该意思表示约束。

第四百七十三条 要约邀请是希望他人向自己发出要约的表示。拍卖公告、招标公告、招股说明书、债券募集办法、基金招募说明书、商业广告和宣传、寄送的价目表等为要约邀请。

商业广告和宣传的内容符合要约条件的，构成要约。

法院判决

以下为该案在法院审理阶段，判决书中"本院认为"就该问题的论述：

时某公司与国土局之间国有土地使用权出让合同关系是否已成立的问题，是时某公司请求继续履行合同的前提，也是国土局承担合同责任的基础。对这一问题的判定应综合挂牌出让公告的法律性质、本案是否存在承诺、国土局承担责任的法律根据等三方面内容进行确定。关于挂牌出让公告的法律性质是要约邀请还是要约的问题，其区分标准应首先依照法律的规定。《合同法》第十五条载明拍卖公告和招标公告的法律性质为要约邀请，本案刊登于报纸上的挂牌出让公告与拍卖公告、招标公告相同，亦是向不特定主体发出的以吸引或邀请相对方发出要约为目的的意思表示，其实质是希望竞买人提出价格条款，其性质应认定为要约邀请。时某公司于2002年11月21日所作的报价应为本案要约。时某公司诉称挂牌出让公告即为要约的主张缺乏法律依据，不能成立。合同法对要约邀请的撤回未作条件限制，在发出要约邀请后，要约邀请人撤回要约邀请，只要没有给善意相对人造成信赖利益的损失，要约邀请人一般不承担法律责任。要约邀请不形成合同关系，撤回要约邀请亦不产生合同上的责任。因此，时某公司要求国土局继续挂牌并与之签订国有土地使用权出让合同的主张于法无据，不予支持。关于本案是否存在承诺的问题，2002年11月22日，即时某公司与渝某公司虽已报价但未开始竞价的次日，浙江省国土资源厅以"未经依法批准，擅自挂牌出让国有土地使用权"为由，责令国土局停止挂牌，从而使正在进行中的缔约行为因事实原因的出现而发生中断，此时，挂牌出让程序中的竞价期限尚未届满，国有土地使用权出让合同的主要条款即讼争宗地使用权的价格未能确定，国土局尚未对时某公司的报价作出承诺，双方关系仍停留于缔结合同过程中的要约阶段，因此，本案合同因尚未承诺而没有成立，双方当事人之间没有形成合同关系。时某公司主张存在有效承诺，双方之间已形成合同关系的理由不能成立。因本案合同未成立，故时某公司认为其与国土局之间存在效力待定合同的主张，亦不予支持。关于国土局承担责任的法律根据问题，本案正在进行中的国有土地使用权挂牌交易，不仅于挂牌之时未获审批且至本院二审庭审结束时该宗国有土地使用权出让仍未获浙江省人民政府批准，从而造成时某公司期待缔结国有土地使用权出让合同的目的不能实现，国土局对此存在过错，应承担相应的缔约过失责任。在缔约阶段所发生的信赖利益的损失，必须通过独立的赔偿请求予以保护。本案二审期间，虽然国土局同意承担缔约过失的赔偿责任，但时某公司直至二审庭审结束前仍坚持要求国土局承担继续履行合同或双倍返还保证金的责任，未就国土局缔约过失致其损失提出赔偿请求，限于当事人的诉讼请求和二审案件的审理范围，对此问题，本院不予审理。鉴于本案当事人之间的合同关系尚未成立，一审判决驳回时某公司要求国土局承担合同责任的诉讼请求，适用法律并无不当。至于《挂牌出让公告》和《挂牌出让须知》所规定的2000万元保证金是否为定金的问题，该2000万元在本案《挂牌出让公告》中载明为"保证金"，双方并未约定为定金。担保法及担保法若干问题解释中规定了定金和保证金的界定标准，即当事人主张保证金为定金的前提是双方有明确约定。时某公司所引用的台州市政府令第二十九号将保证金作为定金处理的规定，因其既不是双方当事人的约定，又不符合法律的相关规定，该政府令不能作为本案认定2000万元保证金为定金的法律依据。一审判决认定本案2000万元保证金不是定金，适用法律正确。时某公司关于该2000万元保证金应为担保正式订立合同的立约定金，国土局应予以双倍返还的主张，缺乏事实和法律依据，本院不予支持。时某公司在二审期间提出的对渝某公司的报价单和国土局的底价单的真实性进行重新鉴定，对渝某公司是否实际交纳2000万元保证金的事实进行调查的请求，因对本院认定双方当事人之间的合同并未成立没有影响，故不予同意。综上，一审判决认定事实清楚，适用法律正确。

005 缔约过失责任下的信赖利益损失应如何判断*

> **阅读提示**：《民法典》在第五百条设立了违背诚实信用原则的合同缔约方所需承担的缔约过失责任，同时，在第五百八十四条明确缔约过失责任的赔偿范围包括信赖利益。那么应如何判断所造成损失是否在信赖利益的范围内？最高人民法院认为，无过失方当事人应当举证证明损失的存在、损失数额以及该损失与对方当事人缔约过失行为之间的因果关系及是否采取适当措施避免损失的扩大。

裁判要旨

从《民法典》相关规定来看，缔约过失责任以当事人在订立合同过程中存在违背诚信原则的行为为前提，致使合同不成立、无效、被撤销或者未生效的，应对给对方造成的信赖利益损失予以赔偿。信赖利益损失的范围包括缔约过程中的费用，还包括合同履行后可以获得的利益，但是不得超出订立合同一方在订立合同时可以预见或应当预见的违约损失。无过失方当事人主张订立合同而产生信赖利益损失的，应当举证证明损失的存在、损失数额以及该损失与对方当事人缔约过失行为之间的因果关系。如果当事人没有证据证明损失与缔约过失行为存在因果关系，也没有证据证明其及时采取了适当措施以免损失的发生和进一步扩大，人民法院对其要求赔偿信赖利益造成损失的诉讼请求不予支持。

案情介绍

1. 2012年3月，大连某游艇公司向顾某推销游艇，其妻子李某明确不同意购买。3月29日，大连某游艇公司与顾某签订《游艇销售合同》，同日支付了第一期货款。

2. 2012年4月5日，李某得知顾某购买游艇，向大连某游艇公司表示要终止合同，并于4月17日向大连市沙河口区人民法院起诉，请求确认《游艇销售合同》

---

* 案件来源：大连某游艇公司诉顾某、李某缔约过失责任纠纷案民事再审裁定书，最高人民法院（2021）最高法民申299号。

无效以及大连某游艇公司返还第一期货款。

3. 大连某游艇公司仍继续购入游艇并进行管理、转售。

4. 2019年8月9日，大连某游艇公司以其实施的购入、维护管理行为系基于对合同订立和履行的信赖，因此向大连海事法院起诉要求顾某、李某赔偿其因信赖利益而履行合同所产生的游艇转售损失、停泊费、托管费、参展费、借款利息等一系列损失。

5. 大连海事法院驳回大连某游艇公司的诉讼请求。大连某游艇公司不服，提起上诉。

6. 辽宁省高院二审判决驳回上诉，维持原判。大连某游艇公司不服，认为原审判决认定存在基本事实存在错误，其诉请的损失属于缔约过失责任的赔偿范围，向最高人民法院申请再审。

7. 最高人民法院作出再审裁定书，裁定驳回大连游艇公司的再审申请。

实务要点总结

基于"谁主张、谁举证"的原则，应提醒当事人在签订合同时，留存好有关证据，以证明其所采取的有关措施系为后续合同履行所准备，避免出现当合同相对人需要承担缔约过失责任时，因无法充分举证信赖利益范围而遭受损失的情况。同时，若因准备行为具有持续性而无法立即停止时，也应提醒当事人采取相应措施防止损失的扩大。

相关法律规定

《中华人民共和国民法典》

第五百条 当事人在订立合同过程中有下列情形之一，造成对方损失的，应当承担赔偿责任：

（一）假借订立合同，恶意进行磋商；

（二）故意隐瞒与订立合同有关的重要事实或者提供虚假情况；

（三）有其他违背诚信原则的行为。

第五百八十四条 当事人一方不履行合同义务或者履行合同义务不符合约定，造成对方损失的，损失赔偿额应当相当于因违约所造成的损失，包括合同履行后可以获得的利益；但是，不得超过违约一方订立合同时预见到或者应当预见到的因违约可能造成的损失。

《最高人民法院关于适用〈中华人民共和国民事诉讼法〉的解释》（2022年修正）

第九十条 当事人对自己提出的诉讼请求所依据的事实或者反驳对方诉讼请求所依据的事实，应当提供证据加以证明，但法律另有规定的除外。

在作出判决前，当事人未能提供证据或者证据不足以证明其事实主张的，由负有举证证明责任的当事人承担不利的后果。

法院判决

以下为该案在审理阶段，裁定书中"本院认为"部分就该问题的论述：

最高人民法院再审审查认为，本案系缔约过失责任纠纷。根据大连某游艇公司的再审申请，本案主要审查原审判决认定的基本事实是否缺乏证据支持，适用法律是否确有错误。

首先，《最高人民法院关于适用〈中华人民共和国民事诉讼法〉的解释》第九十条第一款规定："当事人对自己提出的诉讼请求所依据的事实或者反驳对方诉讼请求所依据的事实，应当提供证据加以证明，但法律另有规定的除外。"大连某游艇公司主张由顾某与李某承担损失赔偿责任，应当举证证明损失的存在、损失数额以及该损失与顾某、李某过错行为的因果关系。根据原审法院查明的事实，大连某游艇公司向顾某推销游艇时，其妻李某已明确表示不同意购买该游艇。案涉游艇销售合同签订后，李某于2012年4月5日将顾某患病事宜告知了大连某游艇公司并表示要终止合同，当时大连某游艇公司尚未对外支付任何款项。大连某游艇公司没有证据证明其及时采取了适当措施以避免损失的发生和进一步扩大。一审、二审法院认为现有证据尚不足以证明其损失与顾某、李某的缔约过失行为存在因果关系，对其诉讼请求不予支持，并无不当。

其次，缔约过失责任以当事人在订立合同过程中存在违背诚实信用原则的行为为前提。致使合同不成立、无效、被撤销或者未生效的，应对给对方造成的信赖利益损失予以赔偿。信赖利益损失的范围包括缔约过程中的费用，还包括合同履行后可以获得的利益，但是不得超出订立合同一方在订立合同时可以预见或应当预见的违约损失。判决在论述信赖利益损失范围时，参照《合同法》第一百一十三条第一款规定进行说理，不属于适用法律错误。李某在大连某游艇公司对外履行合同义务之前，已经明确告知要终止合同。但大连某游艇公司并未及时采取减损措施，而是坚持购进游艇，支付相关税费，并要求顾某、李某赔偿案涉游艇的转售损失以及管理游艇五年的停泊费、托管费、参展费等一系列损失，原审法院认为大连某游艇公司更多的是为了公司的营销需要,未予支持大连某游艇公司的诉讼请求,并无不妥。

006 个人印章签署的合同是否有效?应由谁来证明印章真假[*]

> **阅读提示**:自然人在交易中使用个人印章有无风险?答案是肯定的。本案中当事人被他人伪造印章签署合同,历经三次行政裁判、五次民事裁判,最终才迎来正义的曙光。

裁判要旨

最高人民法院认为,合同上的自然人私章所代表一方否认该私章为其所有时,主张合同成立一方应举证证明私章为对方所有及盖章行为系对方所为。

依法成立的法人或其他组织均有登记备案的公章,经登记备案的公章对外具有公示效力,所以,通常情况下,法人或者其他组织在对外签订合同时,采用盖章的形式。而自然人的私章没有登记备案的要求,对外不具有公示效力,在私章所代表的一方否认该私章为其所有时,主张合同关系成立的一方应当举证证明该枚私章为对方所有以及盖章的行为为对方所为或对方委托他人所为。

案情介绍

1. 1998年12月,唐某以127083元的价格购买房屋一套,唐某在房地产买卖合同上加盖了私章,未手写签名,办理了权属登记。

2. 2000年11月,重庆九龙坡区土地房屋权属登记中心收到以唐某为卖方、程某莉为买方,双方当日签订的《房地产买卖合同》(总价8万元,盖有双方私章)、《房地产交易合同登记申请表》(盖有双方私章)以及《卖方申请书》(盖有唐某私章,并有"唐某"字样签名)和《买方申请书》,次日收到补交的购房款《收条》(盖有唐某私章,并有"唐某"字样签名)和唐某的婚姻状况证明材料后,办理了过户登记,程某莉取得了房屋所有权证,但该房屋的国有土地使用权证依然登记在

---

[*] 案件来源:申诉人唐某与被申诉人程某莉房屋买卖合同纠纷再审审理民事判决书,最高人民法院(2012)最高法民抗字第55号。

唐某的名下。该房屋由程某莉占有使用。

3. 2003 年 4 月，唐某以其从未与程某莉签订房屋买卖合同为由，提起行政诉讼，请求确认填发该房屋所有权证的行政行为违法并撤销该证。经一审、二审、再审，驳回唐某的起诉。

4. 2007 年 3 月，唐某向重庆九龙坡区法院提起民事诉讼，请求：确认《房地产买卖合同》无效；程某莉返还房屋。一审审理中，程某莉之夫向某承认"唐某"的签名均是由其书写。重庆九龙坡区法院经审理认为，唐某没有举证证明房屋买卖合同的盖章是伪造的。故判决驳回唐某的诉讼请求。

5. 唐某不服，向重庆五中院提起上诉。重庆五中院认为，虽然合同上有唐某的印章，但其他证据均证实该房屋买卖不是唐某的真实意思表示。该院于 2007 年 10 月判决《房地产买卖合同》无效。

6. 程某莉不服，向重庆五中院申请再审。重庆五中院再审认为，唐某虽然没有在房屋买卖合同上手写签名，但在房屋买卖合同上加盖有唐某的印章，该合同依法成立。该院于 2008 年 6 月判决维持驳回唐某的诉讼请求。

7. 唐某不服，向重庆高院申请再审。重庆高院审理认为，唐某无法否定房地产权属登记机关行政行为的合法性和《房地产买卖合同》、过户申请手续上唐某印章的真实性。该院于 2010 年 10 月判决维持驳回唐某的诉讼请求。

8. 唐某不服，向检察机关提出申诉，最高人民检察院向最高人民法院提出抗诉。最高人民法院审理认为，在双方当事人就合同关系是否成立存在争议的情况下，应由主张合同关系成立的一方当事人承担举证责任。程某莉未能充分举证证明其与唐某之间就涉案房屋成立了买卖合同关系，应该承担举证不能的法律后果。故于 2013 年 1 月判决程某莉将案涉房屋返还给唐某。

实务要点总结

第一，自然人应当尽量避免使用个人印章。因为被他人伪造印章并签署合同的风险太大。虽然本案中被伪造印章的当事人最终胜诉，但是诉讼过程冗长，历经三次行政裁判、五次民事裁判，时间成本过高。

第二，与自然人签署合同时，应当要求该自然人当面在合同上签名，而不是加盖个人印章。否则，当该自然人在诉讼或仲裁程序中否认盖章行为时，交易相对人不但要证明个人印章为该自然人所有，还要证明印章是该自然人加盖到合同上的，极大地增加了证明难度。

相关法律规定

《中华人民共和国合同法》（已失效）

第八条　依法成立的合同，对当事人具有法律约束力。当事人应当按照约定履行自己的义务，不得擅自变更或者解除合同。

依法成立的合同，受法律保护。

第三十二条　当事人采用合同书形式订立合同的，自双方当事人签字或者盖章时合同成立。

《中华人民共和国民法典》

第四百六十五条　依法成立的合同，受法律保护。

依法成立的合同，仅对当事人具有法律约束力，但是法律另有规定的除外。

第四百九十条　当事人采用合同书形式订立合同的，自当事人均签名、盖章或者按指印时合同成立。在签名、盖章或者按指印之前，当事人一方已经履行主要义务，对方接受时，该合同成立。

法律、行政法规规定或者当事人约定合同应当采用书面形式订立，当事人未采用书面形式但是一方已经履行主要义务，对方接受时，该合同成立。

法院判决

以下为该案在法院审理阶段，判决书中"本院认为"就该问题的论述：

根据唐某的诉讼请求及相关事实来看，本案争议的核心问题是，以唐某为卖方、以程某莉为买方的登记号为（九区2000）买卖第7595号的《房地产买卖合同》在唐某与程某莉之间是否成立，该合同对唐某是否具有法律拘束力。

依法成立的合同，对当事人具有法律约束力，并受法律保护。当事人达成合意是合同成立的必备要件。《合同法》第三十二条规定："当事人采用合同书形式订立合同的，自双方当事人签字或者盖章时合同成立。"该条明确了当事人在合同书上签字或盖章的时间为合同成立的时间，不仅确认了当事人达成合意的外在表现形式为签字或者盖章，而且赋予了盖章与签字在合同成立上同等的法律效力。因此，经当事人签字或者盖章的合同应该是当事人达成合意的体现，对双方当事人具有法律拘束力。依法成立的法人或其他组织均有登记备案的公章，经登记备案的公章对外具有公示效力，所以，通常情况下，法人或者其他组织在对外签订合同时，采用盖章的形式。而自然人的私章没有登记备案的要求，对外不具有公示效力，在私章所代表的一方否认该私章为其所有，盖章行为是其所为时，该方当事人实质是否认与对方当事人达成合意成立了合同关系，此时涉及就合同关系是否成立的举证责任的分配问题。根据本院《关于民事诉讼证据的若干规定》第五条的规定，在合同纠纷案件中，主张合同关系成立的一方当事人对合同订立的事实承担举证责任。即在双方当事人就合同关系是否成立存在争议的情况下，应由主张合同关系成立的一方当事人承担举证责任。因此，在私章所代表的一方否认该私章为其所有，盖章行为是其所为，即否认与对方成立合同关系时，应由主张合同关系成立的一方当事人承担举证责任，该方当事人应当举证证明该枚私章为对方所有以及盖章的行为为对方所为或对方委托他人所为。

就本案来说，唐某否认合同书上的私章为其所有，也否认在合同书上盖过私章，实质是否认与程某莉订立过涉案房屋买卖合同，在此情况下，程某莉应该举证证明其与唐某之间成立了房屋买卖合同关系，即私章为唐某所有且盖章行为也为唐某所为。原审判决认定唐某在本案中未出示充分的证据证明其与程某莉之间的房屋买卖行为以及过户登记申请不是其真实意思表示，从而将该举证责任分配给唐某是错误的。本案历经数次审理，程某莉为主张其与唐某之间成立房屋买卖合同关系所举证据有两个，一是唐某于1998年12月11日与重庆渝某房地产综合开发公司签订《房地产买卖合同》购买该套房屋时，也是在合同上加盖私章，无手写签名。以此说明唐某此次出售房屋时加盖私章的合理性。二是生效的重庆市第一中级人民法院（2006）渝一中某银行再终字第1014号行政裁定认定的事实。对此，本院认为，该两份证据不足以证明上述待证事实。理由是，第一，唐某于1998年12月11日与重庆渝某房地产综合开发公司签订《房地产买卖合同》购买该套房屋时，虽然也是在合同上加盖私章，但在唐某否认与程某莉签订过房屋买卖合同时，程某莉没有举证证明涉案《房地产买卖合同》上"唐某"的私章和唐某1998年12月11日与重庆渝某房地产综合开发公司签订的《房地产买卖合同》上唐某的私章为同一枚私章。唐某买受该房屋的时候盖有私章的行为并不必然推导出涉案《房地产买卖合同》上盖有"唐某"私章就是本案当事人唐某的私章，也不能证明加盖"唐某"私章的行为就是唐某所为。第二，（2006）渝一中某银行再终字第1014号行政裁定是以主体不适格为由，从程序上驳回了唐某的起诉。该份裁定书上认定的事实，只能证明房屋买卖登记机关对涉案房屋办理过户登记的行为在程序上的合规性，不能证明唐某与程某莉之间发生了房屋买卖的民事行为。原审判决将行政裁定用于证明唐某与程某莉之间就涉案房屋成立了房屋买卖合同关系不当。

本案中，除了涉案《房地产买卖合同》外，办理房屋买卖过户登记必备的其他文件，包括《卖方申请书》、收到购房款的《收条》，出现了"卖方""唐某"的签名，但这些应该由所谓卖房人亲力亲为的签名并非唐某所为，而是购房人程某莉的丈夫向某所书写，然后加盖"唐某"的私章。作为对外出具的文件，出具人可以签名，也可以盖章或者是签名加盖章。但不论是签名或盖章，必须是真实的，才能确定是出具人的真实意思表示。办理涉案房屋过户登记时，唐某具有签署自己姓名的行为能力，向某是房地产公司的销售人员，应该知道"代替"他人签名的民事法律后果，尤其是程某莉一方在诉讼中主张唐某已到办理登记过户现场的情况下。程某莉应该就本应由唐某亲笔书写的名字却由向某所替代作出合理的解释，但程某莉一方在本次再审庭审中仍不能就为何收到购房款的收据及"唐某"的签名也由其夫向某所代写作出合理的解释。所以，程某莉既未能举证证明涉案《房地产买卖合同》及办理房屋过户登记的相关手续上加盖的"唐某"的印章为唐某所有，也未能就本应由唐某书写并签名的《卖方申请书》及《收条》为何由程某莉之夫书写作出合理的解释，本案没有证据显示唐某本人有出卖涉案房屋的意思表示，也没有证据表明唐某曾委托他人办理过房地产买卖及转移登记。原审认定唐某与程某莉之间成立房地产买卖合同关系，没有事实依据。

综上，在双方当事人就合同关系是否成立存在争议的情况下，应由主张合同关系成立的一方当事人承担举证责任。唐某否认与程某莉签订过房地产买卖合同，程某莉未能充分举证证明其与唐某之间就涉案房屋成立了买卖合同关系，应该承担举证不能的法律后果。同时，从涉案《房地产买卖合同》的签订及履行过程看，没有证据显示唐某有出卖涉案房屋的意思表示，也没有证据表明唐某曾委托他人办理过房屋买卖及转移登记。因此，应该认定唐某与程某莉之间没有就涉案房屋成立房屋买卖合同关系，涉案《房地产买卖合同》对唐某没有法律约束力，程某莉应该将其占有的涉案房屋返还给唐某。

007 将空白合同交给对方，视为对合同内容的无限授权[*]

> **阅读提示**：实践中出于交易方便的考虑，部分当事人在未填写完整的空白合同上签字盖章后，直接交给他人，该行为其实隐藏巨大的法律风险。根据本案最高人民法院的裁判观点，该行为视为无限授权对方对合同内容进行填写。

---

[*] 案件来源：雷某鸣、梁某学保证合同纠纷再审审查与审判监督民事裁定书，最高人民法院（2018）最高法民申3112号。

裁判要旨

合同一方将留有空白的合同交与对方,视为对合同内容的无限授权,合同相对方在空白部分可以填写相应内容。

案情介绍

1. 2011年12月30日,福田雷某公司与强某公司签订《战略合作协议》,约定福田雷某公司授权强某公司在双方确认的区域内,经销福田雷某公司的工程机械产品。后双方分别签署了2012年至2014年度的《产品经销协议》。

2. 港某公司、杨某平、张某、龙某、葛某仁、梁某学、苏某秀、雷某鸣与福田雷某公司分别签订保证合同,均约定,为确保福田雷某公司与强某公司之间债权债务的顺利履行,愿向福田雷某公司提供保证担保,担保范围为强某公司所欠福田雷某公司的货款等,担保方式为连带责任保证。

3. 后福田雷某公司与强某公司进行了对账,确认强某公司欠福田雷某公司2894725.38元。

4. 福田雷某公司向潍坊中院提起诉讼,请求:港某公司、杨某平、张某、龙某、葛某仁、梁某学、苏某秀、雷某鸣对强某公司所欠福田雷某公司的款项2894725.38元及违约金30万元承担连带保证责任。

5. 杨某平、张某、梁某学、苏某秀提出保证合同签订时为空白合同、保证合同没有具体的交易内容、保证合同中存在修改、合同载明的签订时间与实际时间不一致等,并以此主张签订该合同是受到了福田雷某公司以及强某公司的欺骗,因此不应承担担保责任。潍坊中院判决支持了福田雷某公司的上述请求。

6. 杨某平、张某、雷某鸣、傅某英不服,上诉至山东省高院。山东省高院判决维持潍坊中院的上述判决。

7. 雷某鸣、梁某学、苏某秀、港某公司、龙某、葛某仁仍不服,向最高人民法院申请再审,最高人民法院裁定驳回其再审申请。

实务要点总结

在空白合同上签字后将合同交给对方,存在巨大的法律风险,因为无论对方在空白合同上填写什么内容,对双方均具有约束力。所以,签订合同时权利义务内容应当填写完整,并尽量采取面签的方式,杜绝单方面在空白合同上盖章和签字。

相关法律规定

《中华人民共和国合同法》（已失效）

第三十二条　当事人采用合同书形式订立合同的，自双方当事人签字或者盖章时合同成立。

《中华人民共和国民法典》

第四百九十条　当事人采用合同书形式订立合同的，自当事人均签名、盖章或者按指印时合同成立。在签名、盖章或者按指印之前，当事人一方已经履行主要义务，对方接受时，该合同成立。

法律、行政法规规定或者当事人约定合同应当采用书面形式订立，当事人未采用书面形式但是一方已经履行主要义务，对方接受时，该合同成立。

法院判决

以下为该案在法院审理阶段，裁定书中"本院认为"就该问题的论述：

雷某鸣主张其与福田雷某公司签订的保证合同是伪造的。其曾在一份空白合同上签字，福田雷某公司在保证合同关键处的改动及单方擅自添加妻子吴某琼签字，并未征得雷某鸣的书面同意，因此保证合同是伪造的。本院认为，雷某鸣将留有空白的合同交与合同相对方的，应视为对合同内容包括保证合同中保证事项的无限授权，合同相对方在空白部分可以填写相应内容。雷某鸣主张在一审时申请对保证合同的签名进行笔迹鉴定。但该鉴定申请是由其妻子吴某琼提出的，雷某鸣本人并未提出。吴某琼不是本案当事人，一审法院不予处理并无不当。

008 约定签章后合同生效的，是否必须当事人签字且盖章该合同才生效[*]

阅读提示：本书梳理了关于签字、盖章与合同效力的裁判规则如下。

（1）合同约定经双方当事人签章后生效，但并未明确要求合同生效需要同

---

[*] 案件来源：宁夏三友顺某化工有限公司与宁夏三某环保设备制造有限公司承揽合同纠纷申请再审民事裁定书，最高人民法院（2015）最高法民申字第885号。

> 时具备当事人的签字、盖章。公司法定代表人代表法人行使职权，其在合同上签字的行为，代表法人的意思表示，并不要求再加盖公司公章而使合同成立。
>
> （2）合同约定经双方授权代表签字盖章生效，在此情形下，即使未经授权代表签字盖章而只是由双方当事人加盖公章依然足以引起合同依法成立的效果，但是该情形表明当事人有关签署该合同只是为了项目申报、双方当事人不具有实际履行的意思表示的解释具有一定的合理性和可能性。
>
> （3）合同约定自双方授权代表签字、盖章之日起生效，但实际上双方授权代表未签字、盖章，而是由当事人亲自签字、盖章的，效力更高于授权代表签名，应认定合同生效。
>
> （4）合同约定经双方签字盖章后生效，虽当事人法定代表人或其委托代理人未在合同上签字，但盖有当事人真实公章的，足以表明合同是当事人的真实意思表示。
>
> （5）协议约定双方当事人签字、盖章时生效，"签字、盖章"中的顿号，是并列词语之间的停顿，其前面的"签字"与后面的"盖章"系并列词组，它表示签字与盖章是并列关系，只有在签字与盖章均具备的条件下，该协议方可生效。

裁判要旨

合同约定经双方当事人签章后生效，但并未明确要求合同生效需要同时具备当事人的签字、盖章。根据《合同法》第三十二条的规定，当事人采用合同书形式订立合同的，自双方当事人签字或者盖章时合同成立。[①] 公司法定代表人代表法人行使职权，其在合同上签字的行为，代表法人的意思表示，并不要求再加盖公司公章而使合同成立。

案情介绍

1. 2006年初，顺某公司进行环保设备改造，经与宁夏三某环保设备制造有限

---

① 《合同法》已失效，现相关规定见《民法典》第四百九十条："当事人采用合同书形式订立合同的，自当事人均签名、盖章或者按指印时合同成立。在签名、盖章或者按指印之前，当事人一方已经履行主要义务，对方接受时，该合同成立。法律、行政法规规定或者当事人约定合同应当采用书面形式订立，当事人未采用书面形式但是一方已经履行主要义务，对方接受时，该合同成立。"

公司（以下简称三某公司）协商，确定由三某公司负责为顺某公司承建两台BYTD—Ⅱ型12500KVA电石炉除尘器（布装环保），双方签订了总价款为128万元的《环保治理施工合同》。合同签订后，三某公司按合同约定组织完成了施工；顺某公司已支付1280670.25元。在顺某公司给三某公司支付最后一笔20万元的付款单上，载明此款为2004年水法环保、2006年布装环保剩余款，已全部结清，双方认可，三某公司的法定代表人、顺某公司的法定代表人及财务人员在该付款单上签名确认。

2. 三某公司与顺某公司还于2006年3月10日签订了一份总价款为258.96万元的《环保治理施工合同》，该合同的施工项目、施工内容与双方签订的总价为128万元《环保治理施工合同》基本一致。

3. 三某公司认为顺某公司未付清工程款，分别于2010年3月16日、2011年11月23日以特快专递的形式向顺某公司催要工程款。2013年8月，三某公司将顺某公司诉至石嘴山中院，请求判决顺某公司向三某公司支付剩余承揽加工费126.96万元，支付违约金129480元，合计1399080元。

4. 石嘴山中院认为，签订的总价款为258.96万元的《环保治理施工合同》，虽然双方当事人对真实性无异议，但该合同未实际履行，对双方当事人没有约束力；顺某公司已按总价款为128万元的《环保治理施工合同》的约定向三某公司支付工程款1280670.25元。该院判决：驳回三某公司的诉讼请求。

5. 三某公司不服，上诉至宁夏高院，宁夏高院判决：驳回上诉，维持原判。

6. 三某公司仍不服，向最高人民法院申请再审，主张金额为128万元的《环保治理施工合同》约定签章后生效，但双方公司未盖章，未达到生效条件。最高人民法院裁定驳回三某公司的再审申请。

实务要点总结

第一，起草合同者如欲实现合同必须经双方法定代表人或授权代表签字并加盖企业印章后才生效的目的，应当在合同中明确约定"签字并加盖企业印章"，而不是"签章"等词义模糊的表达。

第二，即使合同约定经双方签字盖章后生效，仅盖有印章而未签字，亦有司法判例认定该行为足以表明合同是当事人的真实意思表示。

第三，根据《合同法》第三十七条的规定，在签字或者盖章之前，当事人一方已经履行主要义务，对方接受的，该合同成立。所以如果想否定合同效力，千万不要轻易履行合同。否则，履行合同的行为本身就是对合同成立且生效的默认和认可。

相关法律规定

《中华人民共和国合同法》（已失效）

第三十二条　当事人采用合同书形式订立合同的，自双方当事人签字或者盖章时合同成立。

《中华人民共和国民法典》

第四百九十条　当事人采用合同书形式订立合同的，自当事人均签名、盖章或者按指印时合同成立。在签名、盖章或者按指印之前，当事人一方已经履行主要义务，对方接受时，该合同成立。

法律、行政法规规定或者当事人约定合同应当采用书面形式订立，当事人未采用书面形式但是一方已经履行主要义务，对方接受时，该合同成立。

《最高人民法院关于适用〈中华人民共和国民事诉讼法〉的解释》（2022年修正）

第一百零八条　对负有举证证明责任的当事人提供的证据，人民法院经审查并结合相关事实，确信待证事实的存在具有高度可能性的，应当认定该事实存在。

对一方当事人为反驳负有举证证明责任的当事人所主张事实而提供的证据，人民法院经审查并结合相关事实，认为待证事实真伪不明的，应当认定该事实不存在。

法律对于待证事实所应达到的证明标准另有规定的，从其规定。

法院判决

以下为该案在法院审理阶段，裁定书中"本院认为"就该问题的论述：

就案涉设备的定制，双方当事人提交了两份定制项目、内容等相同而价款不同的《环保治理施工合同》，对两份合同的真实性，双方均予以认可。就约定价款为128万元的《环保治理施工合同》是否成立并生效的问题，根据该合同约定，合同经双方当事人签章后生效，但并未明确要求合同生效需要同时具备当事人的签字、盖章。

根据《合同法》第三十二条的规定，当事人采用合同书形式订立合同的，自双方当事人签字或者盖章时合同成立。公司法定代表人代表法人行使职权，其在合同上签字的行为，代表法人的意思表示，并不要求再加盖公司公章而使合同成立。

就根据顺某公司实际支付款项的时间和数额是否符合合同约定，能否认定双方当事人实际履行的是哪一份合同的问题，本院认为，本案款项实际支付情况与两份合同约定的付款时间及数额均不相符，故款项支付情况，不能单独作为认定双方实际履行合同事实的依据。在顺某公司2008年1月17日向三某公司支付最后一笔工程款的付款单上，双方法定代表人及顺某公司财务人员均签字确认，双方关于本案案涉设备款项已全部结清。三某公司虽然对该付款单内容的真实性提出异议，但经一审法院委托鉴定，鉴定机构对付款单上时任三某公司法定代表人王某富的签字真实性，以及付款单上字迹是否一次书写形成等进行了笔迹鉴定，鉴定结论认为王某富的签字是其本人书写，款项已经结清事项书写内容与付款单上其余书写内容系一次书写形成。三某公司对上述内容为一次书写形成的鉴定结论不予认可，但未举出相反证据证明。鉴定机构在上述鉴定结论作出后出具的回复函的内容，并未改变鉴定结论，不能证明三某公司提出的款项已经结清事项系顺某公司事后单方添加的主张。根据一审、二审过程中法院查明的款项实际支付情况，顺某公司就案涉设备的定制，共向三某公司支付1280670.25元，该数额与价款为128万元的合同约定基本一致。本院认为，《最高人民法院关于适用〈中华人民共和国民事诉讼法〉的解释》第一百零八条第一款、第二款规定，对负有举证证明责任的当事人提供的证据，人民法院经审查并结合相关事实，确信待证事实的存在具有高度可能性的，应当认定该事实存在。对一方当事人为反驳负有举证证明责任的当事人所主张事实而提供的证据，人民法院经审查并结合相关事实，认为待证事实真伪不明的，应当认定该事实不存在。三某公司主张顺某公司欠付合同工程款，应当就其主张的事实负举证责任，在顺某公司提供相反证据反驳三某公司主张的情况下，二审判决综合本案证据情况，对三某公司所主张的事实未予认定，符合司法解释对证明标准的规定，并无不妥。三某公司上述申请再审理由不能成立。

009 格式条款提供方如何尽对免责条款的合理提示及说明义务[*]

> **阅读提示**：根据《民法典》的规定，提供格式条款的一方对格式条款中免除或者限制其责任的内容应当在订立合同时尽到合理提示及说明义务。那么如何设计格式条款才能视为尽到合理提示及说明义务？

---

[*] 案件来源：再审申请人泉州市恒某国际进出口有限公司因与被申请人福建盛某物流集团有限公司、福建盛某物流集团有限公司泉州分公司运输合同纠纷申请再审民事裁定书，最高人民法院（2013）最高法民再申字第16号。

> 本案例是最高人民法院判例，该判例认为：以黑体加粗字明示免责或限责的格式条款，且对方已签名确认已阅读并同意该条款，即视为已尽合理提示及说明义务。

裁判要旨

免除或者限制责任的格式条款以黑体加粗字予以明示，且对方已单独签名确认已阅读并同意该条款，即证明对方知晓并同意该条款内容，格式条款有效。①

案情介绍

1. 2010 年，福建盛某物流集团有限公司泉州分公司（以下简称盛某泉州分公司）与泉州市恒某国际进出口有限公司（以下简称恒某公司）签订《货物运单》，约定由盛某泉州分公司为恒某公司提供货运托运服务。其中"协定事项""本公司声明"为限制其责任的格式条款，载明：本公司提供保价运输服务，托运人只能选择保价或不保价运输，选择保价运输的，按声明价值的 3‰ 缴纳保价费；托运的货物如果发生全损、灭失、遗失或被盗，有保价的，货物实际损失高于声明价值的，按声明价值赔偿，货物实际损失低于声明价值的，按货物实际损失赔偿，未保价的按每件货物不高于 300 元给予赔偿。

2. 签订合同后托运货物发生毁损、灭失。福建省高院再审认定盛某泉州分公司在制订格式合同时已经采取了合理的方式提请对方注意，判决盛某公司按双方约定的"未保价的按每件货物不高于 300 元"的标准赔偿恒某公司的损失及相应利息，返还恒某公司缴纳的运费。

3. 恒某公司不服福建省高院再审判决，向最高人民法院申请再审。最高人民法院裁定驳回再审申请。

实务要点总结

第一，格式条款的提供方在设计免除或限制责任的格式条款时，应当做到：

---

① 《合同法》已失效，现行有效的关于格式条款的规定与《合同法》的规定有所不同。《民法典》第四百九十六条规定，提供格式条款的一方对格式条款中免除或者减轻其责任等与对方有重大利害关系的条款，应当按照对方的要求，在订立合同时尽到合理提示及说明义务。《最高人民法院关于适用〈中华人民共和国民法典〉合同编通则若干问题的解释》第十条对于如何认定意见履行提示义务、说明义务进行了细化，具体详见"相关法律规定"部分。

其一，对文字做特殊标识，单独突出显示，如更换字体、加大、加粗、加下划线，切忌与其他条款文字格式完全一致；其二，在书面合同中对条款做通俗化说明，切忌"文绉绉"，不易理解；其三，要求合同相对方单独签字确认其已同意并理解该条款。

第二，在签订合同时一定要认真阅读合同条款，尤其是对方已经以特殊标识标记的格式条款。对不理解的条款要提请对方予以说明，重大合同还要聘请律师协助审阅。

第三，快递单据等是格式条款效力争议的重灾区。那么，应如何制定免责条款？最高人民法院认为，"该运单上的'协定事项'和'本公司声明'条款是格式条款，但上述条款均以黑体加粗字予以明示，对合同相对方具有醒目的警示作用。托运人在'本人已阅读并同意保价声明和协定事项'签名即可以证明托运人知晓上述条款并同意该条款内容"。

相关法律规定

《中华人民共和国合同法》（已失效）

第三十九条 采用格式条款订立合同的，提供格式条款的一方应当遵循公平原则确定当事人之间的权利和义务，并采取合理的方式提请对方注意免除或者限制其责任的条款，按照对方的要求，对该条款予以说明。

格式条款是当事人为了重复使用而预先拟定，并在订立合同时未与对方协商的条款。

《中华人民共和国民法典》

第四百九十六条 格式条款是当事人为了重复使用而预先拟定，并在订立合同时未与对方协商的条款。

采用格式条款订立合同的，提供格式条款的一方应当遵循公平原则确定当事人之间的权利和义务，并采取合理的方式提示对方注意免除或者减轻其责任等与对方有重大利害关系的条款，按照对方的要求，对该条款予以说明。提供格式条款的一方未履行提示或者说明义务，致使对方没有注意或者理解与其有重大利害关系的条款的，对方可以主张该条款不成为合同的内容。

《最高人民法院关于适用〈中华人民共和国民法典〉合同编通则若干问题的解释》

第十条 提供格式条款的一方在合同订立时采用通常足以引起对方注意的文字、符号、字体等明显标识，提示对方注意免除或者减轻其责任、排除或者限制对方权利等与对方有重大利害关系的异常条款的，人民法院可以认定其已经履行民法典第四百九十六条第二款规定的提示义务。

提供格式条款的一方按照对方的要求，就与对方有重大利害关系的异常条款的概念、内容及其法律后果以书面或者口头形式向对方作出通常能够理解的解释说明的，人民法院可以认定其已经履行民法典第四百九十六条第二款规定的说明义务。

提供格式条款的一方对其已经尽到提示义务或者说明义务承担举证责任。对于通过互联网等信息网络订立的电子合同，提供格式条款的一方仅以采取了设置勾选、弹窗等方式为由主张其已经履行提示义务或者说明义务的，人民法院不予支持，但是其举证符合前两款规定的除外。

法院判决

以下为该案在法院审理阶段，裁定书中"本院认为"就该问题的论述：

经查，2010年7月2日的《货物运单》中关于"协定事项""本公司声明"所载明的内容为："本公司提供保价运输服务，托运人只能选择保价或不保价运输，选择保价运输的，按声明价值的3‰交纳保价费"、"托运的货物如果发生全损、灭失、遗失或被盗，有保价的，货物实际损失高于声明价值的，按声明价值赔偿，货物实际损失低于声明价值的，按货物实际损失赔偿；未保价的按每件货物不高于300元给予赔偿"。案涉《货物运单》虽是盛某泉州分公司出具给恒某公司的，该运单上的"协定事项"和"本公司声明"条款是格式条款，但上述条款均以黑体加粗字予以明示，对合同相对方具有醒目的警示作用。从恒某公司经办人施某培以托运人身份在"本人已阅读并同意保价声明和协定事项"一栏上的签名看，证明恒某公司是知晓上述条款并同意该条款内容的，故再审判决认定上述条款有效，适用法律并无不当。由于恒某公司在《货物运单》上对所托运货物未选择保价运输，亦未声明货物价值并交纳保价费，故再审判决认定其选择的是不保价运输，并无不当。鉴于恒某公司与盛某泉州分公司在货物运单中已对保价和不保价情形下货物毁损、灭失的赔偿标准作了约定，故再审判决依据《合同法》第三百一十二条"货物的毁损、灭失的赔偿额，当事人有约定的，按照其约定……"的规定，判令盛某公司按双方约定的"未保价的按每件货物不高于300元"的标准赔偿恒某公司的损失384000元及自2010年7月6日起至本判决确定的付款之日止，按中国人民银行同期同类贷款基准利率计算的利息损失，返还恒某公司缴纳的运费7600元，并无不当。

010 违反报批义务致使合同不能生效，应否承担缔约过失责任*

阅读提示：实践中大量出现合同签署后，必须由一方履行报批义务后合同才能生效的情况。这类案件如果一方不诚实信用履行报批义务，尤其是起草合同的一方不精通法律，缺乏责任心，付款进度与报批义务的履行不挂钩，一旦付款完成，对方可能没有动力履行报批义务，进而转发因为不履行报批义务而发生的争议。为此，《全国法院民商事审判工作会议纪要》（法〔2019〕254号）专门针对未经批准合同的效力、报批义务及相关违约条款独立生效、法院审理阶段对报批义务的释明、判决履行报批义务后的处理等都作出了非常详细的规定。

《全国法院民商事审判工作会议纪要》认为，法律、行政法规规定某类合同应当办理批准手续生效的，如商业银行法、证券法、保险法等法律规定购买商业银行、证券公司、保险公司5%以上股权须经相关主管部门批准，依据《合同法》第四十四条第二款的规定，批准是合同的法定生效条件，未经批准的合同因欠缺法律规定的特别生效条件而未生效。实践中的一个突出问题是，把未生效合同认定为无效合同，或者虽认定为未生效，却按无效合同处理。无效合同从本质上来说是欠缺合同的有效要件，或者具有合同无效的法定事由，自始不发生法律效力。而未生效合同已具备合同的有效要件，对双方具有一定的拘束力，任何一方不得擅自撤回、解除、变更，但因欠缺法律、行政法规规定或当事人约定的特别生效条件，在该生效条件成就前，不能产生请求对方履行合同主要权利义务的法律效力。在《最高人民法院关于适用〈中华人民共和国民法典〉合同编通则若干问题的解释》中对在批准机关不予批准情况下负有报批义务的当事人的法律责任也进行了明确规定。

笔者认为，合同领域须遵守诚实信用原则，法律对于当事人的保护不仅仅在合同订立之后，在合同订立的过程中也通过一套先合同义务的理论予以保护和救济。当事人为缔结合同而从事接触磋商之际，不得恶意磋商，不得故意隐瞒与订立合同有关的重要事实情况，不得有违背诚实信用原则的其他行为，否则给另一方当事人造成损失的需要承担缔约过失责任。

---

* 案件来源：深圳市标某投资发展有限公司、鞍某市财政局股权转让纠纷二审民事判决书，最高人民法院（2016）最高法民终802号。

裁判要旨

缔约过失责任是一方因违反先合同义务造成对方信赖利益损失而应承担的民事赔偿责任，缔约过失责任的承担须以先合同义务的存在及违反作为前提条件。在订立合同过程中违反先合同义务的具体情形包括：（一）假借订立合同，恶意进行磋商；（二）故意隐瞒与订立合同有关的重要事实或者提供虚假情况；（三）有其他违背诚实信用原则的行为。

案情介绍

1. 2011年11月，鞍某市财政局将69300万元鞍某银行的国有股权在沈交所挂牌出让，同年12月沈交所公布股权转让的具体情况以及招股说明书。

2. 2012年2月，宏某集团代表融某公司、中某公司、深圳市标某投资发展有限公司（以下简称标某公司）、宏某集团有限公司四家摘牌企业向财政局支付了4848万元保证金，含标某公司应支付的1350万元。同年3月，标某公司向沈交所提交了挂牌公告中要求提交的摘牌材料。不久四家公司摘牌，其中标某公司摘牌2.75亿股。

3. 2012年4月1日，鞍某市财政局与标某公司签订《股份转让合同书》，约定双方应履行或协助履行向审批机关申报的义务，标某公司已按约定提交相关报批材料。同年6月，鞍某市银监局同意标某公司等2家企业成为鞍某银行股东。同年10月，标某公司承诺入股后不发生违规关联交易。

4. 2013年3月，鞍某市国资委向四家企业以及沈交所发函，认为四家企业存在关系交易，不会通过审批，要终止鞍某银行国有股权受让；但同月辽宁银监局也未收到有关补正申请材料，故对于该行政许可事项不予以受理。

5. 2013年5月，鞍某市国资委表示已经收到四公司关于入股鞍某银行的备审资料，但鞍某市财政局以国有股权价格发生重大变化以及久未转让，无法履行为由终止股权转让。2013年12月，鞍某市财政局在北京金融资产交易所将上述股权重新挂牌转让。

6. 2014年1月，标某公司向一审法院提起诉讼，请求判令鞍某市财政局继续履行合同被驳回起诉。2015年5月，四家挂牌公司向财政局要求赔偿损失但未予回应。2015年9月1日，标某公司向一审法院提起本案诉讼，一审认为构成缔约过失，支持了标某公司的相关请求，二审亦维持原判。

实务要点总结

第一，建议起草合同的时候，必须约定一方的付款进度和对方报批义务的履行挂钩。合同订立之后，只能先期支付少量款项（定金），如果对方不履行报批义务、确保正式批复合同生效，则不再支付合同款项。实践中合同签署后一方支付了大部分款项，对方却在收到款项后不积极履行报批义务的情况屡见不鲜。

第二，重要的交易合同和复杂的交易合同，建议聘请专业律师起草。要是负责起草合同的律师不精通法律，缺乏责任心，不知道合同应报批或者知道应报批却并未设计相应的合同条款确保付款进度与报批义务的履行挂钩，一旦付款完成，对方可能会失去履行报批义务的动力，导致付款方掉入合同履行纠纷的陷阱，蒙受经济损失。要知道现实中存在大量因为不履行报批义务而发生的争议。

相关法律规定

《最高人民法院关于适用〈中华人民共和国民法典〉合同编通则若干问题的解释》

第十二条 合同依法成立后，负有报批义务的当事人不履行报批义务或者履行报批义务不符合合同的约定或者法律、行政法规的规定，对方请求其继续履行报批义务的，人民法院应予支持；对方主张解除合同并请求其承担违反报批义务的赔偿责任的，人民法院应予支持。

人民法院判决当事人一方履行报批义务后，其仍不履行，对方主张解除合同并参照违反合同的违约责任请求其承担赔偿责任的，人民法院应予支持。

合同获得批准前，当事人一方起诉请求对方履行合同约定的主要义务，经释明后拒绝变更诉讼请求的，人民法院应当判决驳回其诉讼请求，但是不影响其另行提起诉讼。

负有报批义务的当事人已经办理申请批准等手续或者已经履行生效判决确定的报批义务，批准机关决定不予批准，对方请求其承担赔偿责任的，人民法院不予支持。但是，因迟延履行报批义务等可归责于当事人的原因导致合同未获批准，对方请求赔偿因此受到的损失的，人民法院应当依据民法典第一百五十七条的规定处理。

《中华人民共和国民法总则》（已失效）

第七条 民事主体从事民事活动，应当遵循诚信原则，秉持诚实，恪守承诺。

《中华人民共和国合同法》（已失效）

第四十二条 当事人在订立合同过程中有下列情形之一，给对方造成损失的，应当承担损害赔偿责任：

（一）假借订立合同，恶意进行磋商；

（二）故意隐瞒与订立合同有关的重要事实或者提供虚假情况；

（三）有其他违背诚实信用原则的行为。

《中华人民共和国民法典》

第七条 民事主体从事民事活动，应当遵循诚信原则，秉持诚实，恪守承诺。

第五百条 当事人在订立合同过程中有下列情形之一，造成对方损失的，应当承担赔偿责任：

（一）假借订立合同，恶意进行磋商；

（二）故意隐瞒与订立合同有关的重要事实或者提供虚假情况；

（三）有其他违背诚信原则的行为。

第五百零二条 依法成立的合同，自成立时生效，但是法律另有规定或者当事人另有约定的除外。

依照法律、行政法规的规定，合同应当办理批准等手续的，依照其规定。未办理批准等手续影响合同生效的，不影响合同中履行报批等义务条款以及相关条款的效力。应当办理申请批准等手续的当事人未履行义务的，对方可以请求其承担违反该义务的责任。

依照法律、行政法规的规定，合同的变更、转让、解除等情形应当办理批准等手续的，适用前款规定。

《全国法院民商事审判工作会议纪要》

37.【未经批准合同的效力】法律、行政法规规定某类合同应当办理批准手续生效的，如商业银行法、证券法、保险法等法律规定购买商业银行、证券公司、保险公司5%以上股权须经相关主管部门批准，依据《合同法》第44条第2款的规定，批准是合同的法定生效条件，未经批准的合同因欠缺法律规定的特别生效条件而未生效。实践中的一个突出问题是，把未生效合同认定为无效合同，或者虽认定为未生效，却按无效合同处理。无效合同从本质上来说是欠缺合同的有效要件，或者具有合同无效的法定事由，自始不发生法律效力。而未生效合同已具备合同的有效要件，对双方有一定的拘束力，任何一方不得擅自撤回、解除、变更，但因欠缺法律、行政法规规定或当事人约定的特别生效条件，在该生效条件成就前，不能产生请求对方履行合同主要权利义务的法律效力。

38.【报批义务及相关违约条款独立生效】须经行政机关批准生效的合同,对报批义务及未履行报批义务的违约责任等相关内容作出专门约定的,该约定独立生效。一方因另一方不履行报批义务,请求解除合同并请求其承担合同约定的相应违约责任的,人民法院依法予以支持。

39.【报批义务的释明】须经行政机关批准生效的合同,一方请求另一方履行合同主要权利义务的,人民法院应当向其释明,将诉讼请求变更为请求履行报批义务。一方变更诉讼请求的,人民法院依法予以支持;经释明后当事人拒绝变更的,应当驳回其诉讼请求,但不影响其另行提起诉讼。

40.【判决履行报批义务后的处理】人民法院判决一方履行报批义务后,该当事人拒绝履行,经人民法院强制执行仍未履行,对方请求其承担合同违约责任的,人民法院依法予以支持。一方依据判决履行报批义务,行政机关予以批准,合同发生完全的法律效力,其请求对方履行合同的,人民法院依法予以支持;行政机关没有批准,合同不具有法律上的可履行性,一方请求解除合同的,人民法院依法予以支持。

法院判决

以下为该案在法院审理阶段,判决书中"本院认为"就该问题的论述:

《民法通则》第四条规定,民事活动应当遵循自愿、公平、等价有偿、诚实信用的原则。《合同法》第四十二条规定:"当事人在订立合同过程中有下列情形之一,给对方造成损失的,应当承担损害赔偿责任:(一)假借订立合同,恶意进行磋商;(二)故意隐瞒与订立合同有关的重要事实或者提供虚假情况;(三)有其他违背诚实信用原则的行为。"上述法律规定确立了缔约过失责任,即在合同缔约过程中,如一方当事人违背诚实信用原则,不履行相关先合同义务,其应对相对人因此所受损失承担赔偿责任。根据法律规定及本案事实,对本案合同解除后鞍某市财政局所应承担的责任性质、赔偿范围及具体数额,分析如下:

鞍某市财政局未将涉案合同报送批准存在缔约过失。

首先,鞍某市财政局未履行报批义务违反合同约定。《合同法》第八条规定,依法成立的合同,对当事人具有法律约束力。当事人应当按照约定履行自己的义务,不得擅自变更或者解除合同。依法成立的合同,受法律保护。《最高人民法院关于适用〈中华人民共和国合同法〉若干问题的解释(二)》第八条规定:"依照法律、行政法规的规定经批准或者登记才能生效的合同成立后，有义务办理申请批准或者申请登记等手续的一方当事人未按照法律规定或者合同约定办理申请批准或者未申请登记的，属于合同法第四十二条第（三）项规定的'其他违背诚实信用原则的行为'，人民法院可以根据案件的具体情况和相对人的请求，判决相对人自己办理有关手续；对方当事人对由此产生的费用和给相对人造成的实际损失，应当承担损害赔偿责任。"根据上述法律和司法解释规定，如果合同已成立，合同中关于股权转让的相关约定虽然需经有权机关批准方产生法律效力，但合同中关于报批义务的约定自合同成立后即对当事人具有法律约束力。当事人应按约履行报批义务，积极促成合同生效。本案中，《股份转让合同书》第7.1条规定，本次转让依法应上报有权审批机关审批。甲、乙双方应履行或协助履行向审批机关申报的义务，并尽最大努力，配合处理任何审批机关提出的合理要求和质询，以获得审批机关对本合同及其项下股权交易的批准。第11.2条规定，标某公司作为乙方保证向甲方及沈交所提交的各项证明文件及资料均真实、准确、完整。上述约定虽未明确涉案合同报批义务及协助报批义务具体由哪一方负担，但根据约定标某公司的主要义务是提供相关证明文件、资料，主要是协助报批。据此，应认定涉案合同报批义务由鞍某市财政局承担。但鞍某市财政局违反合同约定，未履行报批义务，亦未按照有权机关要求补充报送相关材料，依据上述司法解释规定，其行为属于《合同法》第四十二条第三项规定的"其他违背诚实信用原则的行为"，应认定鞍某市财政局存在缔约过失。鞍某银行并非涉案《股份转让合同书》的当事人，鞍某市财政局上诉主张报批义务由鞍某银行承担，没有合同依据，不予支持。

其次，鞍某市财政局不履行报批义务的抗辩理由不能成立。一方面，鞍某市财政局关于标某公司等四户企业存在关联关系导致其不具有受让涉案股权资格的证据不足。根据查明的事实，鞍山市××委于2013年3月25日作出鞍国资函〔2013〕13号《关于终止鞍某银行国有股权受让的函》，以标某公司等四户企业存在关联交易为由终止涉案股权转让。但在标某公司等企业提出异议后，鞍山市××委又于2013年5月2日发函对标某公司等四户企业呈报资料进行审计，并按审计结果上报监管部门审定。由于审计报告的作出时间早于鞍某市财政局终止涉案股权转让的时间，审计结论亦未明确否定标某公司等企业不具有受让资格，因此，鞍某市财政局关于标某公司因存在关联关系等原因不具有涉案股权受让资格的上诉理由，证据不足，不能成立。另一方面，鞍某市财政局拒不报送审批材料无合法依据。在鞍某市财政局已与标某公司签订涉案合同的情况下，应视为其认可标某公司具有合同主体资格。涉案《股份转让合同书》是否批准，应由政府及金融行业监管部门决定，鞍某市财政局作为合同一方当事人,不具有审批权力,不能以其自身判断而违反合同约定免除其报送审批的义务。鞍某市财政局关于涉案合同因标某公司等不具有受让资格而无须报批的上诉理由,无事实和法律依据,不能成立。

综上,鞍某市财政局无正当理由不履行涉案合同报批义务,其行为已构成《合同法》第四十二条第三项规定的"其他违背诚实信用原则的行为",应认定其存在缔约过失。

011 缔约过失的赔偿范围是否包含可得利益损失*

> **阅读提示:** 本案例载于《最高人民法院公报》2017年第12期(总第254期),确立了缔约过失责任的赔偿范围包括可得利益损失。但是笔者也关注到,在本案例裁判文书作出之前,最高人民法院以往的裁判文书认为缔约过失责任的赔偿范围不包括可得利益损失。因此,本案例的裁判规则未来能否成为普适性的裁判规则,有待法律或司法解释予以进一步的明确。
>
> 根据《全国法院民商事审判工作会议纪要》的规定,合同不成立、无效或者被撤销情况下,当事人所承担的缔约过失责任不应超过合同履行利益。《最高人民法院关于适用〈中华人民共和国民法典〉合同编通则若干问题的解释》第二十四条、第二十五条对于合同不成立、无效、被撤销或确定不发生效力情况下的返还财产、赔偿损失、资金占用费等法律责任进行了明确与划分,具体条款详见"相关法律规定"部分。

裁判要旨

一、缔约过失责任制度是实现诚实守信这一民法基本原则的具体保障。通过要求缔约过失责任人承担损害赔偿责任,填补善意相对人信赖利益损失,以敦促各类民事主体善良行事,恪守承诺。

二、赔偿范围方面,通常情况下,缔约过失责任人对善意相对人缔约过程中支出的直接费用等直接损失予以赔偿,即可使善意相对人利益得到恢复。但如果善意相对人确实因缔约过失责任人的行为遭受交易机会损失等间接损失,则缔约过失责

---

* 案件来源:深圳市标某投资发展有限公司、鞍某市财政局股权转让纠纷二审民事判决书,最高人民法院(2016)最高法民终802号。

任人也应当予以适当赔偿。

三、交易机会损失数额应考虑缔约过失人获益情况、善意相对人交易成本支出情况等，综合衡量确定。

案情介绍

1. 2011年11月29日，鞍某市财政局为委托方，沈交所为受托方，双方签订一份《产权转让挂牌登记委托协议》，约定鞍某市财政局作为出让方将鞍某银行6.93亿股国有股权出让信息委托沈阳联合产权交易所登记并挂牌公布。

2. 2012年3月28日，深圳市标某投资发展有限公司（以下简称标某公司）摘牌上述股权2.25亿股。

3. 2012年4月17日，鞍某市财政局（甲方）与标某公司（乙方）签订《股份转让合同书》，约定甲方将其持有的标的公司2.25亿股份（9.9986%）以5亿元（每股2.00元）的价格转让给乙方，本次转让依法应上报有权审批机关审批，本合同依法律、行政法规规定获得有权审批机关批准后生效。

4. 鞍某市财政局于2013年6月6日以国有资产明显增值为由，向沈交所发出《终止鞍某银行国有股权转让的函》，沈交所根据该函，于2013年6月14日向标某公司发出终止鞍某银行国有股权转让的通知。2013年10月11日，宏某集团代表标某公司向鞍某市财政局发出《关于要求返还交易保证金的函》。

5. 2013年12月31日，鞍某市财政局在北京金融资产交易所将上述股权重新挂牌转让。后以2.5元/股的价格将涉案股权另行出售。

6. 标某公司向辽宁省高院起诉，请求：鞍某市财政局赔偿标某公司交易费用损失27.846535万元及利息损失、交易保证金利息损失、交易可得利益损失11250万元。

7. 辽宁省高院认为，《股份转让合同书》成立但未生效，鞍某市财政局应承担缔约过失赔偿责任，只赔偿给标某公司造成的实际损失，未支持标某公司请求赔偿可得利益损失的请求。故判决：鞍某市财政局赔偿标某公司交易费本金27.846535万元及相应利息、1350万元的保证金利息、1294.30693万元的保证金利息。

8. 标某公司不服，上诉至最高人民法院。最高人民法院支持标某公司赔偿可得利益损失的诉求，判决鞍某市财政局赔偿标某公司可得利益损失1125万元。

实务要点总结

第一，合同当事人应当恪守诚实信用原则，履行合同生效前的报批义务等先合同义务。根据本案最高人民法院的裁判规则，不履行报批义务将承担缔约过失责任，缔约过失责任的赔偿范围包括可得利益损失。根据《全国法院民商事审判工作会议纪要》的规定，当事人所承担的缔约过失责任不应超过合同履行利益。

第二，《最高人民法院关于审理矿业权纠纷案件适用法律若干问题的解释》第八条规定："矿业权转让合同依法成立后，转让人无正当理由拒不履行报批义务，受让人请求解除合同、返还已付转让款及利息，并由转让人承担违约责任的，人民法院应予支持。"据此，在矿业权转让交易中，转让人不履行报批义务，受让人有权主张违约责任，即意味着受让人可主张可得利益损失。

相关法律规定

《中华人民共和国合同法》（已失效）

第八条　依法成立的合同，对当事人具有法律约束力。当事人应当按照约定履行自己的义务，不得擅自变更或者解除合同。

依法成立的合同，受法律保护。

第四十二条　当事人在订立合同过程中有下列情形之一，给对方造成损失的，应当承担损害赔偿责任：

（一）假借订立合同，恶意进行磋商；

（二）故意隐瞒与订立合同有关的重要事实或者提供虚假情况；

（三）有其他违背诚实信用原则的行为。

第四十四条　依法成立的合同，自成立时生效。

法律、行政法规规定应当办理批准、登记等手续生效的，依照其规定。

《中华人民共和国民法典》

第四百六十五条　依法成立的合同，受法律保护。

依法成立的合同，仅对当事人具有法律约束力，但是法律另有规定的除外。

第五百条　当事人在订立合同过程中有下列情形之一，造成对方损失的，应当承担赔偿责任：

（一）假借订立合同，恶意进行磋商；

（二）故意隐瞒与订立合同有关的重要事实或者提供虚假情况；

（三）有其他违背诚信原则的行为。

第五百零二条　依法成立的合同，自成立时生效，但是法律另有规定或者当事人另有约定的除外。

依照法律、行政法规的规定，合同应当办理批准等手续的，依照其规定。未办理批准等手续影响合同生效的，不影响合同中履行报批等义务条款以及相关条款的效力。应当办理申请批准等手续的当事人未履行义务的，对方可以请求其承担违反该义务的责任。

依照法律、行政法规的规定，合同的变更、转让、解除等情形应当办理批准等手续的，适用前款规定。

《最高人民法院关于适用〈中华人民共和国合同法〉若干问题的解释（二）》(已失效)

第八条 依照法律、行政法规的规定经批准或者登记才能生效的合同成立后，有义务办理申请批准或者申请登记等手续的一方当事人未按照法律规定或者合同约定办理申请批准或者未申请登记的，属于合同法第四十二条第（三）项规定的"其他违背诚实信用原则的行为"，人民法院可以根据案件的具体情况和相对人的请求，判决相对人自己办理有关手续；对方当事人对由此产生的费用和给相对人造成的实际损失，应当承担损害赔偿责任。

《最高人民法院关于适用〈中华人民共和国民法典〉合同编通则若干问题的解释》

第二十四条 合同不成立、无效、被撤销或者确定不发生效力，当事人请求返还财产，经审查财产能够返还的，人民法院应当根据案件具体情况，单独或者合并适用返还占有的标的物、更正登记簿册记载等方式；经审查财产不能返还或者没有必要返还的，人民法院应当以认定合同不成立、无效、被撤销或者确定不发生效力之日该财产的市场价值或者以其他合理方式计算的价值为基准判决折价补偿。

除前款规定的情形外，当事人还请求赔偿损失的，人民法院应当结合财产返还或者折价补偿的情况，综合考虑财产增值收益和贬值损失、交易成本的支出等事实，按照双方当事人的过错程度及原因力大小，根据诚信原则和公平原则，合理确定损失赔偿额。

合同不成立、无效、被撤销或者确定不发生效力，当事人的行为涉嫌违法且未经处理，可能导致一方或者双方通过违法行为获得不当利益的，人民法院应当向有关行政管理部门提出司法建议。当事人的行为涉嫌犯罪的，应当将案件线索移送刑事侦查机关；属于刑事自诉案件的，应当告知当事人可以向有管辖权的人民法院另行提起诉讼。

第二十五条 合同不成立、无效、被撤销或者确定不发生效力，有权请求返还价款或者报酬的当事人一方请求对方支付资金占用费的，人民法院应当在当事人请求的范围内按照中国人民银行授权全国银行间同业拆借中心公布的一年期贷款市场报价利率（LPR）计算。但是，占用资金的当事人对于合同不成立、无效、被撤销或者确定不发生效力没有过错的，应当以中国人民银行公布的同期同类存款基准利率计算。

双方互负返还义务，当事人主张同时履行的，人民法院应予支持；占有标的物的一方对标的物存在使用或者依法可以使用的情形，对方请求将其应支付的资金占用费与应收取的标的物使用费相互抵销的，人民法院应予支持，但是法律另有规定的除外。

《全国法院民商事审判工作会议纪要》

32.【合同不成立、无效或者被撤销的法律后果】《合同法》第58条就合同无效或者被撤销时的财产返还责任和损害赔偿责任作了规定，但未规定合同不成立的法律后果。考虑到合同不成立时也可能发生财产返还和损害赔偿责任问题，故应当参照适用该条的规定。

在确定合同不成立、无效或者被撤销后财产返还或者折价补偿范围时，要根据诚实信用原则的要求，在当事人之间合理分配，不能使不诚信的当事人因合同不成立、无效或者被撤销而获益。合同不成立、无效或者被撤销情况下，当事人所承担的缔约过失责任不应超过合同履行利益。比如，依据《最高人民法院关于审理建设工程施工合同纠纷案件适用法律问题的解释》第2条规定，建设工程施工合同无效，在建设工程经竣工验收合格情况下，可以参照合同约定支付工程款，但除非增加了合同约定之外新的工程项目，一般不应超出合同约定支付工程款。

37.【未经批准合同的效力】法律、行政法规规定某类合同应当办理批准手续生效的，如商业银行法、证券法、保险法等法律规定购买商业银行、证券公司、保险公司5%以上股权须经相关主管部门批准，依据《合同法》第44条第2款的规定，批准是合同的法定生效条件，未经批准的合同因欠缺法律规定的特别生效条件而未生效。实践中的一个突出问题是，把未生效合同认定为无效合同，或者虽认定为未生效，却按无效合同处理。无效合同从本质上来说是欠缺合同的有效要件，或者具有合同无效的法定事由，自始不发生法律效力。而未生效合同已具备合同的有效要件，对双方具有一定的拘束力，任何一方不得擅自撤回、解除、变更，但因欠缺法律、行政法规规定或当事人约定的特别生效条件，在该生效条件成就前，不能产生请求对方履行合同主要权利义务的法律效力。

38.【报批义务及相关违约条款独立生效】须经行政机关批准生效的合同，对报批义务及未履行报批义务的违约责任等相关内容作出专门约定的，该约定独立生效。一方因另一方不履行报批义务，请求解除合同并请求其承担合同约定的相应违约责任的，人民法院依法予以支持。

39.【报批义务的释明】须经行政机关批准生效的合同，一方请求另一方履行合同主要权利义务的，人民法院应当向其释明，将诉讼请求变更为请求履行报批义务。一方变更诉讼请求的，人民法院依法予以支持；经释明后当事人拒绝变更的，应当驳回其诉讼请求，但不影响其另行提起诉讼。

40.【判决履行报批义务后的处理】人民法院判决一方履行报批义务后，该当事人拒绝履行，经人民法院强制执行仍未履行，对方请求其承担合同违约责任的，人民法院依法予以支持。一方依据判决履行报批义务，行政机关予以批准，合同发生完全的法律效力，其请求对方履行合同的，人民法院依法予以支持；行政机关没有批准，合同不具有法律上的可履行性，一方请求解除合同的，人民法院依法予以支持。

《国务院办公厅关于加强国有企业产权交易管理的通知》

二、国有企业产权属国家所有。地方管理的国有企业产权转让，要经地级市以上人民政府审批，其中有中央投资的，要事先征得国务院有关部门同意，属中央投资部分的产权收入归中央。中央管理的国有企业产权转让，由国务院有关部门报国务院审批。所有特大型、大型国有企业（包括地方管理的）的产权转让，报国务院审批。

《中华人民共和国商业银行法》（2015年修正）

第二十八条 任何单位和个人购买商业银行股份总额百分之五以上的，应当事先经国务院银行业监督管理机构批准。

《金融企业国有资产转让管理办法》

第七条 金融企业国有资产转让按照统一政策、分级管理的原则，由财政部门负责监督管理。财政部门转让金融企业国有资产，应当报本级人民政府批准。政府授权投资主体转让金融企业国有资产，应当报本级财政部门批准。

金融企业国有资产转让过程中，涉及政府社会公共管理和金融行业监督管理事项的，应当根据国家规定，报经政府有关部门批准。

以境外投资人为受让方的，应当符合国家有关外商投资的监督管理规定，由转让方按照有关规定报经政府有关部门批准。

法院判决

以下为该案在法院审理阶段，判决书中"本院认为"就该问题的论述：

(一) 涉案《股份转让合同书》应认定为成立未生效合同

《合同法》第四十四条规定，依法成立的合同，自成立时生效。法律、行政法规规定应当办理批准、登记等手续生效的，依照其规定。《国务院办公厅关于加强国有企业产权交易管理的通知》第二条规定，地方管理的国有企业产权转让，要经地级市以上人民政府审批，其中有中央投资的，要事先征得国务院有关部门同意，属中央投资部分的产权收入归中央。中央管理的国有企业产权转让，由国务院有关部门报国务院审批。所有特大型、大型国有企业（包括地方管理的）的产权转让，报国务院审批。财政部《金融企业国有资产转让管理办法》第七条第一款、第二款规定，金融企业国有资产转让按照统一政策、分级管理的原则，由财政部门负责监督管理。财政部门转让金融企业国有资产，应当报本级人民政府批准。政府授权投资主体转让金融企业国有资产，应当报本级财政部门批准。金融企业国有资产转让过程中，涉及政府社会公共管理和金融行业监督管理事项的，应当根据国家规定，报经政府有关部门批准。《商业银行法》第二十八条规定，任何单位和个人购买商业银行股份总额百分之五以上的，应当事先经过国务院银行业监督管理机构批准。涉案《股份转让合同书》的转让标的为鞍某市财政局持有的鞍某银行9.9986%即22500万股股权，系金融企业国有资产，转让股份总额已经超过鞍某银行股份总额的5%。依据上述规定，该合同应经有批准权的政府及金融行业监督管理部门批准方产生法律效力。由此，本案的《股份转让合同书》虽已经成立，但因未经有权机关批准，应认定其效力为未生效。标某公司主张涉案合同已经鞍山市人民政府批准，其所依据的是鞍山市国有银行股权转让说明书，但该说明书仅是鞍山市人民政府对涉案股权挂牌出让的批准，并非对涉案《股份转让合同书》的批准。标某公司关于涉案合同已生效的上诉理由，不符合法律规定，不能成立。

……

(三) 关于鞍某市财政局应否赔偿标某公司交易费、保证金利息及可得利益损失的问题

《民法通则》第四条规定，民事活动应当遵循自愿、公平、等价有偿、诚实信用的原则。《合同法》第四十二条规定："当事人在订立合同过程中有下列情形之一，给对方造成损失的，应当承担损害赔偿责任：（一）假借订立合同，恶意进行磋商；（二）故意隐瞒与订立合同有关的重要事实或者提供虚假情况；（三）有其他违背诚实信用原则的行为。"上述法律规定确立了缔约过失责任，即在合同缔约过程中，如一方当事人违背诚实信用原则，不履行相关先合同义务，其应对相对人因此所受损失承担赔偿责任。根据法律规定及本案事实，对本案合同解除后鞍某市

财政局所应承担的责任性质、赔偿范围及具体数额,分析如下:

1. 鞍某市财政局未将涉案合同报送批准存在缔约过失。

首先,鞍某市财政局未履行报批义务违反合同约定。《合同法》第八条规定,依法成立的合同,对当事人具有法律约束力。当事人应当按照约定履行自己的义务,不得擅自变更或者解除合同。依法成立的合同,受法律保护。《最高人民法院关于适用〈中华人民共和国合同法〉若干问题的解释(二)》第八条规定:"依照法律、行政法规的规定经批准或者登记才能生效的合同成立后,有义务办理申请批准或者申请登记等手续的一方当事人未按照法律规定或者合同约定办理申请批准或者未申请登记的,属于合同法第四十二条第(三)项规定的'其他违背诚实信用原则的行为',人民法院可以根据案件的具体情况和相对人的请求,判决相对人自己办理有关手续;对方当事人对由此产生的费用和给相对人造成的实际损失,应当承担损害赔偿责任。"根据上述法律和司法解释规定,如果合同已成立,合同中关于股权转让的相关约定虽然需经有权机关批准方产生法律效力,但合同中关于报批义务的约定自合同成立后即对当事人具有法律约束力。当事人应按约履行报批义务,积极促成合同生效。本案中,《股份转让合同书》第7.1条规定,本次转让依法应上报有权审批机关审批。甲、乙双方应履行或协助履行向审批机关申报的义务,并尽最大努力,配合处理任何审批机关提出的合理要求和质询,以获得审批机关对本合同及其项下股权交易的批准;第11.2条规定,标某公司作为乙方保证向甲方及沈交所提交的各项证明文件及资料均真实、准确、完整。上述约定虽未明确涉案合同报批义务及协助报批义务具体由哪一方负担,但根据约定标某公司的主要义务是提供相关证明文件、资料,主要是协助报批。据此,应认定涉案合同报批义务由鞍某市财政局负担。但鞍某市财政局违反合同约定,未履行报批义务,亦未按照有权机关要求补充报送相关材料,依据上述司法解释规定,其行为属于《合同法》第四十二条第三项规定的"其他违背诚实信用原则的行为",应认定鞍某市财政局存在缔约过失。鞍某银行并非涉案《股份转让合同书》的当事人,鞍某市财政局上诉主张报批义务由鞍某银行承担,没有合同依据,不予支持。

其次,鞍某市财政局不履行报批义务的抗辩理由不能成立。一方面,鞍某市财政局关于标某公司等四户企业存在关联关系导致其不具有受让涉案股权资格的证据不足。根据查明的事实,鞍某市××委于2013年3月25日作出鞍国资函〔2013〕13号《关于终止鞍某银行国有股权受让的函》,以标某公司等四户企业存在关联交易为由终止涉案股权转让。但在标某公司等企业提出异议后,鞍某市××委又于2013年5月2日发函对标某公司等四户企业呈报资料进行审计,并按审计结果上报监管部门审定。由于审计报告的作出时间早于鞍某市财政局终止涉案股权转让的时间，审计结论亦未明确否定标某公司等企业不具有受让资格，因此，鞍某市财政局关于标某公司因存在关联关系等原因不具有涉案股权受让资格的上诉理由，证据不足，不能成立。另一方面，鞍某市财政局拒不报送审批材料无合法依据。在鞍某市财政局已与标某公司签订涉案合同的情况下，应视为其认可标某公司具有合同主体资格。涉案《股份转让合同书》是否批准，应由政府及金融行业监管部门决定，鞍某市财政局作为合同一方当事人，不具有审批权力，不能以其自身判断而违反合同约定免除其报送审批的义务。鞍某市财政局关于涉案合同因标某公司等不具有受让资格而无须报批的上诉理由，无事实和法律依据，不能成立。

综上，鞍某市财政局无正当理由不履行涉案合同报批义务，其行为已构成合同法第四十二条第三项规定的"其他违背诚实信用原则的行为"，应认定其存在缔约过失。

2. 鞍某市财政局对标某公司的直接损失应予赔偿。

根据上述分析，鞍某市财政局违背诚实信用原则，存在缔约过失。标某公司在缔约过程中支付交易费及保证金利息，属于标某公司的直接损失，应由鞍某市财政局承担赔偿责任。具体分析如下：首先，关于交易费及利息问题。根据查明的事实，标某公司于 2012 年 3 月 30 日向沈交所交付了涉案交易费用，鞍某市财政局退还的保证金亦扣除了交易费，该费用系标某公司在合同签订过程中实际财产的减损，该费用及相应利息均应由鞍某市财政局予以赔偿。标某公司已向沈交所保证无论交易成功与否均不退还交易费，故在交易不成功的情况下，该笔交易费已经构成其损失，且是因鞍某市财政局不诚信行为导致。因此，鞍某市财政局主张其不应赔偿的上诉理由不能成立。其次，关于保证金利息问题。鞍某市财政局虽已将标某公司支付的保证金返还，但标某公司作为商事主体，无论是否以自有资金支付保证金，均因保证金的支付产生财务成本。因此，标某公司所支付保证金的相应利息属于直接损失，应当由鞍某市财政局予以赔偿。最后，关于利息计算标准问题。原审判决以人民银行同期贷款利率作为计算上述交易费及保证金利息的标准，符合通常的计算标准，并无不当。鞍某市财政局主张应以同期银行存款利率为标准计算利息，没有法律依据，不予支持。鞍某市财政局关于不付利息是行业惯例的上诉理由，无证据证明，应当不予采信。

3. 鞍某市财政局对标某公司所主张的可得利益损失应予适当赔偿。

（1）当事人客观合理的交易机会损失应属于缔约过失责任赔偿范围。缔约过失责任制度是实现诚实守信这一民法基本原则的具体保障。通过要求缔约过失责任人承担损害赔偿责任，填补善意相对人信赖利益损失，以敦促各类民事主体善良行事，恪守承诺。通常情况下，缔约过失责任人对善意相对人缔约过程中支出的直接费用等直接损失予以赔偿，即可使善意相对人利益得到恢复。但如果善意相对人确实因缔约过失责任人的行为遭受交易机会损失等间接损失，则缔约过失责任人也应当予以适当赔偿。一方面，免除缔约过失责任人对相对人间接损失的赔偿责任没有法律依据。《合同法》第四十二条规定的"损失"并未限定于直接损失。《最高人民法院关于适用〈中华人民共和国合同法〉若干问题的解释（二）》第八条规定在报批生效合同当事人未履行报批义务的，如合同尚有报批可能，且相对人选择自行办理批准手续的，可以由相对人自行办理报批手续，并由缔约过失责任人赔偿相对人的相关实际损失。上述规定均未排除缔约过失责任人对相对人交易机会损失等间接损失的赔偿责任。另一方面，缔约过失责任人对于相对人客观合理的间接损失承担赔偿责任也是贯彻诚实信用原则，保护无过错方利益的应有之义。虽然交易机会本身存在的不确定性对相应损害赔偿数额的认定存在影响，应当根据具体案情予以确定，但不应因此而一概免除缔约过失责任人的间接损失赔偿责任。

（2）关于鞍某市财政局应否对标某公司其他损失承担赔偿责任的问题。

首先，鞍某市财政局恶意阻止合同生效的过错明显。鞍某市财政局作为政府部门，在国有产权交易过程中，既应践行诚实信用价值观念，有约必守；更要遵循政务诚信准则，取信于民，引领全社会建设诚实守信的市场秩序。但在本案中，其在能够将涉案合同报送有权机关批准的情况下，拒不按照银监部门的要求提交相应材料，导致银监部门对相关行政许可事项不予以受理，致使合同不能生效。不仅如此，还将涉案股权在很短时间内另行高价出售。鞍某市财政局恶意阻止涉案合同生效，其行为明显违背诚实信用原则，过错明显。

其次，标某公司存在客观合理的交易机会损失。标某公司主张的可得利益损失实际系丧失取得涉案股权的交易机会所带来的损失。所谓机会，是指特定利益形成或者特定损害避免的部分条件已经具备，但能否最终具备尚不确定的状态。而所谓机会损失，则是当事人获取特定利益或避免特定损害的可能性降低或者丧失。一般而言，在交易磋商阶段，合同是否能够订立以及合同订立所带来的交易机会能否最终实现均属未知，故此时交易机会尚不具有可能性。但如果双方已经达成合意并签订合同，在合同生效要件具备前，双方的相互信赖的程度已经达到更高程度，因信赖对方诚实守信的履行相关义务从而获取特定利益的机会也具有相当的可能性。此时，如一方当事人不诚实守信履行报批义务，其应当预见对方因此而遭受损失。就本案而言，涉案《股份转让合同书》订立后，虽须经有权机关批准方才生效，但双方已就标某公司购买鞍某银行股权达成合意，在无证据证明该合同不能获得有权机关批准的情况下，标某公司有合理理由信赖鞍某市财政局恪守承诺，及时妥善地履行报批手续，从而使涉案合同的效力得到确定，进而通过合同的履行实际取得涉案股权，获取相关利益。因此，标某公司获得涉案股权的可能性现实存在。但因鞍某市财政局拒不将涉案合同报批，继而还将涉案股权另行高价出售，其不诚信行为直接导致标某公司获得涉案股权的可能性完全丧失，导致标某公司因此而获得相关利益的现实性完全丧失。综上，标某公司因鞍某市财政局的不诚信行为存在客观现实的交易机会损失。

最后，鞍某市财政局对标某公司交易机会损失承担赔偿责任是维护公平正义和市场交易秩序的需要。一方面，鞍某市财政局对标某公司交易机会损失承担赔偿责任符合公平原则。鞍某市财政局所获得的股权出售价差利益，是以标某公司丧失购买涉案股权的机会为代价。在鞍某市财政局因其过错行为获得利益的情况下，如果不对标某公司的交易机会损失予以赔偿，将导致双方利益严重失衡，不符合公平原则。另一方面，鞍某市财政局在赔偿标某公司直接损失的基础上，对标某公司间接损失承担适当赔偿责任，以使其为不诚信行为付出相应代价，有利于敦促各类民事主体善良行事，恪守诚实信用，也有利于维护诚实守信的市场交易秩序。

（3）关于标某公司交易机会损失的数额认定问题。结合本案事实，对标某公司因合同未生效导致交易机会损失数额，应综合考虑以下因素予以确定：首先，鞍某市财政局的获益情况。如前所述，鞍某市财政局违背诚实信用原则，以2.5元/股的价格将涉案股权另行出售，其所获得的0.5元/股的价差，系其不诚信行为所得。标某公司丧失涉案股权交易机会的损失数额，可以以此作为参考。其次，标某公司的交易成本支出情况。因涉案合同未生效并已解除，标某公司未实际支付对价，亦未实际取得涉案股权，其主张应当以鞍某市财政局转售股权价差的全部作为标准进行赔偿不符合本案情况，不应支持。本案中，即使标某公司实际取得涉案股权，因双方合同对股权再转让有期限限制的约定，故约定期限届满之后，涉案股权价值是涨是跌，尚不确定。另外，标某公司虽丧失购买涉案股权的交易机会，但并不妨碍其之后将资金另行投资其他项目获得收益。综上，对标某公司交易机会损失，本院酌定按鞍某市财政局转售涉案股权价差的10%予以确定，以涉案股权转售价2.5元/股减去涉案股权转让合同价2元/股乘以22500万股再乘以10%计算，即1125万元。该损失应由鞍某市财政局予以赔偿。

第三章 合同的效力

012 不正当阻止合同约定的生效条件成就，视为合同已生效*

> **阅读提示：**《合同法》第四十五条第二款规定当事人为自己的利益不正当地阻止条件成就的，具体指一方当事人为了自己的利益，恶意地利用法律漏洞或者以不正当的手段制造出有利于己却损害他人的状态，此时视为条件已成就。这是一种典型的法律拟制，反映了对于合同生效前当事人的期待权的特别保护。本书中分析的就是关于一方当事人不正当地阻止生效条件成就的一个典型案例。

裁判要旨

当事人对合同的效力可以约定附条件。附生效条件的合同，自条件成就时生效。任何一方均不得以违背诚实信用原则的方法恶意地促成条件的成就或者阻止条件的成就。

当事人为自己的利益不正当地阻止条件成就的，视为条件已成就，由于黑龙江大某房地产开发股份有限公司（以下简称大某公司）的行为构成不正当阻止合同生效条件成就，故可视为条件已成就，协议书已生效。

案情介绍

1. 2010年8月，中山市鸿某制漆有限公司（以下简称鸿某公司）与大某公司签订了《土地使用股权转让协议书》，转让广东省江门市新会区大泽镇第一水库周边的270亩土地使用权，每亩33万元，合计8910万元。该土地登记于丰某公司名下。

---

* 案件来源：中山市鸿某制漆有限公司与黑龙江大某房地产开发股份有限公司建设用地使用权纠纷申诉、申请民事裁定书，最高人民法院（2017）最高法民申918号。

2. 《土地使用股权转让协议书》约定鸿某公司在 5 个工作日内向大某公司支付 80 万元人民币作为定金，在大某公司与丰某公司的合作合同纠纷案件一审胜诉后，于一审判决下达后 10 日内再向大某公司支付定金 200 万元；协议书自鸿某公司支付定金之日起生效。

3. 鸿某公司已经按约支付了第一笔 80 万元的定金。鸿某公司未能支付第二笔 200 万元定金，曾发公函并多次派人寻找大某公司要求履行协议。

4. 大某公司作为案件当事人，在与丰某公司合作合同纠纷案件一审判决胜诉后，未及时告知鸿某公司案件诉讼结果及汇款账户与方式，致使鸿某公司无法按约支付定金 200 万元。并且大某公司在与丰某公司案件胜诉后，将案涉土地退还给丰某公司。

5. 大某公司以土地价格上涨且土地不能买卖，鸿某公司未能给付 200 万元定金为由主张双方签订的协议无效，拒绝继续履行协议。一审法院认为协议已经生效，大某公司不服提起上诉，二审维持原判，大某公司又申请再审，最高人民法院认为大某公司的行为构成不正当阻止合同生效条件成就，可视为条件已成就，该协议书已生效，驳回再审申请。

实务要点总结

合同当事人履行合同要遵守诚实信用原则，在附条件的合同中亦是如此。当事人应当按照合同约定适当地行使权利、履行义务，不要想钻法律的空子。

若想钻法律的空子，故意地妨碍条件成就，只会适得其反。若是一方当事人为了自己的利益，恶意利用法律漏洞或采用不正当的手段阻止条件成就，根据《合同法》的规定即使条件没有成就也拟制为成就，合同已经生效。

相关法律规定

《中华人民共和国合同法》（已失效）

第四十五条　当事人对合同的效力可以约定附条件。附生效条件的合同，自条件成就时生效。附解除条件的合同，自条件成就时失效。

当事人为自己的利益不正当地阻止条件成就的，视为条件已成就；不正当地促成条件成就的，视为条件不成就。

《中华人民共和国民法典》

第一百五十八条　民事法律行为可以附条件，但是根据其性质不得附条件的除外。附生效条件的民事法律行为，自条件成就时生效。附解除条件的民事法律行为，自条件成就时失效。

第一百五十九条 附条件的民事法律行为，当事人为自己的利益不正当地阻止条件成就的，视为条件已经成就；不正当地促成条件成就的，视为条件不成就。

> 法院判决

以下为该案在法院审理阶段，裁定书中"本院认为"就该问题的论述：

关于大某公司与鸿某公司签订的《土地使用股权转让协议书》效力的问题。《合同法》第四十五条规定："当事人对合同的效力可以约定附条件。附生效条件的合同，自条件成就时生效。附解除条件的合同，自条件成就时失效。当事人为自己的利益不正当地阻止条件成就的，视为条件已成就；不正当地促成条件成就的，视为条件不成就。"本案中，双方当事人签订的《土地使用股权转让协议书》（以下简称协议书）是其真实意思表示，协议内容不违反法律禁止性规定，该协议书合法有效。协议书约定了生效条件，即鸿某公司交付定金后生效，同时约定了履行条件，即大某公司与香港丰某公司终审胜诉。鸿某公司已经依约交付了80万元定金，剩余的200万元定金因鸿某公司未履行相应的合同告知义务，导致未实际支付，可以认定大某公司的行为构成不正当阻止合同生效条件成就，可视为条件已成就，故可以认定协议书已生效。本案最终大某公司依照法院判决取得了案涉土地的使用权，故双方约定的履行条件亦已成就。综上，二审认定协议书合法有效正确，本院予以维持。

013 合同约定义务可否成为民事法律行为所附条件[*]

> **阅读提示**：民事法律行为中所附条件，是指当事人以未来不确定发生的事实，作为民事法律行为效力的附款。所附条件是当事人用以限定民事法律行为效力的附属的意思表示。
>
> 在司法实践中容易混淆的问题是，有些人往往将合同义务认定为附条件合同中的条件。本书通过对最高人民法院的案例进行梳理和分析，为读者揭示合

---

[*] 案件来源：乔某生与蚌某日报社其他合同纠纷申请再审民事裁定书，最高人民法院（2014）最高法民申字第175号。

> 同的履行义务与民事法律行为的附条件应当严格区分，合同约定义务不可成为民事法律行为所附条件。

裁判要旨

条件的实质是当事人对民事法律行为所添加的限制，由于这个限制，使得法律效果的发生、变更、消灭系于将来不确定的事实，法律行为经附条件后就处在一种不确定状态。亦即，条件的本质特征在于成就与否的不确定性。据此，合同义务不能成为条件。

案情介绍

1. 兴某公司是蚌某日报社利用国有资产独资设立的一人有限责任公司。

2. 2009年3月，乔某生与蚌某日报社约定转让兴某公司全部股权，双方约定按国有资产处置的相关规定进行股权转让，由蚌某日报社将兴某公司股权提交交易所进行挂牌交易，乔某生承诺按挂牌转让方式竞买。随后，乔某生向蚌某日报社支付了200万元的项目保证金。

3. 2011年5月26日，蚌某日报社将200万元保证金退还给乔某生，并陆续给付乔某生其他费用支出1326332.4元，但兴某公司至今未挂牌出让，股权登记亦未发生变动。

4. 2012年，乔某生向蚌埠市中级人民法院起诉请求判令蚌某日报社支付违约金100万元并赔偿实际损失177.6万元及可得利益损失80万元，一审法院驳回其诉讼请求。乔某生不服上诉，安徽省高级人民法院认为涉案合同为附生效条件的合同，该合同虽已成立，但所附条件未成就，故涉案合同不生效。

5. 乔某生不服二审判决，申请再审。最高人民法院认为合同约定义务不能成为民事法律行为所附条件，诉争股权转让合同不构成附生效条件的合同，但由于蚌某日报社已经对乔某生的损失进行了赔偿，故不予支持乔某生的再审请求。

实务要点总结

第一，如果合同义务可以作为条件，将会颠覆法律行为附条件制度以及合同严守原则，因为合同效力将取决于当事人的履约意愿，十分荒谬。当事人不能错把合同义务视为民事法律行为所附条件，否则不如约履行，仍需承担违约责任。

第二，合同的履行义务与民事法律行为的附条件有本质区别，当事人可从以下几方面进行区分：其一，合同的履行义务是确定的，按照合同严守的原则，当事人应当全面、适当履行；而民事法律行为所附的条件是一种事实，能否成就是不确定的。其二，违反合同的履行义务要承担违约责任；而条件未成就，涉及的是合同是否生效的问题。其三，合同具有法律约束力，合同义务是法定的，而民事法律行为所附条件是意定的。

相关法律规定

《中华人民共和国合同法》（已失效）

第四十五条 当事人对合同的效力可以约定附条件。附生效条件的合同，自条件成就时生效。附解除条件的合同，自条件成就时失效。

当事人为自己的利益不正当地阻止条件成就的，视为条件已成就；不正当地促成条件成就的，视为条件不成就。

《中华人民共和国民法总则》（已失效）

第一百五十八条 民事法律行为可以附条件，但是按照其性质不得附条件的除外。附生效条件的民事法律行为，自条件成就时生效。附解除条件的民事法律行为，自条件成就时失效。

《中华人民共和国民法典》

第一百五十八条 民事法律行为可以附条件，但是根据其性质不得附条件的除外。附生效条件的民事法律行为，自条件成就时生效。附解除条件的民事法律行为，自条件成就时失效。

第一百五十九条 附条件的民事法律行为，当事人为自己的利益不正当地阻止条件成就的，视为条件已经成就；不正当地促成条件成就的，视为条件不成就。

法院判决

以下为该案在法院审理阶段，裁定书中"本院认为"就该问题的论述：

所谓附条件的合同，是指当事人在合同中特别约定一定的条件，以条件的是否成就来决定合同效力的发生或消灭的合同。条件应当是将来不确定发生的事实，条件必须合法且由当事人协议确定，并且不得与合同的主要内容相矛盾。条件的实质是当事人对民事法律行为所添加的限制，由于这个限制，使得法律效果的发生、变更、消灭系于将来不确定的事实，法律行为经附条件后就处在一种不确定状态。亦即，条件的本质特征在于成就与否的不确定性。据此，合同义务不能成为条件，理由在于：首先，合同义务具有约束力，当事人应当按照约定履行其义务，而条件是否能够成就是不确定的，当事人不负有使条件成就的义务。其次，合同义务没有完成，当事人要承担违约责任，而条件没有成就，当事人不承担违约责任。再次，合同义务没有完成，原则上不能拟制其已经完成，而拟制成就是条件制度的重要内容。复次，依法成立的合同具有约束力和确定性，所谓附条件法律行为的不确定性是合同确定性的例外。如果将条件的范围扩大到合同义务，那么条件天然的不确定性将毁灭合同的确定性本身。最后，条件的作用是限制合同效力，如果合同义务可以作为条件，那么合同效力将完全取决于当事人的履行意愿。本案中，"按国有资产处置的相关规定进行股权转让"这一约定，是双方当事人对股权转让方式作出的约定，该内容明确且确定。依据该约定，蚌某日报社负有将兴某公司股权提交交易所进行挂牌交易的合同义务，乔某生参与竞买，至于挂牌交易后乔某生能否摘得股权，是合同履行的结果问题，合同履行结果的不确定不是条件的不确定，不应将上述约定视为限制合同生效的条件，诉争股权转让合同不构成附生效条件的合同。因双方当事人转让股权的意思表示真实，不违反法律、行政法规的强制性规定，且蚌某日报社转让兴某公司股权经过了蚌某市财政局批准，故诉争合同应为依法成立的有效合同，本案二审判决对合同效力定性不当。

014 银行主管在资金监管承诺上签字，银行是否需要承担责任[*]

> **阅读提示**：商事交易中当事人因对签署合同的内部管理程序不规范，而导致未识别出相对方没有签约权限的案例时有发生，此时双方会对该情形是否构成表见代理发生争议。
>
> 本案例中当事人欲在银行办理资金监管业务，三方在银行 VIP 接待室洽谈并签订书面承诺，且银行主管在该承诺上签字，但最高人民法院最终认定上述事实不足以认定构成表见代理，银行无须承担责任。这个案件的裁判结果，引发相关主体深思。

---

[*] 案件来源：Y 县市政建设工程有限责任公司、某银行株洲城西支行建设工程施工合同纠纷再审审查与审判监督民事裁定书，最高人民法院（2018）最高法民申 288 号。

裁判要旨

《合同法》第四十九条规定，行为人没有代理权、超越代理权或者代理权终止后以被代理人名义订立合同，相对人有理由相信行为人有代理权的，该代理行为有效。因此，构成表见代理需要具备两个条件，一是行为人在订立合同行为与过程中存在表见行为；二是相对人有理由相信行为人有代理权，主观上为善意且无过失。[①]

本案中，Y县市政建设工程有限责任公司（以下简称Y县市政公司）作为一家从事房屋建筑、市政等工程建设的成熟商事主体，理应了解银行资金监管的通常做法，应当对办理资金监管业务需要履行的手续尽到合理的注意义务，在案涉监管资金高达400万元时，不签订书面资金监管协议，不核实刘某铭的身份，仅凭刘某铭在《承诺书》上签字或者所谓的口头承诺，以及在某银行株洲城西支行内办理，即相信刘某铭的行为能够代表某银行株洲城西支行，难以认定Y县市政公司主观上为善意且无过失。

案情介绍

第一，Y县市政公司、神某旅游公司以及刘某铭（银行业务主管）在某银行株洲城西支行VIP室洽谈资金监管业务，三方签署《承诺书》，约定资金由三方监管，如有动用，本人承担责任。刘某铭签署了某银行株洲城西支行刘某铭的字样，未加盖某银行株洲城西支行的公章。神某旅游公司在某银行株洲城西支行开立了一般银行账户。

第二，Y县市政公司向最高人民法院申请再审，主张二审判决认定刘某铭的行为不构成表见代理、某银行株洲城西支行对400万元保证金没有监管义务错误，Y县市政公司已经尽到了合理注意义务，应当认定刘某铭的行为构成表见代理。请求改判某银行株洲城西支行和刘某铭承担补充赔偿责任，并赔偿因此造成的利息损失。

第三，最高人民法院未支持Y县市政公司的再审申请，裁定驳回Y县市政公司的再审申请。

---

① 《合同法》已失效，现相关规定见《民法典》第一百七十二条。该条规定，行为人没有代理权、超越代理权或者代理权终止后，仍然实施代理行为，相对人有理由相信行为人有代理权的，代理行为有效。

实务要点总结

表见代理的发生前提是无权代理,故为了尽可能地避免发生该类争议,在日常交易中应注意识别合同相对方的签约权限,要求合同相对方加盖公章并法定代表人签字是较为保险的方式。就资金监管业务而言,应当与监管银行签订正式的资金监管合同(通常为格式合同),并要求银行加盖公章、负责人签字。仅与银行普通员工签订书面合同,存在该合同不对银行发生效力的风险。

相关法律规定

《最高人民法院关于适用〈中华人民共和国民法典〉合同编通则若干问题的解释》

第二十一条 法人、非法人组织的工作人员就超越其职权范围的事项以法人、非法人组织的名义订立合同,相对人主张该合同对法人、非法人组织发生效力并由其承担违约责任的,人民法院不予支持。但是,法人、非法人组织有过错的,人民法院可以参照民法典第一百五十七条的规定判决其承担相应的赔偿责任。前述情形,构成表见代理的,人民法院应当依据民法典第一百七十二条的规定处理。

合同所涉事项有下列情形之一的,人民法院应当认定法人、非法人组织的工作人员在订立合同时超越其职权范围:

(一)依法应当由法人、非法人组织的权力机构或者决策机构决议的事项;

(二)依法应当由法人、非法人组织的执行机构决定的事项;

(三)依法应当由法定代表人、负责人代表法人、非法人组织实施的事项;

(四)不属于通常情形下依其职权可以处理的事项。

合同所涉事项未超越依据前款确定的职权范围,但是超越法人、非法人组织对工作人员职权范围的限制,相对人主张该合同对法人、非法人组织发生效力并由其承担违约责任的,人民法院应予支持。但是,法人、非法人组织举证证明相对人知道或者应当知道该限制的除外。

法人、非法人组织承担民事责任后,向故意或者有重大过失的工作人员追偿的,人民法院依法予以支持。

第二十二条 法定代表人、负责人或者工作人员以法人、非法人组织的名义订立合同且未超越权限,法人、非法人组织仅以合同加盖的印章不是备案印章或者系伪造的印章为由主张该合同对其不发生效力的,人民法院不予支持。

合同系以法人、非法人组织的名义订立,但是仅有法定代表人、负责人或者工作人员签名或者按指印而未加盖法人、非法人组织的印章,相对人能够证明法定代表人、负责人或者工作人员在订立合同时未超越权限的,人民法院应当认定合同对法人、非法人组织发生效力。但是,当事人约定以加盖印章作为合同成立条件的除外。

合同仅加盖法人、非法人组织的印章而无人员签名或者按指印,相对人能够证明合同系法定代表人、负责人或者工作人员在其权限范围内订立的,人民法院应当认定该合同对法人、非法人组织发生效力。

在前三款规定的情形下,法定代表人、负责人或者工作人员在订立合同时虽然超越代表或者代理权限,但是依据民法典第五百零四条的规定构成表见代表,或者依据民法典第一百七十二条的规定构成表见代理的,人民法院应当认定合同对法人、非法人组织发生效力。

《中华人民共和国合同法》(已失效)

第四十八条 行为人没有代理权、超越代理权或者代理权终止后以被代理人名义订立的合同,未经被代理人追认,对被代理人不发生效力,由行为人承担责任。

相对人可以催告被代理人在一个月内予以追认。被代理人未作表示的,视为拒绝追认。合同被追认之前,善意相对人有撤销的权利。撤销应当以通知的方式作出。

第四十九条 行为人没有代理权、超越代理权或者代理权终止后以被代理人名义订立合同,相对人有理由相信行为人有代理权的,该代理行为有效。

《最高人民法院关于适用〈中华人民共和国合同法〉若干问题的解释(二)》(已失效)

第十三条 被代理人依照合同法第四十九条的规定承担有效代理行为所产生的责任后,可以向无权代理人追偿因代理行为而遭受的损失。

《中华人民共和国民法总则》(已失效)

第一百七十一条 行为人没有代理权、超越代理权或者代理权终止后,仍然实施代理行为,未经被代理人追认的,对被代理人不发生效力。

相对人可以催告被代理人自收到通知之日起一个月内予以追认。被代理人未作表示的,视为拒绝追认。行为人实施的行为被追认前,善意相对人有撤销的权利。撤销应当以通知的方式作出。

行为人实施的行为未被追认的,善意相对人有权请求行为人履行债务或者就其受到的损害请求行为人赔偿,但是赔偿的范围不得超过被代理人追认时相对人所能获得的利益。

相对人知道或者应当知道行为人无权代理的，相对人和行为人按照各自的过错承担责任。

第一百七十二条 行为人没有代理权、超越代理权或者代理权终止后，仍然实施代理行为，相对人有理由相信行为人有代理权的，代理行为有效。

《中华人民共和国民法典》

第一百七十一条 行为人没有代理权、超越代理权或者代理权终止后，仍然实施代理行为，未经被代理人追认的，对被代理人不发生效力。

相对人可以催告被代理人自收到通知之日起三十日内予以追认。被代理人未作表示的，视为拒绝追认。行为人实施的行为被追认前，善意相对人有撤销的权利。撤销应当以通知的方式作出。

行为人实施的行为未被追认的，善意相对人有权请求行为人履行债务或者就其受到的损害请求行为人赔偿。但是，赔偿的范围不得超过被代理人追认时相对人所能获得的利益。

相对人知道或者应当知道行为人无权代理的，相对人和行为人按照各自的过错承担责任。

第一百七十二条 行为人没有代理权、超越代理权或者代理权终止后，仍然实施代理行为，相对人有理由相信行为人有代理权的，代理行为有效。

第五百零三条 无权代理人以被代理人的名义订立合同，被代理人已经开始履行合同义务或者接受相对人履行的，视为对合同的追认。

《最高人民法院关于当前形势下审理民商事合同纠纷案件若干问题的指导意见》
四、正确把握法律构成要件，稳妥认定表见代理行为

12. 当前在国家重大项目和承包租赁行业等受到全球性金融危机冲击和国内宏观经济形势变化影响比较明显的行业领域，由于合同当事人采用转包、分包、转租方式，出现了大量以单位部门、项目经理乃至个人名义签订或实际履行合同的情形，并因合同主体和效力认定问题引发表见代理纠纷案件。对此，人民法院应当正确适用合同法第四十九条关于表见代理制度的规定，严格认定表见代理行为。

13. 合同法第四十九条规定的表见代理制度不仅要求代理人的无权代理行为在客观上形成具有代理权的表象，而且要求相对人在主观上善意且无过失地相信行为人有代理权。合同相对人主张构成表见代理的，应当承担举证责任，不仅应当举证证明代理行为存在诸如合同书、公章、印鉴等有权代理的客观表象形式要素，而且应当证明其善意且无过失地相信行为人具有代理权。

14. 人民法院在判断合同相对人主观上是否属于善意且无过失时，应当结合合同缔结与履行过程中的各种因素综合判断合同相对人是否尽到合理注意义务，此外还要考虑合同的缔结时间、以谁的名义签字、是否盖有相关印章及印章真伪、标的物的交付方式与地点、购买的材料、租赁的器材、所借款项的用途、建筑单位是否知道项目经理的行为、是否参与合同履行等各种因素，作出综合分析判断。

法院判决

以下为该案在法院审理阶段，裁定书中"本院认为"就该问题的论述：

本案的争议焦点为：刘某铭的行为是否构成表见代理，某银行株洲城西支行对案涉400万元履约保证金是否负有监管义务，是否需承担责任。

《合同法》第四十九条规定，行为人没有代理权、超越代理权或者代理权终止后以被代理人名义订立合同，相对人有理由相信行为人有代理权的，该代理行为有效。因此，构成表见代理需要具备两个条件，一是行为人在订立合同行为与过程中存在表见行为；二是相对人有理由相信行为人有代理权，主观上为善意且无过失。本案中，根据原审查明的事实，Y县市政公司、神某旅游公司以及刘某铭在某银行株洲城西支行VIP室洽谈监管业务，但三方并未签订书面资金监管协议。三方签署的《承诺书》签署了"某银行株洲城西支行刘某铭"字样，未加盖某银行株洲城西支行的公章。刘某铭的身份为某银行株洲城西支行业务主管并非为行长。案涉《承诺书》是否留存某银行株洲城西支行柜台窗口，Y县市政公司并无证据证明。神某旅游公司在某银行株洲城西支行开立一般银行账户，未开立专门的资金监管账户。本院认为，Y县市政公司作为一家从事房屋建筑、市政等工程建设的成熟商事主体，理应了解银行资金监管的通常做法，应当对办理资金监管业务需要履行的手续尽到合理的注意义务，在案涉监管资金高达400万元时，不签订书面资金监管协议，不核实刘某铭的身份，仅凭刘某铭在《承诺书》上签字或者所谓口头承诺，以及在某银行株洲城西支行内办理，即相信刘某铭的行为能够代表某银行株洲城西支行，显然难言Y县市政公司主观上为善意且无过失。而且该《承诺书》有关监管方面的内容为，以上资金由开户银行及甲乙双方共三方监管，如有动用，本人承担责任。在本院再审审查询问中，Y县市政公司认为，本人是指神某旅游公司。因此，从该《承诺书》的内容看，虽有三方共同监管的表述，但是案涉保证金被动用，Y县市政公司自认应由神某旅游公司承担责任，而不是由某银行株洲城西支行承担责任。至于 Y 县市政公司主张某银行株洲城西支行实际已经履行了前期资金监管义务，故应对后期监管不力承担责任。本院认为，无论神某旅游公司前期在转出 40 万元时某银行株洲城西支行是否要求其出具承诺转回的书面文件，均不能因此认定某银行株洲城西支行对案涉 400 万元履约保证金已经承担监管义务。故 Y 县市政公司主张其已尽到合理的注意义务，刘某铭的行为构成表见代理，某银行株洲城西支行应承担监管责任的再审理由无事实和法律依据，本院不予支持。

此外，Y 县市政公司还主张刘某铭构成对 Y 县市政公司的侵权，应当承担相应的补充赔偿责任。Y 县市政公司在原审中并未诉请刘某铭承担侵权责任，而是主张刘某铭对资金监管不力存在违约行为或者过错。在一案中，当事人不能主张另一方当事人既承担违约责任又承担侵权责任，故该主张不属于本案再审审查范围。退一步讲，如前所述，《承诺书》载明，如有动用，本人承担法律责任，即 Y 县市政公司自认应由神某旅游公司承担法律责任，而非刘某铭。并且由于神某旅游公司在某银行株洲城西支行开设的是一般资金账户，因此刘某铭个人无法对案涉保证金进行监管，也没有充分证据证明其负有该项义务，故刘某铭无须对 Y 县市政公司承担补充赔偿责任。

015 无权代理中相对人能否撤销合同*

> **阅读提示**：《合同法》第四十八条规定："行为人没有代理权、超越代理权或者代理权终止后以被代理人名义订立的合同，未经被代理人追认，对被代理人不发生效力，由行为人承担责任。相对人可以催告被代理人在一个月内予以追认。被代理人未作表示的，视为拒绝追认。合同被追认之前，善意相对人有撤销的权利。撤销应当以通知的方式作出。"
>
> 该规定中善意相对人的撤销权能否通过邮寄通知的方式行使？最高人民法院对此持否定态度，认为应通过诉讼或仲裁的方式行使。但是司法实践中亦存在不同的观点。

---

* 案件来源：北京金某天蓝投资基金管理有限公司、安徽省皖某产业发展有限公司股权转让纠纷再审审查与审判监督民事裁定书，最高人民法院（2017）最高法民申 2423 号。

裁判要旨

根据《合同法》第五十四条的规定，行使撤销权应以起诉或仲裁的方式，邮寄通知方式不产生撤销的效力。①

案情介绍

1. 2012年3月20日，国某能源公司、安徽省皖某产业发展有限公司（以下简称皖某产业公司）、高某全权委托郑某兵，就三人持有的徽某文化公司100%股权转让给南京兴某公司、王某瑜一事，进行谈判、磋商、签署协议。2012年3月28日，国某能源公司、皖某产业公司、高某作为转让方与受让方南京兴某公司、王某瑜签订《股权转让协议》，约定转让方将徽某文化公司100%股权转让给受让方，股权转让款15000万元。

2. 《股权转让协议》签订后，南京兴某公司、王某瑜支付股权转让款6477万元。之后，经几次流转，全部股权转让给北京金某天蓝投资基金管理有限公司（以下简称金某天蓝公司）。

3. 2013年4月，金某天蓝公司（甲方）与徽某文化公司原股东特别授权代表郑某兵（乙方）签订《股权质押合同》，约定：甲方愿意承担《股权转让协议》剩余股权转让款8523万元的支付并以持有的徽某文化公司90%股权提供质押担保。自2013年2月至2015年2月，金某天蓝公司共支付《股权质押合同》项下款项3550万元。

4. 皖某产业公司、国某能源公司、高某向黄山中院起诉，请求：金某天蓝公司支付股权转让剩余价款4973万元，并以金某天蓝公司持有的徽某文化公司90%股权折价款或拍卖款优先受偿。金某天蓝公司主张，郑某兵签订《股权质押合同》属于无权代理，且金某天蓝公司已依法进行了催告并行使了撤销权，《股权质押合同》自始无效。

5. 黄山中院认定《股权质押合同》有效，判决：金某天蓝公司给付皖某产业公司、国某能源公司、高某股权转让款47155147.54元；皖某产业公司、国某能源公司、高某就金某天蓝公司质押的股权享有优先受偿权。

6. 金某天蓝公司不服，上诉至安徽省高级人民法院。安徽省高级人民法院判

---

① 《合同法》已失效，现相关规定见《民法典》第一百四十七条至第一百五十一条。

决驳回上诉，维持原判。

7. 金某天蓝公司仍不服，向最高人民法院申请再审。最高人民法院裁定驳回金某天蓝公司的再审申请。

实务要点总结

第一，作为律师，要知道在无权代理中，善意相对人行使撤销权的方式存在争议。为确保撤销有效，律师应建议当事人尽可能地通过诉讼或仲裁方式行使，且应在合同被追认之前行使。

第二，行使受欺诈、胁迫等情形下的撤销权，应当自知道或者应当知道撤销事由之日起一年内，通过诉讼或仲裁方式行使。

相关法律规定

《中华人民共和国合同法》（已失效）

第四十八条 行为人没有代理权、超越代理权或者代理权终止后以被代理人名义订立的合同，未经被代理人追认，对被代理人不发生效力，由行为人承担责任。

相对人可以催告被代理人在一个月内予以追认。被代理人未作表示的，视为拒绝追认。合同被追认之前，善意相对人有撤销的权利。撤销应当以通知的方式作出。

第五十四条 下列合同，当事人一方有权请求人民法院或者仲裁机构变更或者撤销：

（一）因重大误解订立的；

（二）在订立合同时显失公平的。

一方以欺诈、胁迫的手段或者乘人之危，使对方在违背真实意思的情况下订立的合同，受损害方有权请求人民法院或者仲裁机构变更或者撤销。

当事人请求变更的，人民法院或者仲裁机构不得撤销。

第五十五条 有下列情形之一的，撤销权消灭：

（一）具有撤销权的当事人自知道或者应当知道撤销事由之日起一年内没有行使撤销权；

（二）具有撤销权的当事人知道撤销事由后明确表示或者以自己的行为放弃撤销权。

《中华人民共和国民法总则》（已失效）

第一百四十七条 基于重大误解实施的民事法律行为，行为人有权请求人民法院或者仲裁机构予以撤销。

第一百四十八条 一方以欺诈手段，使对方在违背真实意思的情况下实施的民事法律行为，受欺诈方有权请求人民法院或者仲裁机构予以撤销。

第一百四十九条 第三人实施欺诈行为，使一方在违背真实意思的情况下实施的民事法律行为，对方知道或者应当知道该欺诈行为的，受欺诈方有权请求人民法院或者仲裁机构予以撤销。

第一百五十条 一方或者第三人以胁迫手段，使对方在违背真实意思的情况下实施的民事法律行为，受胁迫方有权请求人民法院或者仲裁机构予以撤销。

第一百五十一条 一方利用对方处于危困状态、缺乏判断能力等情形，致使民事法律行为成立时显失公平的，受损害方有权请求人民法院或者仲裁机构予以撤销。

第一百五十二条 有下列情形之一的，撤销权消灭：

（一）当事人自知道或者应当知道撤销事由之日起一年内、重大误解的当事人自知道或者应当知道撤销事由之日起三个月内没有行使撤销权；

（二）当事人受胁迫，自胁迫行为终止之日起一年内没有行使撤销权；

（三）当事人知道撤销事由后明确表示或者以自己的行为表明放弃撤销权。

当事人自民事法律行为发生之日起五年内没有行使撤销权的，撤销权消灭。

第一百七十一条 行为人没有代理权、超越代理权或者代理权终止后，仍然实施代理行为，未经被代理人追认的，对被代理人不发生效力。

相对人可以催告被代理人自收到通知之日起一个月内予以追认。被代理人未作表示的，视为拒绝追认。行为人实施的行为被追认前，善意相对人有撤销的权利。撤销应当以通知的方式作出。

行为人实施的行为未被追认的，善意相对人有权请求行为人履行债务或者就其受到的损害请求行为人赔偿，但是赔偿的范围不得超过被代理人追认时相对人所能获得的利益。

相对人知道或者应当知道行为人无权代理的，相对人和行为人按照各自的过错承担责任。

《中华人民共和国民法典》

第一百四十七条 基于重大误解实施的民事法律行为，行为人有权请求人民法院或者仲裁机构予以撤销。

第一百四十八条 一方以欺诈手段，使对方在违背真实意思的情况下实施的民事法律行为，受欺诈方有权请求人民法院或者仲裁机构予以撤销。

第一百四十九条 第三人实施欺诈行为，使一方在违背真实意思的情况下实施的民事法律行为，对方知道或者应当知道该欺诈行为的，受欺诈方有权请求人民法院或者仲裁机构予以撤销。

第一百五十条 一方或者第三人以胁迫手段，使对方在违背真实意思的情况下实施的民事法律行为，受胁迫方有权请求人民法院或者仲裁机构予以撤销。

第一百五十一条 一方利用对方处于危困状态、缺乏判断能力等情形，致使民事法律行为成立时显失公平的，受损害方有权请求人民法院或者仲裁机构予以撤销。

第一百五十二条 有下列情形之一的，撤销权消灭：

（一）当事人自知道或者应当知道撤销事由之日起一年内、重大误解的当事人自知道或者应当知道撤销事由之日起九十日内没有行使撤销权；

（二）当事人受胁迫，自胁迫行为终止之日起一年内没有行使撤销权；

（三）当事人知道撤销事由后明确表示或者以自己的行为表明放弃撤销权。

当事人自民事法律行为发生之日起五年内没有行使撤销权的，撤销权消灭。

第一百七十一条 行为人没有代理权、超越代理权或者代理权终止后，仍然实施代理行为，未经被代理人追认的，对被代理人不发生效力。

相对人可以催告被代理人自收到通知之日起三十日内予以追认。被代理人未作表示的，视为拒绝追认。行为人实施的行为被追认前，善意相对人有撤销的权利。撤销应当以通知的方式作出。

行为人实施的行为未被追认的，善意相对人有权请求行为人履行债务或者就其受到的损害请求行为人赔偿。但是，赔偿的范围不得超过被代理人追认时相对人所能获得的利益。

相对人知道或者应当知道行为人无权代理的，相对人和行为人按照各自的过错承担责任。

法院判决

以下为该案在法院审理阶段，裁定书中"本院认为"就该问题的论述：

一、关于郑某兵是否属于无权代理的问题。根据查明的事实来看，2012年3月20日，徽某文化公司的股东皖某产业公司、国某能源公司及高某共同向国某能源公司法定代表人郑某兵出具《授权委托书》，全权委托郑某兵处理徽某文化公司与南京兴某公司、王某瑜有关股权转让事宜，该《授权委托书》中明确声明授权自签订之日起至股权转让事项完毕之日止。2012年3月28日，皖某产业公司、国某能源公司、高某与南京兴某公司、王某瑜签订了《股权转让协议》，后来该股权又经几次转让，最终由金某天蓝公司及其原法定代表人曾某军受让。2013年4月，金某天蓝公司与郑某兵签订了《股权质押合同》。首先，签订案涉《股权质押合同》时，虽然三被申请人并没有再次出具授权委托书，但是该合同首部明确载明郑某兵系徽某文化公司原股东特别授权代表，三被申请人亦认可该授权，金某天蓝公司在签订《股权质押合同》时并没有提出异议，可见其也认可了郑某兵系三被申请人的特别授权代理人。其次，在签订《股权质押合同》之前，金某天蓝公司已经向郑某兵个人账户支付股权价款，先后共向郑某兵个人账户支付股权价款3550万元，金某天蓝公司在多次支付过程中并没有对郑某兵的身份及付款方式提出过异议，三被申请人也都认可郑某兵的收款方式。再次，金某天蓝公司按《股权质押合同》的约定支付剩余股权价款的行为系债务加入，从《股权质押合同》的内容看，主要是对未支付的8523万元的股权价款的支付时间、支付方式以及质押担保事项进行了约定，实际上也是对《股权转让协议》的承继，那么其仍属于2012年3月20日三被申请人出具《授权委托书》的授权范围。最后，一审时三被申请人起诉金某天蓝公司支付剩余股权转让款，亦可佐证说明对郑某兵处理股权转让事宜的行为没有异议。综上，可以认定郑某兵代表三被申请人签订案涉《股权质押合同》不属于无权代理。

二、《股权质押合同》是否已被金某天蓝公司撤销的问题。金某天蓝公司再审申请中称该公司于2014年1月和2月已用快递的方式向三被申请人邮寄了催告函和撤销函，行使撤销权撤销了《股权质押合同》。但是，根据《合同法》第五十四条的规定，行使撤销权应以起诉或仲裁的方式，通过邮寄通知方式行使撤销权的，不产生撤销的效力。所以对金某天蓝公司已行使撤销权撤销了《股权质押合同》的申请再审主张没有法律和事实依据，本院不予支持。综上，郑某兵签订《股权质押合同》系有权代理，不存在是否需要被代理人追认的问题，《股权质押合同》也不存在金某天蓝公司所称的催告与撤销问题，故原审认定并无不当，金某天蓝公司已撤销《股权质押合同》的申请再审理由不能成立。

016 主张构成表见代理的应由谁承担举证责任*

> **阅读提示**：表见代理是无权代理的一种例外规则，在市场交易法则中也属于极其例外的情形，因此司法政策倾向于对表见事实以及相对人的善意无过失的认定应从严掌握。因此我国最高人民法院就表见代理举证责任分配的问题予以明确，即合同相对人主张表见代理，不仅要对客观要件承担举证责任，对主观要件即自己的善意也须加以证明。

裁判要旨

依据《合同法》第四十九条的规定以及《最高人民法院印发〈关于当前形势下审理民商事合同纠纷案件若干问题的指导意见〉的通知》第十三条的规定，表见代理制度不仅要求代理人的无权代理行为在客观上形成具有代理权的表象，而且要求相对人在主观上善意且无过失地相信行为人有代理权。合同相对人主张构成表见代理的，应当承担举证责任，不仅应当举证证明代理行为存在诸如合同书、公章、印鉴等有权代理的客观表象形式要素，而且应当证明其善意且无过失地相信行为人具有代理权。①

相对人与行为人签订的借条在出具时没有加盖印章，案涉合同、借条以及项目部经备案使用的印章均不一致，无法证明行为人具有被代理人授权表象的形式要素；且相对人未审查行为人的授权及印章状况，也无法证明自己在签订合同时是善意的。相对人未能证明行为人构成表见代理，不予支持相对人的请求。

案情介绍

1. 2013年9月，李某代表安某建工与双某公司签订《工业品买卖合同》，约定双某公司向丁某坑项目提供钢材；李某又以安某建工名义与亳某市成某建材销售有限公司（以下简称成某公司）签订《钢材销售合同》，约定成某公司为安某建工垫资向双某公司购买钢材，安某建工根据钢材总金额向成某公司出具借条。

---

* 案件来源：亳某市成某建材销售有限公司、安徽水某开发股份有限公司分期付款买卖合同纠纷再审审查与审判监督民事裁定书，最高人民法院（2019）最高法民申687号。

① 《合同法》已失效，现相关规定见《民法典》第一百七十二条。

2. 2014年2月，双某公司证明钢材款已由成某公司结清，李某根据运货单上的钢材款代表安某建工向成某公司出具借条12份，共计约1230万元。截至2014年12月，成某公司未收到安某建工的还款本金及利息。

3. 2014年12月，成某公司向亳某市中级人民法院起诉，要求安某建工清偿借款本金及利息，一审法院认定李某构成表见代理，支持了成某公司的部分诉求。

4. 2015年安某建工不服上诉，安徽省高级人民法院裁定再审，安某建工仍然不服亳某市中级人民法院重审判决再次上诉，安徽省高级人民法院认为成某公司没有提供任何其在签订该合同当时能够证明李某具有安某建工授权表象的有效证据，不构成表见代理撤销了一审判决。

5. 成某公司不服二审判决申请再审，最高人民法院认为成某公司主张李某构成表见代理应当承担举证责任，而案涉12份借条均没有加盖安某建工印章，案涉《钢材销售合同》与12份借条上加盖的印章以及安某建工提交的项目部经备案使用的印章均不一致，成某公司提供的证据不足以证明其在签订案涉合同时，李某具有安某建工授权表象的形式要素，故维持了二审判决，驳回了成某公司的诉求。

实务要点总结

第一，在日常工作中，应当注意保留好交易材料，以便日后纠纷发生时作为证据，如合同书、公章印鉴等具有权利外观的要素，否则口说无凭，发生纠纷时会因缺乏有力证据而显得十分被动。

第二，对于客观要件即行为人具有代理授权的外观应由相对人证明，理论实务均无异议，而对于善意要件的证明，理论界通说认为在表见代理制度中，首先推定相对人善意，由被代理人证明相对人的恶意。但最高人民法院坚持善意要件亦由相对人证明，被代理人可以进行反驳举证，通常两者交叉进行，法院会根据双方的举证情况综合判断，系统认证。这些都需要律师精确掌握法律的精髓和最高人民法院的司法审判裁判态度，提前做好诉讼策略和证据方面的准备工作。

相关法律规定

《最高人民法院关于适用〈中华人民共和国民法典〉合同编通则若干问题的解释》

第二十一条 法人、非法人组织的工作人员就超越其职权范围的事项以法人、非法人组织的名义订立合同，相对人主张该合同对法人、非法人组织发生效力并由其承担违约责任的，人民法院不予支持。但是，法人、非法人组织有过错的，人民法院可以参照民法典第一百五十七条的规定判决其承担相应的赔偿责任。前述情形，构成表见代理的，人民法院应当依据民法典第一百七十二条的规定处理。

合同所涉事项有下列情形之一的，人民法院应当认定法人、非法人组织的工作人员在订立合同时超越其职权范围：

（一）依法应当由法人、非法人组织的权力机构或者决策机构决议的事项；

（二）依法应当由法人、非法人组织的执行机构决定的事项；

（三）依法应当由法定代表人、负责人代表法人、非法人组织实施的事项；

（四）不属于通常情形下依其职权可以处理的事项。

合同所涉事项未超越依据前款确定的职权范围，但是超越法人、非法人组织对工作人员职权范围的限制，相对人主张该合同对法人、非法人组织发生效力并由其承担违约责任的，人民法院应予支持。但是，法人、非法人组织举证证明相对人知道或者应当知道该限制的除外。

法人、非法人组织承担民事责任后，向故意或者有重大过失的工作人员追偿的，人民法院依法予以支持。

第二十二条 法定代表人、负责人或者工作人员以法人、非法人组织的名义订立合同且未超越权限，法人、非法人组织仅以合同加盖的印章不是备案印章或者系伪造的印章为由主张该合同对其不发生效力的，人民法院不予支持。

合同系以法人、非法人组织的名义订立，但是仅有法定代表人、负责人或者工作人员签名或者按指印而未加盖法人、非法人组织的印章，相对人能够证明法定代表人、负责人或者工作人员在订立合同时未超越权限的，人民法院应当认定合同对法人、非法人组织发生效力。但是，当事人约定以加盖印章作为合同成立条件的除外。

合同仅加盖法人、非法人组织的印章而无人员签名或者按指印，相对人能够证明合同系法定代表人、负责人或者工作人员在其权限范围内订立的，人民法院应当认定该合同对法人、非法人组织发生效力。

在前三款规定的情形下，法定代表人、负责人或者工作人员在订立合同时虽然超越代表或者代理权限，但是依据民法典第五百零四条的规定构成表见代表，或者依据民法典第一百七十二条的规定构成表见代理的，人民法院应当认定合同对法人、非法人组织发生效力。

《中华人民共和国合同法》（已失效）

第四十九条 行为人没有代理权、超越代理权或者代理权终止后以被代理人名义订立合同，相对人有理由相信行为人有代理权的，该代理行为有效。

《中华人民共和国民法典》

第一百七十二条 行为人没有代理权、超越代理权或者代理权终止后，仍然实施代理行为，相对人有理由相信行为人有代理权的，代理行为有效。

《最高人民法院关于当前形势下审理民商事合同纠纷案件若干问题的指导意见》
四、正确把握法律构成要件，稳妥认定表见代理行为

13. 合同法第四十九条规定的表见代理制度不仅要求代理人的无权代理行为在客观上形成具有代理权的表象，而且要求相对人在主观上善意且无过失地相信行为人有代理权。合同相对人主张构成表见代理的，应当承担举证责任，不仅应当举证证明代理行为存在诸如合同书、公章、印鉴等有权代理的客观表象形式要素，而且应当证明其善意且无过失地相信行为人具有代理权。

法院判决

以下为该案在法院审理阶段，裁定书中"本院认为"就该问题的论述：

关于李某与成某公司签订《钢材销售合同》及出具借条时是否存在外表授权，即李某的上述行为外观上是否存在使成某公司相信其有代理权事实的问题。

根据《最高人民法院印发〈关于当前形势下审理民商事合同纠纷案件若干问题的指导意见〉的通知》第十三条规定："合同法第四十九条规定的表见代理制度不仅要求代理人的无权代理行为在客观上形成具有代理权的表象，而且要求相对人在主观上善意且无过失地相信行为人有代理权。合同相对人主张构成表见代理的，应当承担举证责任，不仅应当举证证明代理行为存在诸如合同书、公章、印鉴等有权代理的客观表象形式要素，而且应当证明其善意且无过失地相信行为人具有代理权。"因此，构成表见代理须在代理行为外观上存在使相对人相信行为人具有代理权的理由。这包括两个方面的内容：其一，存在外表授权，即存在有代理权授予的外观，代理行为外在表现上有相对人相信行为人有代理权的事实。无权代理人以前曾经被授予代理权，或者当时拥有实施其他民事法律行为的代理权，或者根据交易习惯行为人的行为外表表明其有代理权，均可构成外表授权。其二，相对人对行为人有代理权形成了合理信赖。相对人对外表授权的信赖是否合理，应当以是否有正当理由作为判断标准。本案中，案涉《钢材销售合同》系李某以安某建工丁某坑项目部名义签订。成某公司主张合同上加盖有"安某建工集团亳某市丁某坑综合改造房建工程项目部"印章，安某建工应为案涉《钢材销售合同》的买受人。成某公司作为合同相对人主张构成表见代理的，应当承担举证责任，不仅应当举证证明代理行为存在诸如合同书、公章、印鉴等有权代理的客观表象形式要素，而且应当证明其善意且无过失地相信李某具有代理权。根据原审查明事实，成某公司因本案纠纷于 2014 年 12 月 23 日诉至一审法院提交的《钢材销售合同》复印件上乙方安某建工丁某坑项目部处没有印章，但成某公司在庭审时再次提交的《钢材销售合同》复印件上却有"安某建工集团亳某市丁某坑综合改造房建工程项目部"印章。二审法院查明，案涉合同在本案诉讼中先后出现过三个版本。虽然成某公司陈述认为其首次向一审法院提交的《钢材销售合同》复印件乙方安某建工丁某坑项目部处加盖有印章，只是复印不清晰所致，但成某公司在原审几次庭审以及再审听证中关于《钢材销售合同》印章加盖情况的陈述前后矛盾。成某公司在发回重审前一审法院 2015 年 6 月 2 日的庭审笔录中陈述：《钢材销售合同》是在丁某坑项目部签的，合同尾部印章也是在项目部加盖的，其在签订该合同时，李某没有授权委托书，但李某持有项目部印章。成某公司在发回重审后一审法院 2017 年 6 月 9 日庭审笔录中陈述：其在签订《钢材销售合同》时，没有看到李某出具的安某建工授权委托书，但李某持有《工程项目承包协议书》复印件，李某就是丁某坑项目负责人；《钢材销售合同》签订时没有加盖印章，在成某公司签字后交给李某拿走盖的章，李某盖了章后再把一份合同交给成某公司加盖印章，成某公司在拿到盖有印章的合同后开始供货。成某公司在再审听证时陈述"我们签订合同后，我方盖完章后交给他们，也有可能他们没有盖"。综合以上案件事实，可以认定，李某和成某公司签订《钢材销售合同》时，并未加盖"安某建工集团亳某市丁某坑综合改造房建工程项目部"的印章。李某并不持有案涉丁某坑项目部印章，也没有安某建工出具的授权委托书等身份证明材料。成某公司提交的《钢材销售合同》复印件上的"安某建工集团亳某市丁某坑综合改造房建工程项目部"印章应系此后补盖。

成某公司再审提交的司法鉴定书虽认为"《钢材销售合同》上印章与李某的签字是同一时间"，但该司法鉴定书系成某公司的委托诉讼代理人所属的律师事务所在本案二审诉讼结束后单方委托鉴定，且该鉴定意见仅鉴定出案涉合同盖章大致时间，鉴定样本的三份合同上的印章一致，但鉴定样本的三份合同上加盖的印章被申请人与第三人均不认可，成某公司亦未能提供有效证据证明样本合同上的印章真实性已经生效判决文书确认，鉴定意见与原审查明事实以及成某公司自认事实均不相符，对此司法鉴定书本院不予采信。

结合成某公司认可李某签字的案涉 12 份借条在出具时没有加盖印章，均系事后补盖；案涉《钢材销售合同》与 12 份借条上加盖的印章并不一致；《钢材销售合同》以及 12 份借条上加盖的印章与安某建工提交的项目部经备案使用的印章均不一致；2014年6月1日的"安某建工集团亳某市丁某坑综合改造房建工程欠款清单"仅有李某、冯某林签字确认，也没有加盖任何印章的事实，成某公司提供的证据不足以证明其在签订案涉合同当时，李某具有安某建工授权表象的形式要素。

此外，成某公司在签订合同时，未审查李某的授权，未要求安某建工盖章，没有尽到注意义务，并非善意无过失，二审法院认定李某签订案涉《钢材销售合同》的行为不构成表见代理并无不当。成某公司关于李某的行为构成表见代理，应由安某建工承担还款责任的申请再审理由不能成立。

017 法定代表行为的认定规则及对外效力[*]

> **阅读提示**：公司的事务是由它的组织机构经营和管理的，其中法定代表人在公司对外进行商事交易的过程中往往扮演着非常重要的角色，法定代表人是执行机构指定的具体执行者。
>
> 但在商事实践中，引发争议最多的恰恰就是法定代表人的权限问题。本书通过对最高人民法院案件进行梳理和分析，为读者揭示法定代表行为的认定规则以及法定代表人对外签订合同的效力。

裁判要旨

法定代表人的代表权基于其法定职位、特殊身份而产生，享有当然的、概括性的、原则上不受限制的对外代表法人的权力，对法定代表人所为的法律行为，相对方享有最强的信赖保护。法定代表人视为公司的机关，与法人具有统一人格，法定代表人的行为就视为公司的行为，公司原则上需承担法律后果。

印章虽是相对人加盖，但是协议以及股东会决议书面文件上都有法定代表人亲笔签名，足以反映了这是公司法定代表人的真实意思，可以推定也是公司的真实意思。根据《合同法》及《民法总则》的规定，法定代表人以法人名义从事的民事活动，其法律后果由法人承受，案涉公司应当对借款本金及利息承担连带担保责任。[①]

---

[*] 案件来源：陈某华与浙江省东某第三建筑工程有限公司上诉案，最高人民法院（2006）最高法民二终字第100号。

[①] 《合同法》及《民法总则》已失效，现相关规定见《民法典》第六十一条、第五百零四条。《最高人民法院关于适用〈中华人民共和国民法典〉合同编通则若干问题的解释》第二十条、第二十二条规定，又进一步细化了越权代表情况下相应的法律后果。

案情介绍

1. 2004年12月至2005年5月，浙江省东某第三建筑工程有限公司（以下简称东某三建）与陈某华、华某公司签订两份《还款协议》，陈某华系华某公司法定代表人，协议约定陈某华拖欠东某三建本金及利息等费用共计约1039万元。2004年7月，东某三建已经持有华某公司公章、财务章、法定代表人名章，两份《还款协议》上的印章系东某三建加盖。

2. 华某公司股东会决议同意为陈某华的欠款承担连带担保责任，并且将华某公司旗下的房屋抵押给东某三建。协议签订后，陈某华只归还了部分欠款，未履行协议约定内容。

3. 2005年10月，东某三建向青海省高级人民法院起诉，请求陈某华立即归还欠款1039万并且华某公司对其承担连带担保责任。一审法院支持了东某三建的请求。

4. 华某公司不服上诉称，两份《还款协议》上的印章系东某三建擅自加盖，不是华某公司与陈某华的真实意思表示，协议无效。最高人民法院认为，两份《还款协议》上有华某公司法定代表人陈某华的签字，在股东会决议文件上也有其签字，已经构成法定代表行为，两份《还款协议》依法成立，故驳回上诉、维持原判。

实务要点总结

第一，法定代表人是公司的"手"，原则上与公司具有同一人格，其行为视为公司的行为。法定代表人在对外交易文件上签字，即视为代表了公司的真实意思。即使文件上的印章有瑕疵，公司也须承担法律后果。

第二，越权代表与越权代理不同，实践中有本质区分。基于维护交易安全和交易便捷，越权代表原则上有效，除非公司举证相对人应当知道其没有代表权限；而代理完全基于公司的授权，审查代理人的权限是相对人应尽的注意义务，越权代理原则上无效，除非构成表见代理，相对人需对自己的善意以及对方具有权限外观承担举证责任。

相关法律规定

《最高人民法院关于适用〈中华人民共和国民法典〉合同编通则若干问题的解释》

第二十条 法律、行政法规为限制法人的法定代表人或者非法人组织的负责人的代表权，规定合同所涉事项应当由法人、非法人组织的权力机构或者决策机构决议，或者应当由法人、非法人组织的执行机构决定，法定代表人、负责人未取得授权而以法人、非法人组织的名义订立合同，未尽到合理审查义务的相对人主张该合同对法人、非法人组织发生效力并由其承担违约责任的，人民法院不予支持，但是法人、非法人组织有过错的，可以参照民法典第一百五十七条的规定判决其承担相应的赔偿责任。相对人已尽到合理审查义务，构成表见代表的，人民法院应当依据民法典第五百零四条的规定处理。

合同所涉事项未超越法律、行政法规规定的法定代表人或者负责人的代表权限，但是超越法人、非法人组织的章程或者权力机构等对代表权的限制，相对人主张该合同对法人、非法人组织发生效力并由其承担违约责任的，人民法院依法予以支持。但是，法人、非法人组织举证证明相对人知道或者应当知道该限制的除外。

法人、非法人组织承担民事责任后，向有过错的法定代表人、负责人追偿因越权代表行为造成的损失的，人民法院依法予以支持。法律、司法解释对法定代表人、负责人的民事责任另有规定的，依照其规定。

第二十一条 法人、非法人组织的工作人员就超越其职权范围的事项以法人、非法人组织的名义订立合同，相对人主张该合同对法人、非法人组织发生效力并由其承担违约责任的，人民法院不予支持。但是，法人、非法人组织有过错的，人民法院可以参照民法典第一百五十七条的规定判决其承担相应的赔偿责任。前述情形，构成表见代理的，人民法院应当依据民法典第一百七十二条的规定处理。

合同所涉事项有下列情形之一的，人民法院应当认定法人、非法人组织的工作人员在订立合同时超越其职权范围：

（一）依法应当由法人、非法人组织的权力机构或者决策机构决议的事项；

（二）依法应当由法人、非法人组织的执行机构决定的事项；

（三）依法应当由法定代表人、负责人代表法人、非法人组织实施的事项；

（四）不属于通常情形下依其职权可以处理的事项。

合同所涉事项未超越依据前款确定的职权范围，但是超越法人、非法人组织对工作人员职权范围的限制，相对人主张该合同对法人、非法人组织发生效力并由其承担违约责任的，人民法院应予支持。但是，法人、非法人组织举证证明相对人知道或者应当知道该限制的除外。

法人、非法人组织承担民事责任后，向故意或者有重大过失的工作人员追偿的，人民法院依法予以支持。

第二十二条 法定代表人、负责人或者工作人员以法人、非法人组织的名义订立合同且未超越权限，法人、非法人组织仅以合同加盖的印章不是备案印章或者系伪造的印章为由主张该合同对其不发生效力的，人民法院不予支持。

合同系以法人、非法人组织的名义订立，但是仅有法定代表人、负责人或者工作人员签名或者按指印而未加盖法人、非法人组织的印章，相对人能够证明法定代表人、负责人或者工作人员在订立合同时未超越权限的，人民法院应当认定合同对法人、非法人组织发生效力。但是，当事人约定以加盖印章作为合同成立条件的除外。

合同仅加盖法人、非法人组织的印章而无人员签名或者按指印，相对人能够证明合同系法定代表人、负责人或者工作人员在其权限范围内订立的，人民法院应当认定该合同对法人、非法人组织发生效力。

在前三款规定的情形下，法定代表人、负责人或者工作人员在订立合同时虽然超越代表或者代理权限，但是依据民法典第五百零四条的规定构成表见代表，或者依据民法典第一百七十二条的规定构成表见代理的，人民法院应当认定合同对法人、非法人组织发生效力。

《中华人民共和国合同法》（已失效）

第五十条 法人或者其他组织的法定代表人、负责人超越权限订立的合同，除相对人知道或者应当知道其超越权限的以外，该代表行为有效。

《中华人民共和国民法总则》（已失效）

第六十一条 依照法律或者法人章程的规定，代表法人从事民事活动的负责人，为法人的法定代表人。

法定代表人以法人名义从事的民事活动，其法律后果由法人承受。

法人章程或者法人权力机构对法定代表人代表权的限制，不得对抗善意相对人。

《中华人民共和国民法典》

第六十一条 依照法律或者法人章程的规定，代表法人从事民事活动的负责人，为法人的法定代表人。

法定代表人以法人名义从事的民事活动，其法律后果由法人承受。

法人章程或者法人权力机构对法定代表人代表权的限制，不得对抗善意相对人。

第五百零四条 法人的法定代表人或者非法人组织的负责人超越权限订立的合同，除相对人知道或者应当知道其超越权限外，该代表行为有效，订立的合同对法人或者非法人组织发生效力。

《全国法院民商事审判工作会议纪要》

41.【盖章行为的法律效力】司法实践中，有些公司有意刻制两套甚至多套公章，有的法定代表人或者代理人甚至私刻公章，订立合同时恶意加盖非备案的公章或者假公章，发生纠纷后法人以加盖的是假公章为由否定合同效力的情形并不鲜见。人民法院在审理案件时，应当主要审查签约人于盖章之时有无代表权或者代理权，从而根据代表或者代理的相关规则来确定合同的效力。

法定代表人或者其授权之人在合同上加盖法人公章的行为，表明其是以法人名义签订合同，除《公司法》第16条等法律对其职权有特别规定的情形外，应当由法人承担相应的法律后果。法人以法定代表人事后已无代表权、加盖的是假章、所盖之章与备案公章不一致等为由否定合同效力的，人民法院不予支持。

代理人以被代理人名义签订合同，要取得合法授权。代理人取得合法授权后，以被代理人名义签订的合同，应当由被代理人承担责任。被代理人以代理人事后已无代理权、加盖的是假章、所盖之章与备案公章不一致等为由否定合同效力的，人民法院不予支持。

法院判决

以下为该案在法院审理阶段，判决书中"本院认为"就该问题的论述：

陈某华、华某公司在二审中主张两份《还款协议》上华某公司的公章法定代表人名章系被东某三建在扣留期间擅自加盖的，因此两份《还款协议》均不是华某公司真实的意思表示，该主张涉及两份《还款协议》是否成立的问题。从查明的事实上看，两份《还款协议》上除了加盖有华某公司公章陈某华人名章外，尚有华某公司法定代表人陈某华本人的签字；同时，在华公司为承担担保责任而作出的《股东会决议》中，也有陈某华作为华某公司自然人股东的签字。对于上述签字的真实性，陈某华未提出异议。即使华某公司的公章系被擅自加盖，陈某华作为华某公司的法定代表人在还款协议上签字，构成法定代表行为，也能满足合同成立的法定要件，故可以认定两份《还款协议》依法成立。

018 恶意串通的认定规则与证明标准[*]

> **阅读提示**：根据《合同法》第五十二条第二项的规定，恶意串通，损害国家、集体或者第三人利益的，合同无效。
>
> 实践中频发债务人低价转让财产给关联公司企图恶意逃债时，债权人有选择提起撤销权之诉或合同无效之诉的权利。
>
> 本书主要是从合同无效的角度去梳理与分析，为读者揭示在何种情况下可向法院主张恶意串通，以及法院认定恶意串通的证明标准。

裁判要旨

在明知债务人负有巨额债务的情况下，关联公司仍以明显不合理低价购买其主要资产，足以证明其与债务人在签订资产买卖合同时具有主观恶意，属恶意串通，且该合同的履行足以损害债权人的利益，当属无效。[①]

案情介绍

1. 田某公司、福建金某制油有限公司（以下简称福建金某公司）及金某集团旗下其他公司的实际控制人均为王某良、王某莉、王某琪、柳某。王某良、王某莉、王某琪系父女关系，王某琪、柳某系夫妻关系。

2. 2005年6月，瑞士嘉某国际公司（以下简称嘉某公司）与金某集团达成协议，金某集团在5年内分期偿还嘉某公司债务，并且将福建金某公司的全部资产作为抵押担保偿还债务。

3. 2005年10月，根据仲裁裁决，确认金某集团应向嘉某公司支付1337万美元；但是截至2006年5月，金某集团仍未履行仲裁裁决，也未配合进行资产抵押。

4. 2006年5月，福建金某公司与田某公司签订《国有土地使用权及资产买卖合同》，将资产负债表中载明净值为3200多万元的固定资产以2100多万元转让给

---

[*] 案件来源：瑞士嘉某国际公司诉福建金某制油有限公司等确认合同无效纠纷案二审民事判决书，最高人民法院（2012）最高法民四终字第1号。

[①] 《合同法》已失效，现相关规定见《民法典》第一百五十四条。

田某公司。当时，福建金某公司将收到的 2000 多万元分两笔汇入关联企业大连金某制油有限公司，但财务报表上并未体现该两笔款入账或支出的明细。

5. 2008 年 2 月，汇某源公司成立，董事为王某良，监事为张某和，二人同时又是田某公司的法定代表人或董事会成员，汇某源公司与田某公司实际上是一套人马，两块牌子。

6. 2008 年 2 月，田某公司与汇某源公司签订《买卖合同》，将之前购买的固定资产转让给汇某源公司，汇某源公司仅于 2008 年 4 月向田某公司付款 569 万元，田某公司后更名为中某福建公司。

7. 2009 年，嘉某公司诉请确认中某福建公司与福建金某公司签订的合同以及与汇某源公司签订的合同均无效，一审中福建省高级人民法院支持了嘉某公司的请求，三被告不服提起上诉，二审中最高人民法院认为福建金某公司与中某福建公司签订的《国有土地使用权及资产买卖合同》、中某福建公司与汇某源公司签订的《买卖合同》属于恶意串通、损害嘉某公司利益的合同，均应当认定无效，维持原判。

实务要点总结

第一，遇到债务人恶意串通低价转让财产给关联公司、试图逃债的情形时，债权人可依据《民法典》主张合同无效，请求对方返还财产给债务人，防止债务人责任财产的不当减少、降低债务的清偿能力。

第二，债权人主张恶意串通、合同无效，应当承担举证责任。要注意收集证据，既要证明债务人与受让人主观恶意，又要证明客观上具有串通损害其利益的行为。证明标准要达到排除合理怀疑的程度，即能够排除恶意串通以外的其他可能性，主观恶意和串通行为的判断均要结合事实判断与经验法则。

第三，对于买卖而言，无非涉及正常交易、恶意串通和因其他事由非正常交易三种可能，依据关联关系、低价转让的事实以及经验法则可以排除正常交易和其他事由的，应当认定为恶意串通。

相关法律规定

《最高人民法院关于适用〈中华人民共和国民法典〉合同编通则若干问题的解释》

第二十三条 法定代表人、负责人或者代理人与相对人恶意串通，以法人、非法人组织的名义订立合同，损害法人、非法人组织的合法权益，法人、非法人组织主张不承担民事责任的，人民法院应予支持。

根据法人、非法人组织的举证，综合考虑当事人之间的交易习惯、合同在订立时是否显失公平、相关人员是否获取了不正当利益、合同的履行情况等因素，人民法院能够认定法定代表人、负责人或者代理人与相对人存在恶意串通的高度可能性的，可以要求前述人员就合同订立、履行的过程等相关事实作出陈述或者提供相应的证据。其无正当理由拒绝作出陈述，或者所作陈述不具合理性又不能提供相应证据的，人民法院可以认定恶意串通的事实成立。

《中华人民共和国合同法》（已失效）

第五十二条 有下列情形之一的，合同无效：

（一）一方以欺诈、胁迫的手段订立合同，损害国家利益；

（二）恶意串通，损害国家、集体或者第三人利益；

（三）以合法形式掩盖非法目的；

（四）损害社会公共利益；

（五）违反法律、行政法规的强制性规定。

《中华人民共和国民法典》

第一百五十四条 行为人与相对人恶意串通，损害他人合法权益的民事法律行为无效。

《最高人民法院关于适用〈中华人民共和国民事诉讼法〉的解释》（2022年修正）

第一百零九条 当事人对欺诈、胁迫、恶意串通事实的证明，以及对口头遗嘱或者赠与事实的证明，人民法院确信该待证事实存在的可能性能够排除合理怀疑的，应当认定该事实存在。

法院判决

以下为该案在法院审理阶段，判决书中"本院认为"就该问题的论述：

关于福建金某公司、田某公司、汇某源公司相互之间订立的合同是否构成"恶意串通，损害第三人利益"的合同。

第一，福建金某公司、田某公司在签订和履行《国有土地使用权及资产买卖合同》的过程中，其实际控制人之间系亲属关系，且柳某、王某琪夫妇分别作为两公司的法定代表人在合同上签署。因此，可以认定在签署以及履行转让福建金某公司国有土地使用权、房屋、设备的合同过程中，田某公司对福建金某公司的状况是非常清楚的,对包括福建金某公司在内的金某集团因"红豆事件"被仲裁裁决确认对嘉某公司形成1337万美元债务的事实是清楚的。

第二,《国有土地使用权及资产买卖合同》订立于2006年5月8日,其中约定田某公司购买福建金某公司资产的价款为2569万元,国有土地使用权作价464万元、房屋及设备作价2105万元,并未根据相关会计师事务所的评估报告作价。一审法院根据福建金某公司2006年5月31日资产负债表,以其中载明固定资产原价44042705.75元、扣除折旧后固定资产净值为32354833.70元,而《国有土地使用权及资产买卖合同》中对房屋及设备作价仅2105万元,认定《国有土地使用权及资产买卖合同》中约定的购买福建金某公司资产价格为不合理低价是正确的。在明知债务人福建金某公司欠债权人嘉某公司巨额债务的情况下,田某公司以明显不合理低价购买福建金某公司的主要资产,足以证明其与福建金某公司在签订《国有土地使用权及资产买卖合同》时具有主观恶意,属恶意串通,且该合同的履行足以损害债权人嘉某公司的利益。

第三,《国有土地使用权及资产买卖合同》签订后,田某公司虽然向福建金某公司在同一银行的账户转账2500万元,但该转账并未注明款项用途,且福建金某公司于当日将2500万元分两笔汇入其关联企业大连金某制油有限公司账户;又根据福建金某公司和田某公司当年的财务报表,并未体现该笔2500万元的入账或支出,而是体现出田某公司尚欠福建金某公司"其他应付款"121224155.87元。一审法院据此认定田某公司并未根据《国有土地使用权及资产买卖合同》向福建金某公司实际支付价款是合理的。

第四,从公司注册登记资料看,汇某源公司成立时股东构成似与福建金某公司无关,但在汇某源公司股权变化的过程中可以看出,汇某源公司在与田某公司签订《买卖合同》时对转让的资产来源以及福建金某公司对嘉某公司的债务是明知的。《买卖合同》约定的价款为2669万元,与田某公司从福建金某公司购入该资产的约定价格相差不大。汇某源公司除已向田某公司支付569万元外,其余款项未付。一审法院据此认定汇某源公司与田某公司签订《买卖合同》时恶意串通并足以损害债权人嘉某公司的利益,并无不当。

综上,福建金某公司与田某公司签订的《国有土地使用权及资产买卖合同》、田某公司与汇某源公司签订的《买卖合同》,属于恶意串通、损害嘉某公司利益的合同。根据《合同法》第五十二条第二项的规定,均应当认定无效。

019 以物抵债协议与流质契约的本质区别*

阅读提示：清偿期限届满前的以物抵债协议与流质契约表面看有共同之处，但两者本质上存在不同。其一，是否存在担保合同，流质契约是担保合同中的条款；以物抵债协议不具有担保性质，是对债的履行的变更。流质契约中的物为抵押或质押物，以物抵债协议中的代替物是债的履行标的。其二，两者区分的关键在于合同是否排除了债权实现时对物的折价、清算程序。其三，债权人签订流质契约目的是利用优势地位获得大于债权的利益；而以物抵债协议是平等民事主体之间的合同，建立在意思表示自由、真实的基础上。反映当事人的真实意思表示，不违反法律法规的强制性效力性规定的以物抵债协议真实有效。

以物抵债协议在实践中比较常见，所以《全国法院民商事审判工作会议纪要》专门制定了"履行期届满前达成的以物抵债协议"和"履行期届满后达成的以物抵债协议"两个条款，读者可以参照该规定，为当事人起草相应的以物抵债协议并确保协议达到实现当事人意图的法律目的。

裁判要旨

债务清偿期届满前，债务人与债权人对某特定物进行协商作价，达成如到期不能清偿债务，则以相当价值的该标的物抵销债务的以物抵债协议，不属流质契约，合法有效。

以物抵债协议与流质契约具有本质上的不同。法律之所以禁止流质契约，是因为以担保物直接清偿债权而没有经过评估、拍卖、折价等程序，可能会导致担保物实际价值畸高于所担保的债权，有违公平。

本案中，合同双方当事人都认可尚欠货款274余万元且还款承诺为按每平方米3000元的价格符合市场行情。本案也并非典型的借贷关系，而是买卖关系，当事人就货款支付达成了一致，没有弱势、强势地位之分，故不存在乘人之危或显失公平的情形。另外，本案中不存在担保法律关系，写字楼也并非抵押物。故本案达成的"以物抵债"的协议不属于流质契约，没有违反法律、行政法律的效力性强制性规

---

* 案件来源：山西羽某房地产开发有限公司与山西智某房地产开发有限公司买卖合同纠纷再审案，最高人民法院（2009）最高法民申字第1600号。

定，是双方当事人的真实意思表示，合同有效。[①]

案情介绍

1. 2003 年 5 月和 2004 年 4 月，山西智某房地产开发有限公司（以下简称智某公司）与山西羽某房地产开发有限公司（以下简称羽某公司）签订两份商品砼供应合同，合同约定由智某公司向羽某公司供应商品砼，以实际供应的砼方量办理结算，并对付款方式和付款时间、违约金进行了约定。

2. 合同双方均认可羽某公司尚欠砼款 274.7578 万元。在智某公司督促下，羽某公司与五某公司于 2004 年 7 月为智某公司出具还款承诺，承诺如不按承诺付款，将以羽某公司的写字楼以每平方米 3000 元作价折抵智某公司款项。

3. 羽某公司届期未能付清款项。智某公司向山西省太原市中级人民法院起诉，请求判令羽某公司以 900.19 平方米的房产折抵智某公司欠款 274.7578 万元。羽某公司认为以房抵债条款是流质条款，是无效条款。

4. 一审智某公司胜诉，羽某公司不服向山西省高级人民法院上诉，被裁定重审，重审判决再次支持了智某公司以房抵债的请求。羽某公司再次上诉，二审法院认为以房抵债系双方真实意思表示有效，维持原判。羽某公司不服向最高人民法院申请再审，最高人民法院认为该条款属于以房屋折价抵偿债务条款，不属于抵押担保条款，不违反法律的禁止性规定，应认定有效，维持原判。

实务要点总结

第一，起草以物抵债协议，切记厘清其与流质协议的关系。在债务履行期届满前约定的"以物抵债"，债权数额不宜与抵债物的价值存在太大差距，否则在处理上一般参照《民法典》上关于流押、流质的相关规定，不认可这种情形下的合同效力。

第二，债务履行期届满前的"以物抵债"协议与流质契约的区分关键在于合同是否排除了债权实现时对物的折价、清算程序，"以物抵债"协议是对债的履行的变更，在不违背当事人的意思表示、也不违反法律、行政法规的效力性强制性规定的情况下，有效。

[①] 《最高人民法院关于适用〈中华人民共和国民法典〉合同编通则若干问题的解释》第二十七条第一款明确规定，债务人或者第三人与债权人在债务履行期限届满后达成以物抵债协议，不存在影响合同效力情形的，人民法院应当认定该协议自当事人意思表示一致时生效。

相关法律规定

《最高人民法院关于适用〈中华人民共和国民法典〉合同编通则若干问题的解释》

第二十七条　债务人或者第三人与债权人在债务履行期限届满后达成以物抵债协议，不存在影响合同效力情形的，人民法院应当认定该协议自当事人意思表示一致时生效。

债务人或者第三人履行以物抵债协议后，人民法院应当认定相应的原债务同时消灭；债务人或者第三人未按照约定履行以物抵债协议，经催告后在合理期限内仍不履行，债权人选择请求履行原债务或者以物抵债协议的，人民法院应予支持，但是法律另有规定或者当事人另有约定的除外。

前款规定的以物抵债协议经人民法院确认或者人民法院根据当事人达成的以物抵债协议制作成调解书，债权人主张财产权利自确认书、调解书生效时发生变动或者具有对抗善意第三人效力的，人民法院不予支持。

债务人或者第三人以自己不享有所有权或者处分权的财产权利订立以物抵债协议的，依据本解释第十九条的规定处理。

《中华人民共和国合同法》（已失效）

第五十二条　有下列情形之一的，合同无效：

（一）一方以欺诈、胁迫的手段订立合同，损害国家利益；

（二）恶意串通，损害国家、集体或者第三人利益；

（三）以合法形式掩盖非法目的；

（四）损害社会公共利益；

（五）违反法律、行政法规的强制性规定。

《中华人民共和国担保法》（已失效）

第四十条　订立抵押合同时，抵押权人和抵押人在合同中不得约定在债务履行期届满抵押权人未受清偿时，抵押物的所有权转移为债权人所有。

《中华人民共和国物权法》（已失效）

第一百八十六条　抵押权人在债务履行期届满前，不得与抵押人约定债务人不履行到期债务时抵押财产归债权人所有。

《中华人民共和国民法典》

第一百四十三条　具备下列条件的民事法律行为有效：

（一）行为人具有相应的民事行为能力；

（二）意思表示真实；

（三）不违反法律、行政法规的强制性规定，不违背公序良俗。

第一百五十三条 违反法律、行政法规的强制性规定的民事法律行为无效。但是，该强制性规定不导致该民事法律行为无效的除外。

违背公序良俗的民事法律行为无效。

第四百零一条 抵押权人在债务履行期限届满前，与抵押人约定债务人不履行到期债务时抵押财产归债权人所有的，只能依法就抵押财产优先受偿。

《全国法院民商事审判工作会议纪要》

44.【履行期届满后达成的以物抵债协议】当事人在债务履行期限届满后达成以物抵债协议，抵债物尚未交付债权人，债权人请求债务人交付的，人民法院要着重审查以物抵债协议是否存在恶意损害第三人合法权益等情形，避免虚假诉讼的发生。经审查，不存在以上情况，且无其他无效事由的，人民法院依法予以支持。

当事人在一审程序中因达成以物抵债协议申请撤回起诉的，人民法院可予准许。当事人在二审程序中申请撤回上诉的，人民法院应当告知其申请撤回起诉。当事人申请撤回起诉，经审查不损害国家利益、社会公共利益、他人合法权益的，人民法院可予准许。当事人不申请撤回起诉，请求人民法院出具调解书对以物抵债协议予以确认的，因债务人完全可以立即履行该协议，没有必要由人民法院出具调解书，故人民法院不应准许，同时应当继续对原债权债务关系进行审理。

45.【履行期届满前达成的以物抵债协议】当事人在债务履行期届满前达成以物抵债协议，抵债物尚未交付债权人，债权人请求债务人交付的，因此种情况不同于本纪要第71条规定的让与担保，人民法院应当向其释明，其应当根据原债权债务关系提起诉讼。经释明后当事人仍拒绝变更诉讼请求的，应当驳回其诉讼请求，但不影响其根据原债权债务关系另行提起诉讼。

法院判决

以下为该案在法院审理阶段，判决书中"本院认为"就该问题的论述：

羽某公司于2004年7月10日向智某公司出具还款承诺，承诺书第四条载明："若不能按上述约定支付款项时，以羽某房地产名下的羽某写字楼，作价3000元/平方米折抵给贵公司。"该条款属于以房屋折价抵偿债务条款，并无抵押担保的意思表示，不属于抵押担保条款，不违反法律的禁止性规定，应认定有效。原判决认定还款承诺有效是正确的。至于羽某公司提出智某公司乘人之危迫使其写下承诺、承诺显失公平的问题，其在本案中并未提供证据证实，且乘人之危或显失公平的民事行为属于可撤销的民事行为，并非无效民事行为，羽某公司并未依法行使撤销权。原审法院判令羽某公司履行承诺以房折抵欠款并无不当。

020 债务清偿期届满前达成以物抵债协议是否有效[*]

> **阅读提示**：以物抵债，又称为代物清偿，作为债之关系消灭的原因和手段，早在罗马法时代就已存在，经债权人同意，债务人可以物代替原给付而为清偿债务。
>
> 但是债务清偿期届满前达成的以物抵债协议常常会存在流质、流押的嫌疑。那么，如何认定协议效力？笔者在检索大量相关案例以及最高人民法院的审判会议纪要，认为基本上可以根据协议条款内容区分为三种情形：第一种，以物抵债协议中未明确约定抵债物的所有权直接归债权人所有，该协议在当事人之间具有法律效力，但应当对抵债物进行折价、拍卖或变卖，从拍卖、变卖价款中清偿债务；第二种，以物抵债协议明确约定不履行到期债务即发生所有权的转移，该协议因违反禁止流质、流押的强制性规定无效；第三种，以物抵债协议中明确约定，以不动产抵债但在债务清偿后可以回赎，债务人或第三人已经办理物权变更登记，按照让与担保处理。本案例主要涉及的是上述第二种情形。

裁判要旨

在协议履行过程中，双方约定一方所负债务履行期限届满时，另一方债权未受到清偿情况下，将抵押物直接转移为债权人所有的约定，属于流质契约，该质押行为违反担保的原则，应被认定为无效。

本案中，李某华在债权成立时即将诉争车辆移交债权人吕某真占有，其行为的法律后果即为将该动产作为债权的质押担保。双方当事人本意是保全债权，而非履行债务。并且双方签订的取得质物的约定是在债权清偿期届满前订立的，吕某真在李某华未清偿到期债务时，未通过合法程序清偿债务，而是直接依据质押持续占有

---

[*] 案件来源：上诉人李某华与吕某真返还原物纠纷二审民事判决书，北京市第二中级人民法院（2015）二中民终字第05404号。

诉争车辆，因此吕某真、李某华在协议履行过程中，李某华所负债务履行期限届满时，吕某真债权未受到清偿情况下，根据以物抵债约定直接将车辆所有权转移给债权人吕某真所有的约定，属于流质契约，该质押行为违反担保的原则，应被认定为无效。

案情介绍

1. 2012年9月4日，李某华出具承诺书，该承诺书内容为："本人因于2012年私自占用吕某真工地劳务费人民币148851元。我保证将此款于2012年9月7日前还给吕某真，否则本人将以自己的一辆起亚车，车牌号为京MP98××连车加车牌号一起赔偿给吕某真，并且本人一定配合此车的过户手续办理。直到办好为止。"

2. 李某华在双方签约当日即将其名下车辆交付吕某真占有，在债权到期后，吕某真未向李某华主张债权，或与李某华就如何履行债务进行协商，直接适用以车抵债的约定占有诉争车辆。

3. 李某华起诉要求吕某真返还起亚汽车，一审法院驳回李某华的请求，李某华不服上诉，二审法院认为双方当事人之间签订的合同为流质契约，该质押行为违反担保的原则，应被认定为无效，判决吕某真将起亚轿车返还给李某华。

实务要点总结

第一，法律禁止设定流抵、流押，主要是基于平衡双方当事人利益考虑，防止处于优势地位的债权人牟取不当暴利，旨在维护民法的平等、公平原则。

第二，当事人在债务清偿期届满前可以签订以物抵债协议，但不要约定抵债物的所有权直接归债权人所有，在债务到期后可以依清算程序对抵债物进行折价或拍卖、变价，多退少补，该协议效力为有效。

相关法律规定

《中华人民共和国合同法》（已失效）
第五十二条 有下列情形之一的，合同无效：
（一）一方以欺诈、胁迫的手段订立合同，损害国家利益；
（二）恶意串通，损害国家、集体或者第三人利益；
（三）以合法形式掩盖非法目的；
（四）损害社会公共利益；

（五）违反法律、行政法规的强制性规定。

《中华人民共和国物权法》（已失效）

第二百一十一条　质权人在债务履行期届满前，不得与出质人约定债务人不履行到期债务时质押财产归债权人所有。

《中华人民共和国民法典》

第一百四十三条　具备下列条件的民事法律行为有效：

（一）行为人具有相应的民事行为能力；

（二）意思表示真实；

（三）不违反法律、行政法规的强制性规定，不违背公序良俗。

第一百五十三条　违反法律、行政法规的强制性规定的民事法律行为无效。但是，该强制性规定不导致该民事法律行为无效的除外。

违背公序良俗的民事法律行为无效。

第四百二十八条　质权人在债务履行期限届满前，与出质人约定债务人不履行到期债务时质押财产归债权人所有的，只能依法就质押财产优先受偿。

《全国法院民商事审判工作会议纪要》

45.【履行期届满前达成的以物抵债协议】当事人在债务履行期届满前达成以物抵债协议，抵债物尚未交付债权人，债权人请求债务人交付的，因此种情况不同于本纪要第71条规定的让与担保，人民法院应当向其释明，其应当根据原债权债务关系提起诉讼。经释明后当事人仍拒绝变更诉讼请求的，应当驳回其诉讼请求，但不影响其根据原债权债务关系另行提起诉讼。

法院判决

以下为该案在法院审理阶段，判决书中"本院认为"就该问题的论述：

吕某真、李某华之间以物抵债约定是否属于流质契约，是本案案件审理的焦点。为了避免侵犯当事人意思自治，造成对私权的不合理干预，本院对于流质契约的认定综合以下几个方面予以严格审查：

首先，从流质契约的法律关系上考察，流质契约所涉及的法律关系只能是在抵押关系和质押关系中存在。而以物抵债的约定系在债务到期后，对于如何履行债务由双方协商的一种履行手段。本案中，李某华在债权成立时即将诉争车辆移交债权人吕某真占有，其行为的法律后果即将该动产作为债权的质押担保。双方当事人本意是保全债权，而非履行债务。

其次，从流质契约设立的时间点上考察，流质契约一般是在设立担保时或债务履行期届满前双方就对抵押物的权属进行了约定。而以物抵债须在质权所担保的债权已届清偿期后，才能签订取得质押财产的协议。而本案中，双方签订的取得质物的约定是在债权清偿期届满前订立的，故应属于流质契约。

最后，从实现债权的程序上看，是否经过合法有效的评估、拍卖等程序确定担保物的合理价值，如果未经过相关的评估或者拍卖程序，直接确定标的物权属的，属于流质契约。本案中，吕某真在李某华未清偿到期债务时，未通过合法程序清偿债务，而是直接依据质押持续占有诉争车辆，并以此抗辩李某华的物权主张。

综上，吕某真、李某华在协议履行过程中，李某华所负债务履行期限届满时，吕某真债权未受到清偿情况下，将抵押物李某华名下车辆直接转移为债权人吕某真所有的约定，属于流质契约，该质押行为违反担保的原则，应被认定为无效。

021 债务清偿期届满后达成的以物抵债协议是否有效[*]

> **阅读提示**：对于债务清偿期届满后达成的以物抵债协议效力的认定总体还是要根据合同效力的一般原理去判断是否存在《合同法》第五十二条规定的无效情形。
>
> 一般而言，在债务清偿期届满后签订的以物抵债协议，属于债的清偿方式范畴，只要双方当事人的意思表示真实，合同内容不违反法律、行政法规的强制性规定，合同即为有效。
>
> 至于该以物抵债协议的性质是属于债的更改抑或是新债清偿，则要根据协议条款的内容去判断。

裁判要旨

一般而言，除当事人明确约定外，当事人于债务清偿期届满后签订的以物抵债协议，并不以债权人现实地受领抵债物，或取得抵债物所有权、使用权等财产权利，为成立或生效要件。只要双方当事人的意思表示真实，合同内容不违反法律、

---

[*] 案件来源：通州建某集团有限公司与内蒙古兴某房地产有限责任公司建设工程施工合同纠纷二审民事判决书，最高人民法院（2016）最高法民终484号。

行政法规的强制性规定，合同即为有效。

当事人于债务清偿期届满后达成的以物抵债协议，可能构成债的更改，亦可能属于新债清偿。基于保护债权的理念，债的更改一般需有当事人明确消灭旧债的合意，否则，当事人于债务清偿期届满后达成的以物抵债协议，性质一般应为新债清偿。

案情介绍

1. 2005 年，内蒙古兴某房地产有限责任公司（以下简称兴某公司）与通州建某集团有限公司（以下简称通州建某）签订《建设工程施工合同》，将供水财富大厦工程的施工任务发包给通州建某。合同签订后，通州建某进场施工完毕，涉案工程没有进行竣工验收，兴某公司于 2010 年底投入使用。

2. 案涉土建及安装工程造价、CCTV 监控系统、车辆管理系统以及空调机组供电安装工程、机房更改工程、弱电安装人工费、A 区一层新增钢结构工程等新增项目工程，合计约为 113000000 元，兴某公司已付工程款约为 59000000 元，甲供材料价值约为 24000000 元，除去社会保障费，兴某公司尚欠通州建某约为 26000000 元，款项应在结算后 30 日内支付总价款的 95%，即 2011 年 12 月支付。

3. 2012 年 1 月 13 日，兴某公司与通州建某签订《房屋抵顶工程款协议书》，该协议书中明确约定兴某公司以供水财富大厦 A 座 9 层房屋抵顶通州建某工程款 1095 万元，至今尚未办理房屋所有权首次登记及任何转移登记。

4. 通州建某诉请兴某公司支付所欠工程款 5900 余万元，兴某公司反诉请求通州建某返还供水财富大厦 A 座商铺和物业楼办公室，内蒙古自治区高级人民法院对《房屋抵顶工程款协议书》避而不谈，只是根据案件支付款项的事实，判令兴某公司支付通州建某工程款 2600 余万元。

5. 兴某公司不服上诉，请求根据《房屋抵顶工程款协议书》给付兴某公司工程款约 1300 万元，最高人民法院认为《房屋抵顶工程款协议书》是双方当事人的真实意思表示，不存在违反法律、行政法规规定的情形，故该协议书有效，并且属于新债清偿协议。但自协议签订之日至今已 4 年多，兴某公司仍未交付房屋，亦无法办理房屋所有权登记，也未清偿所欠工程款，故判令兴某公司向通州建某直接支付 2600 余万元的工程款并无不当，驳回上诉。

实务要点总结

一般而言，在债务清偿期届满后签订的以物抵债协议，属于债的清偿方式范畴，只要双方当事人的意思表示真实，合同内容不违反法律、行政法规的强制性规定，合同即为有效。《最高人民法院关于适用〈中华人民共和国民法典〉合同编通则若干问题的解释》第二十七条第一款就债务履行期限届满后签订以物抵债协议的效力进行了明确规定。

债务清偿期届满后签订的以物抵债协议，究竟构成新债清偿或债之更改，应根据个案裁判中当事人之间以物抵债协议的履行状态和意思表示的内容来确定，起草以物抵债协议切记准确表达，切忌协议条款表达不清、不能实现当事人的真实意思表示、反而引发新的争议或诉讼。关于该问题，可参见《全国法院民商事审判工作会议纪要》关于以物抵债协议的规定。

相关法律规定

《最高人民法院关于适用〈中华人民共和国民法典〉合同编通则若干问题的解释》

第二十七条 债务人或者第三人与债权人在债务履行期限届满后达成以物抵债协议，不存在影响合同效力情形的，人民法院应当认定该协议自当事人意思表示一致时生效。

债务人或者第三人履行以物抵债协议后，人民法院应当认定相应的原债务同时消灭；债务人或者第三人未按照约定履行以物抵债协议，经催告后在合理期限内仍不履行，债权人选择请求履行原债务或者以物抵债协议的，人民法院应予支持，但是法律另有规定或者当事人另有约定的除外。

前款规定的以物抵债协议经人民法院确认或者人民法院根据当事人达成的以物抵债协议制作成调解书，债权人主张财产权利自确认书、调解书生效时发生变动或者具有对抗善意第三人效力的，人民法院不予支持。

债务人或者第三人以自己不享有所有权或者处分权的财产权利订立以物抵债协议的，依据本解释第十九条的规定处理。

《中华人民共和国合同法》（已失效）

第五十二条 有下列情形之一的，合同无效：

（一）一方以欺诈、胁迫的手段订立合同，损害国家利益；

（二）恶意串通，损害国家、集体或者第三人利益；

（三）以合法形式掩盖非法目的；

（四）损害社会公共利益；

（五）违反法律、行政法规的强制性规定。

《中华人民共和国物权法》（已失效）

第一百八十六条　抵押权人在债务履行期届满前，不得与抵押人约定债务人不履行到期债务时抵押财产归债权人所有。

《中华人民共和国担保法》（已失效）

第四十条　订立抵押合同时，抵押权人和抵押人在合同中不得约定在债务履行期届满抵押权人未受清偿时，抵押物的所有权转移为债权人所有。

《中华人民共和国民法典》

第一百四十三条　具备下列条件的民事法律行为有效：

（一）行为人具有相应的民事行为能力；

（二）意思表示真实；

（三）不违反法律、行政法规的强制性规定，不违背公序良俗。

第一百五十三条　违反法律、行政法规的强制性规定的民事法律行为无效。但是，该强制性规定不导致该民事法律行为无效的除外。

违背公序良俗的民事法律行为无效。

第四百零一条　抵押权人在债务履行期限届满前，与抵押人约定债务人不履行到期债务时抵押财产归债权人所有的，只能依法就抵押财产优先受偿。

《全国法院民商事审判工作会议纪要》

44.【履行期届满后达成的以物抵债协议】当事人在债务履行期限届满后达成以物抵债协议，抵债物尚未交付债权人，债权人请求债务人交付的，人民法院要着重审查以物抵债协议是否存在恶意损害第三人合法权益等情形，避免虚假诉讼的发生。经审查，不存在以上情况，且无其他无效事由的，人民法院依法予以支持。

当事人在一审程序中因达成以物抵债协议申请撤回起诉的，人民法院可予准许。当事人在二审程序中申请撤回上诉的，人民法院应当告知其申请撤回起诉。当事人申请撤回起诉，经审查不损害国家利益、社会公共利益、他人合法权益的，人民法院可予准许。当事人不申请撤回起诉，请求人民法院出具调解书对以物抵债协议予以确认的，因债务人完全可以立即履行该协议，没有必要由人民法院出具调解书，故人民法院不应准许，同时应当继续对原债权债务关系进行审理。

法院判决

以下为该案在法院审理阶段，判决书中"本院认为"就该问题的论述：

关于供水财富大厦 A 座 9 层抵顶工程款是否应计入已付工程款中的问题。

首先，以物抵债，系债务清偿的方式之一，是当事人之间对于如何清偿债务作出的安排，故对以物抵债协议的效力、履行等问题的认定，应以尊重当事人的意思自治为基本原则。一般而言，除当事人明确约定外，当事人于债务清偿期届满后签订的以物抵债协议，并不以债权人现实地受领抵债物，或取得抵债物所有权、使用权等财产权利，为成立或生效要件。只要双方当事人的意思表示真实，合同内容不违反法律、行政法规的强制性规定，合同即为有效。本案中，兴某公司与通州建某呼和浩特分公司第二工程处 2012 年 1 月 13 日签订的《房屋抵顶工程款协议书》，是双方当事人的真实意思表示，不存在违反法律、行政法规规定的情形，故该协议书有效。

其次，当事人于债务清偿期届满后达成的以物抵债协议，可能构成债的更改，即成立新债务，同时消灭旧债务；亦可能属于新债清偿，即成立新债务，与旧债务并存。基于保护债权的理念，债的更改一般需有当事人明确消灭旧债的合意，否则，当事人于债务清偿期届满后达成的以物抵债协议，性质一般应为新债清偿。换言之，债务清偿期届满后，债权人与债务人所签订的以物抵债协议，如未约定消灭原有的金钱给付债务，应认定系双方当事人另行增加一种清偿债务的履行方式，而非原金钱给付债务的消灭。本案中，双方当事人签订了《房屋抵顶工程款协议书》，但并未约定因此而消灭相应金额的工程款债务，故该协议在性质上应属于新债清偿协议。

再次，所谓清偿，是指依照债之本旨实现债务内容的给付行为，其本意在于按约履行。若债务人未实际履行以物抵债协议，则债权人与债务人之间的旧债务并未消灭。也就是说，在新债清偿，旧债务于新债务履行之前不消灭，旧债务和新债务处于衔接并存的状态；在新债务合法有效并得以履行完毕后，因完成了债务清偿义务，旧债务才归于消灭。据此，本案中，仅凭当事人签订《房屋抵顶工程款协议书》的事实，尚不足以认定该协议书约定的供水财富大厦 A 座 9 层房屋抵顶工程款应计入已付工程款，从而消灭相应金额的工程款债务，是否应计为已付工程款并在欠付工程款金额中予以相应扣除，还应根据该协议书的实际履行情况加以判定。对此，一方面，《物权法》第九条第一款规定："不动产物权的设立、变更、转让和消灭，经依法登记，发生效力；未经登记，不发生效力，但法律另有规定的除外。"据此，除法律另有规定的以外，房屋所有权的转移，于依法办理房屋所有权转移登记之日发生效力。而本案中，《房屋抵顶工程款协议书》签订后，供水财富大厦 A 座 9 层房屋的所有权并未登记在通州建某名下，故通州建某未取得供水财富大厦 A

座9层房屋的所有权。另一方面，兴某公司已经于2010年底将涉案房屋投入使用，故通州建某在事实上已交付了包括供水财富大厦A座9层在内的房屋。兴某公司并无充分证据推翻这一事实，也没有证据证明供水财富大厦A座9层目前在通州建某的实际控制或使用中，故亦不能认定供水财富大厦A座9层房屋实际交付给了通州建某。可见，供水财富大厦A座9层房屋既未交付通州建某实际占有使用，亦未办理所有权转移登记于通州建某名下，兴某公司并未履行《房屋抵顶工程款协议书》约定的义务，故通州建某对于该协议书约定的拟以房抵顶的相应工程款债权并未消灭。

最后，当事人应当遵循诚实信用原则，按照约定全面履行自己的义务，这是合同履行所应遵循的基本原则，也是人民法院处理合同履行纠纷时所应秉承的基本理念。据此，债务人于债务已届清偿期时，应依约按时足额清偿债务。在债权人与债务人达成以物抵债协议、新债务与旧债务并存时，确定债权人应通过主张新债务抑或旧债务履行以实现债权，亦应以此作为出发点和立足点。若新债务届期不履行，致使以物抵债协议目的不能实现的，债权人有权请求债务人履行旧债务；而且，该请求权的行使，并不以以物抵债协议无效、被撤销或者被解除为前提。本案中，涉案工程于2010年底已交付，兴某公司即应依约及时结算并支付工程款，但兴某公司未能依约履行该义务。相反，就其所欠的部分工程款，兴某公司试图通过以部分房屋抵顶的方式加以履行，遂经与通州建某协商后签订了《房屋抵顶工程款协议书》。对此，兴某公司亦应按照该协议书的约定积极履行相应义务。但在《房屋抵顶工程款协议书》签订后，兴某公司就曾欲变更协议约定的抵债房屋的位置，在未得到通州建某同意的情况下，兴某公司既未及时主动向通州建某交付约定的抵债房屋，也未恢复对旧债务的履行即向通州建某支付相应的工程欠款。通州建某提起本案诉讼向兴某公司主张工程款债权后，双方仍就如何履行《房屋抵顶工程款协议书》以抵顶相应工程款进行过协商，但亦未达成一致。而从涉案《房屋抵顶工程款协议书》的约定看，通州建某签订该协议，意为接受兴某公司交付的供水财富大厦A座9层房屋，取得房屋所有权，或者占有使用该房屋，从而实现其相应的工程款债权。虽然该协议书未明确约定履行期限，但自协议签订之日至今已四年多，兴某公司的工程款债务早已届清偿期，兴某公司却仍未向通州建某交付该协议书所约定的房屋，亦无法为其办理房屋所有权登记。综上所述，兴某公司并未履行《房屋抵顶工程款协议书》约定的义务，其行为有违诚实信用原则，通州建某签订《房屋抵顶工程款协议书》的目的无法实现。在这种情况下，通州建某提起本案诉讼，请求兴某公司直接给付工程欠款，符合法律规定的精神以及本案实际，应予支持。

此外，虽然兴某公司在一审中提交了《房屋抵顶工程款协议书》，但其陈述的证明目的是兴某公司有履行给付工程款的意愿，而并未主张以此抵顶工程款，或者作为已付工程款，故一审判决基于此对《房屋抵顶工程款协议书》没有表述，并不构成违反法定程序。

综上，涉案《房屋抵顶工程款协议书》约定的供水财富大厦A座9层房屋抵顶工程款金额不应计入已付工程款金额，一审法院认定并判令兴某公司应向通州建某支付相应的工程欠款，并无不当，兴某公司的该项上诉理由不能成立。

022 人民法院不能以地方性法规、行政规章作为确认合同无效的依据[*]

> **阅读提示**：民商法遵循意思自治的原则，这一理念也贯穿于合同法始终。
>
> 我国1987年1月1日起实施的《民法通则》规定，违反法律或者社会公共利益的民事行为无效。此后的司法实践，泛化了"法律"的认定，以至于在司法实践中大量的"红头文件"，不管是立法机关制定的，还是行政机关、司法机关制定的，也不论是中央的还是地方的，都可能被用来宣告合同无效，民事主体的意思自治受到了极大的限缩，合同动不动就被判决无效。
>
> 为改变公权力对私权利的过度渗透，我国1999年《合同法》第五十二条第五项规定，违反法律、行政法规的强制性规定无效；此后2017年颁布实施的《民法总则》亦有相同规定。
>
> 为进一步明确此问题，最高人民法院通过司法解释将地方性法规以及行政规章排除在合同效力依据之外，旨在促进市场交易、保障私人自由。
>
> 《全国法院民商事审判工作会议纪要》进一步对"违反规章的合同效力"作出明确的规定，而《最高人民法院关于适用〈中华人民共和国民法典〉合同编通则若干问题的解释》第十七条又在此基础上对"违反规章的合同效力"进行了规定。

---

[*] 案件来源：宁夏安某房地产开发有限公司与Y市土地储备局房屋拆迁安置补偿合同纠纷二审民事判决书，最高人民法院（2015）最高法民一终字第58号。

裁判要旨

本书主要涉及对《合同法》第五十二条第五项①，即"违反法律、行政法规的强制性规定"的理解。这里的法律、行政法规均应作狭义解释，即指全国人大及其常委会通过的法律以及国务院颁布的行政法规，而不能将其范围扩大至地方性法规以及行政规章。

合同法主要是为了促进市场经济持续有序的发展，不同地方不能以法规、规章的形式设立不同的交易规则、准入门槛，否则势必会造成交易中禁例如林，民事活动中处处陷阱，行政干预法力无边，当事人寸步难行的局面。

本案中，土地储备局以《补充协议》违反 Y 市政府的相关规定及违反 Y 市编制委员会为土地储备局核定的工作职能认定为由，主张《补充协议》无效显然不符合"违反法律、行政法规"的要求。地方性法规、部门规章不能作为合同效力依据。案涉《补偿协议》是土地储备局的真实意思表示且无任何违反法律、行政法规的情形，应为有效。

案情介绍

1. 2002 年 12 月 13 日，Y 市土地储备局与安某房地产公司签订了《银某广场拆迁补偿协议》，约定占用安某公路公司土地 10 亩，土地储备局支付各种补偿费用共计约 1141 万元。

2. 2003 年 3 月 10 日，Y 市土地储备局与安某公路公司签订《银某公路绿化带征地拆迁协议》，约定占用安某公路公司 25 亩土地，Y 市土地储备局为此补偿约 85 万元。Y 市土地储备局陆续将两次拆迁补偿款共计 1227 余万元支付给了安某公路公司。

3. 2005 年 2 月 20 日，Y 市土地储备局与安某公路公司签订《安置土地置换协议》，就两次共征用安某公路公司 35 亩土地的相关安置事宜约定，以土地置换的形式，将东至众某公司、西至白某俊用地、北至农田、南至新某东街的 27 亩土地置换给安某公路公司，但双方一直未办理土地使用权变更登记手续。

4. 2007 年 4 月 19 日，Y 市土地储备局与安某公路公司签订《补充协议》，约定：对 Y 市土地储备局征用安某公路公司 35 亩土地的安置事项按照 1∶1 的置换比

---

① 《合同法》已失效，相关规定见《民法典》第一百五十三条。

例为安某公路公司置换土地，除《安置土地置换协议》中 27 亩（土地）外，再补 8 亩置换土地，安某公路公司在划地时 60 日内将拆迁款约 1227 万元退回。Y 市土地储备局一直未按协议约定划定土地，安某公路公司也未退回约 1227 万元拆迁补偿款。

5. 安某公司向宁夏回族自治区高级人民法院起诉请求 Y 市土地储备局继续履行《补充协议》，一审法院认为该协议是双方的真实意思，内容不违反法律、行政法规的强制性规定，合法有效，支持了安某公路公司的诉求。Y 市土地储备局以《补充协议》违反 Y 市政府的规定以及 Y 市土地储备局的职能范围而无效为由上诉，最高人民法院认为合同效力以全国人大及其常委会制定的法律和国务院制定的行政法规为依据，而不以地方性法规、行政规章为依据，认定合同有效，维持原判。

实务要点总结

第一，主张合同无效的时候，应关注违反的是不是法律法规强制性规定，否则诉讼请求可能不会得到法院的支持。识别效力性强制性规定与管理性强制性规定一直是司法实践中的难题，也时常发生争议。所以，起诉之前一定要进行充分的案例和法律调研。

第二，违反法律、行政法规的强制性规定，仅仅指全国人大及其常委会制定的法律和国务院制定的行政法规。实践中存在的将违反地方行政管理规定的合同都认定为无效是没有法律依据的。当事人在签订合同时应当着重关注合同条款的内容，一般而言合同领域极大尊重意思自治，只要合同反映双方当事人的真实意思表示，内容不违反法律、行政法规的强制性规定即为有效。

相关法律规定

《最高人民法院关于适用〈中华人民共和国民法典〉合同编通则若干问题的解释》

第十六条 合同违反法律、行政法规的强制性规定，有下列情形之一，由行为人承担行政责任或者刑事责任能够实现强制性规定的立法目的的，人民法院可以依据民法典第一百五十三条第一款关于"该强制性规定不导致该民事法律行为无效的除外"的规定认定该合同不因违反强制性规定无效：

（一）强制性规定虽然旨在维护社会公共秩序，但是合同的实际履行对社会公共秩序造成的影响显著轻微，认定合同无效将导致案件处理结果有失公平公正；

（二）强制性规定旨在维护政府的税收、土地出让金等国家利益或者其他民事主体的合法利益而非合同当事人的民事权益，认定合同有效不会影响该规范目的的实现；

（三）强制性规定旨在要求当事人一方加强风险控制、内部管理等，对方无能力或者无义务审查合同是否违反强制性规定，认定合同无效将使其承担不利后果；

（四）当事人一方虽然在订立合同时违反强制性规定，但是在合同订立后其已经具备补正违反强制性规定的条件却违背诚信原则不予补正；

（五）法律、司法解释规定的其他情形。

法律、行政法规的强制性规定旨在规制合同订立后的履行行为，当事人以合同违反强制性规定为由请求认定合同无效的，人民法院不予支持。但是，合同履行必然导致违反强制性规定或者法律、司法解释另有规定的除外。

依据前两款认定合同有效，但是当事人的违法行为未经处理的，人民法院应当向有关行政管理部门提出司法建议。当事人的行为涉嫌犯罪的，应当将案件线索移送刑事侦查机关；属于刑事自诉案件的，应当告知当事人可以向有管辖权的人民法院另行提起诉讼。

第十七条 合同虽然不违反法律、行政法规的强制性规定，但是有下列情形之一，人民法院应当依据民法典第一百五十三条第二款的规定认定合同无效：

（一）合同影响政治安全、经济安全、军事安全等国家安全的；

（二）合同影响社会稳定、公平竞争秩序或者损害社会公共利益等违背社会公共秩序的；

（三）合同背离社会公德、家庭伦理或者有损人格尊严等违背善良风俗的。

人民法院在认定合同是否违背公序良俗时，应当以社会主义核心价值观为导向，综合考虑当事人的主观动机和交易目的、政府部门的监管强度、一定期限内当事人从事类似交易的频次、行为的社会后果等因素，并在裁判文书中充分说理。当事人确因生活需要进行交易，未给社会公共秩序造成重大影响，且不影响国家安全，也不违背善良风俗的，人民法院不应当认定合同无效。

《中华人民共和国合同法》（已失效）

第五十二条 有下列情形之一的，合同无效：

（一）一方以欺诈、胁迫的手段订立合同，损害国家利益；

（二）恶意串通，损害国家、集体或者第三人利益；

（三）以合法形式掩盖非法目的；

（四）损害社会公共利益；

（五）违反法律、行政法规的强制性规定。

《中华人民共和国民法总则》（已失效）

第一百五十三条　违反法律、行政法规的强制性规定的民事法律行为无效，但是该强制性规定不导致该民事法律行为无效的除外。

违背公序良俗的民事法律行为无效。

《中华人民共和国民法典》

第一百五十三条　违反法律、行政法规的强制性规定的民事法律行为无效。但是，该强制性规定不导致该民事法律行为无效的除外。

违背公序良俗的民事法律行为无效。

《全国法院民商事审判工作会议纪要》

30.【**强制性规定的识别**】合同法施行后，针对一些人民法院动辄以违反法律、行政法规的强制性规定为由认定合同无效，不当扩大无效合同范围的情形，合同法司法解释（二）第14条将《合同法》第52条第5项规定的"强制性规定"明确限于"效力性强制性规定"。此后，《最高人民法院关于当前形势下审理民商事合同纠纷案件若干问题的指导意见》进一步提出了"管理性强制性规定"的概念，指出违反管理性强制性规定的，人民法院应当根据具体情形认定合同效力。随着这一概念的提出，审判实践中又出现了另一种倾向，有的人民法院认为凡是行政管理性质的强制性规定都属于"管理性强制性规定"，不影响合同效力。这种望文生义的认定方法，应予纠正。

人民法院在审理合同纠纷案件时，要依据《民法总则》第153条第1款和合同法司法解释（二）第14条的规定慎重判断"强制性规定"的性质，特别是要在考量强制性规定所保护的法益类型、违法行为的法律后果以及交易安全保护等因素的基础上认定其性质，并在裁判文书中充分说明理由。下列强制性规定，应当认定为"效力性强制性规定"：强制性规定涉及金融安全、市场秩序、国家宏观政策等公序良俗的；交易标的禁止买卖的，如禁止人体器官、毒品、枪支等买卖；违反特许经营规定的，如场外配资合同；交易方式严重违法的，如违反招投标等竞争性缔约方式订立的合同；交易场所违法的，如在批准的交易场所之外进行期货交易。关于经营范围、交易时间、交易数量等行政管理性质的强制性规定，一般应当认定为"管理性强制性规定"。

31.【**违反规章的合同效力**】违反规章一般情况下不影响合同效力，但该规章的内容涉及金融安全、市场秩序、国家宏观政策等公序良俗的，应当认定合同无效。人民法院在认定规章是否涉及公序良俗时，要在考察规范对象基础上，兼顾监管强度、交易安全保护以及社会影响等方面进行慎重考量，并在裁判文书中进行充分说理。

法院判决

以下为该案在法院审理阶段，判决书中"本院认为"就该问题的论述：

关于《补充协议》是否合法有效的问题。该争议问题又包括以下几个方面的问题。

一、关于《补充协议》是否系Y市土地储备局的真实意思表示问题。一方面，从案涉《补充协议》签订的形式来看，《补充协议》中甲方一栏盖有Y市土地储备中心印章和法定代表人叶某设个人印鉴，并有叶某设本人签名，乙方一栏盖有安某公路公司印章，并有法定代表人马某林签名，且经一审法院委托鉴定，Y市土地储备中心印章叶某设的签字及叶某设个人印鉴均是真实的。故案涉《补充协议》具有体现双方真实意思表示的客观外在形式。另一方面，从案涉《补充协议》签订的内容来看，其同本案所查明的其他事实存在进一步的关联，进一步印证其系Y市土地储备局的真实意思表示。一审诉讼期间，Y市土地储备局提供的《关于宁夏安某房地产公司诉讼土地置换纠纷案的意见》中明确，对于被拆迁企业的土地补偿问题可以由企业退回补偿款，并按比例折算后予以置换土地。这说明用补偿款置换土地系Y市政府及Y市土地储备局的议定事项。而宁夏回族自治区Y市中级人民法院（2015）银行终字第3号行政判决查明，Y市土地储备局与百某德公司所签订《安置土地置换协议》中也有以每亩土地40万元的价格抵顶557.1142万元补偿款的事实，这说明Y市土地储备局存在同其他公司以土地补偿款置换土地的事实，可进一步印证《补充协议》系Y市土地储备局的真实意思。故从上述两个因素来看，案涉《补偿协议》的签订无论是在协议内容，还是签订的形式均应认定为Y市土地储备局的真实意思表示。一审法院对此认定并无不当，本院予以确认。

二、关于《补偿协议》是否违反公平原则及损害社会公共利益问题。Y市土地储备局虽然主张案涉《补偿协议》违反公平原则及损害社会公共利益，但其并未提供证据加以佐证；《民事诉讼法》第六十四条第一款规定，当事人对自己提出的主张，有责任提供证据。在Y市土地储备局未能举证证明案涉《补偿协议》违反公平原则及损害社会公共利益的情况下，应承担举证不能的法律后果，故其主张依据不足。且就双方所签订《补充协议》约定的土地置换价格而言，经查明，Y市土储备局与案外人百某德公司所签订《安置土地置换协议》中也有以每亩土地40万元价格抵顶557.1142万元补偿款的事实,这亦进一步说明案涉《补充协议》不存在违反公平原则的情形,也不存在损害社会公共利益的情形。故Y市土地储备局的该上诉理由,理据不足,本院不予采信。

三、关于《补充协议》能否依据Y市国土资源部《招标拍卖挂牌出让国有土地使用权规定》认定无效问题。《补充协议》约定,1. Y市土地储备中心征用安某公路公司35亩土地,因多种因素不能按约定时间交地,致使安某公路公司职工安置无法解决,Y市土地储备中心同意按照1:1的置换比例为安某公路公司置换土地,除《安置土地置换协议》中27亩(土地)外,再补8亩置换土地;2. 根据2004年9月19日《市长办公会议备忘录》第二条第二款"对银某广场拆迁涉及的7家特殊企业,可由企业退回拆迁款置换土地"的纪要精神,Y市土地储备中心同意以每亩40万元(的价格)用1227.03万元(拆迁)补偿款抵顶安置土地,给安某公路公司抵顶置换土地30.68亩。从上述约定内容来看,《补充协议》系具有拆迁安置补偿的性质。而国土资源部《招标拍卖挂牌出让国有土地使用权规定》第一条明确其规范范围为规范国有土地使用权出让行为,因此《招标拍卖挂牌出让国有土地使用权规定》并不能规范案涉具有拆迁安置补偿性质的《补充协议》,在能够认定《补偿协议》并不违反公平原则、亦不损害社会公共利益的情况下,Y市土地储备局关于案涉《补充协议》违反《招标拍卖挂牌出让国有土地使用权规定》应为无效的主张,理据不足,本院不予支持。

四、关于能否以违反Y市政府的相关规定及违反Y市编制委员会为Y市土地储备局核定的工作职能认定《补充协议》无效的问题。《最高人民法院关于适用〈中华人民共和国合同法〉若干问题的解释(一)》第四条规定,合同法实施以后,人民法院确认合同无效,应当以全国人大及其常委会制定的法律和国务院制定的行政法规为依据,不得以地方性法规、行政规章为依据。故Y市土地储备局以《补充协议》违反Y市政府的相关规定为由,主张《补充协议》无效,明显同上述司法解释的规定不符,对该理由,本院不予采信。

至于Y市土地储备局关于《补充协议》的签订违反Y市土地储备局的工作职能范围问题,一方面,Y市土地储备局的工作职能范围属于政府行政管理的内部职权配置范畴,不能以该内部职权配置作为认定案涉《补充协议》效力的依据;另一方面,Y市土地储备局关于其无出让土地的职能与其之前同安某公路公司及案外人百某德公司签订土地补偿协议的事实明显不符,故对该上诉主张,本院不予支持。

五、关于Y市土地储备局主张安某公路公司系无照经营故《补充协议》无效的理由能否成立问题。Y市土地储备局虽然主张安某公路公司自2005年3月7日营业到期后未办理营业期限延期变更登记，但是并未提供证据证明安某公路公司系无照经营，亦未提供证据证明安某公路公司不具备与Y市土地储备中心签署土地安置补偿协议的能力，故应承担举证不能的法律后果。相反，Y市土地储备局通过同安某公路公司签订征地拆迁协议已经取得安某公路公司的土地，及安某公司吸收合并安某公路公司及承担安某公路公司债务的事实进一步说明，安某公路公司具有对外签署协议的能力。故Y市土地储备局关于安某公路公司不具有签约主体资格、《补充协议》无效的主张，与事实不符，本院不予支持。

综上，Y市土地储备局关于案涉《补充协议》无效的主张，理据不足，本院不予支持。

023 在自然保护区内签订的矿产资源开采合同是否有效[*]

> **阅读提示**：自然保护区内的自然资源丰富，其中包括但不限于矿产资源。而地方经济的发展离不开对自然资源的消耗，因而环境保护与经济发展的矛盾已成为一道难题。一些地方政府以经济发展为主，非法为企业设立采矿权，允许企业在自然保护区开采矿产资源，但也由此引发了一系列的法律问题。例如，具有采矿权的当事人在自然保护区内订立的资源开采合同是否有效的问题。在本案例中，法院的认定是无效。

裁判要旨

当事人签订的在自然保护区内开采矿产资源合同，违反法律、行政法规的强制性规定、损害社会公共利益的，人民法院应依法认定合同无效，一方当事人请求履行合同的，人民法院不予支持。

案情介绍

1. 2015年9月14日，宁夏回族自治区林业厅责令某煤业公司立即停止违法行为，限期恢复原状。

---

[*] 案件来源：某矿业公司诉某电力公司、某煤业公司合同纠纷案再审裁定书，最高人民法院（2022）最高法民申788号。

2. 2015年12月19日，宁夏贺兰山国家级自然保护区管理局作出《关于某煤业公司申请恢复生产的复函》，认为某煤业公司在贺兰山自然保护区核心区内开采与《自然保护区条例》和宁夏回族自治区人民政府通告的有关规定不符。

3. 2016年3月19日，宁夏回族自治区人民政府办公厅下发《关于印发宁夏贺兰山国家级自然保护区总体整治方案的通知》，要求某煤业公司矿井停产、关闭并退出贺兰山自然保护区，拆除生产设施设备。

4. 2016年12月5日，某矿业公司、某电力公司、某煤业公司签订《合同变更协议》，对处于贺兰山国家级自然保护区核心区内的煤炭资源开发事项重新约定了合同履行主体、价款、支付方式和期限等内容。后某矿业公司向宁夏回族自治区石嘴山市中院提起诉讼，要求某电力公司承担付款责任。

5. 石嘴山市中院支持某矿业公司的主张，某电力公司不服，向宁夏回族自治区高级人民法院提起上诉。

6. 宁夏回族自治区高级人民法院撤销一审判决，驳回某矿业公司的诉讼请求。

7. 某矿业公司不服，向最高人民法院申请再审。最高人民法院裁定驳回某矿业公司的再审申请。

实务要点总结

第一，在签订自然资源开发合同时，应当及时对开发地是否属于自然保护区范围进行调查，如查询政府生态环境保护或林业部门的网站、现场进行考察或通过地理信息系统（GIS）查询等。即使合同相对方具有官方授权的采矿证书，也应进行多方核实、查验该证书中的内容，以确保开发区域不在自然保护区的范围内，否则合同效力为无效。

第二，合同一方以合同已部分履行为由，请求法院认定该无效合同为有效，并请求继续履行的，若合同本身存在《民法典》第一百五十三条所规定的情形，基于公平原则，合同不应当认定为有效。

相关法律规定

《中华人民共和国民法典》

第一百五十三条 违反法律、行政法规的强制性规定的民事法律行为无效。但是，该强制性规定不导致该民事法律行为无效的除外。

违背公序良俗的民事法律行为无效。

《中华人民共和国自然保护区条例》（2017年修订）

第二十六条　禁止在自然保护区内进行砍伐、放牧、狩猎、捕捞、采药、开垦、烧荒、开矿、采石、挖沙等活动；但是，法律、行政法规另有规定的除外。

第三十二条　在自然保护区的核心区和缓冲区内，不得建设任何生产设施。在自然保护区的实验区内，不得建设污染环境、破坏资源或者景观的生产设施；建设其他项目，其污染物排放不得超过国家和地方规定的污染物排放标准。在自然保护区的实验区内已经建成的设施，其污染物排放超过国家和地方规定的排放标准的，应当限期治理；造成损害的，必须采取补救措施。

在自然保护区的外围保护地带建设的项目，不得损害自然保护区内的环境质量；已造成损害的，应当限期治理。

限期治理决定由法律、法规规定的机关作出，被限期治理的企业事业单位必须按期完成治理任务。

法院判决

以下为该案在审理阶段，裁定书中"本院认为"部分就该问题的论述：

二审判决认定《合同变更协议》无效是否有误

《自然保护区条例》第二十六条规定："禁止在自然保护区内进行砍伐、放牧、狩猎、捕捞、采药、开垦、烧荒、开矿、采石、挖沙等活动；但是，法律、行政法规另有规定的除外。"第三十二条第一款规定："在自然保护区的核心区和缓冲区内，不得建设任何生产设施……"《合同法》第五十二条规定："有下列情形之一的，合同无效：（一）一方以欺诈、胁迫的手段订立合同，损害国家利益；（二）恶意串通，损害国家、集体或者第三人利益；（三）以合法形式掩盖非法目的；（四）损害社会公共利益；（五）违反法律、行政法规的强制性规定。"本案中，2015年9月14日，宁夏回族自治区林业厅对某煤业公司发出宁贺林罚责通字〔2015〕第09号《责令停止违法行为通知书》，责令某煤业公司立即停止违法行为，限期恢复原状。2015年12月19日，宁夏贺兰山国家级自然保护区管理局作出《关于某煤业公司申请恢复生产的复函》，认为某煤业公司在贺兰山自然保护区核心区内开采与《自然保护区条例》和宁夏回族自治区人民政府通告的有关规定不符。2016年3月19日，宁夏回族自治区人民政府办公厅下发《关于印发宁夏贺兰山国家级自然保护区总体整治方案的通知》，要求某煤业公司矿井于2016年5月20日前停产，于2018年12月31日前关闭并退出贺兰山自然保护区，拆除生产设施设备。而某矿业公司、某电力公司、某煤业公司于 2016 年 12 月 5 日签订的《合同变更协议》，系各方当事人在明知沙巴台矿区××区，全部生产经营活动已按国家有关政策规定停止的情况下，对处于贺兰山国家级自然保护区××区内的煤炭资源开发事项重新约定了合同履行主体、价款、支付方式和期限等内容。二审判决根据以上事实认定案涉《合同变更协议》违反了法律、行政法规的强制性规定，损害了社会公共利益，为无效合同并无不当。

024 当事人实施犯罪行为签订的合同并不当然无效[*]

> **阅读提示**：对于合同效力的判断应该按照《合同法》等法律、行政法规中的有关效力规则去审查，只要当事人之间意思真实一致，又无法律规定的无效情形，就应当认定为合同有效。若是合同一方当事人的行为涉嫌刑事犯罪，当事人所签订合同也并不当然无效，最高人民法院认为在合同约定本身不属于无效事由的情况下，合同中一方当事人实施的涉嫌犯罪的行为并不影响合同的有效性。

裁判要旨

合同当事人一方实施了犯罪行为，不能当然认定合同无效。合同是否有效，应当依照《合同法》的规定进行判断，并不因为一方当事人构成犯罪而必然导致合同无效。

在判定合同的效力时，不能仅因合同当事人一方实施了涉嫌犯罪的行为，而当然认定合同无效。此时，仍应根据《合同法》等法律、行政法规的规定对合同的效力进行审查判断，以保护合同中无过错一方当事人的合法权益，维护交易安全和交易秩序。在合同约定本身不属于无效事由的情况下，合同中一方当事人实施的涉嫌犯罪的行为并不影响合同的有效性。[②]

案情介绍

1. 2010 年，陆某武采用加盖伪造印章出具虚假文件、冒签其妻潘某英名字等

---

[*] 案件来源：靖江市润某农村小额贷款有限公司、陆某武、江苏天某工程设备制造有限公司与潘某英借款合同纠纷申请再审民事裁定书，最高人民法院（2014）最高法民申字第 1544 号。

[②] 《合同法》已失效，现对于合同效力的判断应该按照《民法典》第一编第六章第三节有关民事法律行为的效力规则去审查。

欺骗手段，与靖江市润某农村小额贷款有限公司（以下简称润某公司，具备发放贷款经营资质）签订借款合同，取得3000万元贷款，并将其中的1000万元汇至潘某英个人账户。

2. 在约定的还款期限届满后，陆某武未归还润某公司3000万元本金及利息，致使该项贷款无法追回。

3. 2014年，江苏省泰州市中院作出（2014）泰中刑二终字第0068号刑事判决，认定陆某武以欺骗手段取得润某公司的贷款，构成骗取贷款罪，判处有期徒刑四年六个月，并处罚金13万元。

4. 潘某英向最高人民法院申请再审，请求认定陆某武与润某公司签订的借款协议无效，案涉3000万元借款不是夫妻关系存续期间的共同债务。最高人民法院对潘某英的主张不予支持，裁定驳回再审申请。

实务要点总结

很多当事人在发生民刑交叉案件的时候，往往认为只要证明构成犯罪，合同就无效了。实际上这只是想当然，合同当事人一方的行为构成犯罪并不必然导致合同无效。在接手任何案件的时候都应该进行仔细的法规调研和案例调研，做好充足的准备，才能立于不败之地。

相关法律规定

《中华人民共和国合同法》（已失效）

第五十二条 有下列情形之一的，合同无效：

（一）一方以欺诈、胁迫的手段订立合同，损害国家利益；

（二）恶意串通，损害国家、集体或者第三人利益；

（三）以合法形式掩盖非法目的；

（四）损害社会公共利益；

（五）违反法律、行政法规的强制性规定。

《中华人民共和国民法典》

第一百四十三条 具备下列条件的民事法律行为有效：

（一）行为人具有相应的民事行为能力；

（二）意思表示真实；

（三）不违反法律、行政法规的强制性规定，不违背公序良俗。

第一百五十三条　违反法律、行政法规的强制性规定的民事法律行为无效。但是，该强制性规定不导致该民事法律行为无效的除外。

违背公序良俗的民事法律行为无效。

《最高人民法院关于审理民间借贷案件适用法律若干问题的规定》（2020年第二次修正）

第六条　人民法院立案后，发现与民间借贷纠纷案件虽有关联但不是同一事实的涉嫌非法集资等犯罪的线索、材料的，人民法院应当继续审理民间借贷纠纷案件，并将涉嫌非法集资等犯罪的线索、材料移送公安或者检察机关。

第七条　民间借贷纠纷的基本案件事实必须以刑事案件的审理结果为依据，而该刑事案件尚未审结的，人民法院应当裁定中止诉讼。

第八条　借款人涉嫌犯罪或者生效判决认定其有罪，出借人起诉请求担保人承担民事责任的，人民法院应予受理。

第十二条　借款人或者出借人的借贷行为涉嫌犯罪，或者已经生效的判决认定构成犯罪，当事人提起民事诉讼的，民间借贷合同并不当然无效。人民法院应当根据合同法第五十二条、本规定第十四条之规定，认定民间借贷合同的效力。

担保人以借款人或者出借人的借贷行为涉嫌犯罪或者已经生效的判决认定构成犯罪为由，主张不承担民事责任的，人民法院应当依据民间借贷合同与担保合同的效力、当事人的过错程度，依法确定担保人的民事责任。

第十三条　具有下列情形之一，人民法院应当认定民间借贷合同无效：

（一）套取金融机构信贷资金又高利转贷给借款人，且借款人事先知道或者应当知道的；

（二）以向其他企业借贷或者向本单位职工集资取得的资金又转贷给借款人牟利，且借款人事先知道或者应当知道的；

（三）出借人事先知道或者应当知道借款人借款用于违法犯罪活动仍然提供借款的；

（四）违背社会公序良俗的；

（五）其他违反法律、行政法规效力性强制性规定的。

法院判决

以下为该案在法院审理阶段，裁定书中"本院认为"就该问题的论述：

（2014）泰中刑二终字第0068号刑事判决认定陆某武构成骗取贷款罪，其本身并不包括对借款合同效力的评价。案涉借款合同是否有效,应当依照《合同法》的规定进行判断,并不因为陆某武构成骗取贷款罪而必然导致其与润某公司签订的借款合同无效。陆某武以加盖伪造印章的方式,提供虚假证明文件,骗取润某公司贷款的行为,在刑法上,构成骗取贷款罪,应当据此承担刑事责任;但在合同法上,其行为构成单方欺诈。根据《合同法》第五十四条第二款"一方以欺诈、胁迫的手段或者乘人之危,使对方在违背真实意思的情况下订立的合同,受损害方有权请求人民法院或者仲裁机构变更或者撤销"之规定,润某公司享有撤销权。因润某公司未按照该条规定主张撤销案涉借款合同,故二审判决认定借款合同有效并无不当。

025 以假债权骗取银行保理融资,能否被认定为真债权[*]

> **阅读提示**:两企业以虚假意思表示形成债权债务关系,再以该虚假债权骗取银行保理融资,此时银行还能否追索债权?本案例中,最高人民法院认为银行若不知晓该债权债务关系为虚假,则仍可向虚假债务人主张偿还债务。

裁判要旨

双方当事人通谋所为的虚假意思表示,在当事人之间发生绝对无效的法律后果,但在虚假表示的当事人与第三人之间并不当然无效。当第三人知道该当事人之间的虚假意思表示时,虚假表示的无效可以对抗该第三人;当第三人不知道当事人之间的虚假意思表示时,该虚假意思表示的无效不得对抗善意第三人。

案情介绍

1. 2010年3月15日,汇某银行(中国)有限公司武汉分行(以下简称汇某银行武汉分行)与鑫某公司签署《保理协议》和《授信函》,约定鑫某公司将应收账款债权转让给汇某银行武汉分行或其指定的受让人,汇某银行武汉分行向鑫某公司提供保理融资。

2. 2010年3月23日,汇某银行(中国)有限公司以快递方式向中某华中铜业

---

[*] 案件来源:汇某银行(中国)有限公司武汉分行、中某华中铜业有限公司债权转让合同纠纷二审民事判决书,最高人民法院(2017)最高法民终332号。

有限公司（以下简称中某华中铜业公司）发送鑫某公司致中某华中铜业公司的书面通知，载明：我司已与汇某银行武汉分行签订了应收账款保理协议，我司特此通知贵司，我司已将对贵司的发票日期标注为自 2010 年 3 月 22 日起（含该日）任何日期的所有应收账款之权利全部转让给了汇某银行武汉分行。

3. 中某华中铜业公司市场营销部在四年间向汇某银行武汉分行出具 102 份《承诺函》均载明：鑫某公司与贵行于 2010 年 3 月 15 日签订《保理服务授信函》及《保理协议》，我公司同意鑫某公司将其与我公司产生的应收账款转让给贵行。中某华中铜业公司已经向汇某银行武汉分行指定的账户付款 28 亿余元。

4. 汇某银行武汉分行向湖北省高级人民法院起诉，请求：中某华中铜业公司向汇某银行武汉分行支付人民币 201489628.21 元及利息损失。中某华中铜业公司主张，汇某银行武汉分行诉请的债权是鑫某公司为骗取汇某银行武汉分行的贷款，利用伪造合同、变造的增值税发票和伪造的点价单等转让给汇某银行武汉分行的虚假债权。湖北省高级人民法院认为，汇某银行武汉分行依据其与鑫某公司签订的保理协议受让鑫某公司对中某华中铜业公司的应收账款债权合法、有效，但中某华中铜业公司已经履行全部付款义务。故判决驳回汇某银行武汉分行的诉讼请求。

5. 汇某银行武汉分行不服，上诉至最高人民法院。最高人民法院判决中某华中铜业公司支付汇某银行武汉分行 43989628.21 元及利息。

实务要点总结

企业切勿以虚假的"债务人"身份配合"债权人"，以虚假债权向银行骗取保理融资。此时若不能证明银行对虚假债权是知情的，这时候就假戏真做了，该虚假的"债务人"需向银行承担偿还义务。与此同时，该等骗取保理融资的行为还可能构成骗取贷款罪。

相关法律规定

《中华人民共和国合同法》（已失效）

第八十条　债权人转让权利的，应当通知债务人。未经通知，该转让对债务人不发生效力。

债权人转让权利的通知不得撤销，但经受让人同意的除外。

第八十二条　债务人接到债权转让通知后，债务人对让与人的抗辩，可以向受让人主张。

《中华人民共和国民法总则》（已失效）

第一百四十六条　行为人与相对人以虚假的意思表示实施的民事法律行为无效。以虚假的意思表示隐藏的民事法律行为的效力，依照有关法律规定处理。

《中华人民共和国民法典》

第一百四十六条　行为人与相对人以虚假的意思表示实施的民事法律行为无效。以虚假的意思表示隐藏的民事法律行为的效力，依照有关法律规定处理。

第五百四十六条　债权人转让债权，未通知债务人的，该转让对债务人不发生效力。

债权转让的通知不得撤销，但是经受让人同意的除外。

第五百四十八条　债务人接到债权转让通知后，债务人对让与人的抗辩，可以向受让人主张。

法院判决

以下为该案在法院审理阶段，判决书中"本院认为"就该问题的论述：

关于汇某银行武汉分行与鑫某公司、中某华中铜业公司是否有真实的债权转让关系，以及中某华中铜业公司应否向汇某银行武汉分行承担付款责任的问题。

经审理查明，鑫某公司与中某华中铜业公司有多年业务往来，双方存在真实的货物买卖合同关系，且自2010年至2014年鑫某公司将其对中某华中铜业公司的部分应收账款已经转让给汇某银行武汉分行。中某华中铜业公司称2014年鑫某公司向汇某银行武汉分行转让债权所涉的2014年长单合同（编号为2014-XPZL-001）虚假，应收账款债权不存在。但是中某华中铜业公司在2014年给汇某银行武汉分行出具了11份《承诺函》，明确同意将2014年长单合同（编号为2014-XPZL-001）项下的应收账款转让给汇某银行武汉分行，并承诺将相关款项付至指定账户。中某华中铜业公司明知2014年长单合同虚假且没有应收账款的情况下，却给汇某银行武汉分行出具《承诺函》予以确认，与鑫某公司存在通谋行为。虽然《合同法》第八十二条规定，债务人接到债权转让通知后，债务人对让与人的抗辩，可以向受让人主张，但在债务人与让与人存在通谋的情况下是否仍然享有抗辩权，法律并没有明确规定。当事人从事民事活动，应当遵循诚信原则，秉持诚实，恪守承诺，如果允许明知转让虚假债权的债务人以转让债权不存在来抗辩，则明显有违诚实信用等民法基本原则。双方当事人通谋所为的虚假意思表示，在当事人之间发生绝对无效的法律后果，但在虚假表示的当事人与第三人之间并不当然无效。当第三人知道该当事人之间的虚假意思表示时，虚假表示的无效可以对抗该第三人；当第三人不知道当事人之间的虚假意思表示时，该虚假意思表示的无效不得对抗善意第三人。本案中，中某华中铜业公司没有证据证明汇某银行武汉分行知道或应当知道2014年长单合同系变造以及中某华中铜业公司出具《承诺函》中承诺支付的款项已经支付给鑫某公司，因此，中某华中铜业公司不能免除其所承诺的付款责任。而且，一审判决认定债权转让的数额3088328379.07元是依据中某华中铜业公司出具的102份《承诺函》载明的应收账款数额，并非依据2014年长单合同（编号为2014-XPZL-001）得出，即使2014年长单合同虚假亦不影响一审判决的该认定结果，故一审判决认定的应收账款数额并无不当。中某华中铜业公司以2014年长单合同虚假及应收账款不存在为由抗辩不应还款，本院不予支持。

026 损害国企利益的合同是否有效*

> **阅读提示**：本案例中合同当事人为国有企业，向最高人民法院申请再审时主张合同约定不合理，依照合同约定判决其承担责任损害了国家利益，应认定无效。最高人民法院详细论述了国有企业利益与国家利益的关系，未支持该国有企业主张。

裁判要旨

国有企业利益不属于《合同法》第五十二条规定的国家利益。合同法是调整平等主体间财产流转关系的法律，各类市场主体间法律地位平等，其合法利益受法律保护。虽然国有企业是我国重要的市场主体之一，但根据平等原则，合同法并未对国有企业利益进行有别于其他市场主体的特别保护。①

在本案中，最高人民法院从三个角度，认定Z报社虽然系国有企业，但其利益不能被简单认定为国家利益，不能适用《合同法》第五十二条第二项的规定，未支持Z报社的上述主张。具体而言：

---

* 案件来源：Z报社有限公司、中某报刊图书发行（郑州）有限公司合同纠纷再审审查与审判监督民事裁定书，最高人民法院（2017）最高法民申4336号。

① 《合同法》已失效，现相关规定见《民法典》第一编第六章第三节民事法律行为的效力规则，此外根据《民法典》第一百三十二条的规定，民事主体不得滥用民事权利损害国家利益、社会公共利益或者他人合法权益。

第一，从合同法的立法宗旨、立法原则角度来看，合同法是调整平等主体间财产流转关系的法律，各类市场主体间法律地位平等，其合法利益受法律保护。虽然国有企业是我国重要的市场主体之一，但根据平等原则，合同法并未对国有企业利益进行有别于其他市场主体的特别保护。

第二，从法律适用的后果来看，如果将国有企业利益视为国家利益从而主张适用《合同法》第五十二条，一旦发生国有企业利益受损均可基于该条法律规定主张合同无效，将会严重影响市场交易安全与稳定，破坏交易秩序，这与合同法第一条规定的维护社会经济秩序的立法宗旨相违背。

第三，从国家利益内涵的阐释来看，《合同法》第五十二条中的"国家利益"应是以我国全体公民利益为前提的，国家在整体上所具有的政治利益、经济利益和国防利益。这一利益应具有至上性、不可辩驳性，而国有企业的利益在合同法层面也仅是代表其自身的利益和作为独立市场主体的利益，不应与国家利益混同。

案情介绍

1. 2009年6月28日，Z报社（国有企业）与中某报刊图书发行（郑州）有限公司（以下简称中某公司）签订《合作协议书》，约定：由Z报社编辑出版副学科（理化生政史地）报纸，中某公司负责在全国发行；办报费用（编辑人员工资、稿费、照排费、印刷费）由中某公司承担；中某公司每年向Z报社支付代理费1130万元；除不可抗力因素外，双方不得以任何理由终止或变更本协议各条款，一方违约另一方有权对由此造成的经济损失向对方索赔，违约金为300万元。

2. 协议签订后，Z报社向中某公司交付了2009年下半年和2010年、2011年全年的理化周刊报纸的胶片，中某公司根据Z报社提供的胶片，发行了该年度的报纸。

3. 2011年10月24日，Z报社向中某公司发出《解除合作协议通知书》。

4. 中某公司向郑州中院起诉，请求判令：Z报社《解除合作协议通知书》无效；Z报社继续履行合同，立即将2012年胶片交付中某公司印刷、发行；Z报社支付违约金及各项损失1231.1240万元。郑州中院认为，中某公司尚欠Z报社2631978.20元未付，判决驳回中某公司的诉讼请求。

5. 中某公司不服，上诉至河南省高级人民法院。河南省高级人民法院认为，另案民事判决认定中某公司不欠付Z报社报纸发行代理费，基于该事实，Z报社在中某公司没有欠付其报纸发行代理费的情况下，单方解除合同的行为系违约行为，依法应承担违约责任。故判决Z报社支付中某公司违约金300万元。

6. Z报社不服，向最高人民法院申请再审，主张合同中的部分约定明显损害国家利益，应属无效。最高人民法院裁定驳回 Z 报社的再审申请。

实务要点总结

主张适用《民法典》第一百三十二条、第一百五十三条、第一百五十四条等规定认定损害了国家利益合同无效，当事人和律师应当举证证明该行为损害国家利益，而不是损害了国有企业利益。要注意区分国有企业利益和国家利益，不要以专业人士的身份闹笑话。

从国家利益内涵的阐释来看，《民法典》第一百三十二条中的"国家利益"应是以我国全体公民利益为前提的，国家在整体上所具有的政治利益、经济利益和国防利益。国有企业利益不属《民法典》总则部分的国家利益，《民法典》并未对国有企业利益进行有别于其他市场主体的特别保护。

相关法律规定

《中华人民共和国合同法》（已失效）

第五十二条 有下列情形之一的，合同无效：

（一）一方以欺诈、胁迫的手段订立合同，损害国家利益；

（二）恶意串通，损害国家、集体或者第三人利益；

（三）以合法形式掩盖非法目的；

（四）损害社会公共利益；

（五）违反法律、行政法规的强制性规定。

《中华人民共和国民法总则》（已失效）

第一百三十二条 民事主体不得滥用民事权利损害国家利益、社会公共利益或者他人合法权益。

第一百五十三条 违反法律、行政法规的强制性规定的民事法律行为无效，但是该强制性规定不导致该民事法律行为无效的除外。

违背公序良俗的民事法律行为无效。

第一百五十四条 行为人与相对人恶意串通，损害他人合法权益的民事法律行为无效。

《中华人民共和国民法典》

第一百三十二条 民事主体不得滥用民事权利损害国家利益、社会公共利益或者他人合法权益。

第一百五十三条 违反法律、行政法规的强制性规定的民事法律行为无效。但是，该强制性规定不导致该民事法律行为无效的除外。

违背公序良俗的民事法律行为无效。

第一百五十四条 行为人与相对人恶意串通，损害他人合法权益的民事法律行为无效。

法院判决

以下为该案在法院审理阶段，裁定书中"本院认为"就该问题的论述：

《合作协议书》中有关违约责任的条款是否有效。申请人提出，根据《合同法》第五十二条第二项关于"恶意串通，损害国家、集体或者第三人利益"的合同无效的规定，《合作协议书》第六条第三项的约定因违反上述法律规定应属无效条款。本院认为，案涉《合作协议书》是否侵犯国家利益，首先，要明确国有企业利益是否属于《合同法》第五十二条规定的国家利益。《合同法》是调整平等主体间财产流转关系的法律，各类市场主体间法律地位平等，其合法利益受法律保护。虽然国有企业是我国重要的市场主体之一，但根据平等原则，《合同法》并未对国有企业利益进行有别于其他市场主体的特别保护。其次，如果将国有企业利益视为国家利益从而主张适用《合同法》第五十二条，一旦发生国有企业利益受损均可基于该条法律规定主张合同无效，将会严重影响市场交易安全与稳定，破坏交易秩序，这与《合同法》第一条规定的维护社会经济秩序的立法宗旨相违背。最后，《合同法》第五十二条中的"国家利益"应是指以我国全体公民利益为前提的，国家在整体上所具有的政治利益、经济利益和国防利益。这一利益应具有至上性、不可辩驳性，而国有企业的利益在合同法层面也仅是代表其自身的利益和作为独立市场主体的利益，不应与国家利益混同。综上，无论从《合同法》的立法宗旨、立法原则、法律适用的后果，还是国家利益内涵的阐释来看，认为国家利益包含国有企业利益都是不妥的。本案中，Z报社虽然系国有企业，但其利益不能被简单认定为国家利益，不能适用《合同法》第五十二条第二项的规定。此外，根据河南省汤阴县人民法院作出的（2011）汤刑初字第145号刑事判决和（2011）汤刑初字第206号刑事判决所认定的马某胜、刘某伟的犯罪事实，不能证明Z报社与中某公司签订的《合作协议书》不是双方的真实意思表示，且《合作协议书》内容不违反法律和行政法规的强制性规定。故《合作协议书》不存在《合同法》第五十二条规定的应属无效的情形，系有效协议。

027 企业经常放贷所订立的借款合同无效*

> **阅读提示**：发放贷款是银行的主营业务之一，其他企业未经批准能否从事经常性的贷款业务？签订的借款合同是否有效？最高人民法院认为，该等行为违反了金融监管的效力性强制性规定，应当认定为无效。因借款合同无效，借款合同中的利息约定亦无效。

裁判要旨

企业未经批准擅自从事经常性的放贷业务，所签订的借款合同无效。未经批准擅自从事经常性的贷款业务，属于从事非法金融业务活动，所签订的借款合同违反效力性强制性规定，应认定无效。

《银行业监督管理法》第十九条规定："未经国务院银行业监督管理机构批准，任何单位或者个人不得设立银行业金融机构或者从事银行业金融机构的业务活动"，该强制性规定直接关系到国家金融管理秩序和社会资金安全，事关社会公共利益，属于效力性强制性规定。本案涉案公司贷款对象众多，通过向社会不特定对象提供资金以赚取高额利息，出借行为具有反复性、经常性，借款目的也具有营业性，未经批准擅自从事经常性的贷款业务，属于从事非法金融业务活动，违反了上述规定。根据《合同法》第五十二条关于"有下列情形之一的，合同无效：……（五）违反法律、行政法规的强制性规定"的规定，以及《最高人民法院关于适用〈中华人民共和国合同法〉若干问题的解释（二）》第十四条关于"合同法第五十二条第（五）项规定的'强制性规定'，是指效力性强制性规定"的规定，应认定案涉两份《借款合同》无效。①

案情介绍

1. 德某公司与大连高某投资有限公司（以下简称高某公司）签订两份《借款

---

* 案件来源：大连高某投资有限公司、某银行大连星海支行企业借贷纠纷、金融借款合同纠纷二审民事判决书，最高人民法院（2017）最高法民终647号。

① 《民法典》第一百五十三条规定："违反法律、行政法规的强制性规定的民事法律行为无效。但是，该强制性规定不导致该民事法律行为无效的除外。违背公序良俗的民事法律行为无效。"

合同》，德某公司从高某公司处借款 3500 万元。

2. 某银行星海支行为高某公司出具了两份《银行保函》，载明：如德某公司出现违约事项，某银行星海支行在收到高某公司书面索偿通知后向高某公司无条件支付款项，担保责任方式为连带责任担保。

3. 高某公司向辽宁高院起诉，请求：德某公司给付借款 3500 万元及逾期利息 6510 万元；某银行星海支行按其出具的不可撤销《银行保函》承担连带给付责任。

4. 辽宁省高级人民法院认为，高某公司系投资公司，经营范围中没有向外放贷的业务，其从事放贷业务亦未取得金融监管部门的批准，违反了《银行业监督管理法》和《商业银行法》等法律的有关规定，亦损害了社会公共利益，因此，《借款合同》无效。辽宁省高级人民法院判决：德某公司给付高某公司 3500 万元及相应的逾期利息（按中国人民银行规定的同期贷款基准利率计付）；某银行星海支行以总额 3500 万元为限对德某公司不能清偿的债务承担二分之一的赔偿责任；某银行星海支行在承担了赔偿责任后，有权向德某公司追偿。

5. 高某公司、某银行星海支行不服，上诉至最高人民法院。最高人民法院改判：德某公司给付高某公司 20966433.33 元及利息（按中国人民银行同期同类贷款基准利率计算）；某银行星海支行以总额 3500 万元为限对德某公司不能清偿的债务，承担三分之一的清偿责任。

实务要点总结

第一，作为律师，应该告知客户，未经国务院银行保险业监督管理机构批准，任何单位和个人不得设立银行业金融机构或者从事银行业金融机构的业务活动。未依法取得放贷资格的以民间借贷为业的法人，以及以民间借贷为业的非法人组织或者自然人从事的民间借贷行为，法院会依法认定无效。

第二，从行政、刑事角度而言，不仅民间借贷合同会被认定无效，根据银行业监督管理法等规定，非法从事该类业务，可能遭受行政处罚，甚至涉嫌犯罪。

第三，主合同无效而导致担保合同无效的，担保人并非必然不承担责任。在担保人对合同无效有过错的情形下，担保人应承担不超过债务人不能清偿部分的三分之一的责任。

相关法律规定

《中华人民共和国银行业监督管理法》（2006 年修正）

第十九条 未经国务院银行业监督管理机构批准，任何单位或者个人不得设立银行业金融机构或者从事银行业金融机构的业务活动。

第四十四条 擅自设立银行业金融机构或者非法从事银行业金融机构的业务活动的，由国务院银行业监督管理机构予以取缔；构成犯罪的，依法追究刑事责任；尚不构成犯罪的，由国务院银行业监督管理机构没收违法所得，违法所得五十万元以上的，并处违法所得一倍以上五倍以下罚款；没有违法所得或者违法所得不足五十万元的，处五十万元以上二百万元以下罚款。

《中华人民共和国合同法》（已失效）

第五十二条 有下列情形之一的，合同无效：

（一）一方以欺诈、胁迫的手段订立合同，损害国家利益；

（二）恶意串通，损害国家、集体或者第三人利益；

（三）以合法形式掩盖非法目的；

（四）损害社会公共利益；

（五）违反法律、行政法规的强制性规定。

《中华人民共和国民法典》

第一百五十三条 违反法律、行政法规的强制性规定的民事法律行为无效。但是，该强制性规定不导致该民事法律行为无效的除外。

违背公序良俗的民事法律行为无效。

《最高人民法院关于适用〈中华人民共和国合同法〉若干问题的解释（二）》（已失效）

第十四条 合同法第五十二条第（五）项规定的"强制性规定"，是指效力性强制性规定。

《全国法院民商事审判工作会议纪要》

30.【强制性规定的识别】合同法施行后，针对一些人民法院动辄以违反法律、行政法规的强制性规定为由认定合同无效，不当扩大无效合同范围的情形，合同法司法解释（二）第14条将《合同法》第52条第5项规定的"强制性规定"明确限于"效力性强制性规定"。此后，《最高人民法院关于当前形势下审理民商事合同纠纷案件若干问题的指导意见》进一步提出了"管理性强制性规定"的概念，指出违反管理性强制性规定的，人民法院应当根据具体情形认定合同效力。随着这一概念的提出，审判实践中又出现了另一种倾向，有的人民法院认为凡是行政管理性质的强制性规定都属于"管理性强制性规定"，不影响合同效力。这种望文生义的认定方法，应予纠正。

人民法院在审理合同纠纷案件时，要依据《民法总则》第153条第1款和合同法司法解释（二）第14条的规定慎重判断"强制性规定"的性质，特别是要在考量强制性规定所保护的法益类型、违法行为的法律后果以及交易安全保护等因素的基础上认定其性质，并在裁判文书中充分说明理由。下列强制性规定，应当认定为"效力性强制性规定"：强制性规定涉及金融安全、市场秩序、国家宏观政策等公序良俗的；交易标的禁止买卖的，如禁止人体器官、毒品、枪支等买卖；违反特许经营规定的，如场外配资合同；交易方式严重违法的，如违反招投标等竞争性缔约方式订立的合同；交易场所违法的，如在批准的交易场所之外进行期货交易。关于经营范围、交易时间、交易数量等行政管理性质的强制性规定，一般应当认定为"管理性强制性规定"。

53.【职业放贷人】未依法取得放贷资格的以民间借贷为业的法人，以及以民间借贷为业的非法人组织或者自然人从事的民间借贷行为，应当依法认定无效。同一出借人在一定期间内多次反复从事有偿民间借贷行为的，一般可以认定为是职业放贷人。民间借贷比较活跃的地方的高级人民法院或者经其授权的中级人民法院，可以根据本地区的实际情况制定具体的认定标准。

《最高人民法院关于适用〈中华人民共和国合同法〉若干问题的解释（一）》（已失效）

第十条 当事人超越经营范围订立合同，人民法院不因此认定合同无效。但违反国家限制经营、特许经营以及法律、行政法规禁止经营规定的除外。

《最高人民法院关于适用〈中华人民共和国担保法〉若干问题的解释》（已失效）

第八条 主合同无效而导致担保合同无效，担保人无过错的，担保人不承担民事责任；担保人有过错的，担保人承担民事责任的部分，不应超过债务人不能清偿部分的三分之一。

《最高人民法院关于依法妥善审理民间借贷案件的通知》

民间借贷在一定程度上满足了社会多元化融资需求，促进了多层次信贷市场的形成和完善。与此同时，民间借贷纠纷案件也呈现爆炸式增长，给人民法院的审判工作带来新的挑战。近年来，社会上不断出现披着民间借贷外衣，通过"虚增债务""伪造证据""恶意制造违约""收取高额费用"等方式非法侵占财物的"套路贷"诈骗等新型犯罪，严重侵害了人民群众的合法权益，扰乱了金融市场秩序，影响社会和谐稳定。为充分发挥民商事审判工作的评价、教育、指引功能，妥善审理民间借贷纠纷案件，防范化解各类风险，现将有关事项通知如下：

一、加大对借贷事实和证据的审查力度。"套路贷"诈骗等犯罪设局者具备知识型犯罪特征，善于通过虚增债权债务、制造银行流水痕迹、故意失联制造违约等方式，形成证据链条闭环，并借助民事诉讼程序实现非法目的。因此，人民法院在审理民间借贷纠纷案件中，除根据《最高人民法院关于审理民间借贷案件适用法律若干问题的规定》第十五条、第十六条规定，对借据、收据、欠条等债权凭证及银行流水等款项交付凭证进行审查外，还应结合款项来源、交易习惯、经济能力、财产变化情况、当事人关系以及当事人陈述等因素综合判断借贷的真实情况。有违法犯罪等合理怀疑，代理人对案件事实无法说明的，应当传唤当事人本人到庭，就有关案件事实接受询问。要适当加大调查取证力度，查明事实真相。

二、严格区分民间借贷行为与诈骗等犯罪行为。人民法院在审理民间借贷纠纷案件中，要切实提高对"套路贷"诈骗等犯罪行为的警觉，加强对民间借贷行为与诈骗等犯罪行为的甄别，发现涉嫌违法犯罪线索、材料的，要及时按照《最高人民法院关于在审理经济纠纷案件中涉及经济犯罪嫌疑若干问题的规定》和《最高人民法院关于审理民间借贷案件适用法律若干问题的规定》依法处理。民间借贷行为本身涉及违法犯罪的，应当裁定驳回起诉，并将涉嫌犯罪的线索、材料移送公安机关或检察机关，切实防范犯罪分子将非法行为合法化，利用民事判决堂而皇之侵占被害人财产。刑事判决认定出借人构成"套路贷"诈骗等犯罪的，人民法院对已按普通民间借贷纠纷作出的生效判决，应当及时通过审判监督程序予以纠正。

三、依法严守法定利率红线。《最高人民法院关于审理民间借贷案件适用法律若干问题的规定》依法确立了法定利率的司法红线，应当从严把握。人民法院在民间借贷纠纷案件审理过程中，对于各种以"利息""违约金""服务费""中介费""保证金""延期费"等突破或变相突破法定利率红线的，应当依法不予支持。对于"出借人主张系以现金方式支付大额贷款本金""借款人抗辩所谓现金支付本金系出借人预先扣除的高额利息"的，要加强对出借人主张的现金支付款项来源、交付情况等证据的审查，依法认定借贷本金数额和高额利息扣收事实。发现交易平台、交易对手、交易模式等以"创新"为名行高利贷之实的，应当及时采取发送司法建议函等有效方式，坚决予以遏制。

四、建立民间借贷纠纷防范和解决机制。人民法院在防范和化解民间借贷各类风险中，要紧密结合党和国家工作大局，紧紧依靠党委领导和政府支持，探索审判机制创新，加强联动效应，探索建立跨部门综合治理机制。要加大法制宣传力度，引导社会良好风气，认真总结审判经验，加强调查研究。

各级人民法院在审理民间借贷纠纷案件中发现新情况、新问题，请及时层报最高人民法院。

最高人民法院负责人就《最高人民法院关于审理民间借贷案件适用法律若干问题的规定》答记者问节选

近几年来，我们在总结审判工作所取得的经验基础上，明确规定了把企业与企业之间的借贷有条件地认定为有效。这次司法解释第 11 条，对企业之间融资有效是做了一定界定的，法人之间、其他组织之间以及他们相互之间为生产经营需要订立的民间借贷合同，除存在《合同法》第 52 条和本规定 14 条规定的情形以外，当事人主张合同有效的予以支持。根据这一条规定，企业与企业之间的合同的有效是要限定这个合同是为生产和经营需要而订立的借款合同。如果作为一个生产经营性企业不搞生产经营，变成一个专业放贷人，把钱拿去放贷，甚至从银行套取现金再去放贷是不行的。司法解释规定这样的合同就会认定为无效。同时在解释中还规定了如果企业向其他企业借贷，或者从本单位职工集资，本来是为本单位的生产经营需要，但却没有投入企业经营，而去放贷，这也要认定为无效。所以我们这次对企业的放开是一个有限度的放开，企业之间如果有闲散资金，因为对方是为了生产经营需要，而不是为了借钱去放贷，这种合同应当是有效的，仅仅限于这个范围。这样做的目的既解决企业资金的短缺，又维护了我们国家的金融安全，国家金融不安全，我们经济发展就没保障。

《中国银行保险监督管理委员会、公安部、国家市场监督管理总局、中国人民银行关于规范民间借贷行为维护经济金融秩序有关事项的通知》

为规范民间借贷行为，维护经济金融秩序，防范金融风险，切实保障人民群众合法权益，打击金融违法犯罪活动，根据《中华人民共和国银行业监督管理法》《中华人民共和国商业银行法》《中华人民共和国刑法》及《非法金融机构和非法金融业务活动取缔办法》等法律法规，现就有关事项通知如下：

一、切实提高认识

近年来，民间借贷发展迅速，以暴力催收为主要表现特征的非法活动愈演愈烈，严重扰乱了经济金融秩序和社会秩序。各有关方面要充分认识规范民间借贷行为的必要性和暴力催收的社会危害性，从贯彻落实全面依法治国基本方略、维护经济金融秩序、保持经济和社会稳定的高度出发，认真抓好相关工作。

二、把握工作原则

坚持依法治理、标本兼治、多方施策、疏堵结合的原则，进一步规范民间借贷行为，引导民间资金健康有序流动，对相关非法行为进行严厉打击，净化社会环境，维护经济金融秩序和社会稳定。

三、明确信贷规则

严格执行《中华人民共和国银行业监督管理法》《中华人民共和国商业银行法》及《非法金融机构和非法金融业务活动取缔办法》等法律规范，未经有权机关依法批准，任何单位和个人不得设立从事或者主要从事发放贷款业务的机构或以发放贷款为日常业务活动。

四、规范民间借贷

民间借贷活动必须严格遵守国家法律法规的有关规定，遵循自愿互助、诚实信用的原则。民间借贷中，出借人的资金必须是其合法收入的自有资金，禁止吸收或变相吸收他人资金用于借贷。民间借贷发生纠纷，应当按照《最高人民法院关于审理民间借贷案件适用法律若干问题的规定》（法释〔2015〕18号）处理。

五、严禁非法活动

严厉打击利用非法吸收公众存款、变相吸收公众存款等非法集资资金发放民间贷款。严厉打击以故意伤害、非法拘禁、侮辱、恐吓、威胁、骚扰等非法手段催收贷款。严厉打击套取金融机构信贷资金，再高利转贷。严厉打击面向在校学生非法发放贷款，发放无指定用途贷款，或以提供服务、销售商品为名，实际收取高额利息（费用）变相发放贷款行为。严禁银行业金融机构从业人员作为主要成员或实际控制人，开展有组织的民间借贷。

六、改进金融服务

各银行业金融机构以及经有权部门批设的小额贷款公司等发放贷款或融资性质机构应依法合规经营，强化服务意识，采取切实措施，开发面向不同群体的信贷产品。改进金融服务，加大对实体经济的资金支持力度，为实体经济发展创造良好的金融环境，有效疏通金融服务实体经济渠道，服务供给侧结构性改革。

七、加强协调配合

民间借贷活动情况复杂、涉及方面多，按照《中华人民共和国银行业监督管理法》《中华人民共和国商业银行法》《非法金融机构和非法金融业务活动取缔办法》的规定，地方人民政府以及有关部门要加强协调配合，依法履行职责。

八、依法调查处理

（一）对利用非法吸收公众存款、变相吸收公众存款等非法集资资金发放民间贷款，以故意伤害、非法拘禁、侮辱、恐吓、威胁、骚扰等非法手段催收民间贷款，以及套取银行业金融机构信贷资金，再高利转贷等违反治安管理规定的行为或涉嫌犯罪的行为，公安机关应依法进行调查处理，并将非法发放民间贷款活动的相关材料移送银行业监督管理机构。

（二）对银行业金融机构从业人员参与非法金融活动的，银行业金融机构应当予以纪律处分，构成犯罪的，依法严厉追究刑事责任。

（三）对从事民间借贷咨询等业务的中介机构，工商和市场监管部门应依法加强监管。

九、加强宣传引导

银行业监督管理机构、公安机关、工商和市场监管部门、人民银行等有关单位采取各种有效方式向广大人民群众宣传国家金融法律法规和信贷规则。及时向社会公布典型案例，加大宣传教育力度，强化风险警示，增强广大人民群众的风险防范意识，引导自觉抵制非法民间借贷活动。

《四川省高级人民法院关于审理民间借贷纠纷案件若干问题的指导意见》

13. 企业间借贷合同的效力认定

非金融机构法人和其他组织之间以自有资金对外进行的偶发性和临时性贷款，同时收取适当的资金占用费，当事人主张签订的民间借贷合同有效的，人民法院应予支持；非金融机构法人和其他组织之间从事经常性放贷业务所签订的民间借贷合同，当事人主张有效的，人民法院不予支持。

认定非金融机构法人和其他组织之间是否从事经常性放贷业务应结合企业的注册资本、流动资金、借贷数额、一年内借贷次数、借贷利息的约定、借贷收益占企业收入的比例、出借人与借款人之间的关系等因素综合认定。

法院判决

以下为该案在法院审理阶段，判决书中"本院认为"就该问题的论述：

（一）关于案涉两份《借款合同》的效力问题

根据本案查明的事实，高某公司贷款对象主体众多，除本案债务人德某公司以外，高某公司于2009年至2011年分别向新某元公司、金某公司、荟某公司、鼎某公司和顺某海川公司等出借资金，通过向社会不特定对象提供资金以赚取高额利息，出借行为具有反复性、经常性，借款目的也具有营业性，未经批准，擅自从事经常性的贷款业务，属于从事非法金融业务活动。《银行业监督管理法》第十九条规定："未经国务院银行业监督管理机构批准，任何单位或者个人不得设立银行业金融机构或者从事银行业金融机构的业务活动"，该强制性规定直接关系国家金融管理秩序和社会资金安全，事关社会公共利益，属于效力性强制性规定。根据合同法第五十二条关于"有下列情形之一的，合同无效：……（五）违反法律、行政法规的强制性规定"的规定，以及《最高人民法院关于适用〈中华人民共和国合同法〉若干问题的解释（二）》第十四条关于"合同法第五十二条第（五）项规定的'强制性规定'，是指效力性强制性规定"的规定，应认定案涉《借款合同》无效。高某公司的经营范围为项目投资（不含专项审批）、财务咨询、企业管理咨询，高某公司所从事的经常性放贷业务，已经超出其经营范围。《最高人民法院关于适用〈中华人民共和国合同法〉若干问题的解释（一）》（以下简称合同法解释一）第十条规定："当事人超越经营范围订立合同，人民法院不因此认定合同无效。但违反国家限制经营、特许经营以及法律、行政法规禁止经营规定的除外。"金融业务活动系国家特许经营业务，故依照上述规定也应认定案涉《借款合同》无效。因此，原审判决认定案涉《借款合同》无效，认定事实清楚，适用法律正确，应予维持。高某公司上诉主张《借款合同》有效，缺乏事实和法律依据，本院不予支持。

（二）关于案涉两份《银行保函》的性质及效力，以及某银行星海支行应承担的责任问题

首先，案涉《银行保函》不属于独立保函，系《借款合同》的从合同。独立保函，是指银行或非银行金融机构作为开立人，以书面形式向受益人出具的，同意在受益人请求付款并提交符合保函要求的单据时，向其支付特定款项或在保函最高某额内付款的承诺。独立保函第三条第一款规定："保函具有下列情形之一，当事人主张保函性质为独立保函的，人民法院应予支持，但保函未载明据以付款的单据和最高金额的除外：（一）保函载明见索即付；（二）保函载明适用国际商会《见索即付保函统一规则》等独立保函交易示范规则；（三）根据保函文本内容，开立人的付款义务独立于基础交易关系及保函申请法律关系，其仅承担相符交单的付款责任。"该条第三款规定："当事人主张独立保函适用担保法关于一般保证或连带保证规定的，人民法院不予支持。"第一，某银行星海支行出具的两份《银行保函》均载明如德某公司出现违约事项，某银行星海支行在收到高某公司索偿通知后的7个法定工作日内无条件支付款项。可见，某银行星海支行承担责任以德某公司违约

为条件，不符合"见索即付"的法律特征。第二，独立保函开立人的付款义务独立于基础交易关系及保函申请法律关系，其仅承担相符交单的付款责任。独立保函明确规定，"当事人主张独立保函适用担保法关于一般保证或连带保证规定的，人民法院不予支持"。案涉《银行保函》载明"以上担保责任方式为连带责任担保方式"，而连带责任保证为担保法所规制的保证责任承担方式，其前提为担保合同作为借款合同的从合同。因此，在保函开立人的责任承担方式上，案涉《银行保函》也不具有独立保函的法律特征。第三，高某公司起诉主张某银行星海支行承担的也是连带保证责任，其向某银行星海支行发出的《催告函》也载明"向我司出具了一份承担连带责任的银行保函""贵行出具保函，属于《担保法》规定的保证"。综上，高某公司上诉主张案涉《银行保函》为独立保函，缺乏法律依据，本院不予支持。一审判决认定"保函具有独立担保的性质"有误，本院予以纠正。

其次，根据《担保法》第五条第一款关于"担保合同是主合同的从合同，主合同无效，担保合同无效"的规定，主合同《借款合同》无效，作为从合同的《银行保函》也无效。《最高人民法院关于适用〈中华人民共和国担保法〉若干问题的解释》第八条规定，"主合同无效而导致担保合同无效，担保人无过错的，担保人不承担民事责任；担保人有过错的，担保人承担民事责任的部分，不应超过债务人不能清偿部分的三分之一"。某银行星海支行应当知道高某公司违反法律规定从事高利放贷业务，对导致担保合同无效存在过错，应依法在3500万元限额内承担三分之一的赔偿责任。《最高人民法院关于适用〈中华人民共和国担保法〉若干问题的解释》第十七条第一款虽然规定"企业法人的分支机构未经法人书面授权提供保证的，保证合同无效"，但该条规定针对的主体是"企业法人"的分支机构，有别于金融机构的分支机构。现行有效的《最高人民法院关于审理经济合同纠纷案件有关保证的若干问题的规定》第十七条第二款规定："金融部门的分支机构提供保证的，如无其他导致保证合同无效的因素，保证人应当承担保证责任。"据此，金融部门的分支机构提供保证的，并不当然导致保证合同无效。案涉两份《银行保函》自身无效的原因为本案存在主合同无效导致从合同无效的情形，而非某银行星海支行未经法人书面授权提供保证。原审判决认定《银行保函》自身无效所适用的法律不当，本院予以纠正。原审认定本案存在"过桥"情形，亦缺乏证据证明。原审判决以《银行保函》自身无效且本案存在"过桥"情形为由，认定某银行星海支行承担二分之一的赔偿责任，认定事实和适用法律存在错误，本院予以纠正。高某公司主张某银行星海支行承担独立保函责任，某银行星海支行主张其不应承担责任，理由均不能成立，本院不予支持。

028 违规低于评估价转让国有资产是否因损害国家利益而无效[*]

> **阅读提示**：本案例系最高人民法院第二巡回法庭发布的关于公正审理跨省重大民商事和行政案件典型案例之一，阐释了国有资产与国家资产或者社会公共利益的关系问题，具有重要的指导意义。

裁判要旨

一、低于评估价转让国有资产并不导致合同无效，国有资产利益亦不等同于国家利益。

二、《国有资产评估管理办法施行细则》关于国有资产管理部门确认的评估价值应作为转让底价等规定属于管理性强制性规定，不宜适用《合同法》第五十二条[①]第五项认定合同无效。

三、具备独立法人资格的事业单位具有相应的民事权利能力和民事行为能力，不宜将事业单位管理的国有资产利益等同于《合同法》第五十二条所称的国家利益或者社会公共利益。

案情介绍

1. 2002年7月，某石油大学与深圳市新某纪投资发展有限公司（以下简称深圳新某纪公司）签订《买卖意向书》，约定某石油大学将安某校区土地使用权和地上建筑物所有权（评估价值7764万元）转让给深圳新某纪公司。

2. 2003年2月，双方签订《置换协议》，约定由深圳新某纪公司出资6500万元在某石油大学新校区承建体育馆等工程，某石油大学安某校区资产在该工程竣工验收后归深圳新某纪公司所有。

3. 2003年3月，双方签订《补充协议》，约定深圳新某纪公司总出资9500万

---

[*] 案件来源：某石油大学与深圳市新某纪投资发展有限公司合同纠纷二审民事判决书，最高人民法院（2015）最高法民二终字第129号。

[①] 《合同法》已失效，现相关规定见《民法典》第一编第六章第三节民事法律行为的效力规则。此外，根据《民法典》第一百三十二条的规定，民事主体不得滥用民事权利损害国家利益、社会公共利益或者他人合法权益。

元，其中 6500 万元作为某石油大学新校区体育馆等建设投资，3000 万元作为土地房产等税费，办理过户手续前，深圳新某纪公司须将承建体育馆等工程的部分款项（2000 万元）出具承兑汇票给某石油大学质押。

4. 双方办理了房屋产权转移登记手续，深圳新某纪公司缴纳了 3000 万元土地出让金，向某石油大学出具了 2000 万元的承兑汇票（已被某石油大学贴现），但未实施承建行为。

5. 2006 年 6 月，某石油大学与深圳新某纪公司签订《会议纪要》，约定：体育馆工程改由某石油大学自行建设，原用于工程建设的 6500 万元资金分两步支付，第一步 4000 万元，依照工程进度支付，第二步 2500 万元，深圳新某纪公司在双方后续合作开发工程项目盈利中优先支付。若某石油大学提供不了后续项目，深圳新某纪公司付清 4000 万元后，视为协议执行完毕。

6. 某石油大学向黑龙江省高级人民法院提起诉讼，请求深圳新某纪公司向某石油大学支付剩余转让价款 4500 万元及利息。黑龙江省高级人民法院认为，《会议纪要》中关于 2500 万元转让款须以某石油大学提供后续合作项目为前提条件的约定，变相降低了资产处置的交易价格，损害社会公共利益，应认定无效。遂判决支持某石油大学的诉求。

7. 深圳新某纪公司不服，上诉至最高人民法院。最高人民法院认为，《会议纪要》有效，改判深圳新某纪公司向某石油大学支付转让价款 2000 万元及利息。

实务要点总结

第一，持有国有资产的单位转让国有资产应按程序进行，合理确定转让价格，签订合同后再反悔的，较难获得支持。

第二，主张适用《合同法》第五十二条第四项的规定认定合同无效，须证明合同约定存在损害社会公共利益的事实；主张适用该条第五项的规定认定合同无效，须证明合同约定违反了法律、行政法规的强制性规定。而持有国有资产的单位以低于评估价值的价格或者附支付条件转让国有资产，并不属于上述两种情形，不会影响合同效力。

相关法律规定

《最高人民法院关于适用〈中华人民共和国民法典〉合同编通则若干问题的解释》

第十六条 合同违反法律、行政法规的强制性规定，有下列情形之一，由行为人承担行政责任或者刑事责任能够实现强制性规定的立法目的的，人民法院可以依据民法典第一百五十三条第一款关于"该强制性规定不导致该民事法律行为无效的除外"的规定认定该合同不因违反强制性规定无效：

（一）强制性规定虽然旨在维护社会公共秩序，但是合同的实际履行对社会公共秩序造成的影响显著轻微，认定合同无效将导致案件处理结果有失公平公正；

（二）强制性规定旨在维护政府的税收、土地出让金等国家利益或者其他民事主体的合法利益而非合同当事人的民事权益，认定合同有效不会影响该规范目的的实现；

（三）强制性规定旨在要求当事人一方加强风险控制、内部管理等，对方无能力或者无义务审查合同是否违反强制性规定，认定合同无效将使其承担不利后果；

（四）当事人一方虽然在订立合同时违反强制性规定，但是在合同订立后其已经具备补正违反强制性规定的条件却违背诚信原则不予补正；

（五）法律、司法解释规定的其他情形。

法律、行政法规的强制性规定旨在规制合同订立后的履行行为，当事人以合同违反强制性规定为由请求认定合同无效的，人民法院不予支持。但是，合同履行必然导致违反强制性规定或者法律、司法解释另有规定的除外。

依据前两款认定合同有效，但是当事人的违法行为未经处理的，人民法院应当向有关行政管理部门提出司法建议。当事人的行为涉嫌犯罪的，应当将案件线索移送刑事侦查机关；属于刑事自诉案件的，应当告知当事人可以向有管辖权的人民法院另行提起诉讼。

第十七条 合同虽然不违反法律、行政法规的强制性规定，但是有下列情形之一，人民法院应当依据民法典第一百五十三条第二款的规定认定合同无效：

（一）合同影响政治安全、经济安全、军事安全等国家安全的；

（二）合同影响社会稳定、公平竞争秩序或者损害社会公共利益等违背社会公共秩序的；

（三）合同背离社会公德、家庭伦理或者有损人格尊严等违背善良风俗的。

人民法院在认定合同是否违背公序良俗时，应当以社会主义核心价值观为导向，综合考虑当事人的主观动机和交易目的、政府部门的监管强度、一定期限内当事人从事类似交易的频次、行为的社会后果等因素，并在裁判文书中充分说理。当事人确因生活需要进行交易，未给社会公共秩序造成重大影响，且不影响国家安全，也不违背善良风俗的，人民法院不应当认定合同无效。

《中华人民共和国合同法》（已失效）

第五十二条 有下列情形之一的，合同无效：

（一）一方以欺诈、胁迫的手段订立合同，损害国家利益；

（二）恶意串通，损害国家、集体或者第三人利益；

（三）以合法形式掩盖非法目的；

（四）损害社会公共利益；

（五）违反法律、行政法规的强制性规定。

《中华人民共和国民法典》

第一百三十二条 民事主体不得滥用民事权利损害国家利益、社会公共利益或者他人合法权益。

第一百五十三条 违反法律、行政法规的强制性规定的民事法律行为无效。但是，该强制性规定不导致该民事法律行为无效的除外。

违背公序良俗的民事法律行为无效。

《全国法院民商事审判工作会议纪要》

30.【强制性规定的识别】合同法施行后，针对一些人民法院动辄以违反法律、行政法规的强制性规定为由认定合同无效，不当扩大无效合同范围的情形，合同法司法解释（二）第14条将《合同法》第52条第5项规定的"强制性规定"明确限于"效力性强制性规定"。此后，《最高人民法院关于当前形势下审理民商事合同纠纷案件若干问题的指导意见》进一步提出了"管理性强制性规定"的概念，指出违反管理性强制性规定的，人民法院应当根据具体情形认定合同效力。随着这一概念的提出，审判实践中又出现了另一种倾向，有的人民法院认为凡是行政管理性质的强制性规定都属于"管理性强制性规定"，不影响合同效力。这种望文生义的认定方法，应予纠正。

人民法院在审理合同纠纷案件时，要依据《民法总则》第153条第1款和合同法司法解释（二）第14条的规定慎重判断"强制性规定"的性质，特别是要在考量强制性规定所保护的法益类型、违法行为的法律后果以及交易安全保护等因素的基础上认定其性质，并在裁判文书中充分说明理由。下列强制性规定，应当认定为"效力性强制性规定"：强制性规定涉及金融安全、市场秩序、国家宏观政策等公序良俗的；交易标的禁止买卖的，如禁止人体器官、毒品、枪支等买卖；违反特许经营规定的，如场外配资合同；交易方式严重违法的，如违反招投标等竞争性缔约方式订立的合同；交易场所违法的，如在批准的交易场所之外进行期货交易。关于经营范围、交易时间、交易数量等行政管理性质的强制性规定，一般应当认定为"管理性强制性规定"。

31.【违反规章的合同效力】违反规章一般情况下不影响合同效力，但该规章的内容涉及金融安全、市场秩序、国家宏观政策等公序良俗的，应当认定合同无效。人民法院在认定规章是否涉及公序良俗时，要在考察规范对象基础上，兼顾监管强度、交易安全保护以及社会影响等方面进行慎重考量，并在裁判文书中进行充分说理。

《国有资产评估管理办法施行细则》

第三十三条第二款 经国有资产管理行政主管部门确认的资产评估价值，作为资产经营和产权变动的底价或作价的依据。

法院判决

以下为该案在法院审理阶段，判决书中"本院认为"就该问题的论述：

关于案涉《会议纪要》的效力问题，原审法院认为，《会议纪要》中约定深圳新某纪公司附条件支付2500万元，因违反有关事业单位国有资产评估、处置的规定，损害社会公共利益而无效，其余部分有效；深圳新某纪公司上诉认为，《会议纪要》约定其取得案涉资产的对价与《买卖意向书》《置换协议》《补充协议》没有实质变化，应全部有效；某石油大学认为，《会议纪要》中附条件的资金支付约定，因违反法律、行政法规的强制性规定而无效。本院认为，案涉《会议纪要》系双方当事人对《置换协议》《补充协议》的履行作出的调整，其主要内容是对当事人双方具体权利义务的重新设定，且双方当事人已签字盖章达成一致，因此，《会议纪要》具有合同的性质。根据《最高人民法院关于适用〈中华人民共和国合同法〉若干问题的解释（一）》第四条的规定，"合同法实施以后，人民法院确认合同无效，应当以全国人大及其常委会制定的法律和国务院制定的行政法规为依据，不得以地方性法规、行政规章为依据"。我国现行法律、行政法规并无有关学校国有资产处置的效力性强制性规范，《国有资产评估管理办法施行细则》《行政事业单位国有资产处置管理实施办法》《黑龙江省行政事业单位国有资产管理暂行办法》等文件均非全国人大及其常委会制定的法律和国务院制定的行政法规，不能作为认定合同无效的依据，且《国有资产评估管理办法施行细则》关于国有资产管理部门确认的评估价值应作为资产转让底价等规定应属于管理性强制性规定，不宜结合《合同法》第五十二条第五项适用，因此不能据此认定案涉《会议纪要》中附条件支付转让款的约定无效，某石油大学关于该约定因违反法律、行政法规的强制性规定而无效的理由不能成立。

关于《会议纪要》中附条件支付转让款的约定是否损害社会公共利益的问题。社会公共利益一般是指关系到全体社会成员或者社会不特定多数人的利益，主要包括社会公共秩序以及社会善良风俗等。本案中，某石油大学处分的其安某校区固定资产，虽属国有资产和社会公共教育资源，但该资产的转让系某石油大学与深圳新某纪公司作为平等的民事主体在平等协商的基础上自愿进行的有偿转让。就某石油大学处分案涉资产本身而言，并没有损害全体社会成员或者社会不特定多数人的利益，也没有证据证明案涉资产的处分损害了某石油大学的正常教学管理秩序或者学生正常接受学校教育的权利，案涉资产的处分既未损害社会公共秩序，也未损害社会的善良风俗。就案涉资产的转让价格而言，某石油大学安某校区固定资产作为市场经济商业交易活动中的交易标的物，其价格受到市场行情、开发利用价值以及当事人自身原因等多种因素的影响。本案中，深圳新某纪公司为促成交易的完成，支付了3000万元的土地出让金，而某石油大学并未为深圳新某纪公司履行《置换协议》《补充协议》提供必要的条件，《置换协议》《补充协议》未能履行的原因不在深圳新某纪公司一方。虽然《补充协议》约定深圳新某纪公司的合同义务是出资6500万元建设某石油大学新校区体育馆等工程，但是《补充协议》同时约定检验深圳新某纪公司履行合同的标准是是否保证某石油大学得到价值6500万元的体育馆等建筑，《补充协议》的约定含有某石油大学为深圳新某纪公司提供建设项目机会的义务。由于《置换协议》《补充协议》未能履行，当事人双方通过签订《会议纪要》的形式最终确定了深圳新某纪公司获得案涉资产的对价，即深圳新某纪公司在已经支付3000万元土地出让金的基础上，分两步支付6500万元，其中4000万元根据某石油大学的工程进度分期拨付到位，2500万元在双方后续合作开发工程项目盈利中优先支付。深圳新某纪公司获得案涉资产的最终对价，是在当事人双方前期合同履行情况的基础上通过平等协商确定的，并无证据证明《会议纪要》的约定造成了国有资产流失。况且，2500万元支付条件为双方后续合作开发工程项目盈利，条件是否成就首先取决于某石油大学而不是深圳新某纪公司。即便《会议纪要》约定的该条件未成就，2500万元无须支付，也未损害全体社会成员或者社会不特定多数人的利益。某石油大学系具备独立法人资格的事业单位，具有相应的民事权利能力和民事行为能力，不宜将某石油大学管理的国有资产利益等同于《合同法》第五十二条所称的国家利益或者社会公共利益。原审法院依据《合同法》第五十二条第四项的规定，认为《会议纪要》的约定损害了社会公共利益，并进而认定《会议纪要》的该部分约定无效，适用法律错误。

029 未按抵押合同约定办理抵押登记，是否应承担责任*

> **阅读提示**：一般而言，不动产抵押合同自成立即生效，当事人不会对合同附加生效条件。但本案中当事人在抵押合同中约定自办理抵押登记后抵押合同生效，由此引发未办理抵押登记导致合同未生效的责任承担问题。

裁判要旨

一、不动产抵押合同约定办理抵押登记后生效，因未办理登记合同未生效的，双方按过错承担责任。

二、抵押合同约定在不动产办理完成抵押登记后合同生效，符合《物权法》第十五条①的规定，不违反法律、法规的强制性规定，在当事人意思表示真实的情形下，合同成立。

三、根据合同法的立法精神，缔约过失责任是指在合同订立过程中，一方因违背其依据诚实信用原则所产生的义务，而致另一方信赖利益的损失，并应承担损害赔偿责任。缔约过失责任以过错为归责原则，合同成立后需要办理申请登记手续才能生效，有办理登记义务的当事人未办理，给相对人造成的实际损失，应当承担缔约过失责任。

案情介绍

1. 2015年9月15日，某银行甘井子支行与新某华公司签订《授信额度协议》，约定授信金额为296760000元。后某银行甘井子支行与新某华公司签订11份《流动资金借款合同》，向新某华公司发放贷款共计310456610.5元。

2. 某银行甘井子支行与首某公司、百某源公司、盛某亚公司分别签订《抵押合同一》《抵押合同二》《抵押合同三》。三份抵押合同均约定："依法需要办理抵押登记的，则自抵押登记手续办理完毕之日起生效。"

3. 《抵押合同一》约定的首某公司提供的三项抵押物为国有土地使用权、工业

---

* 案件来源：某银行大连甘井子支行、库伦旗首某甜菊糖有限公司金融借款合同纠纷二审民事判决书，最高人民法院（2017）最高法民终436号。

① 《物权法》已失效，现相关规定见《民法典》第二百一十五条。

厂房、在建工程。某银行甘井子支行与首某公司为工业厂房和在建工程办理了抵押登记，没有对土地使用权办理抵押登记。《抵押合同二》《抵押合同三》约定的抵押物未办理抵押登记。

4. 某银行甘井子支行向辽宁省高级人民法院起诉，请求：新某华公司偿还贷款本金余额 309693328.05 元及利息、复利；某银行甘井子支行对首某公司的贷款抵押物折价、拍卖、变卖所得的价款有优先受偿权；首某公司在担保最高债权额扣减前款折价、拍卖、变卖所得的价款后的范围内承担赔偿责任；百某源公司、盛某亚公司在担保最高债权额范围内对新某华公司未偿还款项承担赔偿责任。

5. 辽宁省高级人民法院判决：新某华公司偿还某银行甘井子支行借款本金 309693328.05 元及利息、复利；某银行甘井子支行对首某公司的工业厂房及在建工程享有优先受偿权。

6. 某银行甘井子支行不服，上诉至最高人民法院。最高人民法院改判：某银行甘井子支行对首某公司国有土地使用权、工业厂房及在建工程享有优先受偿权；百某源公司在担保最高债权额范围内对《抵押合同二》中约定的抵押物折价、拍卖、变卖所得价款的 25% 对新某华公司的债务承担赔偿责任；盛某亚公司在担保最高债权额范围内对《抵押合同三》中约定的抵押物折价、拍卖、变卖所得价款的 25% 对新某华公司的债务承担赔偿责任。

实务要点总结

第一，笔者在日常的实践中，经常遇到这样的案件：交易双方聘请律师起草了交易合同，律师为他们起草的交易合同也约定了抵押登记。可是在实际执行中，交易双方拿到律师起草的合同之后却不严格执行（可能是因为办理登记的程序烦琐，或者交易比较紧急来不及办理登记，或者双方都太忙抽不出时间，抑或双方认为互相非常熟悉和信任，所以不必拘束于合同的约定），最终未办理抵押登记就放款或履行主要合同义务，造成抵押权未办理登记而落空。在此，笔者强烈建议，在涉及金额较大的合同的履行中，可以适当地"六亲不认"，必须严格按照合同执行，办理抵押登记后才放款或履行合同主要义务。

第二，接受不动产作为抵押担保，应当及时办理抵押登记，要做到"不完成抵押登记不放款"。一定要提示风险：即便合同约定抵押权，如果未办理抵押登记的，抵押物权并未设立，债权人对抵押物不享有优先受偿权。

第三，起草交易合同的律师要清楚地分析：在抵押合同中约定"办理抵押登记后才生效"，究竟对抵押权人有利还是不利？实际上这些律师可能本意是借此保护抵押权人，可未曾想到：若签订合同后抵押人拒不办理抵押登记，抵押合同处于成立但未生效的状态，此时抵押权人无权向抵押人主张违约责任，而只能主张缔约过失责任，按过错分担损失。因此，实际上，如果在抵押合同中约定"办理抵押登记后才生效"实际上是害了抵押权人。因此，建议在没有特殊交易需求的情形下，不宜对抵押合同附加生效条件。应约定抵押合同签署后即生效，且约定抵押人办理抵押登记的期限及不及时办理抵押登记的违约责任。并且起草合同的律师应提示当事人（最好是同时提示当事人的办事人员和负责人），必须做到"不完成抵押登记不放款"。要明确告诉他们：就算合同里面约定了抵押权，如果未实际办理抵押登记，抵押合同就白写了，抵押物权并未设立，最终不能享有优先受偿权。

相关法律规定

《中华人民共和国物权法》（已失效）

第十五条 当事人之间订立有关设立、变更、转让和消灭不动产物权的合同，除法律另有规定或者合同另有约定外，自合同成立时生效；未办理物权登记的，不影响合同效力。

第一百八十二条 以建筑物抵押的，该建筑物占用范围内的建设用地使用权一并抵押。以建设用地使用权抵押的，该土地上的建筑物一并抵押。

抵押人未依照前款规定一并抵押的，未抵押的财产视为一并抵押。

第一百八十七条 以本法第一百八十条第一款第一项至第三项规定的财产或者第五项规定的正在建造的建筑物抵押的，应当办理抵押登记。抵押权自登记时设立。

《中华人民共和国民法总则》（已失效）

第一百一十九条 依法成立的合同，对当事人具有法律约束力。

《中华人民共和国合同法》（已失效）

第四十二条 当事人在订立合同过程中有下列情形之一，给对方造成损失的，应当承担损害赔偿责任：

（一）假借订立合同，恶意进行磋商；

（二）故意隐瞒与订立合同有关的重要事实或者提供虚假情况；

（三）有其他违背诚实信用原则的行为。

《中华人民共和国民法典》

第一百一十九条 依法成立的合同，对当事人具有法律约束力。

第二百一十五条 当事人之间订立有关设立、变更、转让和消灭不动产物权的合同，除法律另有规定或者当事人另有约定外，自合同成立时生效；未办理物权登记的，不影响合同效力。

第三百九十七条 以建筑物抵押的，该建筑物占用范围内的建设用地使用权一并抵押。以建设用地使用权抵押的，该土地上的建筑物一并抵押。

抵押人未依据前款规定一并抵押的，未抵押的财产视为一并抵押。

第四百零二条 以本法第三百九十五条第一款第一项至第三项规定的财产或者第五项规定的正在建造的建筑物抵押的，应当办理抵押登记。抵押权自登记时设立。

第五百条 当事人在订立合同过程中有下列情形之一，造成对方损失的，应当承担赔偿责任：

（一）假借订立合同，恶意进行磋商；

（二）故意隐瞒与订立合同有关的重要事实或者提供虚假情况；

（三）有其他违背诚信原则的行为。

《最高人民法院关于适用〈中华人民共和国合同法〉若干问题的解释（二）》（已失效）

第八条 依照法律、行政法规的规定经批准或者登记才能生效的合同成立后，有义务办理申请批准或者申请登记等手续的一方当事人未按照法律规定或者合同约定办理申请批准或者未申请登记的，属于合同法第四十二条第（三）项规定的"其他违背诚实信用原则的行为"，人民法院可以根据案件的具体情况和相对人的请求，判决相对人自己办理有关手续；对方当事人对由此产生的费用和给相对人造成的实际损失，应当承担损害赔偿责任。

《中华人民共和国商业银行法》（2015年修正）

第三十六条 商业银行贷款，借款人应当提供担保。商业银行应当对保证人的偿还能力，抵押物、质物的权属和价值以及实现抵押权、质权的可行性进行严格审查。

经商业银行审查、评估，确认借款人资信良好，确能偿还贷款的，可以不提供担保。

《最高人民法院关于适用〈中华人民共和国担保法〉若干问题的解释》（已失效）

第七条 主合同有效而担保合同无效，债权人无过错的，担保人与债务人对主合同债权人的经济损失，承担连带赔偿责任；债权人、担保人有过错的，担保人承担民事责任的部分，不应超过债务人不能清偿部分的二分之一。

第五十六条 抵押合同对被担保的主债权种类、抵押财产没有约定或者约定不明，根据主合同和抵押合同不能补正或者无法推定的，抵押不成立。

法律规定登记生效的抵押合同签订后，抵押人违背诚实信用原则拒绝办理抵押登记致使债权人受到损失的，抵押人应当承担赔偿责任。

法院判决

以下为该案在法院审理阶段，判决书中"本院认为"就该问题的论述：

根据一审判决、某银行甘井子支行的上诉请求及首某公司、百某源公司、盛某亚公司、新某华公司等的答辩意见，本案的主要争议焦点是：《抵押合同一》中527896.1平方米国有土地使用权、《抵押合同二》中192686平方米国有土地使用权、《抵押合同三》中144828.4平方米国有土地使用权及83272.65平方米在建工程未办理抵押登记，应当由谁承担不利的法律后果。

一、关于案涉三份抵押合同的合同效力问题

《物权法》第十五条规定："当事人之间订立有关设立、变更、转让和消灭不动产物权的合同，除法律另有规定或者合同另有约定外，自合同成立时生效；未办理物权登记的，不影响合同效力。"本院认为，该条是物权法关于合同效力和物权效力区分的规定，不动产物权变动未办理物权登记不影响合同效力，不动产物权变动的合同效力原则上自合同成立时生效，除非法律另有规定或当事人有特别约定。

（一）关于案涉三份抵押合同是否成立的问题

本案中，案涉三份抵押合同均约定："本合同自双方法定代表人、负责人或其授权签字人签署并加盖公章之日起生效，但依法需要办理抵押登记的，则自抵押登记手续办理完毕之日起生效。抵押权于合同生效之时设立。"也即案涉三份抵押合同特别约定了在案涉不动产办理完成抵押登记后合同生效，符合《物权法》第十五条的规定。因此，案涉三份抵押合同是当事人的真实意思表示，不违反法律、法规的强制性规定，合同成立。

（二）关于案涉三份抵押合同是否生效的问题

某银行甘井子支行与首某公司签订的《抵押合同一》，该合同约定以首某公司三项抵押物作为担保，双方为合同约定的第2项工业厂房和第3项在建工程办理了抵押登记，但没有为第1项国有土地使用权办理抵押登记。因此，《抵押合同一》成立但部分生效，关于第1项国有土地使用权的约定成立但未生效，关于第2项工业厂房和第3项在建工程的约定成立并生效。某银行甘井子支行与百某源公司签订的《抵押合同二》和某银行甘井子支行与盛某亚公司签订的《抵押合同三》，因某银行甘井子支行与百某源公司、盛某亚公司并未对合同约定的抵押物办理抵押登记，故该两份合同均成立但并未生效。

二、关于某银行甘井子支行是否对与首某公司约定的国有土地使用权享有优先受偿权以及首某公司是否在担保最高债权额范围内以抵押物折价、拍卖、变卖所得价款的范围内对新某华公司未偿还款项承担赔偿责任的问题

《物权法》第一百八十二条规定："以建筑物抵押的，该建筑物占用范围内的建设用地使用权一并抵押。以建设用地使用权抵押的，该土地上的建筑物一并抵押。抵押人未依照前款规定一并抵押的，未抵押的财产视为一并抵押。"本院认为，在设定抵押权时，建筑物和其占用范围内土地具有不可分离的依附关系，法律将建筑物和其占用范围内建设用地使用权视为一个整体，规定了"房随地走"和"地随房走"的双向统一原则，即在抵押权设定时，应当将建筑物和其占用范围内建设用地使用权一并抵押，不允许分别抵押。以地上建筑物抵押的，该建筑物占用范围内的建设用地使用权应当一并抵押，不得仅抵押地上建筑物。抵押地上建筑物的，债务人不能清偿被担保的债权时，抵押权人可以一并折价、拍卖或变卖抵押的地上建筑物和其占用范围内的建设用地使用权。本案中，某银行甘井子支行与首某公司签订的《抵押合同一》约定以首某公司提供的三项抵押物作为担保，虽然双方只对上述第2项工业产房及第3项在建工程办理了抵押登记，对第1项国有土地使用权未办理抵押登记，但是第1项国有土地使用权是在第2项工业产房及第3项在建工程占用范围之内，双方对合同约定的第1项国有土地使用权作为抵押财产均有明确预期。根据《物权法》第一百八十二条的规定，第1项国有土地使用权应当与第2项工业产房及第3项在建工程一并抵押，未一并抵押的也视为一并抵押。因此，某银行甘井子支行对《抵押合同一》中17460.42平方米工业产房及12252.06平方米在建工程占用范围内的国有土地使用权亦应享有抵押权，并享有优先受偿权。一审法院以未办理抵押登记为由，判令某银行甘井子支行对案涉国有土地使用权不享有优先受偿权，适用法律不当，本院予以纠正。综上，某银行甘井子支行关于对首某公司的抵押物折价、拍卖、变卖所得的价款享有优先受偿权，在担保最高债权额范围内以抵押物折价、拍卖、变卖所得的价款对新某华公司未偿还款项承担赔偿责任的主张成立，本院予以支持。

三、关于某银行甘井子支行诉求百某源公司、盛某亚公司在担保最高债权额范围内对新某华公司未偿还款项承担赔偿责任的问题

（一）关于抵押权是否设立的问题

《物权法》第一百八十七条规定："以本法第一百八十条第一款第一项至第三

项规定的财产或者第五项规定的正在建造的建筑物抵押的，应当办理抵押登记。抵押权自登记时设立。"本案中，《抵押合同二》约定百某源公司以其所拥有的192686平方米国有土地使用权为案涉新某华公司的贷款提供抵押担保，但没有办理抵押登记；《抵押合同三》约定盛某亚公司以其所拥有的144828.4平方米国有土地使用权及83272.65平方米在建工程为案涉新某华公司的贷款提供抵押担保，但均没有办理抵押登记。依据《物权法》第一百八十七条的规定，抵押权因抵押物未登记而未设立，故本院认为某银行甘井子支行不能对《抵押合同二》《抵押合同三》约定的上述三项抵押物享有优先受偿权。

（二）关于百某源公司、盛某亚公司是否应当承担赔偿责任的问题

1. 关于未办理抵押登记导致《抵押合同二》《抵押合同三》未生效的不利法律后果应由谁承担的问题

《民法总则》第一百一十九条规定："依法成立的合同，对当事人具有法律约束力。"《合同法》第四十二条规定："当事人在订立合同过程中有下列情形之一，给对方造成损失的，应当承担损害赔偿责任：（一）假借订立合同，恶意进行磋商；（二）故意隐瞒与订立合同有关的重要事实或者提供虚假情况；（三）有其他违背诚实信用原则的行为。"《最高人民法院关于适用〈中华人民共和国合同法〉若干问题的解释（二）》第八条规定："依照法律、行政法规的规定经批准或者登记才能生效的合同成立后，有义务办理申请批准或者申请登记等手续的一方当事人未按照法律规定或者合同约定办理申请批准或者未申请登记的，属于合同法第四十二条第（三）项规定的'其他违背诚实信用原则的行为'，人民法院可以根据案件的具体情况和相对人的请求，判决相对人自己办理有关手续；对方当事人对此产生的费用和给相对人造成的实际损失，应当承担损害赔偿责任。"本案中，某银行甘井子支行主张百某源公司、盛某亚公司应根据合同约定承担未办理相关抵押登记的缔约过失责任。本院认为，根据合同法的立法精神，缔约过失责任是指在合同订立过程中，一方因违背其依据的诚实信用原则所产生的义务，而致另一方信赖利益的损失，并应承担损害赔偿责任。缔约过失责任以过错为归责原则，合同成立后需要办理申请登记手续才能生效的，有办理登记义务的当事人而未办理的，给相对人造成的实际损失，应当承担缔约过失责任。本案中，《抵押合同二》《抵押合同三》第五条"抵押登记"条款均约定："依法需要办理抵押登记的，在本合同签订后90日内，抵押人与抵押权人应到有关登记部门办理抵押登记手续……"《抵押合同二》《抵押合同三》第十四条"声明与承诺"条款中均约定，抵押人已经或将会取得设置本抵押所需的一切有关批准、许可、备案或者登记。《抵押合同二》《抵押合同

三》第十五条"缔约过失"条款均约定:"本合同签订后,抵押人拒绝办理或拖延办理抵押登记,或因抵押人的其他原因,致使本合同不能生效,抵押权不能有效设立的,构成缔约过失。由此使抵押权人受到损失的,抵押人应对抵押权人所受损失承担赔偿责任。"本院认为,《抵押合同二》因未办理抵押登记导致合同虽然成立但没有生效。对于未办理抵押登记致使合同未生效的责任应由谁承担的问题,根据《抵押合同二》的相关约定,为抵押物办理抵押登记应当为某银行甘井子支行与百某源公司的共同义务,需要双方配合才能完成,在某银行甘井子支行与百某源公司对办理抵押登记负有共同义务以及双方均不能举证证明自己不存在过错的情形下,本院认定双方均存在过错,双方应当各自承担相应的责任,依据合同法的上述规定和双方之间的合同约定,百某源公司违背了诚实信用原则,未尽到相关办理抵押登记的义务,百某源公司构成缔约过失。《抵押合同三》的情形与《抵押合同二》相同,某银行甘井子支行与盛某亚公司亦均存在过错,双方应当各自承担相应的责任,依据合同法的上述规定和双方之间的合同约定,盛某亚公司构成缔约过失。虽然百某源公司、盛某亚公司抗辩某银行甘井子支行在发放贷款前负有审查抵押权是否设立的义务,百某源公司、盛某亚公司不应承担缔约过失责任,但是案涉贷款是由转贷而来,某银行甘井子支行对百某源公司、盛某亚公司办理抵押登记手续存在信赖利益,故百某源公司、盛某亚公司的抗辩理由不能成立,本院不予支持。综上,某银行甘井子支行关于百某源公司、盛某亚公司构成缔约过失责任的主张于法有据,本院予以支持。

2. 关于如何划分某银行甘井子支行与百某源公司以及某银行甘井子支行与盛某亚公司的责任问题

《商业银行法》第三十六条规定:"商业银行贷款,借款人应当提供担保。商业银行应当对保证人的偿还能力,抵押物、质物的权属和价值以及实现抵押权、质权的可行性进行严格审查。经商业银行审查、评估,确认借款人资信良好,确能偿还贷款的,可以不提供担保。"本案中,某银行甘井子支行作为大型国有商业银行,有严格的贷款审查程序和制度,在发放贷款前理应对抵押物及时办理抵押登记以减少贷款风险。在贷款过程中为抵押物办理抵押登记对于银行来说属于设权行为,某银行甘井子支行为抵押物办理抵押登记较之百某源公司、盛某亚公司应更加积极主动,理应尽到更大的注意义务、催促义务,故某银行甘井子支行对《抵押合同二》《抵押合同三》约定的抵押物未办理登记所造成的损失负有主要责任。

《最高人民法院关于适用〈中华人民共和国担保法〉若干问题的解释》(以下简称《担保法司法解释》)第五十六条第二款规定:"法律规定登记生效的抵押合

同签订后，抵押人违背诚实信用原则拒绝办理抵押登记致使债权人受到损失的，抵押人应当承担赔偿责任。"《担保法司法解释》第七条规定："主合同有效而担保合同无效，债权人无过错的，担保人与债务人对主合同债权人的经济损失，承担连带赔偿责任；债权人、担保人有过错的，担保人承担民事责任的部分，不应超过债务人不能清偿部分的二分之一。"本案中，《抵押合同二》和《抵押合同三》均成立但未生效，各方均存在过错，百某源公司、盛某亚公司构成缔约过失。但是相对而言，抵押人百某源公司、盛某亚公司在办理抵押登记过程中处于被催促的地位。依据《担保法司法解释》第五十六条第二款规定并结合《担保法司法解释》第七条规定的精神，百某源公司、盛某亚公司对未办理抵押登记应当承担次要责任。综上，依据《担保法司法解释》的相关规定并根据双方对于办理抵押登记中地位及作用，本院酌定某银行甘井子支行对因《抵押合同二》《抵押合同三》中未办理抵押登记所造成的损失自身均承担75%的责任，百某源公司在担保最高债权额范围内对《抵押合同二》中约定的192686平方米国有土地使用权折价、拍卖、变卖所得价款的25%对新某华公司的债务承担赔偿责任，盛某亚公司在担保最高债权额范围内对《抵押合同三》中约定的144828.4平方米国有土地使用权及83272.65平方米在建工程折价、拍卖、变卖所得价款的25%对新某华公司的债务承担赔偿责任。

030 划拨土地上房屋未经审批能否转让[*]

> **阅读提示**：关于未经审批划拨土地上房产转让合同的效力问题，司法实践中尚存在争议。最高人民法院内部针对该问题即存在两种观点：一种观点认为合同有效；另一种观点认定合同无效。亟须通过法律或司法解释明确正确答案。《全国法院民商事审判工作会议纪要》以及《最高人民法院关于适用〈中华人民共和国民法典〉合同编通则若干问题的解释》明确了对效力性强制性规定以及管理性强制性规定的区分和识别，给此类合同效力的判断问题提供了清晰的思路。

---

[*] 案件来源：李某雄、刘某华房屋买卖合同纠纷再审民事判决书，最高人民法院（2017）最高法民再87号。

裁判要旨

一、转让划拨土地上房产的审批行为是物权变动的必要条件，未经审批不影响债权合同的效力。

二、债权合同的效力是独立的，至于标的物能否登记或者交付，只是影响到物权变动的效力，对债权合同的效力不产生影响。

三、本案争议最大的焦点是《房屋转让协议》的效力问题，五次审理出现了三种不同的认定结果，即有效、未生效、无效。最终最高人民法院认定《房屋转让协议》有效，理由是：

首先，《房屋转让协议》并未违反法律、行政法规的效力性强制性规定。《城市房地产管理法》第三十八条规定："下列房地产，不得转让：（一）以出让方式取得土地使用权的，不符合本法第三十九条规定的条件的……（六）未依法登记领取权属证书的……"第四十条第一款规定："以划拨方式取得土地使用权的，转让房地产时，应当按照国务院规定，报有批准权的人民政府审批。有批准权的人民政府准予转让的，应当由受让方办理土地使用权出让手续，并依照国家有关规定缴纳土地使用权出让金。"上述规定属于管理性强制性规定。因此，《房屋转让协议》违反上述规定并不属于《合同法》第五十二条第五项规定的违反法律、行政法规的强制性规定的情形。(根据2020年5月新颁布的《中华人民共和国民法典》，《合同法》第五十二条第五项的规定已经被《中华人民共和国民法典》第一百五十三条所修改，即违反法律、行政法规的强制性规定的民事法律行为无效。但是，该强制性规定不导致该民事法律行为无效的除外。违背公序良俗的民事法律行为无效。)

其次，登记、审批并非《房屋转让协议》生效的条件。《物权法》第十五条规定："当事人之间订立有关设立、变更、转让和消灭不动产物权的合同，除法律另有规定或者合同另有约定外，自合同成立时生效；未办理物权登记的，不影响合同效力。"因此，债权合同的效力是独立的，是否登记或者交付，影响到物权变动的效力，但对债权合同的效力不产生影响。《城市房地产管理法》第四十条第一款虽然规定："以划拨方式取得土地使用权的，转让房地产时，应当按照国务院规定，报有批准权的人民政府审批。有批准权的人民政府准予转让的，应当由受让方办理土地使用权出让手续，并依照国家有关规定缴纳土地使用权出让金。"但该审批行为仅是物权变动的必要条件，也即未经审批，将无法办理房产所有权登记，房屋所有权不发生转移，但这并不影响房屋买卖合同的效力。

案情介绍

1. 岳阳市中院（2008）岳中执字第143号民事裁定书裁定将南山区南某工业区B栋第一层房屋交付给刘某华抵偿债务。房屋的土地性质至今仍为划拨用地。

2. 2009年3月12日，刘某华与李某雄签订《房屋转让协议》，约定刘某华将上述房屋转让给李某雄，转让价款为239万元。协议签订后，李某雄已付清购房款，案涉房屋没有过户。

3. 2009年12月1日，刘某华收回案涉房屋，并出租给案外人顺某速运（集团）有限公司南山营业部至今。

4. 李某雄向南山区法院起诉，请求：确认协议合法有效；刘某华协助李某雄办理房产过户手续，支付李某雄不协助办理房地产证的违约金2万元。刘某华提起反诉，请求：确认协议无效；李某雄支付刘某华2009年3月12日至2009年11月30日期间房屋使用费472874元。

5. 南山区法院判决认定《房屋转让协议》为有效合同，但该院认为刘某华协助李某雄办理案涉房屋的过户手续的条件尚未成就，故未支持李某雄关于协助办理过户的诉讼请求。

6. 刘某华不服，上诉至深圳市中院，深圳市中院改判：确认《房屋转让协议》无效；李某雄向刘某华支付2009年4月2日至2009年11月30日的房屋使用费429722元；刘某华向李某雄支付239万元及利息。

7. 李某雄不服，向检察机关申诉，广东省检察院向广东省高院提出抗诉。经深圳中院再审审理，深圳市中院认为《房屋转让协议》未生效，但原审处理结果正确，故判决维持深圳市中院作出的二审判决。

8. 广东省检察院再次提出抗诉。广东省高院再审判决维持深圳中院再审判决。

9. 李某雄仍不服，向最高人民法院申诉。最高人民法院改判维持南山区法院判决。

实务要点总结

第一，鉴于司法实践对未经审批划拨土地上房产转让合同的效力尚存在争议，存在被认定无效的风险，建议该类交易中的受让人可采取分阶段付款的方式，避免在办理完成相关审批手续前已支付全部价款但不能取得物权。此外，可在合同中约定办理报批手续的义务人及相应违约责任，以确保合同生效及取得物权。

第二，自《最高人民法院关于审理涉及国有土地使用权合同纠纷案件适用法律问题的解释》（法释〔2005〕5号）施行起，相关问题在司法实践中存在较大争议，"同案不同判"的现象较为严重。2020年修正、2021年1月1日起施行的《最高人民法院关于审理涉及国有土地使用权合同纠纷案件适用法律问题的解释》删除了相关规定，并通过《民法典》《全国法院民商事审判工作会议纪要》《最高人民法院关于适用〈中华人民共和国民法典〉合同编通则若干问题的解释》等予以修正。

相关法律规定

《最高人民法院关于适用〈中华人民共和国民法典〉合同编通则若干问题的解释》

第十六条 合同违反法律、行政法规的强制性规定，有下列情形之一，由行为人承担行政责任或者刑事责任能够实现强制性规定的立法目的的，人民法院可以依据民法典第一百五十三条第一款关于"该强制性规定不导致该民事法律行为无效的除外"的规定认定该合同不因违反强制性规定无效：

（一）强制性规定虽然旨在维护社会公共秩序，但是合同的实际履行对社会公共秩序造成的影响显著轻微，认定合同无效将导致案件处理结果有失公平公正；

（二）强制性规定旨在维护政府的税收、土地出让金等国家利益或者其他民事主体的合法利益而非合同当事人的民事权益，认定合同有效不会影响该规范目的的实现；

（三）强制性规定旨在要求当事人一方加强风险控制、内部管理等，对方无能力或者无义务审查合同是否违反强制性规定，认定合同无效将使其承担不利后果；

（四）当事人一方虽然在订立合同时违反强制性规定，但是在合同订立后其已经具备补正违反强制性规定的条件却违背诚信原则不予补正；

（五）法律、司法解释规定的其他情形。

法律、行政法规的强制性规定旨在规制合同订立后的履行行为，当事人以合同违反强制性规定为由请求认定合同无效的，人民法院不予支持。但是，合同履行必然导致违反强制性规定或者法律、司法解释另有规定的除外。

依据前两款认定合同有效，但是当事人的违法行为未经处理的，人民法院应当向有关行政管理部门提出司法建议。当事人的行为涉嫌犯罪的，应当将案件线索移送刑事侦查机关；属于刑事自诉案件的，应当告知当事人可以向有管辖权的人民法院另行提起诉讼。

第十七条 合同虽然不违反法律、行政法规的强制性规定，但是有下列情形之一，人民法院应当依据民法典第一百五十三条第二款的规定认定合同无效：

（一）合同影响政治安全、经济安全、军事安全等国家安全的；

（二）合同影响社会稳定、公平竞争秩序或者损害社会公共利益等违背社会公共秩序的；

（三）合同背离社会公德、家庭伦理或者有损人格尊严等违背善良风俗的。

人民法院在认定合同是否违背公序良俗时，应当以社会主义核心价值观为导向，综合考虑当事人的主观动机和交易目的、政府部门的监管强度、一定期限内当事人从事类似交易的频次、行为的社会后果等因素，并在裁判文书中充分说理。当事人确因生活需要进行交易，未给社会公共秩序造成重大影响，且不影响国家安全，也不违背善良风俗的，人民法院不应当认定合同无效。

《中华人民共和国物权法》（已失效）

第九条第一款 不动产物权的设立、变更、转让和消灭，经依法登记，发生效力；未经登记，不发生效力，但法律另有规定的除外。

第十五条 当事人之间订立有关设立、变更、转让和消灭不动产物权的合同，除法律另有规定或者合同另有约定外，自合同成立时生效；未办理物权登记的，不影响合同效力。

第二十八条 因人民法院、仲裁委员会的法律文书或者人民政府的征收决定等，导致物权设立、变更、转让或者消灭的，自法律文书或者人民政府的征收决定等生效时发生效力。

《中华人民共和国合同法》（已失效）

第五十二条 有下列情形之一的，合同无效：

（一）一方以欺诈、胁迫的手段订立合同，损害国家利益；

（二）恶意串通，损害国家、集体或者第三人利益；

（三）以合法形式掩盖非法目的；

（四）损害社会公共利益；

（五）违反法律、行政法规的强制性规定。

《中华人民共和国民法典》

第一百五十三条 违反法律、行政法规的强制性规定的民事法律行为无效。但是，该强制性规定不导致该民事法律行为无效的除外。

违背公序良俗的民事法律行为无效。

第二百零九条 不动产物权的设立、变更、转让和消灭，经依法登记，发生效力；未经登记，不发生效力，但是法律另有规定的除外。

依法属于国家所有的自然资源，所有权可以不登记。

第二百一十五条 当事人之间订立有关设立、变更、转让和消灭不动产物权的合同，除法律另有规定或者当事人另有约定外，自合同成立时生效；未办理物权登记的，不影响合同效力。

第二百二十九条 因人民法院、仲裁机构的法律文书或者人民政府的征收决定等，导致物权设立、变更、转让或者消灭的，自法律文书或者征收决定等生效时发生效力。

第五百零二条 依法成立的合同，自成立时生效，但是法律另有规定或者当事人另有约定的除外。

依照法律、行政法规的规定，合同应当办理批准等手续的，依照其规定。未办理批准等手续影响合同生效的，不影响合同中履行报批等义务条款以及相关条款的效力。应当办理申请批准等手续的当事人未履行义务的，对方可以请求其承担违反该义务的责任。

依照法律、行政法规的规定，合同的变更、转让、解除等情形应当办理批准等手续的，适用前款规定。

《最高人民法院关于适用〈中华人民共和国合同法〉若干问题的解释（二）》(已失效)

第十四条 合同法第五十二条第（五）项规定的"强制性规定"，是指效力性强制性规定。

《全国法院民商事审判工作会议纪要》

30.【强制性规定的识别】合同法施行后，针对一些人民法院动辄以违反法律、行政法规的强制性规定为由认定合同无效，不当扩大无效合同范围的情形，合同法司法解释（二）第14条将《合同法》第52条第5项规定的"强制性规定"明确限于"效力性强制性规定"。此后，《最高人民法院关于当前形势下审理民商事合同纠纷案件若干问题的指导意见》进一步提出了"管理性强制性规定"的概念，指出违反管理性强制性规定的，人民法院应当根据具体情形认定合同效力。随着这一概念的提出，审判实践中又出现了另一种倾向，有的人民法院认为凡是行政管理性质的强制性规定都属于"管理性强制性规定"，不影响合同效力。这种望文生义的认定方法，应予纠正。

人民法院在审理合同纠纷案件时，要依据《民法总则》第153条第1款和合同法司法解释（二）第14条的规定慎重判断"强制性规定"的性质，特别是要在考量强制性规定所保护的法益类型、违法行为的法律后果以及交易安全保护等因素的基础上认定其性质,并在裁判文书中充分说明理由。下列强制性规定,应当认定为"效力性强制性规定":强制性规定涉及金融安全、市场秩序、国家宏观政策等公序良俗的;交易标的禁止买卖的,如禁止人体器官、毒品、枪支等买卖;违反特许经营规定的,如场外配资合同;交易方式严重违法的,如违反招投标等竞争性缔约方式订立的合同;交易场所违法的,如在批准的交易场所之外进行期货交易。关于经营范围、交易时间、交易数量等行政管理性质的强制性规定,一般应当认定为"管理性强制性规定"。

《中华人民共和国城市房地产管理法》(2019年修正)

第三十八条 下列房地产,不得转让:

(一)以出让方式取得土地使用权的,不符合本法第三十九条规定的条件的;

(二)司法机关和行政机关依法裁定、决定查封或者以其他形式限制房地产权利的;

(三)依法收回土地使用权的;

(四)共有房地产,未经其他共有人书面同意的;

(五)权属有争议的;

(六)未依法登记领取权属证书的;

(七)法律、行政法规规定禁止转让的其他情形。

第三十九条 以出让方式取得土地使用权的,转让房地产时,应当符合下列条件:

(一)按照出让合同约定已经支付全部土地使用权出让金,并取得土地使用权证书;

(二)按照出让合同约定进行投资开发,属于房屋建设工程的,完成开发投资总额的百分之二十五以上,属于成片开发土地的,形成工业用地或者其他建设用地条件。

转让房地产时房屋已经建成的,还应当持有房屋所有权证书。

第四十条 以划拨方式取得土地使用权的,转让房地产时,应当按照国务院规定,报有批准权的人民政府审批。有批准权的人民政府准予转让的,应当由受让方办理土地使用权出让手续,并依照国家有关规定缴纳土地使用权出让金。

以划拨方式取得土地使用权的,转让房地产报批时,有批准权的人民政府按照国务院规定决定可以不办理土地使用权出让手续的,转让方应当按照国务院规定将转让房地产所获收益中的土地收益上缴国家或者作其他处理。

《中华人民共和国城镇国有土地使用权出让和转让暂行条例》（2020年修订）

第四十四条 划拨土地使用权，除本条例第四十五条规定的情况外，不得转让、出租、抵押。

第四十五条 符合下列条件的，经市、县人民政府土地管理部门和房产管理部门批准，其划拨土地使用权和地上建筑物、其他附着物所有权可以转让、出租、抵押：

（一）土地使用者为公司、企业、其他经济组织和个人；

（二）领有国有土地使用证；

（三）具有地上建筑物、其他附着物合法的产权证明；

（四）依照本条例第二章的规定签订土地使用权出让合同，向当地市、县人民政府补交土地使用权出让金或者以转让、出租、抵押所获收益抵交土地使用权出让金。

转让、出租、抵押前款划拨土地使用权的，分别依照本条例第三章、第四章和第五章的规定办理。

《最高人民法院关于审理涉及国有土地使用权合同纠纷案件适用法律问题的解释》

第十一条 土地使用权人未经有批准权的人民政府批准，与受让方订立合同转让划拨土地使用权的，应当认定合同无效。但起诉前经有批准权的人民政府批准办理土地使用权出让手续的，应当认定合同有效。①

法院判决

以下为该案在法院审理阶段，判决书中"本院认为"就该问题的论述：

《房屋转让协议》合法有效。理由如下：

首先，签订《房屋转让协议》时，刘某华系案涉房屋的所有权人。湖南省岳阳市中级人民法院（2008）岳中执字第143号《民事裁定书》和《协助执行通知书》，裁定并通知将案涉房屋过户给刘某华。《物权法》第二十八条规定："因人民法院、仲裁委员会的法律文书或者人民政府的征收决定等，导致物权设立、变更、转让或者消灭的，自法律文书或者人民政府的征收决定等生效时发生效力。"因此，刘某华依法对案涉房屋享有所有权，其有权与李某雄签订《房屋转让协议》。

其次，《房屋转让协议》并未违反法律、行政法规的效力性强制性规定。根据

---

① 根据2020年修正、2021年1月1日施行的《最高人民法院关于审理涉及国有土地使用权合同纠纷案件适用法律问题的解释》相关规定，该条已经被删除。

《合同法》第五十二条、《最高人民法院关于适用〈中华人民共和国合同法〉若干问题的解释（二）》第十四条的规定，只有违反效力性强制性规定的合同才无效。《城市房地产管理法》第三十八条规定："下列房地产，不得转让：（一）以出让方式取得土地使用权的，不符合本法第三十九条规定的条件的……（六）未依法登记领取权属证书的……"第三十九条规定："以出让方式取得土地使用权的，转让房地产时，应当符合下列条件：（一）按照出让合同约定已经支付全部土地使用权出让金，并取得土地使用权证书；（二）按照出让合同约定进行投资开发，属于房屋建设工程的，完成开发投资总额的百分之二十五以上，属于成片开发土地的，形成工业用地或者其他建设用地条件。转让房地产时房屋已经建成的，还应当持有房屋所有权证书。"第四十条第一款规定："以划拨方式取得土地使用权的，转让房地产时，应当按照国务院规定，报有批准权的人民政府审批。有批准权的人民政府准予转让的，应当由受让方办理土地使用权出让手续，并依照国家有关规定缴纳土地使用权出让金。"从条文内容看，第三十八条、第四十条均未直接规定违反后的行为无效。而且在此类纠纷中，认定划拨土地上的房屋买卖合同有效，继续履行合同，也不会侵害国家利益和社会公共利益。因此，《城市房地产管理法》第三十八条和第四十条属于管理性强制性规定。《城镇国有土地使用权出让和转让暂行条例》第四十四条、第四十五条亦不是效力性强制性规定。《房屋登记办法》和《深圳经济特区高新技术产业园区条例》均不是法律、行政法规。综上，《房屋转让协议》违反上述规定并不属于《合同法》第五十二条第五项规定的违反法律、行政法规的强制性规定的情形。此外，《房屋转让协议》系转让房屋的合同，《最高人民法院关于审理涉及国有土地使用权合同纠纷案件适用法律问题的解释》第十一条关于"土地使用权人未经有批准权的人民政府批准，与受让方订立合同转让划拨土地使用权的，应当认定合同无效"的规定规范的是直接以国有土地使用权为合同标的的买卖行为，而非房屋买卖，故该规定不适用于本案合同效力的认定。

　　再次，登记、审批并非《房屋转让协议》生效的条件。《物权法》第九条第一款规定："不动产物权的设立、变更、转让和消灭，经依法登记，发生效力；未经登记，不发生效力，但法律另有规定的除外。"第十五条规定："当事人之间订立有关设立、变更、转让和消灭不动产物权的合同，除法律另有规定或者合同另有约定外，自合同成立时生效；未办理物权登记的，不影响合同效力。"因此，债权合同的效力是独立的，是否登记或者交付，影响到物权变动的效力，但对债权合同的效力不产生影响。《城市房地产管理法》第四十条第一款虽然规定："以划拨方式取得土地使用权的，转让房地产时，应当按照国务院规定，报有批准权的人民政府审批。有批准权的人民政府准予转让的，应当由受让方办理土地使用权出让手续，并依照国家有关规定缴纳土地使用权出让金。"但该审批行为仅是物权变动的必要条件，也即未经审批，将无法办理房产所有权登记，房屋所有权不发生转移，这并不影响房屋买卖合同的效力。广东省高级人民法院依据《最高人民法院关于适用〈中华人民共和国合同法〉若干问题的解释（一）》认定《房屋转让协议》未生效，属适用法律错误，应予以纠正。

最后，认定《房屋转让协议》有效符合诚实信用原则和公平原则。《房屋转让协议》是李某雄和刘某华的真实意思表示，《房屋转让协议》明确表述了案涉房屋的土地性质是行政划拨用地，详细描述了案涉房屋的流转过程，并约定刘某华积极配合办理过户手续，刘某华不得以合同无效而主张案涉房屋归其所有或要求领取政府征收、拆迁等取得一切权益。刘某华反诉要求确认《房屋转让协议》无效并要求李某雄支付房屋使用费，显然违背了其在《房屋转让协议》中作出的承诺，其不诚信的行为不应得到法律的支持，否则，对李某雄将造成极大的不公。综上，《房屋转让协议》合法有效。

031 签订阴阳合同偷逃税款甚至构成逃税罪的合同是否有效[*]

> **阅读提示**：签订阴阳合同涉及哪些法律风险？是否涉及刑事犯罪？民事合同是否有效？笔者经过梳理相关司法案例，得出如下结论：签订阴阳合同可能遭受行政处罚，甚至承担刑事责任，但是不影响实际履行的合同的效力。

裁判要旨

股权转让行为未缴纳相关税费，转让合同并不因此而无效。当事人的股权转让行为应缴纳相关税费而未缴纳，属于行政处罚调整的范围，并不导致转让协议的无效。

以转让公司及股权的方式实现企业资产转让，不违反国家强制性规定。从本案双方当事人签订的《整体收购博某公司协议》《股权转让协议》及相关补充协议内

---

[*] 案件来源：昆明安宁永某物资经贸集团有限公司与香格里拉县博某矿业有限责任公司、林某、程某开、拉某春平、云南恒达华星矿业有限公司企业出售合同纠纷二审民事判决书，最高人民法院（2012）民一终字第98号。

容看，双方当事人的真实意思系转让博某公司的全部股权，永某公司因此取得博某公司及其全部资产的控制权，包括属于无形资产的探矿权。目前我国法律法规并无对此类交易必须办理相关审批手续的规定。

案情介绍

1. 2007年12月26日，昆明安宁永某物资经贸集团有限公司（以下简称永某公司）与香格里拉县博某矿业有限责任公司（以下简称博某公司）签订《整体收购博某公司协议》，约定永某公司以总价款7000万元收购博某公司及其名下的小中甸镇和平铁矿100%矿权。

2. 2008年1月15日，博某公司股东林某、程某开、拉某春平作为甲方、永某公司作为乙方签订《股权转让协议》，约定甲方以总价1000万元向乙方转让其在博某公司持有的100%的股份。

3. 协议签订后，永某公司支付了7000万元转让款，双方已办理了100%的股权变更登记手续，将博某公司的股东由林某、程某开、拉某春平变更为永某公司。双方均认可实际履行的转让款为《整体收购博某公司协议》所约定的7000万元，但办理相关手续时系按照《股权转让协议》中载明的1000万元，少缴了其余6000万元部分的税款。

4. 永某公司向云南省高院提起诉讼，主张双方所签订的协议中存在违反国家法律规定的条款，其内容已损害了国家利益，请求：确认《整体收购博某公司协议》及其相关补充协议无效；林某等连带返还永某公司7000万元，并承担银行贷款利息及实际费用支出2000万元。云南省高院认为，永某公司与林某等所签协议系当事人之间协商一致后自愿签订，且未违反我国法律法规的禁止性规定，应认定合法有效，遂判决驳回永某公司的诉讼请求。

5. 永某公司不服，上诉至最高人民法院。最高人民法院判决驳回上诉，维持原判。

实务要点总结

第一，通过签订阴阳合同的方式逃避缴纳税款，会遭受行政处罚，甚至承担刑事责任。

第二，就民事合同而言，因签订阴阳合同的方式逃避缴纳税款、遭受相关行政处罚甚至刑事责任，并不影响"阴合同"的效力，"阴合同"仍应当继续履行。

第三，签订阴阳合同的方式逃避缴纳税款或者约定税款的承担主体，如果约定的税收承担主体和法律规定的不一致的，对内以约定的承担主体为准来承担税收。但是不影响国家税务机关依法向法律规定的纳税主体征税。只是国家税务机关依法向税务义务人征税后，交易双方内部由约定承担税负的主体最后承担相应税负。

相关法律规定

《中华人民共和国税收征收管理法》（2015 年修正）

第六十三条第一款 纳税人伪造、变造、隐匿、擅自销毁帐簿、记帐凭证，或者在帐簿上多列支出或者不列、少列收入，或者经税务机关通知申报而拒不申报或者进行虚假的纳税申报，不缴或者少缴应纳税款的，是偷税。对纳税人偷税的，由税务机关追缴其不缴或者少缴的税款、滞纳金，并处不缴或者少缴的税款百分之五十以上五倍以下的罚款；构成犯罪的，依法追究刑事责任。

《中华人民共和国刑法》（2023 年修正）

第二百零一条 纳税人采取欺骗、隐瞒手段进行虚假纳税申报或者不申报，逃避缴纳税款数额较大并且占应纳税额百分之十以上的，处三年以下有期徒刑或者拘役，并处罚金；数额巨大并且占应纳税额百分之三十以上的，处三年以上七年以下有期徒刑，并处罚金。

扣缴义务人采取前款所列手段，不缴或者少缴已扣、已收税款，数额较大的，依照前款的规定处罚。

对多次实施前两款行为，未经处理的，按照累计数额计算。

有第一款行为，经税务机关依法下达追缴通知后，补缴应纳税款，缴纳滞纳金，已受行政处罚的，不予追究刑事责任；但是，五年内因逃避缴纳税款受过刑事处罚或者被税务机关给予二次以上行政处罚的除外。

《中华人民共和国民法典》

第一百四十六条 行为人与相对人以虚假的意思表示实施的民事法律行为无效。

以虚假的意思表示隐藏的民事法律行为的效力，依照有关法律规定处理。

法院判决

以下为该案在法院审理阶段，判决书中"本院认为"就该问题的论述：

（一）关于当事人所签协议的性质和效力问题。从本案双方当事人签订的《整体收购博某公司协议》《股权转让协议》及相关补充协议内容看，双方当事人的真实意思系转让博某公司的全部股权，永某公司因此取得博某公司及其全部资产的控制权。包括属于无形资产的探矿权。本院认为，股权转让均会伴随着资产控制权的主体发生变化。由于目前尚无对此类变化应办理相关审批手续的规定，因此，以转让公司及股权的方式实现企业资产转让的，不违反国家强制性规定。关于逃避税收问题。如果依照国家税收管理规定，当事人的转让行为应缴纳相关税费而未缴纳，其属于行政处罚调整的范围，并不导致转让协议的无效。故一审判决认定双方当事人签订的《整体收购博某公司协议》《股权转让协议》及相关补充协议有效是正确的。永某公司该项上诉请求法律依据不足，不予支持。

（二）关于永某公司请求返还9000万元款项问题。本院认为，《整体收购博某公司协议》《股权转让协议》及相关补充协议，为有效合同，当事人应依约履行，而本案合同已实际履行完毕，且永某公司没有提供证据证明，博某公司债务纠纷案件给永某公司造成实际损失。另，2011年7月11日，迪庆中院已作出（2009）迪法执字第02—7号民事裁定书，解除了对博某公司小中甸和平铁矿探矿权的查封，其探矿权仍归博某公司所有。鉴此，永某公司请求返还已支付的7000万元及贷款利息、实际费用支出2000万元款项，理由不成立，应予驳回。

032 应收账款确认函涉嫌犯罪事实，债权质押合同是否成立[*]

> **阅读提示**：随着经济发展和社会融资需求的增长，商业担保方式已从实体物质押发展到具有财产价值的债权质押，应收账款质押则为最具代表性的一种。相比起普通的动产质押或权利质押，应收账款质押本身所牵涉的各方关系更为复杂，因而也更具法律风险。本案件则围绕所出质的债权涉嫌的犯罪事实展开，对相应债权质押合同的效力问题进行讨论。

裁判要旨

在金融借款合同关系中，担保人与债权人签订应收账款质押合同，并承诺在质

---

[*] 案件来源：某证券投资有限公司诉某开发总公司、某工程项目管理海安有限公司、海安经济技术开发区管理委员会借款合同纠纷案二审裁定书，最高人民法院（2021）最高法民终654号。

权未设立或无效情形下，担保人作为出质人对债务人在主合同项下的债务承担连带保证责任。债权人起诉要求债务人及担保人承担还款责任，担保人主张质押合同所附《应收账款确认函》存在涉嫌犯罪事实的，因《应收账款确认函》的确认方是担保人的债务人，与担保人（出质人）的债权人（质权人）无关，故该涉嫌犯罪事实并不影响应收账款质押合同的成立，故人民法院应当继续进行审理，同时将犯罪线索移送侦查机关处理。

案情介绍

1. 2013 年，海安管委会、某总公司与某海安公司签订《海安经济技术开发区 2013 年基础设施融资建设项目合同书》的三方协议，约定某总公司负责工程施工，某海安公司负责资金筹集、工程款支付等工作，工程建成后由海安管委会以回购方式向某海安公司支付总价款。

2. 2016 年，某证券公司委托某信托公司向某总公司提供贷款，某信托公司与某总公司签订了《信托贷款合同》。某海安公司与某信托公司签订《应收账款质押合同》，约定以其对海安管委会享有的应收账款出质给某信托公司，并办理了质押登记。

3. 2018 年，某总公司未按月支付利息，某信托公司宣告贷款加速到期，并将该债权及相应担保权利转让于某证券公司。后某证券公司基于该债权向甘肃省高院提起诉讼。

4. 甘肃省高院以《应收账款质押合同》所附《应收账款确认函》等文件涉嫌经济犯罪为由，裁定驳回某证券公司的起诉，并将案件移送至刑事犯罪侦查机关，认为某证券公司可待刑事犯罪侦查机关的侦查情况或刑事案件处理结果依法另行主张自己的权利。

5. 某证券公司不服一审裁定，向最高人民法院提起上诉。最高人民法院裁定撤销甘肃省高院作出的驳回起诉裁定，并指令甘肃省高院审理该案件。

实务要点总结

第一，以应收账款债权作为权利质押时，质权人需要对应收账款的真实性加以确认。根据《动产和权利担保统一登记办法》第四条第一款的规定，通过质押登记并不能够确保应收账款的真实性。因此质权人需要通过比对、核查应收账款债务人的公章、法定代表人名章等用印材料，并在此基础上再对基础合同的具体内容、税务系统审核发票等进行核查，尽最大可能确保应收账款的真实性。

第二，根据《民法典》规定，将应收账款出质给债权人应当及时告知应收账款的债务人。若未及时通知，债务人有权以其已向债权人清偿债款为由，对抗质权人的优先受偿权，无须再向质权人承担责任。

相关法律规定

《中华人民共和国民法典》

第一百四十三条 具备下列条件的民事法律行为有效：

（一）行为人具有相应的民事行为能力；

（二）意思表示真实；

（三）不违反法律、行政法规的强制性规定，不违背公序良俗。

第四百四十五条 以应收账款出质的，质权自办理出质登记时设立。

应收账款出质后，不得转让，但是出质人与质权人协商同意的除外。出质人转让应收账款所得的价款，应当向质权人提前清偿债务或者提存。

《最高人民法院关于在审理经济纠纷案件中涉及经济犯罪嫌疑若干问题的规定》（2020年修正）

第一条 同一自然人、法人或非法人组织因不同的法律事实，分别涉及经济纠纷和经济犯罪嫌疑的，经济纠纷案件和经济犯罪嫌疑案件应当分开审理。

第十一条 人民法院作为经济纠纷受理的案件，经审理认为不属经济纠纷案件而有经济犯罪嫌疑的，应当裁定驳回起诉，将有关材料移送公安机关或检察机关。

法院判决

以下为该案在审理阶段，裁定书中"本院认为"部分就该问题的论述：

《最高人民法院关于在审理经济纠纷案件中涉及经济犯罪嫌疑若干问题的规定》第一条规定："同一自然人、法人或非法人组织因不同的法律事实，分别涉及经济纠纷和经济犯罪嫌疑的，经济纠纷案件和经济犯罪嫌疑案件应当分开审理。"第十一条规定："人民法院作为经济纠纷受理的案件，经审理认为不属经济纠纷案件而有经济犯罪嫌疑的，应当裁定驳回起诉，将有关材料移送公安机关或检察机关。"依据上述规定，涉及经济纠纷和涉嫌经济犯罪属同一事实是法院驳回起诉将有关材料移送刑事犯罪侦查机关的必备条件。

本案中，第一，某证券公司与某总公司是金融借款合同关系，与某海安公司是质押合同关系。上述法律关系的设立系签订合同的双方当事人真实意思表示，不存在合同无效的情形。本案争议的金融借款合同纠纷与海安管委会所称伪造公章涉嫌犯罪所涉的法律关系并非同一法律关系。本案民事纠纷要解决的是案涉《信托贷款合同》及《应收账款质押合同》的效力和责任承担问题，刑事案件涉及的是作为《应收账款质押合同》附件的《应收账款确认函》《应收账款追加确认函》《应收账款质押通知函》上是否存在涉嫌伪造海安管委会印章的犯罪事实。而海安管委会印章的真实与否，并不影响本案金融借款合同关系的成立，亦不影响本案民事案件的审理。且某证券公司作为债权人，并未主张追究相关当事人的刑事责任，而是请求债务人某总公司及担保人某海安公司承担民事责任。

第二，在民事法律关系的形成过程中，当事人或其他自然人的行为虽涉及犯罪，但对民事法律行为的性质、效力、责任等不产生实质影响的相关事实为关联事实。本案中，涉嫌伪造海安管委会印章的行为仅对《应收账款质押合同》的附件《应收账款确认函》《应收账款追加确认函》《应收账款质押通知函》的真实性产生影响，虽与案涉金融借款合同纠纷有关联，但其本身不是借贷行为，涉嫌伪造公章的行为并不是借贷行为不可或缺的组成部分。因此，应当对本案的金融借款合同纠纷继续审理，而仅就涉嫌伪造海安管委会印章的犯罪线索移送侦查机关。

第三，根据案涉《应收账款质押合同》第 8 条保证条款的约定："因下列原因致使质权未设立或无效的，出质人应对债务人在主合同项下的债务承担连带保证责任：（1）出质人未按第 1.4 条、第 6.5 条第（1）款的约定提供和/或追加提供足额的质押物，以及未按第 4.1 条约定协助办理质押登记和/或追加提供足额的质押物，以及未按照第 4.1 条约定协助办理质押登记和/或追加质押登记手续；（2）出质人在第五条项下所作的陈述与保证不真实；（3）因出质人方面的其他原因。"某海安公司存在对案涉贷款承担连带保证责任的可能性，《应收账款确认函》《应收账款追加确认函》《应收账款质押通知函》上涉嫌伪造印章的问题并不对某证券公司民事权益的实现产生必然影响。

033 如何识别效力性强制性规定与管理性强制性规定*

阅读提示：识别效力性强制性规定与管理性强制性规定一直是司法实践中的难题，也时常发生争议。本案例中，最高人民法院认为，判断的根本在于违反规定是否严重侵害国家、集体和社会公共利益。

《全国法院民商事审判工作会议纪要》就"强制性规定的识别"作了详细的规定：

"合同法施行后，针对一些人民法院动辄以违反法律、行政法规的强制性规定为由认定合同无效，不当扩大无效合同范围的情形，合同法司法解释（二）第14条将《合同法》第52条第5项规定的'强制性规定'明确限于'效力性强制性规定'。此后，《最高人民法院关于当前形势下审理民商事合同纠纷案件若干问题的指导意见》进一步提出了'管理性强制性规定'的概念，指出违反管理性强制性规定的，人民法院应当根据具体情形认定合同效力。随着这一概念的提出，审判实践中又出现了另一种倾向，有的人民法院认为凡是行政管理性质的强制性规定都属于'管理性强制性规定'，不影响合同效力。这种望文生义的认定方法，应予纠正。"

人民法院在审理合同纠纷案件时，要依《民法典》第153条、《最高人民法院关于适用〈中华人民共和国民法典〉合同编通则若干问题的解释》第16条、第17条的规定慎重判断"强制性规定"的性质，特别是要在考量强制性规定所保护的法益类型、违法行为的法律后果以及交易安全保护等因素的基础上认定其性质，并在裁判文书中充分说明理由。下列强制性规定，应当认定为"效力性强制性规定"：强制性规定涉及金融安全、市场秩序、国家宏观政策等公序良俗的；交易标的禁止买卖的，如禁止人体器官、毒品、枪支等买卖；违反特许经营规定的，如场外配资合同；交易方式严重违法的，如违反招投标等竞争性缔约方式订立的合同；交易场所违法的，如在批准的交易场所之外进行期货交易。关于经营范围、交易时间、交易数量等行政管理性质的强制性规定，一般应当认定为"管理性强制性规定"。

---

* 案件来源：大连顺某房屋开发有限公司与瓦房店市泡某乡人民政府土地租赁合同纠纷申诉、申请民事裁定书，最高人民法院（2016）最高法民申1223号。

裁判要旨

正确理解、识别效力性强制性规定与管理性强制性规定，不仅关系到民商事合同效力维护，还影响市场交易的安全与稳定。判断某项规定属于效力性强制性规定还是管理性强制性规定的根本在于违反该规定是否严重侵害国家、集体和社会公共利益，是否需要国家权力对当事人意思自治行为予以干预。土地制度是我国的根本制度，保护森林关系到国家的根本利益，违反《森林法》第十五条和《土地管理法》第六十三条规定改变林地用途，将会损害国家、集体和社会公共利益。因此，上述规定属于效力性强制性规定。

本案泡某乡政府违反上述规定将属于农民集体所有的林地租赁给顺某公司，用于军事训练，改变了林地用途，故应当认定无效。

案情介绍

1. 瓦房店市泡某乡政府与顺某公司签订租赁合同，约定泡某乡政府将集体所有的林地租赁给顺某公司，用于军事训练。

2. 辽宁省高院判决认定案涉租赁合同无效。

3. 泡某乡政府不服辽宁省高院判决，向最高人民法院申请再审，主张《森林法》第十五条、《土地管理法》第六十三条的规定属于管理性强制性规定，案涉租赁合同合法有效。最高人民法院维持认定案涉租赁合同无效，裁定驳回泡某乡政府的再审申请。

实务要点总结

第一，经梳理相关案例的裁判规则，识别效力性强制性规定的方法是，法律、行政法规明确规定了违反该规定导致合同无效，或者虽法律、行政法规没有规定违反将导致合同无效，但违反该规定使合同继续有效将损害国家利益和社会公共利益。而如何认定国家利益和社会公共利益，亦属难题。

第二，我国实行严格的土地用途管制制度，当事人无权租赁集体土地用于非农建设。当事人租赁集体土地用于非农建设的，租赁合同无效，且可能面临行政处罚。

第三，2015年全国人民代表大会常务委员会审议通过的《关于授权国务院在北京市大兴区等三十三个试点县（市、区）行政区域暂时调整实施有关法律规定的决定》规定，针对 33 个试点区域，"暂时调整实施集体建设用地使用权不得出让等的规定。在符合规划、用途管制和依法取得的前提下，允许存量农村集体经营性建设用地使用权出让、租赁、入股，实行与国有建设用地使用权同等入市、同权同价。"据此，试点区域的集体经营性建设用地使用权可以以租赁方式入市交易。

相关法律规定

《最高人民法院关于适用〈中华人民共和国民法典〉合同编通则若干问题的解释》

第十六条 合同违反法律、行政法规的强制性规定，有下列情形之一，由行为人承担行政责任或者刑事责任能够实现强制性规定的立法目的的，人民法院可以依据民法典第一百五十三条第一款关于"该强制性规定不导致该民事法律行为无效的除外"的规定认定该合同不因违反强制性规定无效：

（一）强制性规定虽然旨在维护社会公共秩序，但是合同的实际履行对社会公共秩序造成的影响显著轻微，认定合同无效将导致案件处理结果有失公平公正；

（二）强制性规定旨在维护政府的税收、土地出让金等国家利益或者其他民事主体的合法利益而非合同当事人的民事权益，认定合同有效不会影响该规范目的的实现；

（三）强制性规定旨在要求当事人一方加强风险控制、内部管理等，对方无能力或者无义务审查合同是否违反强制性规定，认定合同无效将使其承担不利后果；

（四）当事人一方虽然在订立合同时违反强制性规定，但是在合同订立后其已经具备补正违反强制性规定的条件却违背诚信原则不予补正；

（五）法律、司法解释规定的其他情形。

法律、行政法规的强制性规定旨在规制合同订立后的履行行为，当事人以合同违反强制性规定为由请求认定合同无效的，人民法院不予支持。但是，合同履行必然导致违反强制性规定或者法律、司法解释另有规定的除外。

依据前两款认定合同有效，但是当事人的违法行为未经处理的，人民法院应当向有关行政管理部门提出司法建议。当事人的行为涉嫌犯罪的，应当将案件线索移送刑事侦查机关；属于刑事自诉案件的，应当告知当事人可以向有管辖权的人民法院另行提起诉讼。

第十七条 合同虽然不违反法律、行政法规的强制性规定，但是有下列情形之一，人民法院应当依据民法典第一百五十三条第二款的规定认定合同无效：

（一）合同影响政治安全、经济安全、军事安全等国家安全的；

（二）合同影响社会稳定、公平竞争秩序或者损害社会公共利益等违背社会公共秩序的；

（三）合同背离社会公德、家庭伦理或者有损人格尊严等违背善良风俗的。

人民法院在认定合同是否违背公序良俗时，应当以社会主义核心价值观为导向，综合考虑当事人的主观动机和交易目的、政府部门的监管强度、一定期限内当事人从事类似交易的频次、行为的社会后果等因素，并在裁判文书中充分说理。当事人确因生活需要进行交易，未给社会公共秩序造成重大影响，且不影响国家安全，也不违背善良风俗的，人民法院不应当认定合同无效。

《中华人民共和国合同法》（已失效）

第五十二条 有下列情形之一的，合同无效：

……

（五）违反法律、行政法规的强制性规定。

《中华人民共和国民法典》

第一百五十三条 违反法律、行政法规的强制性规定的民事法律行为无效。但是，该强制性规定不导致该民事法律行为无效的除外。

违背公序良俗的民事法律行为无效。

《全国法院民商事审判工作会议纪要》

30.【强制性规定的识别】合同法施行后，针对一些人民法院动辄以违反法律、行政法规的强制性规定为由认定合同无效，不当扩大无效合同范围的情形，合同法司法解释（二）第14条将《合同法》第52条第5项规定的"强制性规定"明确限于"效力性强制性规定"。此后，《最高人民法院关于当前形势下审理民商事合同纠纷案件若干问题的指导意见》进一步提出了"管理性强制性规定"的概念，指出违反管理性强制性规定的，人民法院应当根据具体情形认定合同效力。随着这一概念的提出，审判实践中又出现了另一种倾向，有的人民法院认为凡是行政管理性质的强制性规定都属于"管理性强制性规定"，不影响合同效力。这种望文生义的认定方法，应予纠正。

人民法院在审理合同纠纷案件时，要依据《民法总则》第153条第1款和合同法司法解释（二）第14条的规定慎重判断"强制性规定"的性质，特别是要在考量强制性规定所保护的法益类型、违法行为的法律后果以及交易安全保护等因素的基础上认定其性质，并在裁判文书中充分说明理由。下列强制性规定，应当认定为"效力性强制性规定"：强制性规定涉及金融安全、市场秩序、国家宏观政策等公序良俗的；交易标的禁止买卖的，如禁止人体器官、毒品、枪支等买卖；违反特许经营规定的,如场外配资合同;交易方式严重违法的,如违反招投标等竞争性缔约方式订立的合同;交易场所违法的,如在批准的交易场所之外进行期货交易。关于经营范围、交易时间、交易数量等行政管理性质的强制性规定,一般应当认定为"管理性强制性规定"。

《中华人民共和国森林法》(2009年修订)

第十五条 下列森林、林木、林地使用权可以依法转让,也可以依法作价入股或者作为合资、合作造林、经营林木的出资、合作条件,但不得将林地改为非林地:

(一)用材林、经济林、薪炭林;

(二)用材林、经济林、薪炭林的林地使用权;

(三)用材林、经济林、薪炭林的采伐迹地、火烧迹地的林地使用权;

(四)国务院规定的其他森林、林木和其他林地使用权。

依照前款规定转让、作价入股或者作为合资、合作造林、经营林木的出资、合作条件的,已经取得的林木采伐许可证可以同时转让,同时转让双方都必须遵守本法关于森林、林木采伐和更新造林的规定。

除本条第一款规定的情形外,其他森林、林木和其他林地使用权不得转让。

具体办法由国务院规定。

《中华人民共和国森林法》(2019年修订)

第十六条 国家所有的林地和林地上的森林、林木可以依法确定给林业经营者使用。林业经营者依法取得的国有林地和林地上的森林、林木的使用权,经批准可以转让、出租、作价出资等。具体办法由国务院制定。

林业经营者应当履行保护、培育森林资源的义务,保证国有森林资源稳定增长,提高森林生态功能。

《中华人民共和国土地管理法》(2019年修正)

第八十二条 擅自将农民集体所有的土地通过出让、转让使用权或者出租等方式用于非农业建设,或者违反本法规定,将集体经营性建设用地通过出让、出租等方式交由单位或者个人使用的,由县级以上人民政府自然资源主管部门责令限期改正,没收违法所得,并处罚款。

法院判决

以下为该案在法院审理阶段,裁定书中"本院认为"就该问题的论述:

原审判决认定涉案林地租赁合同无效符合法律规定。

《森林法》第十五条中规定，森林、林木、林地使用权可以依法转让，也可以依法作价入股或者作为合资、合作造林、经营林木的出资、合作条件，但不得将林地改为非林地。《土地管理法》第六十三条中规定，农民集体所有的土地的使用权不得出让、转让或者出租用于非农业建设。涉案林地属于农民集体所有，租赁合同约定泡某乡政府将相关林地租赁给顺某公司，用于军事训练，改变了林地用途，该林地租赁合同违反了《森林法》《土地管理法》的强制性规定，依法应当认定无效。

泡某乡政府申请再审称《森林法》《土地管理法》的上述规定属于管理性规定，不属于效力性强制性规定，并不必然导致合同无效。本院认为，正确理解、识别效力性强制性规定与管理性规定，不仅关系到民商事合同效力维护，还影响市场交易的安全与稳定。人民法院应当根据法律法规的意旨，权衡相互冲突的权益，综合认定《森林法》《土地管理法》的有关规定属于效力性强制性规定还是管理性规定。判断某项规定属于效力性强制性规定还是管理性规定的根本在于违反该规定的行为是否严重侵害国家、集体和社会公共利益，是否需要国家权力对当事人意思自治行为予以干预。土地制度是我国的根本制度，保护森林关系到国家的根本利益，违反《森林法》第十五条、《土地管理法》第六十三条的规定改变林地用途，将会损害国家、集体和社会公共利益。因此，《森林法》第十五条、《土地管理法》第六十三条属于效力性强制性规定。泡某乡政府违反该规定将涉案林地租赁给顺某公司用于军事训练，改变了林地用途，原审判决认定该林地租赁合同无效符合法律规定精神。

034 委托管理协议真实目的系操纵股票价格应认定协议无效[*]

> **阅读提示**：本案系一起典型的操纵证券市场民刑交叉案件，本案中，企业委托证券公司对2亿元资产进行管理，但双方的真实目的是操纵特定股票价格。后双方负责人经刑事判决认定均构成操纵证券交易价格罪。而在民事案件中，最高人民法院认定资产委托管理协议无效，证券公司对企业的资金损失承担70%的责任，判决返还1.4亿元及利息。

---

[*] 案件来源：航某科工资产管理有限公司与方某证券股份有限公司、航某固体运载火箭有限公司债权转让合同纠纷二审民事判决书，最高人民法院（2015）民二终字第386号。

裁判要旨

企业委托证券公司资产管理的真实目的系操纵股票价格，属于《合同法》第五十二条第三项以合法形式掩盖非法目的之情形，应当认定无效。①

案情介绍

1. 2001年1月10日，李某代表泰某证券公司与陈某代表的航某固体运载火箭有限公司（以下简称航某火箭公司）签订《财务顾问协议》《资产委托管理协议》，约定航某火箭公司聘请泰某证券公司作为财务顾问，寻找合适的上市公司壳资源；委托泰某证券公司对2亿元进行资产管理，泰某证券公司按年收益15%支付利息，此资金专项用于航某火箭公司在收购以及配股或增发新股过程中所需的二级市场形象维护。2001年1月18日，双方签订《资产委托管理补充协议》，对资金划拨等相关操作细节作出约定。

2. 航某火箭公司委托下属银某通公司分次将2亿元资金汇入泰某证券公司总裁李某指定的账户。

3. 航某火箭公司2亿元资金被用于航某科技公司股票的买卖。因大盘不稳和融资户强行平仓等因素，航某科技公司股票价格大跌。

4. 2006年1月18日，银某通公司向泰某证券公司送达《询证函》，列明截至2005年12月31日，泰某证券公司欠银某通公司23888.57万元。《询证函》上"数据证明无误"文字处盖有泰某证券公司公章。

5. 2008年5月12日，证监会核准方某证券公司吸收合并泰某证券公司。

6. 2012年10月31日，航某火箭公司与航某资产公司签订《债权转让协议书》，将方某证券公司拖欠航某火箭公司的本息转让给航某资产公司，协议生效六十日内，航某资产公司未能收回全部债权的，航某火箭公司承担连带责任。航某火箭公司于2013年7月26日通知方某证券公司债权转让的事实。

7. 2013年10月29日，长沙市芙蓉区法院刑事判决认定陈某、李某犯操纵证券交易价格罪。陈某不服提起上诉，长沙中院维持对陈某、李某犯操纵证券交易价格罪的认定。李某操纵航某科技公司股票价格期间，航某火箭公司的2亿元资金基本亏损殆尽；陈某委托刘某操纵股票价格期间，挽回了部分损失。

8. 2013年7月26日，航某资产公司向北京一中院提起本案诉讼，后最高人民

---

① 《合同法》已失效，现相关规定见《民法典》第一百四十六条虚假法律行为的效力规则。

法院裁定本案由北京市高院审理。航某资产公司的诉讼请求为：方某证券公司向航某资产公司偿还 23888.57 万元及利息；航某火箭公司承担连带责任。北京市高院认定案涉协议有效，双方为借款合同关系，判决：方某证券公司偿还航某资产公司借款本金 23888.57 万元及利息；航某火箭公司承担连带责任。

9. 方某证券公司不服，上诉至最高人民法院。最高人民法院认定案涉协议无效，改判：方某证券公司返还航某资产公司 1.4 亿元及利息；航某火箭公司承担连带责任。

实务要点总结

第一，证券公司应加强内部控制，形成多环节、多职能参与的决策流程。避免高管权力过分集中。

第二，重大合同应按内部流程审批后再签订，对合同的履行情况、资金流向情况应定期进行核查。

第三，证券公司高管构成犯罪，并不意味着证券公司对高管代表公司签订的合同当然免责，此时公司仍可能承担民事责任。

相关法律规定

《中华人民共和国合同法》（已失效）

第五十二条　有下列情形之一的，合同无效：

（一）一方以欺诈、胁迫的手段订立合同，损害国家利益；

（二）恶意串通，损害国家、集体或者第三人利益；

（三）以合法形式掩盖非法目的；

（四）损害社会公共利益；

（五）违反法律、行政法规的强制性规定。

《中华人民共和国民法典》

第一百四十六条　行为人与相对人以虚假的意思表示实施的民事法律行为无效。

以虚假的意思表示隐藏的民事法律行为的效力，依照有关法律规定处理。

第一百五十三条　违反法律、行政法规的强制性规定的民事法律行为无效。但是，该强制性规定不导致该民事法律行为无效的除外。

违背公序良俗的民事法律行为无效。

《中华人民共和国刑法》（2023 年修正）

第一百八十二条 有下列情形之一，操纵证券、期货市场，影响证券、期货交易价格或者证券、期货交易量，情节严重的，处五年以下有期徒刑或者拘役，并处或者单处罚金；情节特别严重的，处五年以上十年以下有期徒刑，并处罚金：

（一）单独或者合谋，集中资金优势、持股或者持仓优势或者利用信息优势联合或者连续买卖的；

（二）与他人串通，以事先约定的时间、价格和方式相互进行证券、期货交易的；

（三）在自己实际控制的帐户之间进行证券交易，或者以自己为交易对象，自买自卖期货合约的；

……

（七）以其他方法操纵证券、期货市场的。

单位犯前款罪的，对单位判处罚金，并对其直接负责的主管人员和其他直接责任人员，依照前款的规定处罚。

法院判决

以下为该案在法院审理阶段，判决书中"本院认为"就该问题的论述：

关于泰某证券公司与航某火箭公司之间签订的系列协议的性质及效力问题

《最高人民法院关于适用〈中华人民共和国民事诉讼法〉的解释》第九十三条第一款第五项规定：已为人民法院发生法律效力的裁判所确认的事实，当事人无须举证证明；第一百一十四条规定：国家机关或者其他依法具有社会管理职能的组织，在其职权范围内制作的文书所记载的事项推定为真实，但有相反证据足以推翻的除外……本案中，长沙中院 99 号刑事判决及中纪委、监察部作出的行政处罚决定书等确认，2000 年 10 月，时任航某火箭公司副总经理的陈某通过陈某乙（2001年 12 月被任命为航某火箭公司总经理助理），与时任泰某证券公司总裁的李某以及该公司的唐某联系。陈某就航某火箭公司拟拿出 2 亿元资金走"借壳上市"的思路与李某进行了沟通，同时要求泰某证券公司也拿 2 亿元资金，并寻找一家合适的上市公司作为壳资源，以利用绝对的资金优势共同控制壳资源股票的流通盘。在此背景下，李某代表泰某证券公司与陈某代表的航某火箭公司，签订了涉案《财务顾问协议》《资产委托管理协议》《资产委托管理补充协议》等，双方真实目的是利用案涉 2 亿元资金操纵航某科技公司的股票。在协议签订过程中，陈某告知李某，航某火箭公司的上级集团公司拟收购航某科技公司股票而不是先前洽谈的常某股份、兰某陈香。李某明知陈某提供的 2 亿元资金的真实用意是以借壳上市为名，操纵航某科技公司股票价格，从中牟取利益，仍应承了陈某的要求并着手操纵航某科技公司股票。2001 年 6 月，陈某明确告知航某火箭公司的壳资源是航某科技公司股票，并着手准备 2 亿元资金收购航某科技公司股票。证监会、中纪委、监察部等部门对航某科工集团前后两任总经理、党组书记殷某良、夏某洪的行政、党内职务的处分决定也印证了航某火箭公司与泰某证券公司之间签订《资产委托管理协议》等协议的目的是"航某火箭公司向银行贷款 2 亿元人民币，进行委托理财，以期用其收益降低航某火箭公司借壳上市的成本，并为把航某火箭公司包装进入航某科工集团所属上市公司的航某科技公司融资"。

在涉案 2 亿元资金的实际控制过程中，唐某根据李某的授权，负责用陈某划入的 2 亿元资金对航某科技公司股票的操盘，同时陈某授权其总经理陈某乙对唐某的操盘情况掌控，并向陈某汇报。在航某科技公司股票价格大跌后，陈某于 2002 年 12 月 20 日指令陈某乙代表航某火箭公司与华某酒店的代表赵某、施某（航某科技公司股票大户）三方签订了《协议》，约定"按出（融）资比例共同承担亏损共分享收益"，以使航某科技公司股价回升。同时，陈某聘任刘某为航某火箭公司高级会计师，负责中某经济公司和鑫某科技公司在全国各营业部持有的航某科技公司股票的操盘，要求其不定期向自己汇报情况。

合法有效的合同应体现当事人的真实意思表示，内容也不得违反法律和行政法规的强制性效力性的规定。本案中，陈某代表航某火箭公司与李某以泰某证券公司的名义签订《资产委托管理协议》等协议的真实目的是"利用绝对优势共同控制壳资源股票的流通盘"；在协议的实际履行过程中，陈某委托陈某乙、刘某直接参与操纵航某科技公司股票价格的违法犯罪行为中。根据《合同法》第五十二条第三项的规定，以合法形式掩盖非法目的的合同无效。故《资产委托管理协议》等系列协议因目的违法应属无效协议。原审判决未审查涉案《资产委托管理协议》等协议的签订过程及所涉资金流转、幕后操纵等情况，仅以协议约定内容即确认航某火箭公司与泰某证券公司存在合法有效的合同关系，属适用法律不当，应予纠正。

035 国有农场土地未经批准，流转合同是否有效[*]

> **阅读提示**：与国有农场土地流转的相关裁判规则如下：
> 1. 最高人民法院关于审理涉及国有土地使用权合同纠纷案件适用法律问题的解释、城市房地产管理法关于划拨土地转让的规定不适用于国有划拨农用地的转让。
> 2. 土地承包经营权所指的土地是农村集体经济组织所有或国家所有由集体经济组织使用的土地。承包国有农场取得的经营权不属于物权法规定的用益物权，仅属于基于合同约定产生的合同权利。
> 3. 国有农场与国有农场职工之间并非平等的民事法律主体，对土地的承包不同于一般意义的家庭联产承包，不是民事法律的调整范畴。
> 4. 国有农场的土地性质为国有划拨土地，在不符合《城镇国有土地使用权出让和转让暂行条例》第四十五条规定的可以转让、出租、抵押划拨土地使用权的条件的情形下，合同应认定无效。（该裁判观点与本文案例的裁判观点存在差异）

裁判要旨

一、国有划拨农用地的转让，不适用最高人民法院关于审理涉及国有土地使用权合同纠纷案件适用法律问题的解释、城市房地产管理法关于划拨土地转让的规定。

二、最高人民法院负责人在国有土地使用权合同司法解释发布时答记者问中明确指出，该解释调整的国有土地范围为国有建设用地，不包括集体土地和国有农用地。该说明虽未在司法解释中直接规定，但作为适用范围的说明仍是有效的。故该司法解释中关于"土地使用权人未经有批准权的人民政府批准，与受让方订立合同转让划拨土地使用权的，应当认定合同无效"的规定，不适用于国有划拨农用地的转让，不能直接援引该司法解释认定国有划拨农用地转让合同效力。

三、城市房地产管理法、城镇国有土地使用权出让和转让暂行条例中有关划拨

---

[*] 案件来源：海南利某房地产开发有限公司与某省国营南某农场、某省农垦总局合同纠纷二审民事判决书，最高人民法院（2016）最高法民终201号。

土地使用权转让需先经过审批的规定,从立法目的及具体条文意思作整体解读,其所规范的对象均为建设用地,即该种土地使用权的性质在转让前已经属于建设用地,不能直接适用于本案涉及的国有划拨农用地的转让。

案情介绍

1. 2010年5月6日,海南利某房地产开发有限公司（以下简称利某公司）与某省国营南某农场（以下简称南某农场）签订《土地转让合同》,约定：南某农场将位于该农场23队981亩国有划拨农业用地使用权转让给利某公司,总价款35316万元,其中包含补办出让手续应向当地政府补交的40%地价款；如现行规划能调整为建设用地,则利某公司应全额支付土地转让价款；如不能调整,按照现状条件转让,价款为35316万元的60%；合同报经农垦总局批准后生效。

2. 合同签订之后,利某公司已向南某农场缴纳土地转让款15140万元。2010年6月23日,农垦总局以《关于南某农场981亩国有土地使用权有偿转让给海南利某房地产开发有限公司的批复》答复南某农场：同意南某农场转让981亩国有土地使用权给利某公司。

3. 某市规划局于2015年4月17日答复利某公司的《关于开展某"温泉风情小镇"项目控规编制相关意见的复函》载明：涉案981亩土地,"在总规中均规划为非建设用地,其中约380亩用地位于半岭水库饮用水水源二级保护区范围内；约120亩用地规划为有条件可建设用地。由于项目申请用地在规划期内均为非建设用地,暂无法启动控制性详细规划编制工作"。

4. 利某公司向海南省高院起诉,请求：确认《土地转让合同》无效；南某农场返还利某公司已付土地转让款15140万元及利息,赔偿利某公司经营支出损失32429879.28元,对外支出的青苗补偿费375万元；农垦总局承担连带责任。

5. 海南省高院认为,本案《土地转让合同》系双方当事人真实意思表示,不存在《合同法》第五十二条规定的无效情形,应为有效合同。遂判决驳回利某公司的诉讼请求。

6. 利某公司不服,上诉至最高人民法院。最高人民法院判决：驳回上诉,维持原判。

实务要点总结

受让国有划拨农用地作为房地产开发用地,涉及土地出让手续、规划变更手续的办理，存在办理难度，会耗费一定的时间成本。为此，拟受让国有划拨农用地时，应预先向当地土地、规划等有关部门咨询行政审批手续的办理流程，分阶段支付转让价款，适当将成功办理审批手续与价款支付挂钩，并可约定解除合同的条件及解除后的清理结算方式。

相关法律规定

《最高人民法院关于审理涉及国有土地使用权合同纠纷案件适用法律问题的解释》

第十一条 土地使用权人未经有批准权的人民政府批准，与受让方订立合同转让划拨土地使用权的，应当认定合同无效。但起诉前经有批准权的人民政府批准办理土地使用权出让手续的，应当认定合同有效。[①]

《中华人民共和国城市房地产管理法》（2019年修正）

第一条 为了加强对城市房地产的管理，维护房地产市场秩序，保障房地产权利人的合法权益，促进房地产业的健康发展，制定本法。

第二条 在中华人民共和国城市规划区国有土地（以下简称国有土地）范围内取得房地产开发用地的土地使用权，从事房地产开发、房地产交易，实施房地产管理，应当遵守本法。

本法所称房屋，是指土地上的房屋等建筑物及构筑物。

本法所称房地产开发，是指在依据本法取得国有土地使用权的土地上进行基础设施、房屋建设的行为。

本法所称房地产交易，包括房地产转让、房地产抵押和房屋租赁。

第二十三条 土地使用权划拨，是指县级以上人民政府依法批准，在土地使用者缴纳补偿、安置等费用后将该幅土地交付其使用，或者将土地使用权无偿交付给土地使用者使用的行为。

依照本法规定以划拨方式取得土地使用权的，除法律、行政法规另有规定外，没有使用期限的限制。

第二十四条 下列建设用地的土地使用权，确属必需的，可以由县级以上人民政府依法批准划拨：

（一）国家机关用地和军事用地；

[①] 2020年修正、2021年1月1日起施行的《最高人民法院关于审理涉及国有土地使用权合同纠纷案件适用法律问题的解释》的相关规定中，该条款已被删除。

（二）城市基础设施用地和公益事业用地；

（三）国家重点扶持的能源、交通、水利等项目用地；

（四）法律、行政法规规定的其他用地。

《中华人民共和国城镇国有土地使用权出让和转让暂行条例》（2020年修订）

第一条 为了改革城镇国有土地使用制度，合理开发、利利、经营土地，加强土地管理，促进城市建设和经济发展，制定本条例。

第四十五条 符合下列条件的，经市、县人民政府土地管理部门和房产管理部门批准，其划拨土地使用权和地上建筑物、其他附着物所有权可以转让、出租、抵押：

（一）土地使用者为公司、企业、其他经济组织和个人；

（二）领有国有土地使用证；

（三）具有地上建筑物、其他附着物合法的产权证明；

（四）依照本条例第二章的规定签订土地使用权出让合同，向当地市、县人民政府补交土地使用权出让金或者以转让、出租、抵押所获收益抵交土地使用权出让金。

转让、出租、抵押前款划拨土地使用权的，分别依照本条例第三章、第四章和第五章的规定办理。

《中共中央、国务院关于进一步推进农垦改革发展的意见》

创新土地管理方式。土地是农垦最重要的生产资料，是农垦存在与发展的基础。要从强化农业基础地位、切实保护国有土地资源、实现可持续发展的高度，深化农垦土地管理制度改革。严禁擅自收回农垦国有土地使用权，确需收回的要经原批准用地的政府批准，并按照有关规定予以补偿，妥善解决职工生产生活困难，依法安排社会保障费用。加强土地利用总体规划及年度计划管理，严格执行土地用途管制制度，对农垦土地严格实行分类管理，禁止擅自将农用地转为建设用地。切实落实耕地占补平衡制度，加快划定永久基本农田。强化农垦土地权益保护，严肃查处擅自改变农垦土地用途和非法侵占农垦土地行为。用3年左右时间，基本完成农垦国有土地使用权确权登记发证任务，工作经费由中央财政、地方财政和国有农场共同负担。推进农垦土地资源资产化和资本化，创新农垦土地资产配置方式。对农垦企业改革改制中涉及的国有划拨建设用地和农用地，可按需要采取国有土地使用权出让、租赁、作价出资（入股）和保留划拨用地等方式处置。省级以上政府批准实行国有资产授权经营的国有独资企业、国有独资公司等农垦企业，其使用的原生产经营性国有划拨建设用地和农用地，经批准可以采取作价出资（入股）、授权经营方式处置。有序开展农垦国有农用地使用权抵押、担保试点。保障农垦产业发展和城镇化建设合理用地需求。农垦现有划拨建设用地，经批准办理有偿使用手续后，可以转让、出租、抵押或改变用途，需办理出让手续的，可以采取协议方式。农垦土地被依法收回后再出让的，其出让收入实行收支两条线管理，市县分成的相应土地出让收入要按规定积极用于农垦农业土地开发、农田水利建设以及公益性基础设施建设。

《中华人民共和国物权法》（已失效）

第二十一条 当事人提供虚假材料申请登记，给他人造成损害的，应当承担赔偿责任。

因登记错误，给他人造成损害的，登记机构应当承担赔偿责任。登记机构赔偿后，可以向造成登记错误的人追偿。

《中华人民共和国民法典》

第二百二十二条 当事人提供虚假材料申请登记，造成他人损害的，应当承担赔偿责任。

因登记错误，造成他人损害的，登记机构应当承担赔偿责任。登记机构赔偿后，可以向造成登记错误的人追偿。

法院判决

以下为该案在法院审理阶段，判决书中"本院认为"就该问题的论述：

（一）《土地转让合同》的内容和性质

利某公司与南某农场签订的《土地转让合同》，综合全部合同条款，其约定的主要内容分为两个方面：1. 土地现状转让和规划调整后的转让款。南某农场转让的981亩国有划拨农用地的现状为农业用地。参照周边建设用地评估确定的转让总地价款计35316万元，其中包含划拨土地转让补办出让手续应向当地政府补交的40%地价款。如现行规划能予以调整，则利某公司应按评估价35316万元全额支付土地转让价款。转让地块不能调整为建设用地的，按照现状条件转让，其价款为35316万元的60%。利某公司支付完60%土地转让价款后，按照土地利用现状图所确定的用途开发利用土地，南某农场配合办理土地过户手续。2. 办理规划调整的责任及相关后果。利某公司负责办理开发立项、土地利用总体规划和城市总体规划的调整、用地审批等手续，并承担办理用地审批手续过程中某银行政性收费及税费。南某农场的责任是配合利某公司办理土地利用总体规划、城市规划调整、用地报批和土地过户等手续，提供办理手续的相关证明材料。若因南某农场原因造成项目终止，已收取利某公司的地价款原数退回，土地定金双倍返还。若因利某公司原因在办完用地手续前终止项目，土地退回南某农场，已付土地定金归南某农场。若因国家政策调整或当地政府的原因，造成项目无法进行，则双方不承担责任，利某公司已支付给南某农场的土地定金、地价款按原数退回利某公司。

从上述合同内容可以看出，该合同具有复合型特点。南某农场主要以转让农用地为目的，利某公司以受让后进行开发建设为目的，合同的基础内容或者说双方要达成的最低目标是以现状将南某农场981亩国有划拨农业用地使用权转让给利某公司，最终目标是实现将农用地调整为建设用地，达到利某公司对涉案土地进行建设开发的目的。双方在签订合同时已经预见能否达到最终目标主要取决于宗地规划能否调整。而规划调整及有关审批手续则约定由利某公司负责办理，南某农场予以配合。合同对最终目的无法实现的情况针对不同原因约定了相应后果。因此本案合同效力的认定也涉及两个层次：国有划拨农用地转让约定的效力、利某公司为开发建设目的自行办理规划变更等有关审批手续约定的效力。

（二）能否依据城镇国有土地使用权出让和转让暂行条例、城市房地产管理法、国有土地使用权合同司法解释的规定将本案国有划拨农用地转让合同认定为无效

对于《最高人民法院关于审理涉及国有土地使用权合同纠纷案件适用法律问题的解释》，最高人民法院负责人在该司法解释发布时答记者问中明确指出，该解释调整的国有土地范围为国有建设用地，不包括集体土地和国有农用地。该说明虽未在司法解释中直接规定，但作为适用范围的说明仍是有效的。故该司法解释中关于"土地使用权人未经有批准权的人民政府批准，与受让方订立合同转让划拨土地使用权的，应当认定合同无效"的规定，不适用于本案国有划拨农用地的转让，不能直接援引该司法解释认定本案合同效力。

城市房地产管理法中第一条规定："为了加强对城市房地产的管理，维护房地产市场秩序，保障房地产权利人的合法权益，促进房地产业的健康发展，制定本法。"第二条第一款规定："在中华人民共和国城市规划区国有土地（以下简称国有土地）范围内取得房地产开发用地的土地使用权，从事房地产开发、房地产交易，实施房地产管理，应当遵守本法。"从上述立法目的看，其规范的对象是涉及房地产开发的国有建设用地，而不涉及国有划拨农用地。有关土地使用权划拨的章节中第二十三条虽然对土地使用权划拨做了比较宽泛的定义，但第二十四条所规范的仍然是建设用地使用权的划拨。城镇国有土地使用权出让和转让暂行条例相关条

文的情况与此相同。综上,城市房地产管理法、城镇国有土地使用权出让和转让暂行条例中有关划拨土地使用权转让需先经过审批的规定,从立法目的及具体条文意思作整体解读,其所规范的对象均为建设用地,即该种土地使用权的性质在转让前已经属于建设用地,不能直接适用于本案涉及的国有划拨农用地的转让。

综上,利某公司主张应当按照城镇国有土地使用权出让和转让暂行条例、城市房地产管理法、国有土地使用权合同司法解释认定本案转让合同无效的观点,不能成立。

利某公司所称南某农场未办理土地使用权出让手续、未交付土地使用权出让金、未领取权属证书的问题,亦均是以国有建设用地使用权转让的相关规定为依据。国有农场划拨农用地使用权的取得在历史上主要是根据批准文件确认,并不采取出让的方式,不涉及缴纳土地使用权出让金的问题,不以登记发证为生效要件。虽然已有规范性文件要求为农场国有土地使用权(包括农用地使用权)确权颁证,但其目的是加强国有农场土地使用管理,保护农场土地权利。该项工作在全国范围内并未完成,2015年11月27日《中共中央、国务院关于进一步推进农垦改革发展的意见》中,仍提出"用3年左右时间,基本完成农垦国有土地使用权确权登记发证任务"。南某农场虽未领取权属证书,但其对涉案土地所实质上享有的土地使用权的正当性,并无疑问。故南某农场未领取权属证书不影响本案合同的效力。

(三)认定本案合同效力应考虑的因素

本案合同是在农垦改革的背景下一个特定历史时期签订的。中央和某省有关农垦改革的政策规定精神是,积极扶持农垦单位盘活利用农垦土地资源,解决垦区民生问题,即允许农场以国有土地对外流转进行合作开发、转让。2008年7月9日国务院《关于同意推进某农垦管理体制改革意见的批复》(国函〔2008〕59号)中,肯定了支持某农垦盘活土地资源,提高土地利用效率的政策。对于以农业用地转让,2004年《某省农垦国有农场农业用地经营管理暂行办法》规定国有农场对外流转农业用地应尽量采用承包方式,2008年2月4日《某省农垦总局垦区国有土地对外流转的规定》中,提到"原则上不得按农业用途转让土地使用权",但均没有禁止按照农业用地转让。而2015年底《中共中央、国务院关于进一步推进农垦改革发展的意见》则指出:"对农垦企业改革改制中涉及的国有划拨建设用地和农用地,可按需要采取国有土地使用权出让、租赁、作价出资(入股)和保留划拨用地等方式处置。"据此,应认为最终确认了可以采取保留划拨农用地的方式处置的做法。2010年6月23日,农垦总局以《关于南某农场981亩国有土地使用权有偿转让给海南利某房地产开发有限公司的批复》,同意南某农场转让981亩国有土地使用权给利某公司，从农场主管部门的角度已经完成涉案农用地按照现状转让使用权的审批手续。如需在地方政府土地管理部门完成农用地土地使用权过户手续，根据政策规定精神应当能够解决，南某农场应按合同约定予以配合，但该过户只属于合同的履行结果。

因本案中利某公司取得国有划拨农用地以项目开发建设为目的，基于土地用途管制制度、严格限制农用地转为建设用地的基本政策，以及具体政策法规的要求，实际上仍涉及由地方政府审批办理农用地转为建设用地及补办出让手续的问题。而对于农垦国有农场以与项目建设相关的土地流转，有关法规和政策精神也是支持的。2008年4月30日某省人民政府《关于农垦改革中国土环境资源管理若干问题的通知》中提出了对农垦土地流转的具体扶持政策：省农垦总局可以统一拟订年度建设用地计划，并单独申报；省政府在省级土地利用年度计划安排时，优先保障垦区用地指标；对垦区土地的农用地转用、划拨土地使用权转让等用地手续，予以优先办理，确保农垦系统各类建设用地的及时供应；垦区国有划拨土地转让时应补缴的40%土地出让金等收入，由有关部门拨付给省农垦总局，由省农垦总局统筹用于解决垦区内社会和民生问题。2009年5月27日通过的《某省人民代表大会常务委员会关于推进某农垦管理体制改革的决定》也规定：省人民政府应当……优先考虑农垦年度建设用地计划指标和土地供应，扶持农垦改善民生及建设项目发展，优化农垦土地资源利用和结构布局。市、县、自治县因城镇建设需要，确需使用农垦国有划拨土地的，由省人民政府在兼顾双方利益的前提下，依法协调解决。2008年到2011年，农垦的国有划拨土地处置除法律法规规定应当上交国家的各项税费外，地方所得部分全额返还省农垦总局，用于解决民生等问题。中共某省委2010年8月4日通过的《关于进一步深化某农垦管理体制改革的决定》第十七条指出："2010年7月31日前各农场已签订流转合同协议，并经某省农垦总局批准的国有划拨土地，可按省政府批准的有关规定办理相关手续。"2010年9月10日，中共某省委办公厅、某省政府办公厅印发《关于深化农垦管理体制改革的实施方案》，其附件四《某省农垦总局、某省农垦总公司政企分开土地资源划分实施办法》第四条第三项规定"对2010年7月31日前，经省农垦总局批准对外流转的国有划拨土地按以下方式处理：1.对符合土地利用总体规划、城乡规划和产业政策的，由各县依法办理过户手续。涉及农用地转为建设用地的，应在符合土地利用总体规划、城乡规划和产业政策的前提下，依法办理农用地转用审批手续后，再办理过户手续。2.对目前尚不符合土地利用总体规划、城乡规划的宗地，能调整的给予调整，并予以办理农用地转用审批和过户手续。因规划不能调整而造成无法办理农用地转用审批和过户手续的,由省农垦总局做好善后工作。3. 对未经市县及相关部门审批、已经动工建设的宗地,应依法处理后方可办理农用地转用和流转变更登记等手续。对涉及农用地转用审批的项目用地,由省农垦总局按照项目轻重缓急进行排序,并分年度申请用地计划指标,省国土环境资源厅根据省农垦总局每年核定的计划总量,分年度给予单列,并办理相关审批手续,以彻底解决农垦土地历史遗留问题"。

  上述政策规定的特殊性在于,对于农垦农场的农用地转为建设用地,并未采取政府先收回农用地,再向市场供应土地的一般做法,而是在认可已签订流转合同的基础上,对于符合土地利用总体规划、城乡规划和产业政策的,经审批农用地转用后,直接办理土地过户手续。本案合同双方应当了解土地管理的具体做法以及政府支持和鼓励农垦盘活土地资源的政策精神,合同的内容表明,双方在签订合同时已经预见能否最终办理建设用地使用权过户手续,主要取决于宗地规划能否调整,只要规划能够调整,则过户审批也能够顺利完成。合同强调利某公司必须在办理农用地转用审批及土地过户手续后,方可在土地上进行非农开发建设,否则只能按照现状用途使用,也充分表明双方均不存在擅自将农用地作为建设用地直接转让以及规避审批的意图。双方的意图是先由受让方按照农业用途使用土地,然后努力办理相关调整规划和过户的手续。而从国家对交易管制的一般意义上讲,法律法规并未明确必须先办理管理部门的审批,然后才可以签订转让合同。作为划拨土地使用权转让审批的基础,首先由转让方和受让方签订转让合同,然后再进行审批,并不违背管制的目的。达到管制的目的不需要限制签订交易合同,而只要严格审查最终转让所需具备的相应条件即可。签订转让合同和审批的先后顺序在实务上可以根据方便原则确定。该种手续的办理,虽然一般理解应当由转让方办理,但南某农场因缺乏资金、人才、项目策划和开发能力,而与开发商合作,在合同中约定由开发商负责立项、调规、办理审批手续,自己负责配合办理及提供有关手续,同样不违背管制的目的。事实上在合同履行过程中有关部门也已经接受了利某公司的相关申请,并作出答复。具体办理审批手续时,可以根据管理部门的要求由南某农场配合出具有关手续。双方在签订合同时已经预见到受让的农用地不能成功办理规划变更等审批手续的风险,且在合同中专门分别约定了因南某农场原因、利某公司原因、国家政策调整或当地政府的原因等各种情况造成项目无法进行的相应后果。对于这种不违背审批的目的,且双方对能否最终得到审批的前景已有预测,明确约定办理审批的责任及相应后果的合同,如果认定无效,则违背鼓励流转交易和合同自由的原则。故应认定签订合同前是否审批以及签订后是否能够完成审批,并不影响本案合同的效力,即并不影响双方当事人之间合同的成立及合同因成立而在双方之间所具有的拘束力,而只是影响合同履行的可能性,未能得到批准及办理过户手续构成履行不能。

此外,虽然 2014 年 8 月 13 日中共某省委办公厅、某省政府办公厅《关于加强农垦土地利用管理的意见》(琼办发〔2014〕29 号)第十四项要求,对 2010 年 7 月 31 日前经农垦总局批准对外流转和合作开发的农垦国有划拨土地,不符合土地利用总体规划、城乡规划和产业政策的,通过调解协商、解除合同等方式予以清理,由农垦总局依法做好善后工作。但上述要求的清理及善后工作,并不必须以否定合同效力为前提,不妨碍根据合同的约定进行相应的善后处理。

综上,本案《土地转让合同》并不存在《合同法》第五十二条规定的无效情形,应认定为有效,双方当事人因履行该合同形成的纠纷应当按照合同中的相关约定处理。

036 冒用他人名义签订的合同是否有效?相关行为是否构成合同诈骗罪[*]

> **阅读提示**:合同有效的条件之一系意思表示真实,而实践中一些人出于利益考量,故意违背当事人意志,冒名与他人签订合同。那么被冒名的人是否需承担合同义务?冒名人需承担什么责任?本书的裁判观点对这类问题进行了阐述。

裁判要旨

合同如系假冒他人名义签订,相关当事人依法可以请求人民法院予以撤销或宣告无效,当事人不请求撤销或宣告无效的,冒用人应当自行承担因相关合同签订与履行引发的法律责任。

案情介绍

1. 2011 年 3 月 15 日,协某房地产公司(发包方)与中某三局第二建设工程有限责任公司(以下简称中某三局二公司,承包方)签订《总承包施工合同》,双方

---

[*] 案件来源:中某三局第二建设工程有限责任公司、福建新某夏建工有限公司买卖合同纠纷再审民事判决书,最高人民法院(2018)最高法民再 23 号。

就天某名城项目（一期）Ⅱ标段总承包工程协商一致，订立总包施工合同。

2. 2011年4月9日，旨某公司（供方）与武汉新某夏公司（需方）签订《钢材购销合同》，就甲方天某名城（一期）Ⅱ标段项目大约8000吨的钢材供应达成协议。合同上加盖的印章为"福建新某夏建工有限公司协信·天某名城项目经理部"。

3. 2011年6月29日，福建新某夏公司（分包人）与中某三局二公司西部公司（承包人）签订《建设工程劳务分包合同》，约定中某三局二公司西部公司将天某名城（一期）Ⅱ标段工程劳务作业分包给福建新某夏公司。合同上分包人加盖的公章为福建新某夏公司印章。

4. 2013年5月20日，旨某公司签订的《付款协议》载明合同对方为福建新某夏公司。该协议对欠付货款、还款期限等问题作出核对确认。协议书加盖了福建新某夏公司印章。

5. 2013年7月12日，林某兴、林某海、胡某伟、郭某全签署《协议书》记载，武汉新某夏公司注册至今，公司经营、资金的使用支配实际均由胡某伟运作，所有债权债务均由胡某伟承担。胡某伟于2014年12月9日出具《承诺书》称，胡某伟、林某海、林某兴三人合作承办涉案工程项目，私刻福建新某夏公司公章用于签订与中某三局二公司劳务合同。武汉新某夏公司工商登记的股东虽然为福建新某夏公司、林某海和林某兴，但福建新某夏公司系林某兴等伪造其公章进行工商登记，其不是武汉新某夏公司的出资人及股东。

6. 旨某公司向长沙中院提起诉讼，请求判决福建新某夏公司、中某三局二公司支付10179475元及逾期付款利息，林某海、胡某伟、林某兴承担连带清偿责任。福建新某夏公司答辩称，《建设工程劳务分包合同》所盖福建新某夏公司公章及前任法定代表人私章，均系伪造的假章。

7. 长沙中院判决：中某三局二公司向旨某公司支付钢材货款9399475元及逾期利息；胡某伟、林某兴、林某海承担连带清偿责任。

8. 旨某公司、中某三局二公司、林某海、林某兴不服，上诉至湖南省高院。湖南省高院判决：驳回上诉，维持原判。

9. 中某三局二公司仍不服，向最高人民法院申请再审。最高人民法院改判胡某伟、林某兴、林某海向旨某公司支付钢材货款9399475元及逾期利息。

实务要点总结

切勿冒用他人名义签订合同，冒名行为不仅将导致自行承担民事责任，而且存在刑事犯罪风险。

相关法律规定

《中华人民共和国合同法》（已失效）

第八条 依法成立的合同，对当事人具有法律约束力。当事人应当按照约定履行自己的义务，不得擅自变更或者解除合同。

依法成立的合同，受法律保护。

第六十条 当事人应当按照约定全面履行自己的义务。

当事人应当遵循诚实信用原则，根据合同的性质、目的和交易习惯履行通知、协助、保密等义务。

第一百零七条 当事人一方不履行合同义务或者履行合同义务不符合约定的，应当承担继续履行、采取补救措施或者赔偿损失等违约责任。

《中华人民共和国民法总则》（已失效）

第一百四十三条 具备下列条件的民事法律行为有效：

（一）行为人具有相应的民事行为能力；

（二）意思表示真实；

（三）不违反法律、行政法规的强制性规定，不违背公序良俗。

《中华人民共和国民法典》

第一百四十三条 具备下列条件的民事法律行为有效：

（一）行为人具有相应的民事行为能力；

（二）意思表示真实；

（三）不违反法律、行政法规的强制性规定，不违背公序良俗。

第四百六十五条 依法成立的合同，受法律保护。

依法成立的合同，仅对当事人具有法律约束力，但是法律另有规定的除外。

第五百零九条 当事人应当按照约定全面履行自己的义务。

当事人应当遵循诚信原则，根据合同的性质、目的和交易习惯履行通知、协助、保密等义务。

当事人在履行合同过程中，应当避免浪费资源、污染环境和破坏生态。

第五百七十七条 当事人一方不履行合同义务或者履行合同义务不符合约定的，应当承担继续履行、采取补救措施或者赔偿损失等违约责任。

《中华人民共和国刑法》（2023年修正）

第二百二十四条 有下列情形之一，以非法占有为目的，在签订、履行合同过程中，骗取对方当事人财物，数额较大的，处三年以下有期徒刑或者拘役，并处或者单处罚金；数额巨大或者有其他严重情节的，处三年以上十年以下有期徒刑，并处罚金；数额特别巨大或者有其他特别严重情节的，处十年以上有期徒刑或者无期徒刑，并处罚金或者没收财产：

（一）以虚构的单位或者冒用他人名义签订合同的；

……

法院判决

以下为该案在法院审理阶段，判决书中"本院认为"就该问题的论述：

一、武汉新某夏公司、胡某伟等人是否冒用福建新某夏公司名义签订涉案相关合同文件

根据审理查明的事实，2011年4月9日，旨某公司作为乙方签订的《钢材购销合同》中，载明合同甲方为武汉新某夏公司，合同上加盖的印章为"福建新某夏建工有限公司协信·天某名城项目经理部"。甲方指定的验收货物人员为兰某快和胡某。2011年6月29日，中某三局二公司西部公司签订《建设工程劳务分包合同》，约定将涉案天某名城项目工程劳务作业分包给福建新某夏公司。合同对方加盖的印章为福建新某夏公司印章及江某宗的私章，合同对方开户银行情况为武汉新某夏公司在中国银行湖北省分行所开账户。2013年5月20日，旨某公司签订的《付款协议》载明合同对方为福建新某夏公司。该协议简述了双方签订涉案购销合同及履行情况，并对欠付货款、还款期限等问题作出核对确认。协议书加盖了福建新某夏公司印章，胡某伟分别作为福建新某夏公司代表和保证人在协议上签名。2013年7月12日，林某兴、林某海、胡某伟、郭某全签署《协议书》记载，武汉新某夏公司注册至今，公司经营、资金的使用支配实际均由胡某伟运作，所有债权债务均由胡某伟承担。胡某伟于2014年12月9日出具《承诺书》称，胡某伟、林某海、林某兴三人合作承办涉案工程项目，私刻福建新某夏公司公章用于签订与中某三局二公司劳务合同。以上事实足以表明，武汉新某夏公司及胡某伟等人冒用福建新某夏公司名义签订并实际履行涉案合同文件。原审判决认定福建新某夏公司并未签订涉案相关合同文件，是正确的。

合同如系假冒他人名义签订，相关当事人依法可以请求人民法院判决予以撤销或宣告无效，当事人不请求撤销或宣告无效的，冒用人应当自行承担因相关合同签订与履行引发的法律责任。就本案而言，在对方当事人未依法请求人民法院撤销涉案合同或宣告合同无效的情况下，武汉新某夏公司及胡某伟等人作为冒用人应当自

行承担合同相关责任。

二、中某三局二公司应否承担旨某公司钢材货款的清偿责任

涉案《建设工程劳务分包合同》与《钢材购销合同》属于相互独立的合同。合同当事人依法应当就其各自订立的合同行使相应权利并承担相应义务。旨某公司对于依约供应钢材后未获清偿的货款，依法应向实际购买方武汉新某夏公司及胡某伟等人提出主张。原审期间，旨某公司明确表示放弃对武汉新某夏公司的主张，本院不持异议。

在旨某公司所签涉案《钢材购销合同》中，对方指定兰某快为验收货物人员。中某三局二公司在其他合同中亦指定兰某快为材料员，兰某快因而具有双重身份。但旨某公司在其依约所供钢材已由合同指定验收人员兰某快签收的情况下，依法应向合同相对方提出货款清偿请求，而不能基于兰某快亦为中某三局二公司在其他合同中指定的材料员而向其提出清偿主张。原审判决依据兰某快系中某三局二公司在其他合同中指定的材料员而认定其系代表中某三局二公司验收涉案钢材，依据显然不足。从在案支付款项证据情况看，协某房地产公司开出汇票票面记载的收款人为中某三局二公司。按照汇票流转规范，即使汇票最后转给了旨某公司，但如无证据证明汇票系由中某三局二公司直接背书让与旨某公司，亦不能证明其直接向旨某公司支付货款的事实。2012年8月28日、9月11日，中某三局二公司虽曾将150万元、100万元分别支付至长沙市雨花区铭某建材经营部的账户，但没有进一步证据证明此款项确系属于受某公司指示而支付的涉案钢材货款。原审判决关于中某三局二公司曾向旨某公司直接支付钢材货款的认定，缺乏足够证据证明。在当事人之间缺乏合同关系的情况下，钢材是否实际用于涉案工程，不能成为旨某公司向中某三局二公司提出货款清偿主张的当然依据。另外，中某三局二公司对于他人冒用福建新某夏公司订立《建设工程劳务分包合同》虽然未尽足够审查义务，但与旨某公司基于其他合同所售钢材货款不能及时获偿之间，没有必然关联。原审判决以中某三局二公司订立分包合同转包工程存在过错为由，判令其对旨某公司涉案钢材货款承担清偿责任，缺乏事实和法律依据。

实际上，涉案工程结算过程中，中某三局二公司已经按照分包合同约定多次向武汉新某夏公司支付工程款项，武汉新某夏公司亦已向旨某公司实际支付多达3000余万元的钢材货款。原审法院在已查明涉案《钢材购销合同》系旨某公司与武汉新某夏公司及胡某伟等人实际订立并履行的情况下，却又认定旨某公司与中某三局二公司存在事实上的买卖合同关系，并进而判令中某三局二公司承担欠付货款的清偿责任，认定事实和适用法律均有错误。

037 转让已被查封房地产的买卖合同是否有效*

> **阅读提示**：《民事诉讼法》《城市房地产管理法》均规定已被查封的财产不得转让，那么转让已被查封财产的合同是否有效？本案例最高人民法院从物权法的区分原则角度，认定财产被查封，不影响债权合同的效力。

裁判要旨

房地产存在被查封的障碍，导致房地产不能办理过户，属于物权变动问题，不影响买卖合同的效力。虽然《民事诉讼法》第一百一十一条第一款第三项①规定，转移、变卖已被查封的财产的诉讼参与人或者其他人，人民法院可以根据情节轻重予以罚款、拘留，构成犯罪的追究其刑事责任，但该规定并未明确处分查封财产合同的效力，故当事人以此为由主张合同无效，理由不能成立。

案情介绍

1. 2010年4月2日，山东魅某文化娱乐管理有限公司（以下简称魅某公司）与山东金某地产有限公司（以下简称金某公司）原债权人高某通公司签订债权转让协议，同年6月和9月魅某公司与金某公司分别签订《会议纪要》和《协议书》，就金某大厦的恢复建设、手续完善及对外销售事宜达成协议，以金某公司方名义对金某大厦西塔楼7-22层的房产进行销售。金某大厦已被法院查封。

2. 金某公司向济南中院起诉，请求依法判令：确认金某公司与魅某公司签订的《会议纪要》和《协议书》违法无效；魅某公司返还从金某公司取走的相关文件。济南中院判决：确认《协议书》部分无效；魅某公司返还从金某公司取走的相关文件。

3. 魅某公司不服，上诉至山东省高院。山东省高院认定会议纪要和协议书应为有效，判决驳回金某公司的起诉。

4. 金某公司不服，向最高人民法院申请再审。最高人民法院裁定驳回金某公司的再审申请。

---

* 案件来源：山东金某地产有限公司与山东魅某文化娱乐管理有限公司确认合同效力纠纷申诉、申请民事裁定书，最高人民法院（2016）最高法民申1365号。

① 《民事诉讼法》已修改，现相关规定见《民事诉讼法》（2023年修正）第一百一十四条。

实务要点总结

第一，虽然当事人就已被查封的房产签订的买卖合同有效，但是买受人并不能请求出卖人强制履行过户义务。

第二，转移、变卖已被人民法院查封的财产，将可能被人民法院处以罚款、拘留，甚至追究刑事责任。

相关法律规定

《中华人民共和国民事诉讼法》（2023年修正）

第一百一十四条 诉讼参与人或者其他人有下列行为之一的，人民法院可以根据情节轻重予以罚款、拘留；构成犯罪的，依法追究刑事责任：

（一）伪造、毁灭重要证据，妨碍人民法院审理案件的；

（二）以暴力、威胁、贿买方法阻止证人作证或者指使、贿买、胁迫他人作伪证的；

（三）隐藏、转移、变卖、毁损已被查封、扣押的财产，或者已被清点并责令其保管的财产，转移已被冻结的财产的；

（四）对司法工作人员、诉讼参加人、证人、翻译人员、鉴定人、勘验人、协助执行的人，进行侮辱、诽谤、诬陷、殴打或者打击报复的；

（五）以暴力、威胁或者其他方法阻碍司法工作人员执行职务的；

（六）拒不履行人民法院已经发生法律效力的判决、裁定的。

人民法院对有前款规定的行为之一的单位，可以对其主要负责人或者直接责任人员予以罚款、拘留；构成犯罪的，依法追究刑事责任。

《中华人民共和国城市房地产管理法》（2019年修正）

第三十八条 下列房地产，不得转让：

（一）以出让方式取得土地使用权的，不符合本法第三十九条规定的条件的；

（二）司法机关和行政机关依法裁定、决定查封或者以其他形式限制房地产权利的；

（三）依法收回土地使用权的；

（四）共有房地产，未经其他共有人书面同意的；

（五）权属有争议的；

（六）未依法登记领取权属证书的；

（七）法律、行政法规规定禁止转让的其他情形。

《中华人民共和国合同法》（已失效）

第五十二条　有下列情形之一的，合同无效：

（一）一方以欺诈、胁迫的手段订立合同，损害国家利益；

（二）恶意串通，损害国家、集体或者第三人利益；

（三）以合法形式掩盖非法目的；

（四）损害社会公共利益；

（五）违反法律、行政法规的强制性规定。

《中华人民共和国民法典》

第一百四十三条　具备下列条件的民事法律行为有效：

（一）行为人具有相应的民事行为能力；

（二）意思表示真实；

（三）不违反法律、行政法规的强制性规定，不违背公序良俗。

第一百五十三条　违反法律、行政法规的强制性规定的民事法律行为无效。但是，该强制性规定不导致该民事法律行为无效的除外。

违背公序良俗的民事法律行为无效。

《中华人民共和国刑法》（2023年修正）

第三百一十四条　隐藏、转移、变卖、故意毁损已被司法机关查封、扣押、冻结的财产，情节严重的，处三年以下有期徒刑、拘役或者罚金。

法院判决

以下为该案在法院审理阶段，裁定书中"本院认为"就该问题的论述：

二审法院认定案涉合同效力所适用的法律是否正确。

金某公司主张魅某公司处分标的物的行为符合《民事诉讼法》第一百一十一条第一款第三项的规定，应当追究刑事责任。而这一情形又符合《合同法》第五十二条第五项的规定，应当认定合同无效。案涉会议纪要和协议书是金某公司与魅某公司经过协商达成，是双方当事人当时的真实意思表示，内容不违反法律、行政法规的强制性规定，应为有效。而涉案房产存在被查封的障碍，房产不能办理过户，属于物权变动问题，不影响买卖合同的效力。虽然《民事诉讼法》第一百一十一条第一款第三项规定，转移、变卖已被查封的财产的诉讼参与人或者其他人，人民法院可以根据情节轻重予以罚款、拘留，构成犯罪的追究其刑事责任，但该规定并未明确处分查封财产合同的效力，金某公司以此主张会议纪要与协议书无效，理由不能成立，山东省高院在二审程序中适用法律并无不当。

038 倒签日期的合同是否有效*

> **阅读提示**：实践中出于各类目的，签订合同时倒签日期的情况时有发生，倒签日期是否影响合同效力？本案例中最高人民法院对此进行了认定。

裁判要旨

倒签日期的合同只要是真实意思表示并且没有违反法律法规的效力性强制性规定，应认定有效。

按照《合同法》的规定，合同是当事人关于权利义务的确定，要求必须是双方当事人的真实意思表示，但没有对倒签日期进行限制的条款。所以，倒签日期的合同，只要是真实意思表示，并且没有违反法律法规的效力性强制性规定，应当认定为有效。[①]

最高人民法院认为，本案中双方合作共同竞买广西信托大厦的事实并非虚构，是双方真实意思的表示，本案所涉文件是否倒签，并不因此影响共同竞买的客观事实。因此，案涉协议合法有效。

案情介绍

1. 2007年10月10日，广西信某投资公司清算组委托广西公某拍卖行有限公司对广西信某大厦进行拍卖（不含22层、23层），广西富某世界资产投资开发有限公司（以下简称富某公司）以1.26亿元竞得该大厦。广西公某拍卖行有限公司与富某公司在签订《拍卖成交确认书》后，富某公司未能付清拍卖成交款。

2. 2010年1月10日，富某公司找到合作竞买方柳某公司，签订《入伙合作协

---

* 案件来源：柳州市柳某激光科技有限公司与广西富某世界资产投资开发有限公司买卖合同纠纷申诉民事判决书，最高人民法院（2014）最高法民提字第227号。

① 《合同法》已失效，现关于合同效力的规则见《民法典》第一编第六章第三节"民事法律行为的效力"。

议书》，约定双方共同出资购买广西信某投资大厦，确认共同出资总额为1.5亿元。双方出资比例为：富某公司出资1.05亿元，柳某公司出资4500万元，富某公司占广西信某大厦70%的产权，柳某公司占广西信某大厦30%的产权。

3. 之后，富某公司与柳某公司为办理《拍卖成交确认书》变更手续和产权登记手续需要，倒签了落款日期为2007年10月6日的《合作协议》和《授权委托书》。

4. 2011年5月9日，广西信某大厦正式移交给柳某公司和富某公司。同年8月29日，南宁市中院做出（2004）南市民破字第4-78号民事裁定书，确认广西信某投资公司破产还债清算组将广西信某投资大厦（不含22层、23层）拍卖给富某公司和柳某公司的行为合法有效，富某公司和柳某公司可到有关部门办理房地产过户手续。

5. 富某公司与柳某公司在办理房地产过户手续过程中发生纠纷，富某公司遂以其与柳某公司联合竞买广西信某大厦名为合作关系，实为二次买卖关系，规避了再次过户的税费，损害了国家利益为由，于2012年10月11日向南宁市中院提起诉讼，请求：判决双方签署的《合作协议》《授权委托书》《入伙合作协议》等无效；确认协议约定柳某公司支付4500万元可得的广西信某投资大厦（不含22层、23层）的30%产权归富某公司所有。南宁市中院判决驳回富某公司的诉讼请求。

6. 富某公司不服，上诉至广西高院。广西高院认为，双方当事人通过倒签《合作协议》《授权委托书》等的形式虚构合作竞买事实，逃避国家税收，以合法形式掩盖非法目的，依法应认定无效。遂判决：富某公司与柳某公司签订的《入伙合作协议》《合作协议》《授权委托书》等无效。

7. 柳某公司不服，向最高人民法院申请再审。最高人民法院改判撤销广西高院二审判决，维持南宁市中院一审判决。

实务要点总结

第一，签订合同时为什么要倒签日期呢？倒签日期有哪些特殊意义呢？除了倒签日期，还可以在合同中签署未来的某个日期，在特殊的场合是有特殊意义的。一般情况下，笔者不建议进行类似操作，除非有特殊目的。

第二，仅以倒签日期为由主张合同无效难以获得人民法院或者仲裁机构的支持，除非倒签日期的合同不是真实意思表示或者违反法律法规的效力性强制性规定。

第三，虽然倒签日期的事实不影响合同效力，但是倒签日期仍存在较大的法律风险。因为在正式签订合同之前实际上并不存在书面合同，双方权利、义务没有通过书面形式确定下来，此时极易发生争议。因此，建议尽可能地先签订合同，再履行合同，避免先履行合同，再签订合同并倒签日期。

相关法律规定

《中华人民共和国合同法》（已失效）

第二条 本法所称合同是平等主体的自然人、法人、其他组织之间设立、变更、终止民事权利义务关系的协议。

婚姻、收养、监护等有关身份关系的协议，适用其他法律的规定。

第五十二条 有下列情形之一的，合同无效：

（一）一方以欺诈、胁迫的手段订立合同，损害国家利益；

（二）恶意串通，损害国家、集体或者第三人利益；

（三）以合法形式掩盖非法目的；

（四）损害社会公共利益；

（五）违反法律、行政法规的强制性规定。

《中华人民共和国民法总则》（已失效）

第一百四十三条 具备下列条件的民事法律行为有效：

（一）行为人具有相应的民事行为能力；

（二）意思表示真实；

（三）不违反法律、行政法规的强制性规定，不违背公序良俗。

《中华人民共和国民法典》

第一百四十三条 具备下列条件的民事法律行为有效：

（一）行为人具有相应的民事行为能力；

（二）意思表示真实；

（三）不违反法律、行政法规的强制性规定，不违背公序良俗。

第一百五十三条 违反法律、行政法规的强制性规定的民事法律行为无效。但是，该强制性规定不导致该民事法律行为无效的除外。

违背公序良俗的民事法律行为无效。

第四百六十四条 合同是民事主体之间设立、变更、终止民事法律关系的协议。

婚姻、收养、监护等有关身份关系的协议，适用有关该身份关系的法律规定；没有规定的，可以根据其性质参照适用本编规定。

法院判决

以下为该案在法院审理阶段,判决书中"本院认为"就该问题的论述:

关于合同效力。案涉《合作协议》《补充协议书一》《授权委托书》《告知函》是为履行富某公司与柳某公司之间合作协议所需的文件手续,是双方合作竞买行为的一部分,合同倒签日期并没有改变双方上述真实意思的表示和履约的事实,符合法律的规定。《入伙合作协议》中没有任何条款约定富某公司与柳某公司之间进行的是房屋买卖,客观事实证明的是双方合作从广西公某拍卖行有限公司买受。二审法院将其认定为"虚构事实的房屋买卖关系"没有依据,属于认定事实和适用法律错误,本院予以纠正。

按照《合同法》的规定,合同是当事人关于权利义务的确定,要求必须是双方当事人的真实意思表示,但没有对倒签日期进行限制的条款。所以,倒签日期的合同,只要是真实意思表示,并且没有违反法律法规的效力性强制性规定,应当认定为有效。双方合作共同竞买广西信某大厦的事实并非虚构,是双方真实意思的表示,本案所涉文件是否倒签,并不因此影响共同竞买的客观事实。

039 以冲击、拉闸停电相威胁,所签合同可否撤销[*]

> 阅读提示:最高人民法院在本案判决书中认为,被他人组织人员冲击、拉闸停电不构成受胁迫,笔者在写作中还检索到最高人民法院的 37 个相关判例,其中仅有 1 个判例成功认定构成胁迫,其余 36 个判例中主张受胁迫一方均未成功证明其受胁迫签订合同,可见认定受胁迫的举证之难。

裁判要旨

当事人被他人组织人员冲击、拉闸停电时,可采取报警等合法途径维权,并非必须签订违背真实意思表示的合同,故不构成受胁迫签订合同,不能主张撤销合同。

---

[*] 案件来源:西安大某生物科技股份有限公司与陕西华某实业有限公司、西安景某物业管理有限责任公司建设用地使用权转让合同纠纷申请再审民事裁定书,最高人民法院(2014)最高法民申字第 2159 号。

本案大某公司没有举出充分的证据加以证明协议是受胁迫签订。最高人民法院认为："即使华某公司确实存在对大某公司拉闸停电、组织人员冲击大某公司的工厂等行为，大某公司除了向当地公安机关报警外，还可以采取向人民法院起诉请求华某公司停止侵害、排除妨碍、赔偿损失等合法途径维权，并非必须签订违背真实意思表示的《补充协议》。"故大某公司主张《补充协议》是受胁迫签订的违背真实意思表示的合同，因缺乏证据，最高人民法院未予支持。

案情介绍

1. 2011年1月，西安大某生物科技股份有限公司（以下简称大某公司）与陕西华某实业有限公司（以下简称华某公司）签订《合作协议书》，约定大某公司将其某宗地过户至华某公司名下，由大某公司负责以华某公司名义向政府部门申请将该宗土地用途由工业仓储用地变更为住宅用地，容积率确保不低于2.8倍，华某公司分阶段向大某公司支付价款共7880万元。

2. 协议签订后，华某公司按约向大某公司支付3500万元，大某公司将土地过户至华某公司名下。后大某公司在向政府部门申请办理变更该宗土地用途时，被告知容积率无法实现合同约定的2.8倍，双方之间《合作协议书》的履行陷入僵局。

3. 2012年7月，因大某公司未按《合作协议书》的约定办理完毕转让某宗地的变性手续，生产设备也未搬迁，双方达成《补充协议》，约定：第一条，大某公司返还华某公司款项总计5867.866255万元（含违约金500万元、前期费用100万元、利息1665.193459万元等）；第二条，大某公司于2013年3月31日前将第一条所列的款项支付给华某公司；第三条，大某公司若未按第二条履行支付相应款项的义务，则重新计算土地转让费用，大某公司退还华某公司725.5299万元，同时应将场地交付华某公司，搬离全部设备。否则，大某公司向华某公司支付违约金500万元。

4. 协议签订后，大某公司未按该补充协议第一条、第二条约定履行支付款项的义务。2013年4月，大某公司将华某公司诉至西安市中院，主张华某公司多次组织数十人冲击其生产基地，拉闸停电，致原告大某公司无法生产，《补充协议》是在大某公司受胁迫、无法表示真实意思的情况下签订的，显失公平，请求判令：撤销《补充协议》第一条关于违约金、前期费用的约定，变更利息为511.2736万元；撤销《补充协议》第三条；华某公司与第三人景某公司将用电权过户给大某公司。同年5月，华某公司提出反诉，请求判令：大某公司退还华某公司725.5299万元及利息；大某公司搬离全部设备，将占有的场地交付华某公司，向华某公司支付违约金 500 万元。

5. 西安市中院判决：撤销《补充协议》第三条；撤销《补充协议》第一条中关于违约金 500 万元的约定；华某公司、第三人景某公司将用电权过户给大某公司；驳回大某公司其余诉讼请求；驳回华某公司要求大某公司返还 725.5299 万元及利息的诉讼请求；驳回华某公司要求大某公司搬离全部设备，交付占有场地，支付违约金 500 万元的诉讼请求。

6. 华某公司、大某公司不服西安市中院判决，上诉至陕西省高院，陕西省高院认为大某公司未提供有效证据证明《补充协议》系在华某公司胁迫下签订的，判决：驳回华某公司要求大某公司返还 725.5299 万元及利息的诉讼请求；驳回大某公司的诉讼请求；大某公司搬离全部设备，将占用的场地交付华某公司，支付华某公司违约金 500 万元。

7. 大某公司不服陕西省高院判决，向最高人民法院申请再审。最高人民法院裁定驳回再审申请。

实务要点总结

第一，笔者在写作中检索到的 37 个相关判例中，仅有 1 个判例成功认定构成胁迫，其余 36 个判例中，受胁迫一方均未成功证明其在受胁迫情况下签订合同，可见认定受胁迫的举证之难。

第二，当事人在遭遇他人组织人员冲击、拉闸停电等行为时，一定要及时向公安机关报警，切勿因此签订任何合同、协议、补充协议、备忘录等各种形式和内容的不平等条约。有些当事人或者律师没有经历过这种吓人的阵仗，有些意志力不坚定的当事人就被迫签下不平等条约。有些具有一定法律意识的当事人，一边签约一边安排办公室主任采用录像等方式取证，他们以为只要有录像视频证明这种情况就能够撤销不平等条约。甚至有些律师对"胁迫"只是停留在纸面的理解，误以为这种情况就构成胁迫、就能够据此解除这种情况下签署的合同、协议、补充协议、备忘录等各种形式和内容的不平等条约。殊不知，我国司法实践中对于胁迫的认定标准比较高，就算录像证明"遭遇他人组织人员冲击、拉闸停电"等暴力野蛮行为，该等行为也不能被法院认定为胁迫行为，因而签订的合同不构成可撤销合同。

第三，当事人在受胁迫签订合同后，也要及时向公安机关报警。因为认定受胁迫的取证非常难，公安机关介入后一方面能更好地收集证据，另一方面能迅速制止胁迫行为。

第四，当事人在受胁迫签订合同后应当及时向法院提起诉讼行使撤销权。

相关法律规定

《中华人民共和国合同法》（已失效）

第五十四条　下列合同，当事人一方有权请求人民法院或者仲裁机构变更或者撤销：

（一）因重大误解订立的；

（二）在订立合同时显失公平的。

一方以欺诈、胁迫的手段或者乘人之危，使对方在违背真实意思的情况下订立的合同，受损害方有权请求人民法院或者仲裁机构变更或者撤销。

当事人请求变更的，人民法院或者仲裁机构不得撤销。

第五十五条　有下列情形之一的，撤销权消灭：

（一）具有撤销权的当事人自知道或者应当知道撤销事由之日起一年内没有行使撤销权；

（二）具有撤销权的当事人知道撤销事由后明确表示或者以自己的行为放弃撤销权。

《中华人民共和国民法典》

第一百五十条　一方或者第三人以胁迫手段，使对方在违背真实意思的情况下实施的民事法律行为，受胁迫方有权请求人民法院或者仲裁机构予以撤销。

第一百五十二条　有下列情形之一的，撤销权消灭：

（一）当事人自知道或者应当知道撤销事由之日起一年内、重大误解的当事人自知道或者应当知道撤销事由之日起九十日内没有行使撤销权；

（二）当事人受胁迫，自胁迫行为终止之日起一年内没有行使撤销权；

（三）当事人知道撤销事由后明确表示或者以自己的行为表明放弃撤销权。

当事人自民事法律行为发生之日起五年内没有行使撤销权的，撤销权消灭。

《最高人民法院关于贯彻执行〈中华人民共和国民法通则〉若干问题的意见（试行）》（已失效）

69. 以给公民及其亲友的生命健康、荣誉、名誉、财产等造成损失或者以给法人的荣誉、名誉、财产等造成损害为要挟，迫使对方作出违背真实的意思表示的，可以认定为胁迫行为。

《全国法院民商事审判工作会议纪要》

42.【撤销权的行使】撤销权应当由当事人行使。当事人未请求撤销的，人民法院不应当依职权撤销合同。一方请求另一方履行合同，另一方以合同具有可撤销事由提出抗辩的，人民法院应当在审查合同是否具有可撤销事由以及是否超过法定期间等事实的基础上，对合同是否可撤销作出判断，不能仅以当事人未提起诉讼或者反诉为由不予审查或者不予支持。一方主张合同无效，依据的却是可撤销事由，此时人民法院应当全面审查合同是否具有无效事由以及当事人主张的可撤销事由。当事人关于合同无效的事由成立的，人民法院应当认定合同无效。当事人主张合同无效的理由不成立，而可撤销的事由成立的，因合同无效和可撤销的后果相同，人民法院也可以结合当事人的诉讼请求，直接判决撤销合同。

法院判决

以下为该案在法院审理阶段，裁定书中"本院认为"就该问题的论述：

大某公司提出其与华某公司签订《补充协议》是受胁迫的结果，但没有举出充分的证据加以证明。大某公司认为其受胁迫的事实清楚，二审法院没有依法调取证据，故作出了错误认定的观点也是不能成立的。第一，原判决没有认定大某公司签订《补充协议》是受华某公司胁迫的结果，并非因为二审法院没有通过调查取证查明华某公司是否存在对大某公司拉闸停电、组织人员冲击工厂等行为，而是因为大某公司没有举证证明华某公司的上述行为，足以导致大某公司签订违背其真实意思表示的合同。本院认为，即使华某公司确实存在对大某公司拉闸停电、组织人员冲击大某公司的工厂等行为，大某公司除了向当地公安机关报警，还可以采取向人民法院起诉请求华某公司停止侵害、排除妨碍、赔偿损失等合法途径维权，并非必须签订违背真实意思表示的《补充协议》。故原判决没有认定《补充协议》是大某公司受胁迫签订的违背真实意思表示的合同，并无不当。第二，《补充协议》第一条、第三条并非显失公平。双方当事人均为法人，转让土地使用权是典型的商业行为，合同双方对于市场风险均应具备判断能力。

040 以价值 1.4 亿元的玉石抵销 450 万元债款，是否构成显失公平，能否撤销合同[*]

> **阅读提示**：最高人民法院在本案判决书中认为，当事人不缺乏经验且不存在危难急迫的客观事实，所签订的合同不构成显失公平，不能请求撤销合同。

裁判要旨

当事人不缺乏经验且不存在危难急迫的客观事实，所签订的合同不构成显失公平，不能请求撤销合同。此外，民间借款利率约定高于法定保护上限亦不构成显失公平。

最高人民法院在本案判决书中认为，《玉石冲抵借款费用协议书》不存在显失公平，当事人不能请求撤销合同。主要理由是：（1）"昆某公司作为开采、加工、销售玉石的专业企业，未经评估机构评估，即对其所有的玉石进行折价，不属于缺乏经验的情形"；（2）"昆某公司基于生产经营需要而进行借贷并展期，与紧急情况下的生活消费型借贷不同，不存在危难急迫的客观事实"；（3）"自行约定玉石价格，符合玉石交易的惯例"；（4）"玉石折价约定与双方在 2014 年 9 月 28 日《玉石质押合同》中协商约定的玉石评估价值相同"。因此，昆某公司以价值 1.43104 亿元的玉石，折价冲抵 4541695 元的债务没有超出其预期，是真实的意思表示，不构成显失公平，昆某公司不能主张撤销合同。

案情介绍

1. 2014 年 9 月，昆某公司与福某公司签订《借款合同》，约定：福某公司借给昆某公司 2400 万元，按月 3.5% 计息；期限两个月；一方违约应向另一方支付本金总额 20% 的违约金；若昆某公司延期偿还本金，每日按本金的 1% 计收逾期滞纳金；若昆某公司延期偿还利息，每日按月利息的 3% 计收逾期滞纳金。同日双方签订《玉石质押合同》，昆某公司将价值 1.43104 亿元的玉石出质给福某公司。

---

[*] 案件来源：青海昆某实业投资集团有限公司与青海福某典当有限公司合同纠纷二审民事判决书，最高人民法院（2016）最高法民终 234 号。

2. 因昆某公司未归还借款本金及利息，2015年1月，昆某公司与福某公司签订《玉石冲抵借款费用协议书》，约定将质押物价值1.43104亿元的玉石，折价4541695元冲抵昆某公司所欠福某公司违约金、逾期滞纳金及其他费用。同日双方签订《借款展期协议》，约定借款展期四个月。

3. 昆某公司向青海高院提起诉讼，请求撤销《玉石冲抵借款费用协议书》。青海高院认为《玉石冲抵借款费用协议书》显失公平，判决撤销《玉石冲抵借款费用协议书》。

4. 福某公司不服青海高院判决，上诉至最高人民法院，请求撤销青海高院判决，确认《玉石冲抵借款费用协议书》有效。最高人民法院判决撤销青海高院判决，驳回昆某公司诉讼请求。

实务要点总结

第一，借款人以物抵债，应对抵债的物进行价值评估。以价值大大高于债务金额的物折价抵偿债务后，可能不会被法院认定为显失公平，因此法院不会支持借款人撤销合同的请求。

第二，民间借贷约定的逾期利息、违约金之和不要超过24%，超过部分不能请求法院保护。

第三，以显失公平为由请求撤销合同应当自知道或者应当知道撤销事由之日起一年内行使，否则，撤销权消灭。

相关法律规定

《中华人民共和国民法通则》（已失效）

第五十九条 下列民事行为，一方有权请求人民法院或者仲裁机关予以变更或者撤销：

（一）行为人对行为内容有重大误解的；

（二）显失公平的。

被撤销的民事行为从行为开始起无效。

《最高人民法院关于贯彻执行〈中华人民共和国民法通则〉若干问题的意见（试行）》（已失效）

72. 一方当事人利用优势或者利用对方没有经验，致使双方的权利义务明显违反公平、等价有偿原则的，可以认定为显失公平。

《中华人民共和国合同法》（已失效）

第五十四条 下列合同，当事人一方有权请求人民法院或者仲裁机构变更或者撤销：

（一）因重大误解订立的；

（二）在订立合同时显失公平的。

一方以欺诈、胁迫的手段或者乘人之危，使对方在违背真实意思的情况下订立的合同，受损害方有权请求人民法院或者仲裁机构变更或者撤销。

当事人请求变更的，人民法院或者仲裁机构不得撤销。

第五十五条 有下列情形之一的，撤销权消灭：

（一）具有撤销权的当事人自知道或者应当知道撤销事由之日起一年内没有行使撤销权；

（二）具有撤销权的当事人知道撤销事由后明确表示或者以自己的行为放弃撤销权。

《最高人民法院关于审理民间借贷案件适用法律若干问题的规定》（2020年第二次修正）

第二十七条 借贷双方对前期借款本息结算后将利息计入后期借款本金并重新出具债权凭证，如果前期利率没有超过合同成立时一年期贷款市场报价利率四倍，重新出具的债权凭证载明的金额可认定为后期借款本金。超过部分的利息，不应认定为后期借款本金。

按前款计算，借款人在借款期间届满后应当支付的本息之和，超过以最初借款本金与以最初借款本金为基数、以合同成立时一年期贷款市场报价利率四倍计算的整个借款期间的利息之和的，人民法院不予支持。

第二十九条 出借人与借款人既约定了逾期利率，又约定了违约金或者其他费用，出借人可以选择主张逾期利息、违约金或者其他费用，也可以一并主张，但是总计超过合同成立时一年期贷款市场报价利率四倍的部分，人民法院不予支持。

《中华人民共和国民法总则》（已失效）

第一百五十一条 一方利用对方处于危困状态、缺乏判断能力等情形，致使民事法律行为成立时显失公平的，受损害方有权请求人民法院或者仲裁机构予以撤销。

《中华人民共和国民法典》

第一百五十一条 一方利用对方处于危困状态、缺乏判断能力等情形，致使民事法律行为成立时显失公平的,受损害方有权请求人民法院或者仲裁机构予以撤销。

第一百五十二条 有下列情形之一的,撤销权消灭:

(一) 当事人自知道或者应当知道撤销事由之日起一年内、重大误解的当事人自知道或者应当知道撤销事由之日起九十日内没有行使撤销权;

(二) 当事人受胁迫,自胁迫行为终止之日起一年内没有行使撤销权;

(三) 当事人知道撤销事由后明确表示或者以自己的行为表明放弃撤销权。

当事人自民事法律行为发生之日起五年内没有行使撤销权的,撤销权消灭。

《全国法院民商事审判工作会议纪要》

42.【撤销权的行使】撤销权应当由当事人行使。当事人未请求撤销的,人民法院不应当依职权撤销合同。一方请求另一方履行合同,另一方以合同具有可撤销事由提出抗辩的,人民法院应当在审查合同是否具有可撤销事由以及是否超过法定期间等事实的基础上,对合同是否可撤销作出判断,不能仅以当事人未提起诉讼或者反诉为由不予审查或者不予支持。一方主张合同无效,依据的却是可撤销事由,此时人民法院应当全面审查合同是否具有无效事由以及当事人主张的可撤销事由。当事人关于合同无效的事由成立的,人民法院应当认定合同无效。当事人主张合同无效的理由不成立,而可撤销的事由成立的,因合同无效和可撤销的后果相同,人民法院也可以结合当事人的诉讼请求,直接判决撤销合同。

法院判决

以下为该案在法院审理阶段,判决书中"本院认为"就该问题的论述:

《玉石冲抵借款费用协议书》是否构成显失公平而应当予以撤销。

根据查明的事实,本案《借款合同》于 2014 年 11 月 27 日到期,因昆某公司不能如期归还福某公司借款本金及利息,为了能够延长借款期限,双方合意签订《玉石冲抵借款费用协议书》,约定将质押物 1.43104 亿元玉石,以总标价 3% 计 4541695 元冲抵昆某公司所欠福某公司借款违约金、逾期滞纳金及其他费用。上述玉石折价约定与双方在 2014 年 9 月 28 日《玉石质押合同》中协商约定的玉石评估价值相同,没有超出昆某公司的预期,应为双方当事人真实的意思表示。昆某公司二审答辩称,该《玉石冲抵借款费用协议书》是在该公司危难急迫之际,福某公司利用其债权人的优势地位而形成的,冲抵协议对以上全部产品和原料仅冲抵了 4541695 元,该价格远低于产品的市场价值。对此主张,昆某公司未能提交充分证据证明其存在"不得已而选择"的情况，亦未能证明福某公司存在欺诈、胁迫或者乘人之危的事实。本案双方当事人自行约定玉石价格，符合玉石交易的惯例。昆某公司作为开采、加工、销售玉石的专业企业，未经评估机构评估，即对其所有的玉石进行折价，不属于缺乏经验的情形，亦不违反法律、行政法规的效力性规定。昆某公司基于生产经营需要而进行借贷并展期，与紧急情况下的生活消费型借贷不同，不存在危难急迫的客观事实。综上，福某公司关于本案《玉石冲抵借款费用协议书》不存在乘人之危、违背昆某公司真实意思表示以及玉石抵债价格不存在显失公平的上诉理由成立，本院予以支持。

本案《借款合同》中约定的利息为本金的月 3.5%，年化利率为 42%；约定的滞纳金为借款本金的日息 1%，年化利率为 365%，同时还约定了本金部分 20%的违约金。上述利息、逾期付款滞纳金及违约金的约定超过了《最高人民法院关于审理民间借贷案件适用法律若干问题的规定》中关于民间借贷利率上限的规定，超出部分，应认定无效，人民法院不予保护，其余部分，应认定有效，债务人昆某公司应当依约履行还本付息的合同义务。因债权人福某公司在上述债务履行期限届满之后未受清偿，双方当事人又签订了《玉石冲抵借款费用协议书》，约定以案涉玉石折价冲抵《借款协议》约定的借款违约金、逾期滞纳金及其他费用。对于上述折价冲抵的债务范围及数额，昆某公司可以行使抗辩权，请求人民法院对利息及违约金过高部分进行调整。法院依法作出调整后，按照《玉石冲抵借款费用协议书》约定的清偿顺序以及先息后本的基本原则，以玉石折价款 4541695 元冲抵《借款合同》项下的法定之债。因福某公司、昆某公司在《玉石冲抵借款费用协议书》中约定的权利义务不存在其他显著不对等、不公平的情况，不存在显失公平的法定事由，故福某公司关于《玉石冲抵借款费用协议书》不应被撤销的上诉理由成立，本院予以支持。原审判决以本案《借款合同》约定的利率过高、抵债范围和数额不具合理的等价性和合法性为由，认定《玉石冲抵借款费用协议书》构成显失公平而予以撤销，属于适用法律有误，本院予以纠正。

041 冒充国家机关领导干部签订的合同能否撤销[*]

阅读提示：本案件是最高人民法院公报判例，载于《最高人民法院公报》2009年第1期。在该案判决书中，最高人民法院认为：虚构特殊身份和事实骗取对方信任，致使对方当事人违背真实意思表示签订合同的行为构成欺诈。受欺诈的合同当事人可以请求法院或仲裁机构撤销合同。

笔者在写作中关注到该案一个很有意思的细节，当事人进行欺诈虚构的身份和事实是："刘某其称其现身份为中共中央老干部局局长，曾任五十四集团军军长、上海警备区司令员、湖南省军区司令员，并称其拥有大厂县46800亩土地的一级开发权，用于开发中国中医药科学城，上一个五年计划国家发改委已有规划，已立项审批，包括国土资源部的审批，只要交了土地出让金，就可以进行一级开发。刘某其还称由于其身份特殊，不能直接卖项目，但可以通过股权转让的方式来实现，即先某坛公司是唯一可以开发科学城的企业，如果黄某公司购买然某中心在先某坛公司60%的股权，黄某公司拥有先某坛公司60%的股权，就会成为先某坛公司大股东，就控制了先某坛公司，从而实质取得项目土地的一级开发权。"

《民法总则》第一百四十八条规定："一方以欺诈手段，使对方在违背真实意思的情况下实施的民事法律行为，受欺诈方有权请求人民法院或者仲裁机构予以撤销。"该条文改变了《民法通则》第五十八条关于一方以欺诈的手段使对方在违背真实意思的情况下所为的民事行为无效的规定，且与《合同法》第五十四条关于受欺诈的合同可撤销的规定吻合。《民法典》第一百四十八条延续了上述规定。

裁判要旨

合同一方当事人以虚构身份和事实骗取对方信任，致使对方在违背真实意思表示的情况下签订协议，该等行为构成欺诈，对方有权向法院或仲裁机构请求撤销该协议。

---

[*] 案件来源：最高人民法院公报2009年第1期，广东黄某实业集团有限公司与北京然某中医药科技发展中心一般股权转让侵权纠纷案民事判决书，最高人民法院（2008）最高法民二终字第62号。

本案中，然某中心法定代表人刘某其虚构特殊身份和可一级开发土地的事实，采用欺诈手段，使黄某公司误以为真，在违背真实意思表示的情况下，签订《股权转让协议书》，其行为已构成欺诈。最终法院认定《股权转让协议书》的性质为可撤销合同，法院依黄某公司申请判决撤销《股权转让协议书》，然某中心返还黄某公司股权转让款 1000 万元并赔偿相应利息。

案情介绍

1. 然某中心为股份合作制企业，注册资金 288 万元，法定代表人为刘某其。先某坛公司法定代表人为刘某其，注册资本 5000 万元，股权结构为：然某中心出资 3000 万元，占注册资本 60%；江某公司出资 2000 万元，占注册资本 40%。

2. 2006 年 11 月，然某中心与黄某公司签订《股权转让协议书》，约定：然某中心将持有的先某坛公司 60% 的股权转让给黄某公司，价款 2.6 亿元；黄某公司在协议书签署 3 日内支付定金 1000 万元，2006 年 12 月 30 日前支付 9000 万元，2007 年 6 月 30 日前支付 6000 万元，2007 年 12 月 31 日前支付 1 亿元；黄某公司每迟延支付转让款一日，支付然某中心 1% 的滞纳金。

3. 《股权转让协议书》签订后，黄某公司将定金 1000 万元打入然某中心账户。随后，黄某公司意识到刘某其有诈骗嫌疑，即向北京市公安局朝阳分局（"朝阳公安分局"）报案，并通过银监会冻结了 1000 万元股权转让款。黄某公司未支付剩余股权转让款，双方亦未履行股东名称变更手续。

4. 2007 年 4 月，然某中心向北京市高院提起诉讼，请求判令：黄某公司给付股权转让款 9000 万元及滞纳金 9720 万元。同年 10 月，黄某公司对然某中心提起反诉，请求判令：撤销《股权转让协议书》；然某中心返还其 1000 万元并支付违约金 80.4 万元（庭审中经法庭释明，黄某公司违约金的请求明确为利息请求，按照企业同期存款利率计算至给付之日）。同年 12 月，然某中心申请撤回对黄某公司的起诉，北京市高院裁定准许撤回。

5. 2007 年 8 月，北京市朝阳区人民检察院以刘某其涉嫌诈骗对其批捕。北京市高院审理中向朝阳公安分局调查相关情况，朝阳公安分局经调查确认刘某其在然某中心与黄某公司签订《股权转让协议书》时，虚构身份和事实。

6. 北京市高院审理认为，然某中心法定代表人刘某其以虚假身份采用欺诈的手段骗取了黄某公司的信任，签订了协议书，使然某中心从黄某公司获得 1000 万元的股权转让款。依据《合同法》第五十四条第二款规定，《股权转让协议书》的性质应确定为可撤销合同。故判决：撤销《股权转让协议书》；然某中心返还黄某公司股权转让款 1000 万元并赔偿相应利息。

7. 然某中心不服北京市高院判决，向最高人民法院提起上诉，最高人民法院判决驳回上诉，维持原判。

实务要点总结

第一，开发商拟通过并购方式获取土地一级开发权时，一定要亲眼见到对方拿出白纸黑字的政府批文后再签订合同，否则可能被欺诈。本案中黄某公司在没有看到任何国家级批文的情况下签订了合同，实属疏忽大意。虽然黄某公司被欺诈后有权向法院请求撤销合同，但是费时费力。

第二，切勿轻信国家机关领导人员会以某个企业法定代表人的身份来与你谈判协商、签订合同。本案中，然某中心法定代表人刘某其声称其现身份为中共中央老干部局局长，曾任五十四集团军军长、上海警备区司令员、湖南省军区司令员，足以引起黄某公司的怀疑，然而黄某公司信以为真，实属疏忽大意。

第三，当事人在知道自己受到欺诈后应当及时行使撤销权。根据《民法典》的规定，受欺诈方应当自知道或者应当知道撤销事由之日起一年内行使撤销权，否则撤销权消灭。

第四，《最高人民法院公报》2013 年第 8 期明确了欺诈的构成要件，即："（1）一方当事人存在告知虚假情况或者隐瞒真实情况的行为；（2）该行为是故意作出；（3）欺诈行为致使对方陷入错误认识，并基于该错误认识作出了不真实的意思表示。"

相关法律规定

《最高人民法院关于适用〈中华人民共和国民法典〉合同编通则若干问题的解释》

第五条 第三人实施欺诈、胁迫行为，使当事人在违背真实意思的情况下订立合同，受到损失的当事人请求第三人承担赔偿责任的，人民法院依法予以支持；当事人亦有违背诚信原则的行为的，人民法院应当根据各自的过错确定相应的责任。但是，法律、司法解释对当事人与第三人的民事责任另有规定的，依照其规定。

《中华人民共和国合同法》（已失效）

第五十四条 下列合同，当事人一方有权请求人民法院或者仲裁机构变更或者撤销：

（一）因重大误解订立的；

（二）在订立合同时显失公平的。

一方以欺诈、胁迫的手段或者乘人之危，使对方在违背真实意思的情况下订立的合同，受损害方有权请求人民法院或者仲裁机构变更或者撤销。

当事人请求变更的，人民法院或者仲裁机构不得撤销。

第五十五条 有下列情形之一的，撤销权消灭：

（一）具有撤销权的当事人自知道或者应当知道撤销事由之日起一年内没有行使撤销权；

（二）具有撤销权的当事人知道撤销事由后明确表示或者以自己的行为放弃撤销权。

第五十八条 合同无效或者被撤销后，因该合同取得的财产，应当予以返还；不能返还或者没有必要返还的，应当折价补偿。有过错的一方应当赔偿对方因此所受到的损失，双方都有过错的，应当各自承担相应的责任。

《中华人民共和国民法典》

第一百四十八条 一方以欺诈手段，使对方在违背真实意思的情况下实施的民事法律行为，受欺诈方有权请求人民法院或者仲裁机构予以撤销。

第一百四十九条 第三人实施欺诈行为，使一方在违背真实意思的情况下实施的民事法律行为，对方知道或者应当知道该欺诈行为的，受欺诈方有权请求人民法院或者仲裁机构予以撤销。

第一百五十二条 有下列情形之一的，撤销权消灭：

（一）当事人自知道或者应当知道撤销事由之日起一年内、重大误解的当事人自知道或者应当知道撤销事由之日起九十日内没有行使撤销权；

（二）当事人受胁迫，自胁迫行为终止之日起一年内没有行使撤销权；

（三）当事人知道撤销事由后明确表示或者以自己的行为表明放弃撤销权。

当事人自民事法律行为发生之日起五年内没有行使撤销权的，撤销权消灭。

第一百五十七条 民事法律行为无效、被撤销或者确定不发生效力后，行为人因该行为取得的财产，应当予以返还；不能返还或者没有必要返还的，应当折价补偿。有过错的一方应当赔偿对方由此所受到的损失；各方都有过错的，应当各自承担相应的责任。法律另有规定的，依照其规定。

《最高人民法院关于贯彻执行〈中华人民共和国民法通则〉若干问题的意见（试行）》（已失效）

68. 一方当事人故意告知对方虚假情况，或者故意隐瞒真实情况，诱使对方当事人作出错误意思表示的,可以认定为欺诈行为。

《全国法院民商事审判工作会议纪要》

42.【撤销权的行使】撤销权应当由当事人行使。当事人未请求撤销的,人民法院不应当依职权撤销合同。一方请求另一方履行合同,另一方以合同具有可撤销事由提出抗辩的,人民法院应当在审查合同是否具有可撤销事由以及是否超过法定期间等事实的基础上,对合同是否可撤销作出判断,不能仅以当事人未提起诉讼或者反诉为由不予审查或者不予支持。一方主张合同无效,依据的却是可撤销事由,此时人民法院应当全面审查合同是否具有无效事由以及当事人主张的可撤销事由。当事人关于合同无效的事由成立的,人民法院应当认定合同无效。当事人主张合同无效的理由不成立,而可撤销的事由成立的,因合同无效和可撤销的后果相同,人民法院也可以结合当事人的诉讼请求,直接判决撤销合同。

法院判决

以下为该案在法院审理阶段,判决书中"本院认为"就该问题的论述:

黄某公司向原审法院提起诉讼,请求撤销其与然某中心签订的《股权转让协议书》,理由是该协议系受然某中心的法定代表人刘某其欺诈而为,违背了黄某公司的真实意思表示。为查明该事实,原审法院向侦查刘某其涉嫌犯罪的朝阳公安分局进行了调查。朝阳公安分局根据刘某其的供述以及对相关部门的调查,确认刘某其在为然某中心与黄某公司签订《股权转让协议书》时,虚构身份和事实。原审法院依据现有证据,作出关于刘某其以虚假身份采用欺诈的手段骗取了黄某公司的信任,签订了协议书,使然某中心从黄某公司获得1000万元股权转让款的认定,并无不当。然某中心上诉主张认为本案认定事实证据不足,但其并不能提供否定上述事实的证据。故其上诉主张不能成立,本院不予支持。

第四章　合同的履行

042 第三人代为履行债务应以债务人和债权人在合同中明确约定为前提*

> **阅读提示**：合同具有相对性，要认定第三人是否应当承担合同责任，首先应确定第三人是否负有为债务人履行债务的义务，若只是第三人代为履行，则只能将第三人作为债务履行的辅助人而不能将其作为合同当事人对待。
>
> 本案例中，浙江省高院认为构成《合同法》第六十五条①规定的第三人代为履行债务应以债务人和债权人在合同中明确约定为前提，在没有约定的情况下不宜认定为第三人代为履行。

裁判要旨

第三人代为履行债务应以债务人和债权人在合同中明确约定为前提。

根据《合同法》第六十五条的规定，第三人代为履行义务与债务承担的重要区别之一在于订立合同的主体不同：债务承担是债务人或债权人与第三人签订合同，约定由第三人向债权人履行义务；而第三人代为履行则是债务人与债权人签订合同，约定由第三人向债权人履行义务。

本案中，由于该借条系第三人与债权人协商后出具，并非债务人与债权人明确约定由第三人代为履行。此情形第三人已经取代原先的债务人成为合同的当事人，已经构成《合同法》第八十四条②的债务承担，而非《合同法》第六十五条规定的第三人代为履行。第三人代为履行债务应以债务人和债权人在合同中明确约定为前

---

* 案件来源：冯某与温州市黄某清洁有限公司民间借贷纠纷再审复查与审判监督民事裁定书，浙江省高级人民法院（2016）浙民申405号。
① 《合同法》已失效，现相关规定见《民法典》第五百二十三条。
② 《合同法》已失效，现相关规定见《民法典》第五百五十一条。

提，在无约定情况下，不应认定第三人代为履行。

案情介绍

1. 2011年2月，温州市黄某清洁有限公司（以下简称黄某清洁公司）股东陈某翔向冯某借款30万元，同年4月又借款20万元，双方口头约定月利率2%，有陈某翔出具的借据为凭。2013年4月，案外人袁某琦将陈某翔欠其的70万元债权转让归冯某丈夫吴某华享有，并出具借据一份，约定月利率为1.5%。

2. 2013年7月，经双方协商，将陈某翔向冯某借款120万元由黄某清洁公司代为负责偿还，双方约定借款月利率为0.6%，借款期限自2013年7月1日起至2015年7月30日止，由黄某清洁公司向冯某出具借条。

3. 黄某清洁公司已支付利息至2014年6月30日止，后经冯某多次催讨，2014年12月黄某清洁公司又支付一个月的利息，但借款本金及其余利息均未支付。

4. 2015年4月，冯某向温州市鹿城区人民法院起诉，请求黄某清洁公司立即偿还借款120万元及利息，一审法院、二审法院均支持了冯某的诉求。

5. 黄某清洁公司认为其向冯某出具借条的性质是第三人代为履行债务，欠款及利息应由陈某翔支付，申请再审。最高人民法院认为该借条系黄某清洁公司与冯某协商后出具，并非债务人陈某翔与债权人冯某协商形成。而第三人代为履行债务应以债务人和债权人在合同中明确约定为前提，在无约定情况下，不应认定第三人代为履行，维持原判。

实务要点总结

第一，不同主体签订合同带来的法律后果不同，甚至会出现截然相反的结果。若债务人意欲第三人代替其向债权人履行债务，应和债权人签订合同，在合同中明确约定，而非债务人或债权人与第三人签订债务承担的合同。

第二，在第三人代为履行债务的情况下，第三人并未取代债务人的地位，债权人不得直接向第三人请求履行义务，债务人也应对第三人的不履行或者不适当履行承担责任。

相关法律规定

《最高人民法院关于适用〈中华人民共和国民法典〉合同编通则若干问题的解释》

第四十七条 债权转让后，债务人向受让人主张其对让与人的抗辩的，人民法院可以追加让与人为第三人。

债务转移后，新债务人主张原债务人对债权人的抗辩的，人民法院可以追加原债务人为第三人。

当事人一方将合同权利义务一并转让后，对方就合同权利义务向受让人主张抗辩或者受让人就合同权利义务向对方主张抗辩的，人民法院可以追加让与人为第三人。

第五十一条　第三人加入债务并与债务人约定了追偿权，其履行债务后主张向债务人追偿的，人民法院应予支持；没有约定追偿权，第三人依照民法典关于不当得利等的规定，在其已经向债权人履行债务的范围内请求债务人向其履行的，人民法院应予支持，但是第三人知道或者应当知道加入债务会损害债务人利益的除外。

债务人就其对债权人享有的抗辩向加入债务的第三人主张的，人民法院应予支持。

《中华人民共和国合同法》（已失效）

第六十五条　当事人约定由第三人向债权人履行债务，第三人不履行债务或者履行债务不符合约定，债务人应当向债权人承担违约责任。

第八十四条　债务人将合同的义务全部或者部分转移给第三人的，应当经债权人同意。

《中华人民共和国民法典》

第五百二十三条　当事人约定由第三人向债权人履行债务，第三人不履行债务或者履行债务不符合约定的，债务人应当向债权人承担违约责任。

第五百五十一条　债务人将债务的全部或者部分转移给第三人的，应当经债权人同意。

债务人或者第三人可以催告债权人在合理期限内予以同意，债权人未作表示的，视为不同意。

法院判决

以下为该案在法院审理阶段，裁定书中"本院认为"就该问题的论述：

本案中，对于黄某清洁公司股东陈某翔尚结欠冯某借款120万元以及2013年7月1日经双方协商由黄某清洁公司向冯某出具借款条，约定借款条项下借款由黄某清洁公司负责代为偿还的事实，双方当事人不持异议，争议在于黄某清洁公司向冯某出具的借款条的性质认定问题。根据借款条载明的内容反映，黄某清洁公司承诺陈某翔结欠冯某的借款由其负责代为偿还（公司再与陈某翔结算），且黄某清洁公司在借款条出具后已以自己的名义支付利息至 2014 年 6 月 30 日止（后经冯某多次催讨，2014 年 12 月黄某清洁公司又支付一个月的利息），该情形符合《合同法》第八十四条规定的债务人转移债务的条件。据此，二审认定双方当事人已就案涉借款达成债务承担协议，判决黄某清洁公司承担还款责任，于法有据，并无不当。黄某清洁公司提出本案借贷法律关系的主体是陈某翔和冯某，其出具借款条的性质属于《合同法》第六十五条规定的第三人代为履行债务的情形，其不履行债务或者履行债务不符合约定，应当由债务人陈某翔向债权人冯某承担责任。但鉴于案涉借款条系黄某清洁公司与冯某协商后出具，并非债务人陈某翔与债权人冯某协商形成。而《合同法》第六十五条规定的第三人代为履行债务应以债务人和债权人在合同中明确约定为前提，在无约定情况下，不应认定第三人代为履行。故黄某清洁公司主张本案应当适用第三人代为履行的规定，缺乏事实与法律依据，一、二审不予支持，并无不当。

043 如何区分债务转移与第三人代为履行*

> **阅读提示**：在买卖合同中，合同一方难免会出现如因资金周转等问题而导致无法及时履行给付义务的情况，为了避免给合同相对方带来不必要的损失从而需要承担违约责任，合同一方常常会将己方的给付义务转移给买卖合同以外的第三人。但这种给付义务的性质在实务中往往会出现争议：合同相对方会主张这种给付义务的转移仅是合同义务的第三人代为履行，而转移给付义务的合同一方则会认为己方已退出债权债务关系，将债务完全转让给合同以外的第三人。在这样的情况下，应当如何将债务转移与第三人代为履行进行区分？
>
> 在本案例中，最高人民法院认为：债务转移与第三人代为履行应从多方面探求当事人的真实意思，而不应受到书面协议字面意思的限制。

裁判要旨

区分债务转移与第三人代为履行，不应受书面协议字面意思的限制，而应从五

---

* 案件来源：青州市某某化工公司诉某某轮胎公司及第三人某某商贸公司买卖合同纠纷再审审查裁定书，最高人民法院（2021）最高法民申 1559 号。

个方面探求当事人的真实意思：(1) 第三人是否向债权人明确表示承担全部债务；(2) 债务人是否退出原债务；(3) 第三人是否与债权人形成新的债权债务关系；(4) 第三人是否对新债务的履行方式作出具体承诺；(5) 第三人是否对新债务承担违约责任。

案情介绍

1. 2010年5月18日，青州市某某化工公司与某某轮胎公司签订《产品买卖合同》，约定由青州市某某化工公司向某某轮胎公司供应炭黑。后因某某轮胎公司货款未结清，合同中止。

2. 2011年10月18日，某某轮胎公司、青州市某某化工公司、某某商贸公司签订《三方债权债务转让协议》约定，某某商贸公司代某某轮胎公司偿还货款给青州市某某化工公司，青州市某某化工公司放弃对某某轮胎公司的直接追责权。

3. 2011年10月19日，青州市某某化工公司与某某商贸公司签订《债务偿还协议》约定，某某商贸公司代为偿还某某轮胎公司的欠款，且保证此欠款分三批以现金形式偿还青州市某某化工公司，并在最后约定了违反该协议的违约责任。

4. 2013年11月23日，某某商贸公司因未能按时还款，其法定代表人再次承诺两年内分批次还清本欠款，后某某轮胎公司及青州市某某化工公司依然未清偿上述债务。

5. 青州市某某化工公司向河南省焦作市中级人民法院起诉，并在庭审中放弃对某某商贸公司的追责，2014年12月17日焦作市中院作出一审判决并生效。2017年3月14日焦作市中院裁定再审，2017年9月11日作出一审的再审判决。

6. 青州市某某化工公司不服提起上诉。河南省高院于2017年12月11日作出民事裁定，将案件发回焦作市中级人民法院重审。2018年12月13日焦作市中级人民法院重新作出一审的再审判决。

7. 青州市某某化工公司再上诉，河南省高院于2020年5月25日作出二审判决。

8. 判决生效后，青州市某某化工公司向最高人民法院申请再审，最高人民法院于2021年5月28日裁定驳回其再审申请。

实务要点总结

律师给当事人起草的合同条款，措辞和文字表述必须严谨、明确具体，不应含混不清。若当事人之间的真实意思系债务转移，则应当明确约定由第三人承担原债务，原债务人退出债权债务关系，并且在第三人与债权人之间应形成包含新债务人的具体履约方式与违约责任等内容的文件，以证明双方间存在新的债权债务关系，不应再出现原债务人仍负有偿还义务的约定。

相关法律规定

《中华人民共和国民法典》

第五百二十三条　当事人约定由第三人向债权人履行债务，第三人不履行债务或者履行债务不符合约定的，债务人应当向债权人承担违约责任。

第五百五十一条　债务人将债务的全部或者部分转移给第三人的，应当经债权人同意。

债务人或者第三人可以催告债权人在合理期限内予以同意，债权人未作表示的，视为不同意。

第五百五十三条　债务人转移债务的，新债务人可以主张原债务人对债权人的抗辩；原债务人对债权人享有债权的，新债务人不得向债权人主张抵销。

第五百五十四条　债务人转移债务的，新债务人应当承担与主债务有关的从债务，但是该从债务专属于原债务人自身的除外。

《最高人民法院关于适用〈中华人民共和国民法典〉合同编通则若干问题的解释》

第四十七条　债权转让后，债务人向受让人主张其对让与人的抗辩的，人民法院可以追加让与人为第三人。

债务转移后，新债务人主张原债务人对债权人的抗辩的，人民法院可以追加原债务人为第三人。

当事人一方将合同权利义务一并转让后，对方就合同权利义务向受让人主张抗辩或者受让人就合同权利义务向对方主张抗辩的，人民法院可以追加让与人为第三人。

第五十一条　第三人加入债务并与债务人约定了追偿权，其履行债务后主张向债务人追偿的，人民法院应予支持；没有约定追偿权，第三人依照民法典关于不当得利等的规定，在其已经向债权人履行债务的范围内请求债务人向其履行的，人民法院应予支持，但是第三人知道或者应当知道加入债务会损害债务人利益的除外。

债务人就其对债权人享有的抗辩向加入债务的第三人主张的，人民法院应予支持。

法院判决

以下为该案在审理阶段，裁定书中"本院认为"部分就该问题的论述：

一、某某轮胎公司、青州市某某化工公司、某某商贸公司之间构成债务转移。《合同法》第八十四条……第八十五条……第八十六条……根据上述法律规定，在债务人转移义务的情况下，债务人转移全部义务后退出原合同关系，第三人成为合同关系的当事人。如果第三人未能按照合同约定履行，债权人可以直接请求第三人履行义务，而不能再要求原债务人履行义务。本案中，某某轮胎公司、青州市某某化工公司、某某商贸公司在2011年10月18日签订的《三方债权债务转让协议》中，明确约定"青州市某某化工公司同意某某轮胎公司所欠货款4456400元由某某商贸公司代某某轮胎公司偿还，某某轮胎公司同意所欠青州市某某化工公司货款转入某某商贸公司账户"。该协议表明了某某轮胎公司将自己的债务转移给某某商贸公司的意思表示，青州市某某化工公司参与协议的签订，表明其作为债权人同意债务转移的意思表示。2011年10月19日，青州市某某化工公司便向某某轮胎公司出具了收据，某某轮胎公司退出了与青州市某某化工公司之间的债权债务关系。同日青州市某某化工公司与某某商贸公司签订了《债务偿还协议》，某某商贸公司向青州市某某化工公司出具了欠条，某某商贸公司替代某某轮胎公司与青州市某某化工公司之间形成新的债权债务关系。上述三方当事人在签订《三方债权债务转让协议》后的具体行为，表明三方当事人以各自的行为已对债务转移予以实际履行。某某商贸公司作为案涉债务的承受人，应向青州市某某化工公司承担清偿责任，青州市某某化工公司再向某某轮胎公司主张债权已无法律依据。

二、青州市某某化工公司称各方应认定为某某商贸公司代为履行债务的理由不能成立。青州市某某化工公司主张三方协议虽名为"债权债务转让"，但协议中多处使用了"代为偿还"的表述，各方的真实意思应认定为某某商贸公司代为履行债务，一审判决认定为债务转移关系错误，案涉债务应由某某轮胎公司承担。对此，《合同法》第六十五条规定："……第三人不履行债务或者履行债务不符合约定，债务人应当向债权人承担违约责任。"故在第三人替代履行的情况下，并不免除债务人履行义务的债务承担；第三人也并未加入合同关系中，第三人履行有瑕疵的，债权人可以要求债务人承担违约责任。而本案中，某某商贸公司向青州市某某化工公司出具欠条加入合同关系中后，双方在《债务偿还协议》中约定了还款期限、提成款及违约责任等内容。青州市某某化工公司与某某商贸公司的上述行为应视为案涉债务转移之后，双方在原青州市某某化工公司与某某轮胎公司之间因某某轮胎公司欠付货款而形成的债权债务关系的基础上，对各自民事权利、义务重新进行的约定，进一步明确了在青州市某某化工公司与某某商贸公司之间形成了新的债权债务关系。且时隔两年后，某某商贸公司未能按约定偿还债务，某某商贸公司法定代表人张某战在某某商贸公司为青州市某某化工公司出具的欠条上注明，"两年内分批次还清本欠款"，应视为青州市某某化工公司在此时仍对与某某商贸公司之间形成的新债权债务关系不持异议，青州市某某化工公司认可某某商贸公司为债务人，接受某某商贸公司"两年内分批次还清本欠款"的承诺。故青州市某某化工公司主张与某某轮胎公司、某某商贸公司之间为第三人替代履行法律关系的主张，并不符合《合同法》第六十五条的规定，青州市某某化工公司的该项上诉理由不能成立。

044 先履行合同一方违约在先，后履行一方是否需承担违约责任[*]

> **阅读提示**：法律规定了后履行一方对先履行一方享有的抗辩权，该抗辩权是否意味着后履行一方可以此为由对其所有的违约行为予以免责？本案例对该抗辩权的正确行使与不当行使的界限作出了认定。

裁判要旨

先履行的当事人不履行或者不适当履行合同义务，对方当事人有权就未履行部分拒绝相应履行，但后履行抗辩权仅是暂时阻止对方当事人请求权的行使，非永久的抗辩权。

案情介绍

1. 2012年7月，宋某锵（承租方、乙方）与禹某商贸公司（出租方、甲方）签订《商业房产租赁及管理协议》，约定：禹某商贸公司出租给宋某锵约为15.6万平方米禹某广场房屋，房屋自本合同签订之日交付，租赁期限10年，自2013年5月1日起开始计算租金，前三年的租金每年为333.333万元；宋某锵所招商户租金

---

[*] 案件来源：宋某锵合同纠纷再审审查与审判监督民事裁定书，最高人民法院（2017）最高法民申2374号。

由宋某锵收取；广场整体物业管理经营事宜禹某商贸公司委托宋某锵承包管理。

2. 合同签订后，宋某锵向禹某商贸公司交付保证金 300 万元，禹某商贸公司将大部分房屋交付宋某锵。2012 年 8 月 1 日，昊某物业公司成立，宋某锵担任法定代表人，双方合同约定的由宋某锵负责的禹某广场整体物业管理经营事宜由昊某物业公司行使。

3. 2013 年 4 月，宋某锵与德某公司签订授权委托协议书，宋某锵将在《商业房产租赁及管理协议》中所享有的所有权利及义务授权给德某公司行使。

4. 宋某锵向许昌中院起诉，请求：禹某商贸公司继续履行《商业房产租赁及管理协议》，将约定的全部房屋交付宋某锵，退还因没有交付部分房屋给宋某锵造成的保证金损失 201.3814 万元。禹某商贸公司提出反诉，请求：解除《商业房产租赁及管理协议》，宋某锵支付违约金 33.3333 万元，支付欠付租金 333.333 万元，交付其已收取的第三人（商户）的房屋租金和质保金合计 1568.9886 万元。

5. 许昌中院认为，宋某锵擅自将该协议中的权利义务全部转让给第三人，已构成违约，且协议应予解除。判决：解除《商业房产租赁及管理协议》；宋某锵支付禹某商贸公司违约金 33.3333 万元、支付租金 288.5842 万元以及赔偿损失 94.05 万元，扣除宋某锵已支付的 333.333 万元后，宋某锵共计应支付 82.6345 万元。

6. 宋某锵不服，上诉至河南省高院。河南省高院判决驳回上诉，维持原判。

7. 宋某锵仍不服，向最高人民法院申请再审，主张禹某商贸公司履行交付全部房屋义务在先，宋某锵支付履约保证金、租金义务在后，宋某锵享有先履行抗辩权，有权拒绝履行后合同义务，其不构成违约。最高人民法院裁定驳回宋某锵的再审申请。

实务要点总结

在我国的公司经营管理过程中，大部分公司注重合同的洽商和签署，但是一旦签署合同，到了合同履行阶段，缺乏专业律师的介入和专业的合同履行管理，所以在合同的履行过程中出现的法律纠纷不少。

笔者认为，合同后履行一方依据《民法典》第五百二十六条的规定行使后履行抗辩权，应当在合理范围内行使。要与先履行一方的违约行为相对应，更不应当实施积极的违约行为。否则，后履行一方亦应承担相应的违约责任。

相关法律规定

《最高人民法院关于适用〈中华人民共和国民法典〉合同编通则若干问题的解释》

第三十一条 当事人互负债务,一方以对方没有履行非主要债务为由拒绝履行自己的主要债务的,人民法院不予支持。但是,对方不履行非主要债务致使不能实现合同目的或者当事人另有约定的除外。

当事人一方起诉请求对方履行债务,被告依据民法典第五百二十五条的规定主张双方同时履行的抗辩且抗辩成立,被告未提起反诉的,人民法院应当判决被告在原告履行债务的同时履行自己的债务,并在判项中明确原告申请强制执行的,人民法院应当在原告履行自己的债务后对被告采取执行行为;被告提起反诉的,人民法院应当判决双方同时履行自己的债务,并在判项中明确任何一方申请强制执行的,人民法院应当在该当事人履行自己的债务后对对方采取执行行为。

当事人一方起诉请求对方履行债务,被告依据民法典第五百二十六条的规定主张原告应先履行的抗辩且抗辩成立的,人民法院应当驳回原告的诉讼请求,但是不影响原告履行债务后另行提起诉讼。

《中华人民共和国合同法》(已失效)

第六十七条 当事人互负债务,有先后履行顺序,先履行一方未履行的,后履行一方有权拒绝其履行要求。先履行一方履行债务不符合约定的,后履行一方有权拒绝其相应的履行要求。

第九十四条 有下列情形之一的,当事人可以解除合同:
(一)因不可抗力致使不能实现合同目的;
(二)在履行期限届满之前,当事人一方明确表示或者以自己的行为表明不履行主要债务;
(三)当事人一方迟延履行主要债务,经催告后在合理期限内仍未履行;
(四)当事人一方迟延履行债务或者有其他违约行为致使不能实现合同目的;
(五)法律规定的其他情形。

第四百条 受托人应当亲自处理委托事务。经委托人同意,受托人可以转委托。转委托经同意的,委托人可以就委托事务直接指示转委托的第三人,受托人仅就第三人的选任及其对第三人的指示承担责任。转委托未经同意的,受托人应当对转委托的第三人的行为承担责任,但在紧急情况下受托人为维护委托人的利益需要转委托的除外。

《中华人民共和国民法典》

第五百二十六条 当事人互负债务,有先后履行顺序,应当先履行债务一方未履行的,后履行一方有权拒绝其履行请求。先履行一方履行债务不符合约定的,后履行一方有权拒绝其相应的履行请求。

第五百六十三条 有下列情形之一的,当事人可以解除合同:

(一)因不可抗力致使不能实现合同目的;

(二)在履行期限届满前,当事人一方明确表示或者以自己的行为表明不履行主要债务;

(三)当事人一方迟延履行主要债务,经催告后在合理期限内仍未履行;

(四)当事人一方迟延履行债务或者有其他违约行为致使不能实现合同目的;

(五)法律规定的其他情形。

以持续履行的债务为内容的不定期合同,当事人可以随时解除合同,但是应当在合理期限之前通知对方。

第九百二十三条 受托人应当亲自处理委托事务。经委托人同意,受托人可以转委托。转委托经同意或者追认的,委托人可以就委托事务直接指示转委托的第三人,受托人仅就第三人的选任及其对第三人的指示承担责任。转委托未经同意或者追认的,受托人应当对转委托的第三人的行为承担责任;但是,在紧急情况下受托人为了维护委托人的利益需要转委托第三人的除外。

法院判决

以下为该案在法院审理阶段,裁定书中"本院认为"就该问题的论述:

至于宋某锵主张的后履行抗辩权,并不影响对其行为构成违约的认定。《合同法》第六十七条规定:"当事人互负债务,有先后履行顺序,先履行一方未履行的,后履行一方有权拒绝其履行要求。先履行一方履行债务不符合约定的,后履行一方有权拒绝其相应的履行要求。"应当认为,先履行的当事人不履行或者不适当履行合同义务,对方当事人有权就未履行部分拒绝相应履行,但后履行抗辩权仅是暂时阻止对方当事人请求权的行使,非永久的抗辩权。本案中,禹某商贸公司负有在合同签订之日交付全部房屋的先履行义务,宋某锵负有在双方签订合同之日起7日内交付保证金300万元以及在2013年5月1日之前支付33.333万元租金等后履行义务。宋某锵主张其在禹某商贸公司未按约全部交付房屋的情况下享有后履行抗辩权,有权拒绝交付租金等后合同义务,但该抗辩权仅能对抗禹某商贸公司与之相应的部分违约行为，而不意味着其可以实施与禹某商贸公司违约行为不相应的拒付租金以及将合同内容全部转让的积极违约行为，其行为显然已经超越了其享有的后履行抗辩权的合理范围。因此，宋某锵以禹某商贸公司交付房屋违约为由主张对其自身的违约行为免责，缺乏合理依据，该再审申请理由不能成立。

045 不安抗辩权与先履行抗辩权冲突时如何处理[*]

> **阅读提示**：双务合同中双方债务不同时履行的场合，如于合同订立之后发现后履行当事人存在无法履行合同的情形，例如买卖合同约定先发货后付款，而出卖人在发货前已发现买受人资金链断裂、不具备后续付款能力。此时，如果先履约一方仍然按原合同履约，可能面临对方无法履行而遭受损失的风险。但如果先履约一方不按约履行，又担心构成违约被对方起诉要求支付违约金。此种情况下，不安抗辩权与先履行抗辩权的冲突如何解决？
> 　　笔者在检索此类案件之后得到结论：在先履行抗辩权与不安抗辩权均发生对抗时，应先审查不安抗辩权是否成立。若后履行方确实丧失履行能力，则其不能主张先履行抗辩权，亦不能以此对抗先履行方主张不安抗辩权。

裁判要旨

　　合同先履行方行使不安抗辩权宜采取外部表象的举证标准；在先履行抗辩权与不安抗辩权均发生对抗时，应先审查不安抗辩权是否成立。若后履行方确实丧失履行能力，则其不能主张先履行抗辩权，亦不能以此对抗先履行方主张不安抗辩权。

　　先履行抗辩权必须以"先履行合同债务一方当事人不履行合同债务或履行合同债务不符合约定"这一前提条件，所起到的作用是后履行方暂时中止履行合同义务的法律效果。

　　而不安抗辩权所面对的是对方不能为对待给付的一种危险，即后履行方无能力再为对待给付。若在合理期限内无法恢复履行能力，则先履行方有权中止履行，最终有可能导致合同的解除。

　　先履行抗辩权与不安抗辩权均发生在合同约定的履行期到来之前，当两者产生

---

[*] 案件来源：浙江省宁波宏某纸制品工贸有限公司与浙江省宁波精某制版彩印有限公司买卖合同纠纷上诉案，浙江省宁波市中级人民法院（2012）浙甬商终字第30号。

对抗时，应先审查不安抗辩权是否成立。因为先履行一方往往是在其履行过程中发现对方存在不能对待给付之情形，此时其履行行为尚未完成，当然会存在部分履行、瑕疵履行或不完全履行等情形，若此时后履行一方以先履行抗辩权进行对抗，则不安抗辩权将形同虚设。

本案中后履行一方确实丧失清偿能力，在经营不力又有外债的情况下，不能主张先履行抗辩权，亦不能以此对抗先履行方主张不安抗辩权，否则将有违诚实信用和公平原则。并且后履行一方在合同履行期间既没有恢复履行能力，又没有提供相应担保，因此更不能对先履行一方主张的不安抗辩权进行抗辩。

案情介绍

1. 2010年上半年，宏某纸制品工贸有限公司（以下简称宏某公司）向宁波精某制版彩印有限公司（以下简称精某公司）多次订购彩盒、拼图等产品。2011年3月，经双方对账，宏某公司确认截至2011年2月18日尚欠精某公司183万余元。

2. 宏某公司和精某公司对账后，尚有两份合同未履行完毕，分别为：第一，2010年11月25日签订的1125号合同，该合同后因宏某公司要求更改包装交货期限尚未确定，但中文版拼图无质量问题；第二，2010年12月签订的1211号合同，因宏某公司始终未提供上述产品的外包装彩盒设计稿将半成品现堆积在其仓库，未发货。

3. 宏某公司自2010年12月至2011年4月期间，其资产及负债基本持平，净利润为负且亏损金额连月扩大，精某公司认为其可能丧失履行上述合同的能力，故行使不安抗辩权，于2011年4月向宏某公司发出中止履行通知，要求提供等额担保，否则将解除合同，宏某公司未提供相应担保。精某公司又于2011年5月再次发函通知其解除1125号合同及1211号合同并要求赔偿损失，宏某公司均未回复。

4. 精某公司向法院起诉称中止履行的行为是行使不安抗辩权，因对方既未提供担保又未履行，请求支付已对账的加工款以及解除合同并赔偿损失。宏某公司以对方先违约，自己是后履行一方抗辩，一审精某公司胜诉，二审维持原判。

实务要点总结

第一，先履行一方在发现对方存在丧失履行能力的情形时，可以通过行使不安抗辩权维护自身合法权益，但必须及时通知对方暂时中止履行。这只是一时的抗辩，在对方提供担保或恢复履行能力后仍要继续履行合同。

第二，后履行一方当事人面对对方当事人以不安抗辩权为由中止履行的，可以提供适当担保或证明自己有履行能力来要求对方继续履行。若是确实丧失履行能力，而对方未根本违约的情况下主张先履行抗辩权，法院不予支持。

相关法律规定

《中华人民共和国合同法》（已失效）

第六十八条 应当先履行债务的当事人，有确切证据证明对方有下列情形之一的，可以中止履行：

（一）经营状况严重恶化；

（二）转移财产、抽逃资金，以逃避债务；

（三）丧失商业信誉；

（四）有丧失或者可能丧失履行债务能力的其他情形。

当事人没有确切证据中止履行的，应当承担违约责任。

第六十九条 当事人依照本法第六十八条的规定中止履行的，应当及时通知对方。对方提供适当担保时，应当恢复履行。中止履行后，对方在合理期限内未恢复履行能力并且未提供适当担保的，中止履行的一方可以解除合同。

《中华人民共和国民法典》

第五百二十七条 应当先履行债务的当事人，有确切证据证明对方有下列情形之一的，可以中止履行：

（一）经营状况严重恶化；

（二）转移财产、抽逃资金，以逃避债务；

（三）丧失商业信誉；

（四）有丧失或者可能丧失履行债务能力的其他情形。

当事人没有确切证据中止履行的，应当承担违约责任。

第五百二十八条 当事人依据前条规定中止履行的，应当及时通知对方。对方提供适当担保的，应当恢复履行。中止履行后，对方在合理期限内未恢复履行能力且未提供适当担保的，视为以自己的行为表明不履行主要债务，中止履行的一方可以解除合同并可以请求对方承担违约责任。

法院判决

以下为该案在法院审理阶段，判决书中"本院认为"就该问题的论述：

1125号合同项下的英文版拼图虽存在塑料包装纸警示语反向的质量问题，但因精某公司在交付期限尚未确定前行使不安抗辩权要求解除合同，原审法院判决宏某公司赔偿精某公司拼图散片的生产成本并无不妥。至于宏某公司要求精某公司赔偿损失，因其在原审中既未提供充分证据证明，又未提出反诉，其可另行举证。宏某公司在履行1125号合同、1211号合同过程中，经营状况出现问题，并与他人发生巨额诉讼，且在收到精某公司要求中止履行合同及提供等额担保的通知后，既未回复，也未提供担保或恢复履行能力，原审法院据此判决支持精某公司解除合同的诉请，并不违反法律规定。综上，原审判决认定事实清楚，程序合法，判决得当。宏某公司的上诉请求，理由不足，难以支持。据此，二审判决驳回上诉，维持原判。

046 合同一方当事人不得以案外人违约为由主张行使不安抗辩权[*]

> **阅读提示：** 不安抗辩权属于双务合同履行中的抗辩权，根据在于双务合同功能上的牵连性，因而只适用于基于同一双务合同而生的对待给付之间，要严守合同相对性原则。若是合同一方当事人以案外人违约为由主张对方丧失清偿能力，行使不安抗辩权的，人民法院不予支持。
>
> 另外，为了兼顾后履行一方当事人的利益，也便于其能及时提供担保，《民法典》亦明确规定了不安抗辩权人的通知义务，主张不安抗辩权也要满足这一行使条件。

裁判要旨

根据合同的相对性原则，涉案合同一方当事人以案外人违约为由，主张在涉案合同履行中某银行使不安抗辩权的，人民法院不予支持。

《合同法》第六十八条[①]规定的当事人可以行使不安抗辩权的情形中，不包括合同当事人以外的第三人违约的情形在内，同时根据合同相对性原则，此种情况下

---

[*] 案件来源：俞某新与福建华某房地产有限公司、魏某瑞商品房买卖（预约）合同纠纷二审案，最高人民法院（2010）最高法民一终字第13号。

[①] 《合同法》已失效，现相关规定见《民法典》第五百二十七条。

也不能行使不安抗辩权。

本案中，华某公司与福州华某公司签订另一购房合同并且将涉案房屋抵押，这是与本案完全独立的另一法律关系，合同要严守相对性原则，俞某新以此为由认为华某公司丧失商业信誉主张不安抗辩权不符合"后履行一方有丧失债务履行能力极大可能"的构成要件；并且即使俞某新想要行使不安抗辩权，也应当履行通知义务，而本案中俞某新也未能履行通知义务，故不符合行使不安抗辩权的条件。

案情介绍

1. 2007年12月，华某公司与俞某新、魏某瑞签订《商铺认购书》，合同约定俞某新向华某公司购买"君某盛世茶亭"一号地块的一层、二层、三层店面，总价款17275余万元。双方对在签订本认购书后10日内支付给华某公司订金6360万元，领取《商品房预售许可证》，签订正式的《商品房买卖合同》以及备案登记、违约责任等都进行了详细约定。魏某瑞对华某公司的债务承担连带保证责任，保证期间为两年。

2. 2007年12月到2008年1月间，俞某新及其指令有关单位通过银行账户向华某公司支付八笔共计4900万元，华某公司也相应地出具了4900万元的收据。另华某公司还分别于2007年12月10日、12月11日、12月21日向俞某新出具400万元、260万元、300万元共计960万元的三张收款收据。俞某新共计支付5800余万元。

3. 2008年6月，华某公司取得商铺的《商品房预售许可证》。

4. 合同签订后，俞某新认为在付款期间华某公司无法按期办理《商品房预售许可证》，暂缓支付订金余款500万元，后经多次催告，华某公司以各种理由拒不与其签订《商品房买卖合同》，后将《商铺认购书》项下的商铺"君某天华B组团5#7#连幢2层23号店面"转卖第三人，其已无履约的可能，故行使不安抗辩权，起诉主张解除合同要求其返还订金以及违约金。

5. 一审法院支持了俞某新的请求，但未就不安抗辩权的问题进行详细说理，二审法院认为以案外人违约为由在本案合同履行中某银行使不安抗辩权，不符合合同相对性原则，以此为由中止履行违约在先，不予支持其违约金。

实务要点总结

第一，不安抗辩权不得滥用，当事人一方必须确有证据证明相对人丧失或可能丧失履行能力，若打着行使不安抗辩权的旗号，以案外人违约为由中止履行，应当负违约责任。

第二，不安抗辩权的行使要履行通知义务，兼顾对方当事人的利益也便于他提供担保，性质上这是不安抗辩权人的附随义务，并非可有可无。

相关法律规定

《中华人民共和国合同法》（已失效）

第六十八条 应当先履行债务的当事人，有确切证据证明对方有下列情形之一的，可以中止履行：

（一）经营状况严重恶化；

（二）转移财产、抽逃资金，以逃避债务；

（三）丧失商业信誉；

（四）有丧失或者可能丧失履行债务能力的其他情形。

当事人没有确切证据中止履行的，应当承担违约责任。

第六十九条 当事人依照本法第六十八条的规定中止履行的，应当及时通知对方。对方提供适当担保时，应当恢复履行。中止履行后，对方在合理期限内未恢复履行能力并且未提供适当担保的，中止履行的一方可以解除合同。

《中华人民共和国民法典》

第五百二十七条 应当先履行债务的当事人，有确切证据证明对方有下列情形之一的，可以中止履行：

（一）经营状况严重恶化；

（二）转移财产、抽逃资金，以逃避债务；

（三）丧失商业信誉；

（四）有丧失或者可能丧失履行债务能力的其他情形。

当事人没有确切证据中止履行的，应当承担违约责任。

第五百二十八条 当事人依据前条规定中止履行的，应当及时通知对方。对方提供适当担保的，应当恢复履行。中止履行后，对方在合理期限内未恢复履行能力且未提供适当担保的，视为以自己的行为表明不履行主要债务，中止履行的一方可以解除合同并可以请求对方承担违约责任。

法院判决

以下为该案在法院审理阶段，判决书中"本院认为"就该问题的论述：

俞某新主张不安抗辩权的理由是华某公司丧失商业信誉，依据是其与福州华某公司签订另一购房合同后，福州华某公司将合同约定的房屋设定抵押。然而，福州华某公司与华某公司是两个不同的法人，以案外人违约为由在本案合同履行中某银行使不安抗辩权，不符合合同相对性原则。根据《合同法》第六十八条的规定，俞某新关于其行使不安抗辩权的主张，依据不足。《合同法》第六十九条规定了行使不安抗辩权的要件，即使俞某新有权行使不安抗辩权，也应当及时通知对方。但无证据证明俞某新履行过通知义务。因此，俞某新关于其行使不安抗辩权的主张，缺乏事实和法律依据，本院不予支持。

047 卖方未开发票，买方能否拒绝付款*

> **阅读提示**：最高人民法院在本案判决书中认为，出卖人已交付货物，买受人理应按约支付货款，除非合同明确约定先开具增值税发票。
>
> 基于内控管理、税款抵扣等需求，商事交易中的买受人通常会要求出卖人开具增值税发票，若出卖人未开具增值税发票，买受人能否以此为由拒绝付款？本案例中，最高人民法院认为，买受人能否拒绝付款，取决于合同是否明确约定了履行顺序。

裁判要旨

买卖合同中出卖人的主要合同义务是交付货物，买受人的主要合同义务是支付货款。在出卖人已交付货物的情况下，买受人理应按照合同约定支付货款。开具增值税发票并非出卖人的主要合同义务，仅是附随义务，除非合同明确约定了先后履行顺序。

本案中，双方当事人在 2012 年《购销合同》中并未约定通某公司出具增值税

---

* 案件来源：重某钢铁股份有限公司、重庆通某煤炭洗选有限责任公司买卖合同纠纷再审审查与审判监督民事裁定书，最高人民法院（2017）最高法民申 1675 号。

发票的义务。双方在 2013 年《购销合同》中虽然约定重某钢铁公司收到增值税发票、商检报告原件后办理结算，但同时也约定江船装船之日起 2 个月内结清余款，对最后付款期限作出了明确的约定。针对欠付货款，重某钢铁公司应支付逾期付款违约金。

案情介绍

1. 通某煤炭洗选有限责任公司（以下简称通某公司）与重某钢铁股份有限公司（以下简称重某钢铁公司）签订 2012 年《购销合同》、2013 年《购销合同》及补充协议，约定通某公司向重某钢铁公司供应洗煤。其中，2013 年《购销合同》约定，重某钢铁公司收到增值税发票、商检报告原件后办理结算，江船装船之日起 2 个月内结清余款。

2. 截至本案起诉前，重某钢铁公司尚欠通某公司货款共计 77982611.3 元，其中已开具增值税发票的金额为 39945513.75 元，未开具增值税发票的金额为 38037097.55 元。

3. 通某公司向重庆一中院起诉，请求：重某钢铁公司立即支付货款 77982611.3 元，以及逾期付款违约金（从逾期付款之日起至付清货款之日止、按照中国人民银行同期同类贷款利率四倍计算）。重庆一中院判决支持了通某公司的诉求。

4. 重某钢铁公司不服，上诉至重庆高院，主张双方之间存在先开票后付款的交易习惯，2012 年《购销合同》应先开票后付款；2013 年《购销合同》明确约定了先开票后付款，但尚有 9396760.05 元未开具发票，支付条件尚未成就。重庆高院判决驳回上诉，维持原判。

5. 重某钢铁公司仍不服，向最高人民法院申请再审。最高人民法院裁定驳回重某钢铁公司的再审申请。

实务要点总结

第一，如果合同没有明确约定先开具增值税发票，在出卖人已交付货物的情况下，买受人理应按约支付货款。

第二，如果买受人财务部门一方对增值税发票有特殊需求，则可事先约定出卖人应开具增值税发票的类型、开票信息及开具期限，并在合同中明确约定先开具增值税发票，再支付价款。

相关法律规定

《最高人民法院关于适用〈中华人民共和国民法典〉合同编通则若干问题的解释》

第二十六条 当事人一方未根据法律规定或者合同约定履行开具发票、提供证明文件等非主要债务,对方请求继续履行该债务并赔偿因怠于履行该债务造成的损失的,人民法院依法予以支持;对方请求解除合同的,人民法院不予支持,但是不履行该债务致使不能实现合同目的或者当事人另有约定的除外。

第三十一条 当事人互负债务,一方以对方没有履行非主要债务为由拒绝履行自己的主要债务的,人民法院不予支持。但是,对方不履行非主要债务致使不能实现合同目的或者当事人另有约定的除外。

当事人一方起诉请求对方履行债务,被告依据民法典第五百二十五条的规定主张双方同时履行的抗辩且抗辩成立,被告未提起反诉的,人民法院应当判决被告在原告履行债务的同时履行自己的债务,并在判项中明确原告申请强制执行的,人民法院应当在原告履行自己的债务后对被告采取执行行为;被告提起反诉的,人民法院应当判决双方同时履行自己的债务,并在判项中明确任何一方申请强制执行的,人民法院应当在该当事人履行自己的债务后对对方采取执行行为。

当事人一方起诉请求对方履行债务,被告依据民法典第五百二十六条的规定主张原告应先履行的抗辩且抗辩成立的,人民法院应当驳回原告的诉讼请求,但是不影响原告履行债务后另行提起诉讼。

《中华人民共和国合同法》(已失效)

第六十八条 应当先履行债务的当事人,有确切证据证明对方有下列情形之一的,可以中止履行:

(一)经营状况严重恶化;

(二)转移财产、抽逃资金,以逃避债务;

(三)丧失商业信誉;

(四)有丧失或者可能丧失履行债务能力的其他情形。

当事人没有确切证据中止履行的,应当承担违约责任。

第六十九条 当事人依照本法第六十八条的规定中止履行的,应当及时通知对方。对方提供适当担保时,应当恢复履行。中止履行后,对方在合理期限内未恢复履行能力并且未提供适当担保的,中止履行的一方可以解除合同。

第一百三十条 买卖合同是出卖人转移标的物的所有权于买受人,买受人支付价款的合同。

《中华人民共和国民法典》

第五百二十七条 应当先履行债务的当事人,有确切证据证明对方有下列情形之一的,可以中止履行:

(一)经营状况严重恶化;

(二)转移财产、抽逃资金,以逃避债务;

(三)丧失商业信誉;

(四)有丧失或者可能丧失履行债务能力的其他情形。

当事人没有确切证据中止履行的,应当承担违约责任。

第五百二十八条 当事人依据前条规定中止履行的,应当及时通知对方。对方提供适当担保的,应当恢复履行。中止履行后,对方在合理期限内未恢复履行能力且未提供适当担保的,视为以自己的行为表明不履行主要债务,中止履行的一方可以解除合同并可以请求对方承担违约责任。

第五百九十五条 买卖合同是出卖人转移标的物的所有权于买受人,买受人支付价款的合同。

法院判决

以下为该案在法院审理阶段,裁定书中"本院认为"就该问题的论述:

一、关于重某钢铁公司应否支付未开具增值税发票的货款的问题

本案系买卖合同纠纷案件,作为出卖人的通某公司主要合同义务是交付货物,作为买受人的重某钢铁公司主要合同义务是支付货款。现在通某公司已经向重某钢铁公司交付了货物的情况下,重某钢铁公司理应按照合同约定支付货款。开具增值税发票并非出卖人通某公司的主要合同义务,仅是附随义务,除非合同明确约定了先后履行顺序。本案中,双方当事人在2012年《购销合同》中并未约定通某公司出具增值税发票的义务,重某钢铁公司以双方在合同实际履行中交易习惯是通某公司先开具增值税发票,重某钢铁公司后支付货款,并据此主张付款条件未成就的理由不成立。双方在2013年《购销合同》中虽然约定重某钢铁公司收到增值税发票、商检报告原件后办理结算,但同时也约定江船装船之日起2个月内结清余款,即对最后付款期限作出了明确的约定。即便双方存在先开票后付款的交易习惯,但是在通某公司已开具发票的货款中有39945513.75元重某钢铁公司也未按约定付款,通某公司基于不安抗辩也享有付款请求权。故重某钢铁公司关于通某公司未开具增值

税发票的38037097.55元货款的付款条件不成就的理由，缺乏事实和法律依据，理由不成立。

二、关于欠付货款的逾期付款违约金如何计算的问题

关于未开具增值税发票的38037097.55元货款应否支付违约金。《合同法》第一百二十五条第一款规定："当事人对合同条款的理解有争议的，应当按照合同所使用的词句、合同的有关条款、合同的目的、交易习惯以及诚实信用原则，确定该条款的真实意思。"本案双方当事人在2012年《购销合同》和2013年《购销合同》中均约定，任何一方违约，"按每天总货款的3‰"向守约方支付违约金。此处的"任何一方违约"既包括卖方违约，也包括买方违约的情形，自然适用于逾期付款违约金的计算；而"按每天总货款的3‰"按照通常理解，就是每日按照总货款的3‰支付违约金，并不存在约定不明的情况。重某钢铁公司主张违约条款约定不明，应视为没有约定，该理由不成立。重某钢铁公司申请再审认为此处的"任何一方违约"按字面意思可理解为根本违约，该理由缺乏事实依据，不成立。重某钢铁公司申请再审认为通某公司行使不安抗辩权不符合法律规定。但在合同履行过程中，重某钢铁公司确实存在延迟付款的情况，通某公司已开具发票的货款中有39945513.75元重某钢铁公司未按约付款，通某公司基于不安抗辩而主张剩余债权，于法有据，故重某钢铁公司的此项申请再审理由不成立。

关于已经开具增值税发票的39945513.75元货款的逾期付款违约金计算。首先，2012年《购销合同》和2013年《购销合同》中约定的违约责任是明确具体的，不存在约定不明的情形，通某公司主张逾期付款违约金具有合同依据。其次，一、二审判决对违约金的计算均系在查明各合同项下各船货款金额、商检报告交付时间、发货完毕时间等事实的基础上，针对各笔货款金额和起止时间作出的认定，具有客观性。重某钢铁公司主张双方在合同实际履行中改变了原合同约定的付款方式，但是，合同履行过程中，对已经履行部分的变更不能当然的免除未履行部分的违约责任，该主张并不能抗辩通某公司依据合同主张逾期付款违约金的权利。最后，关于逾期付款违约金的计算标准，本案作为买卖合同纠纷案件，重某钢铁公司主张逾期付款违约金按照银行逾期贷款罚息的计算标准，即按照中国人民银行同期同类贷款基准利率标准的1.3倍计算损失，没有合同和法律依据。

048 债权人可否直接受领通过代位权诉讼取得的财产[*]

> **阅读提示**：债权人代位权，是指债权人为了保全自己的债权，以自己的名义行使属于债务人权利的权利。
>
> 传统民法认为，代位权行使的效果直接归属于债务人，即使在债权人受领交付场合，也须作为对债务人的清偿，而不能将它直接作为对债权人自己债权的清偿，即"入库规则"。
>
> 然而《最高人民法院关于适用〈中华人民共和国合同法〉若干问题的解释（一）》第二十条的规定全面修正了传统代位权理论中的"入库规则"，允许次债务人直接向债权人履行清偿义务的司法思想，是当前解决代位权行使效果归属方面问题颇为现实妥当的解决途径，有利于解决"三角债"的难题。

裁判要旨

传统民法将行使代位权取得的财产先加入债务人责任财产的做法，称为"入库规则"，此规则的道理在于债权人的代位权是为了让债权人保全自己的债权，并非自己债权的直接满足，这是一种对全体债权人的共同担保的制度。"入库规则"虽能完整地体现代位权制度的法理，坚守债权的平等性，但弊端同样显而易见：债权人费尽辛苦行使代位权获得的成果却是"为他人作嫁衣裳"，将极大打击债权人的积极性，代位权制度也会形同虚设。

代位权本是保障债权实现的制度，在次债务人未实际清偿的情况下，若限制债权人向债务人的追索权，则与代位权制度的目的完全相悖。《最高人民法院关于适用〈中华人民共和国合同法〉若干问题的解释（一）》第二十条规定债权人有权直接受领通过代位权诉讼取得的财产，即在债权人与次债务人之间创设了新的有直接后果的权利义务关系。

本案中，虽然一审法院判令次债务人直接向债权人履行债务人未偿还的债务，但次债务人并未按照判决进行清偿，故二审法院认定债权人与债务人之间的债务并

---

[*] 案件来源：陈某与刘某民间借贷纠纷二审民事判决书，南京市中级人民法院（2017）苏01民终1871号。

未消灭，债务人仍要履行清偿义务。①

案情介绍

1. 2014 年 3 月 11 日，陈某与刘某签订《债权债务确认和还款协议书》，确认刘某尚欠陈某借款本金 480 万元，利息按月息 2% 计算，双方还约定了还款方式和期限等。

2. 2014 年 10 月 23 日，陈某向南京市建邺区法院提起代位权诉讼，要求刘某的债务人张某新、陈某乙、汇某贸易集团、泰某峰公司偿还刘某尚欠的 440 万元借款本金及利息。

3. 一审中南京市建邺区法院认为刘某怠于行使其到期债权，对陈某造成损害，判令张某新、汇某贸易集团向陈某偿还借款本金 440 万元及利息；陈某乙、泰某峰公司对上述债务承担连带清偿责任等，并且认定陈某、刘某之间的 480 万元借款及利息的债权债务关系已经消灭。

4. 陈某不服一审判决，上诉称次债务人未履行清偿义务，也暂无履行的可能性，与刘某之间的债权债务关系仍然存在，二审中南京市中级人民法院认定债权人有权直接受领通过代位权诉讼取得的财产，但在次债务人、担保人未履行清偿义务的情况下，陈某对刘某的债权依然存在。

实务要点总结

第一，债权人应该及时提起代位权诉讼。在审判实践中，若债权人提起代位权诉讼，胜诉后的利益归属在债权数额范围内债权人可直接受领，一般不受"入库规则"的限制。但是在两个或两个以上债权人以同一被告提起代位权诉讼以及债务人被宣告破产场合，基于债权的平等性，仍然适用"入库规则"。

第二，只有在次债务人直接向债权人完全履行清偿义务之后，债权人与债务人、债务人与次债务人之间的"三角债"关系才消灭。在次债务人未实际清偿的情况下，债权人仍可向债务人追索。

相关法律规定

《最高人民法院关于适用〈中华人民共和国民法典〉合同编通则若干问题的解释》

第三十三条　债务人不履行其对债权人的到期债务，又不以诉讼或者仲裁方式

---

① 《合同法》已失效，现相关规定见《民法典》中关于债权人代位权的规定。

向相对人主张其享有的债权或者与该债权有关的从权利,致使债权人的到期债权未能实现的,人民法院可以认定为民法典第五百三十五条规定的"债务人怠于行使其债权或者与该债权有关的从权利,影响债权人的到期债权实现"。

第三十四条 下列权利,人民法院可以认定为民法典第五百三十五条第一款规定的专属于债务人自身的权利:

(一)抚养费、赡养费或者扶养费请求权;

(二)人身损害赔偿请求权;

(三)劳动报酬请求权,但是超过债务人及其所扶养家属的生活必需费用的部分除外;

(四)请求支付基本养老保险金、失业保险金、最低生活保障金等保障当事人基本生活的权利;

(五)其他专属于债务人自身的权利。

第三十五条 债权人依据民法典第五百三十五条的规定对债务人的相对人提起代位权诉讼的,由被告住所地人民法院管辖,但是依法应当适用专属管辖规定的除外。

债务人或者相对人以双方之间的债权债务关系订有管辖协议为由提出异议的,人民法院不予支持。

第三十六条 债权人提起代位权诉讼后,债务人或者相对人以双方之间的债权债务关系订有仲裁协议为由对法院主管提出异议的,人民法院不予支持。但是,债务人或者相对人在首次开庭前就债务人与相对人之间的债权债务关系申请仲裁的,人民法院可以依法中止代位权诉讼。

第三十七条 债权人以债务人的相对人为被告向人民法院提起代位权诉讼,未将债务人列为第三人的,人民法院应当追加债务人为第三人。

两个以上债权人以债务人的同一相对人为被告提起代位权诉讼的,人民法院可以合并审理。债务人对相对人享有的债权不足以清偿其对两个以上债权人负担的债务的,人民法院应当按照债权人享有的债权比例确定相对人的履行份额,但是法律另有规定的除外。

第三十八条 债权人向人民法院起诉债务人后,又向同一人民法院对债务人的相对人提起代位权诉讼,属于该人民法院管辖的,可以合并审理。不属于该人民法院管辖的,应当告知其向有管辖权的人民法院另行起诉;在起诉债务人的诉讼终结前,代位权诉讼应当中止。

第三十九条 在代位权诉讼中,债务人对超过债权人代位请求数额的债权部分起诉相对人,属于同一人民法院管辖的,可以合并审理。不属于同一人民法院管辖的,应当告知其向有管辖权的人民法院另行起诉;在代位权诉讼终结前,债务人对相对人的诉讼应当中止。

第四十条 代位权诉讼中,人民法院经审理认为债权人的主张不符合代位权行使条件的,应当驳回诉讼请求,但是不影响债权人根据新的事实再次起诉。

债务人的相对人仅以债权人提起代位权诉讼时债权人与债务人之间的债权债务关系未经生效法律文书确认为由,主张债权人提起的诉讼不符合代位权行使条件的,人民法院不予支持。

第四十一条 债权人提起代位权诉讼后,债务人无正当理由减免相对人的债务或者延长相对人的履行期限,相对人以此向债权人抗辩的,人民法院不予支持。

《中华人民共和国合同法》(已失效)

第七十三条 因债务人怠于行使其到期债权,对债权人造成损害的,债权人可以向人民法院请求以自己的名义代位行使债务人的债权,但该债权专属于债务人自身的除外。

代位权的行使范围以债权人的债权为限。债权人行使代位权的必要费用,由债务人负担。

《中华人民共和国民法典》

第五百三十五条 因债务人怠于行使其债权或者与该债权有关的从权利,影响债权人的到期债权实现的,债权人可以向人民法院请求以自己的名义代位行使债务人对相对人的权利,但是该权利专属于债务人自身的除外。

代位权的行使范围以债权人的到期债权为限。债权人行使代位权的必要费用,由债务人负担。

相对人对债务人的抗辩,可以向债权人主张。

第五百三十六条 债权人的债权到期前,债务人的债权或者与该债权有关的从权利存在诉讼时效期间即将届满或者未及时申报破产债权等情形,影响债权人的债权实现的,债权人可以代位向债务人的相对人请求其向债务人履行、向破产管理人申报或者作出其他必要的行为。

第五百三十七条 人民法院认定代位权成立的,由债务人的相对人向债权人履行义务,债权人接受履行后,债权人与债务人、债务人与相对人之间相应的权利义务终止。债务人对相对人的债权或者与该债权有关的从权利被采取保全、执行措施,或者债务人破产的,依照相关法律的规定处理。

《最高人民法院关于适用〈中华人民共和国合同法〉若干问题的解释（一）》（已失效）

第二十条 债权人向次债务人提起的代位权诉讼经人民法院审理后认定代位权成立的，由次债务人向债权人履行清偿义务，债权人与债务人、债务人与次债务人之间相应的债权债务关系即予消灭。

法院判决

以下为该案在法院审理阶段，判决书中"本院认为"就该问题的论述：

债的关系成立后，依据债的效力，债务人的财产就成为债的一般担保，即债务人的全部财产应作为其清偿债务和承担责任的财产。因此，债务人财产的增减直接影响到债权人债权的安全，债的保全制度应运而生。债的保全是指法律为防止因债务人的责任财产不当减少给债权人的债权带来损害，允许债权人代债务人之位向第三人行使债务人的权利，或者请求法院撤销债务人与第三人的法律行为的法律制度。由此可见，代位权本是保障债权实现的制度，在次债务人未实际清偿的情况下，若限制债权人向债务人的追索权，则与代位权制度的目的完全相悖。

传统民法认为代位权诉讼的效力只能及于债务人和次债务人，而不能及于债权人，即代位权行使的效果直接归于债务人，而不能由债权人直接受领，即使在债务人怠于受领的情况下债权人可代位受领，但其受领后，债务人仍可请求债权人向其交付受领的财产，该原则被称为代位权诉讼的"入库规则"。《最高人民法院关于适用〈中华人民共和国合同法〉若干问题的解释（一）》第二十条突破了上述规则，规定债权人有权直接受领通过代位权诉讼取得的财产，即在债权人与次债务人之间创设了新的有直接后果的权利义务关系。债权人对债务人所享有的权利系原生权利，而债权人对次债务人所享有的权利系派生权利，派生权利源于原生权利，在次债务人未实际向债权人作出清偿的情况下，不宜认定债权人对债务人的权利归于消灭。一审法院认为如债权人选择了行使代位权并获得支持，即表明其放弃了对债务人进行主张的权利，该认定存在不当，本院予以纠正。根据 2014 年 3 月 11 日《债权债务确认和还款协议书》，陈某对刘某享有本金 480 万元及利息（月利率 2%、自 2014 年 3 月 11 日起算）的债权，陈某就其中的本金为 440 万元及利息的债权向次债务人张某新、汇某贸易集团、担保人陈某乙、泰某公司提起代位权诉讼（即 754 号案件），相关的诉请获得了支持，但上述次债务人、担保人未按 754 号案件的判决履行清偿义务，故不能认定陈某对刘某在本案所主张债权（440 万元本金及利息）已经消灭，故本院对陈某在本案提出的诉讼请求予以支持。

049 债务人怠于主张非到期债权的，债权人能否行使代位权*

> **阅读提示**：关于债权人代位权的争议问题，主要集中在代位权的行使范围的问题。
>
> 笔者在检索大量的司法案例以及最高人民法院法官的论述后得出初步判断：目前的审判实践仍应避免代位权扩大的倾向，以免对合同相对性原则造成较大的冲击。债权人代位权只能以债权为客体，不能以物权为标的。

裁判要旨

《合同法》第七十三条明确界定了代位权行使的客体范围，即债权人可以代位行使的权利必须是到期债权，《最高人民法院关于适用〈中华人民共和国合同法〉若干问题的解释（一）》第十三条中更将可以代位行使的权利限定于"具有金钱给付内容的到期债权"。关于代位权的客体范围的理解，最高人民法院认为在目前的司法实践中不宜盲目扩大，债权人代位权本质上是一种债权而不具有对抗第三人的效力，《合同法》上的债权人代位权只能以债权为客体，而不能以物权为标的。①

本案中，王某光提出北某市卫生局侵占海某公司约34亩国有土地使用权，倘若属实，则海某公司对北某市卫生局享有的权利为物上请求权而不是债权。该物上请求权即使表现为折价赔偿，具有金钱给付内容，但王某光作为海某公司的债权人，向北某市卫生局行使代位权，客体亦不符合债权人代位权的法定构成要件。况且经法院查明，北某市卫生局是否侵占海某公司的国有土地使用权尚不清楚，也不确定北某市卫生局是否对海某公司负有确定的以金钱给付为内容的债务，故王某光不满足提起代位权诉讼构成要件中的客体要件。

案情介绍

1. 王某光与海某公司之间存在债权债务关系，至债务清偿期届满，海某公司

---

* 案件来源：王某光与北某市卫生局、一审第三人海某房地产开发公司债权人代位权纠纷再审审查民事裁定书，最高人民法院（2012）最高法民申字第604号。

① 《合同法》已失效，现相关规定见《民法典》中关于债权人代位权的规定。

对王某光仍然负有 2900 余万元债务。

2. 海某公司与北某市卫生局之间存在国有土地使用权纠纷，案涉土地的建设用地许可证上注明共有约 447.74 亩，其中 338 亩的国有土地使用权归海某公司拥有，北某市卫生局向外处分了约 143 亩的国有土地使用权，侵占海某公司国有土地使用权约 33.39 亩。

3. 王某光因对海某公司的债权无法实现，以海某公司怠于向北某市卫生局主张到期债权为由提起代位权诉讼，广西壮族自治区高院认为王某光不符合提起代位权诉讼的条件，驳回其诉讼请求。

4. 王某光不服，向最高人民法院申请再审提出海某公司对北某市卫生局享有侵权之债，具有金钱给付内容。最高人民法院认为若侵占事实属实，则海某公司对北某市卫生局享有的是物权而非债权。债权人代位权的客体是到期债权，应当确定具有金钱给付内容，债务人怠于主张其他权利如物上请求权不予支持，故驳回王某光的再审申请。

实务要点总结

第一，切记将代位权的客体即其行使范围限定在债务人怠于行使到期债权，实质是突出债权人代位权作为金钱债权简易回收手段的功能。所以，在列举诉讼请求的时候要注意这个范围，而不能以物权为标的。既不能以所有权作为代位权的客体，亦不能代位请求行使他物权，请求人民法院拍卖、变卖抵押物、质物、留置物。

第二，代位权诉讼中，债权成立不仅要求债权的内容不违反法律、行政法规的强制性规定，而且债权的数额应当确定。确定的方式主要有两种，其一是债务人、次债务人确认案涉债权的存在，其二是通过人民法院的判决、裁定或仲裁机构的裁决证明。

相关法律规定

《最高人民法院关于适用〈中华人民共和国民法典〉合同编通则若干问题的解释》

第三十三条 债务人不履行其对债权人的到期债务，又不以诉讼或者仲裁方式向相对人主张其享有的债权或者与该债权有关的从权利，致使债权人的到期债权未能实现的，人民法院可以认定为民法典第五百三十五条规定的"债务人怠于行使其债权或者与该债权有关的从权利，影响债权人的到期债权实现"。

第三十四条 下列权利，人民法院可以认定为民法典第五百三十五条第一款规定的专属于债务人自身的权利：

（一）抚养费、赡养费或者扶养费请求权；

（二）人身损害赔偿请求权；

（三）劳动报酬请求权，但是超过债务人及其所扶养家属的生活必需费用的部分除外；

（四）请求支付基本养老保险金、失业保险金、最低生活保障金等保障当事人基本生活的权利；

（五）其他专属于债务人自身的权利。

第三十五条 债权人依据民法典第五百三十五条的规定对债务人的相对人提起代位权诉讼的，由被告住所地人民法院管辖，但是依法应当适用专属管辖规定的除外。

债务人或者相对人以双方之间的债权债务关系订有管辖协议为由提出异议的，人民法院不予支持。

第三十六条 债权人提起代位权诉讼后，债务人或者相对人以双方之间的债权债务关系订有仲裁协议为由对法院主管提出异议的，人民法院不予支持。但是，债务人或者相对人在首次开庭前就债务人与相对人之间的债权债务关系申请仲裁的，人民法院可以依法中止代位权诉讼。

第三十七条 债权人以债务人的相对人为被告向人民法院提起代位权诉讼，未将债务人列为第三人的，人民法院应当追加债务人为第三人。

两个以上债权人以债务人的同一相对人为被告提起代位权诉讼的，人民法院可以合并审理。债务人对相对人享有的债权不足以清偿其对两个以上债权人负担的债务的，人民法院应当按照债权人享有的债权比例确定相对人的履行份额，但是法律另有规定的除外。

第三十八条 债权人向人民法院起诉债务人后，又向同一人民法院对债务人的相对人提起代位权诉讼，属于该人民法院管辖的，可以合并审理。不属于该人民法院管辖的，应当告知其向有管辖权的人民法院另行起诉；在起诉债务人的诉讼终结前，代位权诉讼应当中止。

第三十九条 在代位权诉讼中，债务人对超过债权人代位请求数额的债权部分起诉相对人，属于同一人民法院管辖的，可以合并审理。不属于同一人民法院管辖的，应当告知其向有管辖权的人民法院另行起诉；在代位权诉讼终结前，债务人对相对人的诉讼应当中止。

第四十条 代位权诉讼中，人民法院经审理认为债权人的主张不符合代位权行使条件的，应当驳回诉讼请求，但是不影响债权人根据新的事实再次起诉。

债务人的相对人仅以债权人提起代位权诉讼时债权人与债务人之间的债权债务关系未经生效法律文书确认为由，主张债权人提起的诉讼不符合代位权行使条件的，人民法院不予支持。

第四十一条　债权人提起代位权诉讼后，债务人无正当理由减免相对人的债务或者延长相对人的履行期限，相对人以此向债权人抗辩的，人民法院不予支持。

《中华人民共和国合同法》（已失效）

第七十三条　因债务人怠于行使其到期债权，对债权人造成损害的，债权人可以向人民法院请求以自己的名义代位行使债务人的债权，但该债权专属于债务人自身的除外。

代位权的行使范围以债权人的债权为限。债权人行使代位权的必要费用，由债务人负担。

《中华人民共和国民法典》

第五百三十五条　因债务人怠于行使其债权或者与该债权有关的从权利，影响债权人的到期债权实现的，债权人可以向人民法院请求以自己的名义代位行使债务人对相对人的权利，但是该权利专属于债务人自身的除外。

代位权的行使范围以债权人的到期债权为限。债权人行使代位权的必要费用，由债务人负担。

相对人对债务人的抗辩，可以向债权人主张。

第五百三十六条　债权人的债权到期前，债务人的债权或者与该债权有关的从权利存在诉讼时效期间即将届满或者未及时申报破产债权等情形，影响债权人的债权实现的，债权人可以代位向债务人的相对人请求其向债务人履行、向破产管理人申报或者作出其他必要的行为。

第五百三十七条　人民法院认定代位权成立的，由债务人的相对人向债权人履行义务，债权人接受履行后，债权人与债务人、债务人与相对人之间相应的权利义务终止。债务人对相对人的债权或者与该债权有关的从权利被采取保全、执行措施，或者债务人破产的，依照相关法律的规定处理。

《最高人民法院关于适用〈中华人民共和国合同法〉若干问题的解释（一）》（已失效）

第十三条　合同法第七十三条规定的"债务人怠于行使其到期债权，对债权人造成损害的"，是指债务人不履行其对债权人的到期债务，又不以诉讼方式或者仲裁方式向其债务人主张其享有的具有金钱给付内容的到期债权，致使债权人的到期债权未能实现。

次债务人（即债务人的债务人）不认为债务人有怠于行使其到期债权情况的，应当承担举证责任。

法院判决

以下为该案在法院审理阶段，判决书中"本院认为"就该问题的论述：

《合同法》第七十三条第一款规定："因债务人怠于行使其到期债权，对债权人造成损害的，债权人可以向人民法院请求以自己的名义代位行使债务人的债权，但该债权专属于债务人自身的除外。"《最高人民法院关于适用〈中华人民共和国合同法〉若干问题的解释（一）》第十三条第一款规定："合同法第七十三条规定的'债务人怠于行使其到期债权，对债权人造成损害的'，是指债务人不履行其对债权人的到期债务，又不以诉讼方式或者仲裁方式向其债务人主张其享有的具有金钱给付内容的到期债权，致使债权人的到期债权未能实现。"根据该规定，在债权人代位权法律关系中，债权人代位权的客体是指债务人怠于向次债务人主张其到期债权，债务人怠于主张其他权利如物上请求权，债权人向次债务人行使代位权的，人民法院不予支持；债务人对次债务人的到期债权还应当确定具有金钱给付内容，具有其他财产给付内容，债权人向次债务人主张代位权的，人民法院不予支持。

本案中，王某光因对海某公司享有29180040.19元债权无法实现，以海某公司怠于向北某市卫生局主张其到期债权为由，诉请向北某市卫生局行使代位权。为此，本案首先应确定海某公司对北某市卫生局是否享有到期债权；其次应确定海某公司对北某市卫生局的债权是否具有金钱给付内容。

关于海某公司对北某市卫生局是否享有到期债权的问题。王某光提出北某市卫生局侵占海某公司33.39亩国有土地使用权。倘若属实，则海某公司对北某市卫生局享有的权利为物上请求权而不是债权。该物上请求权即使表现为折价赔偿，具有金钱给付内容，但王某光作为海某公司的债权人，向北某市卫生局行使代位权，客体亦不符合债权人代位权的法定构成要件。根据二审查明的案件事实，北某市卫生局在北土籍字（1993）字第005号《北某市建设用地许可证》中共有447.74亩国有土地使用权，其在上签注海某公司拥有其中338亩国有土地使用权。照此推算，北某市卫生局本应剩余109.74亩（447.74亩-338亩）国有土地使用权可以处分，而后其向外转让69.7亩、被有关法院强制执行73.43亩，合计处分143.13亩，超出33.39亩（143.13亩-109.74亩）。对此，由于北某市卫生局与海某公司对338亩国有土地使用权既未办理过户登记手续，亦未划定地界四至，不能确定海某公司是否已取得该338亩国有土地使用权，也就无法认定北某市卫生局是否侵占海某公司33.39亩国有土地使用权。因此，王某光申请再审提出北某市卫生局对海某公司负有侵权之债，其有权向北某市卫生局行使代位权的理由，不仅与法律规定不符，亦缺乏事实依据，不能成立。

关于海某公司对北某市卫生局的债权是否具有金钱给付内容的问题。从《关于合作期间的补充协议》约定来看，北某市卫生局投资合作约500亩土地，海某公司以每亩13万元价格买下四分之三土地作房地产开发使用。据此，双方构成国有土地使用权转让合同之债的法律关系。海某公司对北某市卫生局享有的权利，或者说北某市卫生局对海某公司负有的义务，为履行交付有关国有土地使用权，并不具有金钱给付内容。具体到北土籍字（1993）字第005号《北某市建设用地许可证》，北某市卫生局在其上签注海某公司拥有338亩国有土地使用权。履行中，海某公司被有关法院强制执行253.4亩，自行开发49.44亩，合计302.84亩。对此，北某市卫生局未提出异议，在本案中可视为其实际向海某公司履行了302.84亩国有土地使用权交付义务。对签注剩余的35.16亩（338亩-302.84亩）国有土地使用权，北某市卫生局应否继续履行交付义务，尚不确定。即使北某市卫生局负有继续履行交付义务，亦不确定具有金钱给付内容。因此，王某光申请再审提出海某公司对北某市卫生局的债权具有金钱给付内容，其有权向北某市卫生局行使代位权的理由，缺乏事实和法律依据，亦不能成立。

050 债权人行使撤销权，其客观要件的判断标准及举证责任如何规定[*]

> **阅读提示**：《合同法》第七十四条规定了债权人行使撤销权的客观要件，即债务人的不当行为减少了责任财产和清偿能力，不能使债权人依债权得到满足。但《合同法》与其司法解释都未明确何谓"债务人的行为有害于债权人的债权"，对此又存在两方面的问题：其一是判断标准的问题，其二是举证责任分配

---

[*] 案件来源：中某水利电力对外公司与上海福某围垦疏浚有限公司、龙某港集团上海实某有限公司、海南龙某港疏浚集团有限公司撤销权纠纷案，最高人民法院（2009）最高法民二提字第58号。

的问题。本书通过最高人民法院的判例为读者揭示在何种情况下法院认定对债权人造成损害，以及举证责任由谁承担。

裁判要旨

有害于债权的判断标准，应当从两个方面加以把握：其一，对债权人的债权产生的不利影响要达到债务人没有清偿资力的程度；其二，关于举证责任，根据"谁主张、谁举证"的分配原则，债权人应当承担举证责任，证明债务人无清偿资历的客观事实。①

案情介绍

1. 中某水利电力对外公司（以下简称中某电公司）与海南龙某港疏浚集团有限公司（以下简称龙某港公司）之间签订《合作施工协议书》及《合作施工补充协议书》；龙某港公司同时又与上海福某围垦疏浚有限公司（以下简称上海福某公司）、龙某港集团上海实某有限公司（以下简称上海实某公司）之间签订《合作施工协议书》，上海福某公司、上海实某公司相对于龙某港公司是债权人，中某电公司相对于龙某港公司是债务人。

2. 上海福某公司、上海实某公司在合同签订后，投入"奥利安"号、"诺西"号挖泥船进行施工，至2004年6月完成了部分吹填土方工程项目及合同所约定的工程任务，但是龙某港公司对其完成的土方量未达成结算也未支付工程款。

3. 2004年6月29日，中某电公司与龙某港公司在明知由上海福某公司、上海实某公司实际施工完成的工程量达1亿余元的情况下，以5800万元对中某电公司欠龙某港公司的工程款实行一次性结算，该结算的工程量明显少于实际工程量，龙某港公司在其中放弃了大量工程款。

4. 2005年7月11日，上海福某公司、上海实某公司向海南省琼海市人民法院起诉请求行使债权人撤销权，撤销龙某港公司与中某电公司之间的结算协议，一审法院认为结算协议损害了上海福某公司、上海实某公司的合法权益，危害债权的实现，支持其诉求，中某电公司不服提起上诉，海南中级人民法院以同样理由维持原判，中某电公司又向海南中级人民法院和海南省高院申请再审，同样被驳回。

---

① 《合同法》已失效，现相关规定见《民法典》第五百三十八条至第五百四十条。

5. 中某电公司不服以上判决，认为结算协议没有损害上海福某公司和上海实某公司的所谓"债权"，不符合撤销权的客观要件，向最高人民法院申诉，最高人民法院认为中某电公司证明了龙某港公司不仅在签订结算协议时资力雄厚，且其后几年资力也继续增长，足以清偿案涉全部债权，上海福某公司和上海实某公司不能主张撤销权，支持了中某电公司的请求。

实务要点总结

第一，对于有害债权的判断，以"债务超过"与否为判断标准，即如果债务人处分其财产后便不具有足够资产清偿债权人的债权，就认定该行为有害债权。

第二，对于有害债权的举证责任问题遵循"谁主张、谁举证"的原则，债权人认为债务人的不当行为危及其债权的实现，应当对此事实承担举证责任，证明债务人的资产不足以清偿债权。当然债务人也可以通过反证证明其仍然资力雄厚，无碍于对债权人的清偿，以避免自己的行为被撤销。

相关法律规定

《最高人民法院关于适用〈中华人民共和国民法典〉合同编通则若干问题的解释》

第四十二条　对于民法典第五百三十九条规定的"明显不合理"的低价或者高价，人民法院应当按照交易当地一般经营者的判断，并参考交易时交易地的市场交易价或者物价部门指导价予以认定。

转让价格未达到交易时交易地的市场交易价或者指导价百分之七十的，一般可以认定为"明显不合理的低价"；受让价格高于交易时交易地的市场交易价或者指导价百分之三十的，一般可以认定为"明显不合理的高价"。

债务人与相对人存在亲属关系、关联关系的，不受前款规定的百分之七十、百分之三十的限制。

第四十三条　债务人以明显不合理的价格，实施互易财产、以物抵债、出租或者承租财产、知识产权许可使用等行为，影响债权人的债权实现，债务人的相对人知道或者应当知道该情形，债权人请求撤销债务人的行为的，人民法院应当依据民法典第五百三十九条的规定予以支持。

第四十四条　债权人依据民法典第五百三十八条、第五百三十九条的规定提起撤销权诉讼的，应当以债务人和债务人的相对人为共同被告，由债务人或者相对人的住所地人民法院管辖，但是依法应当适用专属管辖规定的除外。

两个以上债权人就债务人的同一行为提起撤销权诉讼的，人民法院可以合并审理。

第四十五条 在债权人撤销权诉讼中，被撤销行为的标的可分，当事人主张在受影响的债权范围内撤销债务人的行为的，人民法院应予支持；被撤销行为的标的不可分，债权人主张将债务人的行为全部撤销的，人民法院应予支持。

债权人行使撤销权所支付的合理的律师代理费、差旅费等费用，可以认定为民法典第五百四十条规定的"必要费用"。

第四十六条 债权人在撤销权诉讼中同时请求债务人的相对人向债务人承担返还财产、折价补偿、履行到期债务等法律后果的，人民法院依法予以支持。

债权人请求受理撤销权诉讼的人民法院一并审理其与债务人之间的债权债务关系，属于该人民法院管辖的，可以合并审理。不属于该人民法院管辖的，应当告知其向有管辖权的人民法院另行起诉。

债权人依据其与债务人的诉讼、撤销权诉讼产生的生效法律文书申请强制执行的，人民法院可以就债务人对相对人享有的权利采取强制执行措施以实现债权人的债权。债权人在撤销权诉讼中，申请对相对人的财产采取保全措施的，人民法院依法予以准许。

《中华人民共和国合同法》（已失效）

第七十四条 因债务人放弃其到期债权或者无偿转让财产，对债权人造成损害的，债权人可以请求人民法院撤销债务人的行为。债务人以明显不合理的低价转让财产，对债权人造成损害，并且受让人知道该情形的，债权人也可以请求人民法院撤销债务人的行为。

撤销权的行使范围以债权人的债权为限。债权人行使撤销权的必要费用，由债务人负担。

《中华人民共和国民法典》

第五百三十八条 债务人以放弃其债权、放弃债权担保、无偿转让财产等方式无偿处分财产权益，或者恶意延长其到期债权的履行期限，影响债权人的债权实现的，债权人可以请求人民法院撤销债务人的行为。

第五百三十九条 债务人以明显不合理的低价转让财产、以明显不合理的高价受让他人财产或者为他人的债务提供担保，影响债权人的债权实现，债务人的相对人知道或者应当知道该情形的，债权人可以请求人民法院撤销债务人的行为。

第五百四十条 撤销权的行使范围以债权人的债权为限。债权人行使撤销权的必要费用，由债务人负担。

法院判决

以下为该案在法院审理阶段，判决书中"本院认为"就该问题的论述：

关于龙某港公司的放弃债权行为是否给上海福某公司、上海实某公司的债权造成损害的问题。所谓有害于债权，是指因债务人的行为导致其清偿资力的减少，以至于无法满足债权的要求，给债权的实现造成损害。对此，应当从两个方面加以把握：其一，关于有害于债权的判断标准。一般而言，债务人放弃到期债权、无偿转让财产、以不合理的低价转让财产等行为都会导致其责任财产的减少，通常会对债权人的债权产生不利的影响，但这种不利影响必须达到债务人没有清偿资力的程度方可构成债权的侵害。其二，关于举证责任的承担。根据"谁主张、谁举证"的分配原则，债权人应当承担举证责任，以证明债务人无清偿资力的客观事实。本案中，上海福某公司和上海实某公司并未举证证明龙某港公司放弃债权的行为在何种程度上影响了其清偿资力，并导致其债权不能实现。而中某电公司提供的证据表明，龙某港公司不仅在实施结算行为的当年资力雄厚，且其后几年的工商登记年检报告均显示其资力也继续增长，其资产足以清偿该两公司在本案中所主张的全部债权。上海福某公司和上海实某公司关于龙某港公司在结算中放弃债权的行为事实上使得该两公司无法再向龙某港公司、中某电公司和业主主张工程款，直接导致其债权灭失，依"举轻以明重"的法律解释规则，对该行为应予撤销的诉讼理由，混淆了以合同相对性及债权人代位权制度为基础的工程款结算司法解释与本案债权人撤销权法律制度的各自法律构成，故本院对其此点诉讼理由，不予采纳。原再审法院以龙某港公司在转付款项后未再支付为由，认定龙某港公司放弃工程款的行为与上海福某公司和上海实某公司债权受损之间具有因果关系，无事实和法律依据，本院予以纠正。

051 债务人低价转让股权满足哪些条件可被债权人撤销[*]

> **阅读提示**：本案大连实某集团以隐名持股的方式持有其他公司价值约 8 亿元的股权，2012 年（彼时徐某涉嫌经济案件被相关部门控制）大连实某集团指派显名股东低价将该股权转让给他人。法院最终认定该转让行为损害了债权人利益，故撤销了该转让行为。

裁判要旨

一、债务人以明显不合理的低价转让财产，对债权人造成损害，并且受让人知道该情形的，债权人可以请求人民法院撤销债务人的行为。转让价格达不到交易时交易地的指导价或者市场交易价百分之七十的，一般可以视为明显不合理的低价。

二、判断是否以明显不合理的低价转让，应以交易当时、当地情况进行判断，结合其他因素进行考虑。股权是一种无形的、抽象的、综合性的权利，股权价值的判断，按照一般的经济生活习惯，公司净资产价值是公司股权价格的最直接参考标准。

案情介绍

1. 人某公司系实某集团的债权人，债权数额 120916 万元。鑫某公司代实某集团持有天某公司 100% 股权。

2. 2012 年 7 月 2 日，鑫某公司与深圳市万某房地产开发集团有限公司（以下简称万某集团）签订《债权转让协议书》《股权转让协议》，约定鑫某公司向万某集团以 40000 万元转让所持天某公司 99% 股权，万某集团用所持有实某集团的债权抵偿。鑫某公司转让天某公司股权系受实某集团指派。万某集团知晓实某集团尚有其他债权人。后办理了股权变更登记。

3. 万某集团受让股权后，与万某地产、常某分别签订《出资转让协议书》，将天某公司 99% 的股权分别转让给万某地产、常某。

---

[*] 案件来源：深圳市万某房地产开发集团有限公司、人某投资控股股份有限公司合同纠纷再审审查与审判监督民事裁定书，最高人民法院（2018）最高法民申 1212 号。

4. 人某公司提起诉讼，请求：撤销《债权转让协议书》并将天某公司 99% 的股权恢复至转让前的状态；确认《出资转让协议书》无效。

5. 本案经一审、二审及最高人民法院再审，最终最高人民法院支持了人某公司的诉求。

实务要点总结

第一，债务人应及时依约履行债务，以低价或无偿转让财产的方式逃避债务不可取。债务人以明显不合理的低价转让财产，损害债权人利益且受让人知道该情形的，债权人有权撤销债务人的该等行为。

第二，在债务人的行为危害债权人行使债权的情况下，债权人保护债权的方法，一是行使债权人的撤销权，请求撤销债务人订立的相关合同；二是基于债务人与他人恶意串通的证据，请求人民法院确认债务人签订的相关合同无效。

第三，债权人应当自知道或者应当知道撤销事由之日起 1 年内行使撤销权，且不应超过债务人的行为发生之日起 5 年。

相关法律规定

《最高人民法院关于适用〈中华人民共和国民法典〉合同编通则若干问题的解释》

第四十二条　对于民法典第五百三十九条规定的"明显不合理"的低价或者高价，人民法院应当按照交易当地一般经营者的判断，并参考交易时交易地的市场交易价或者物价部门指导价予以认定。

转让价格未达到交易时交易地的市场交易价或者指导价百分之七十的，一般可以认定为"明显不合理的低价"；受让价格高于交易时交易地的市场交易价或者指导价百分之三十的，一般可以认定为"明显不合理的高价"。

债务人与相对人存在亲属关系、关联关系的，不受前款规定的百分之七十、百分之三十的限制。

第四十三条　债务人以明显不合理的价格，实施互易财产、以物抵债、出租或者承租财产、知识产权许可使用等行为，影响债权人的债权实现，债务人的相对人知道或者应当知道该情形，债权人请求撤销债务人的行为的，人民法院应当依据民法典第五百三十九条的规定予以支持。

《中华人民共和国合同法》（已失效）

第七十四条　因债务人放弃其到期债权或者无偿转让财产，对债权人造成损害的，债权人可以请求人民法院撤销债务人的行为。债务人以明显不合理的低价转让财产，对债权人造成损害，并且受让人知道该情形的，债权人也可以请求人民法院撤销债务人的行为。

撤销权的行使范围以债权人的债权为限。债权人行使撤销权的必要费用，由债务人负担。

《中华人民共和国民法典》

第五百三十八条　债务人以放弃其债权、放弃债权担保、无偿转让财产等方式无偿处分财产权益，或者恶意延长其到期债权的履行期限，影响债权人的债权实现的，债权人可以请求人民法院撤销债务人的行为。

第五百三十九条　债务人以明显不合理的低价转让财产、以明显不合理的高价受让他人财产或者为他人的债务提供担保，影响债权人的债权实现，债务人的相对人知道或者应当知道该情形的，债权人可以请求人民法院撤销债务人的行为。

第五百四十条　撤销权的行使范围以债权人的债权为限。债权人行使撤销权的必要费用，由债务人负担。

第五百四十一条　撤销权自债权人知道或者应当知道撤销事由之日起一年内行使。自债务人的行为发生之日起五年内没有行使撤销权的，该撤销权消灭。

第五百四十二条　债务人影响债权人的债权实现的行为被撤销的，自始没有法律约束力。

《全国法院民商事审判工作会议纪要》

42.【撤销权的行使】撤销权应当由当事人行使。当事人未请求撤销的，人民法院不应当依职权撤销合同。一方请求另一方履行合同，另一方以合同具有可撤销事由提出抗辩的，人民法院应当在审查合同是否具有可撤销事由以及是否超过法定期间等事实的基础上，对合同是否可撤销作出判断，不能仅以当事人未提起诉讼或者反诉为由不予审查或者不予支持。一方主张合同无效，依据的却是可撤销事由，此时人民法院应当全面审查合同是否具有无效事由以及当事人主张的可撤销事由。当事人关于合同无效的事由成立的，人民法院应当认定合同无效。当事人主张合同无效的理由不成立，而可撤销的事由成立的，因合同无效和可撤销的后果相同，人民法院也可以结合当事人的诉讼请求，直接判决撤销合同。

法院判决

以下为该案在法院审理阶段，裁定书中"本院认为"就该问题的论述：

关于万某集团是否明知受让案涉股权时损害实某集团债权人利益的问题。合同法第七十四条规定："因债务人放弃其到期债权或者无偿转让财产，对债权人造成损害的，债权人可以请求人民法院撤销债务人的行为。债务人以明显不合理的低价转让财产，对债权人造成损害，并且受让人知道该情形的，债权人也可以请求人民法院撤销债务人的行为。撤销权的行使范围以债权人的债权为限。债权人行使撤销权的必要费用，由债务人负担。"《最高人民法院关于适用〈中华人民共和国合同法〉若干问题的解释（二）》第十九条规定："对于合同法第七十四条规定的'明显不合理的低价'，人民法院应当以交易当地一般经营者的判断，并参考交易当时交易地的物价部门指导价或者市场交易价，结合其他相关因素综合考虑予以确认。转让价格达不到交易时交易地的指导价或者市场交易价百分之七十的，一般可以视为明显不合理的低价；对转让价格高于当地指导价或者市场交易价百分之三十的，一般可以视为明显不合理的高价。债务人以明显不合理的高价收购他人财产，人民法院可以根据债权人的申请，参照合同法第七十四条的规定予以撤销。"本案中，2012年7月2日万某集团与鑫某公司签订的《债权转让协议书》约定，万某集团对实某集团8亿元债权转让给鑫某公司，鑫某公司将其持有天某公司股权转让给万某集团作为8亿元债权转让对价。但同日，双方签订的《股权转让协议》约定，鑫某公司同意向万某集团转让其合法持有的天某公司99%的股权，鑫某公司所持天某公司股权的转让价值为40000万元，鑫某公司与万某集团同意以鑫某公司、万某集团、天某公司三方于2012年7月2日签订的《债权转让协议书》（合同编号2012063001）项下的债权予以支付。即双方约定万某集团受让鑫某公司所持天某公司99%股权的价值为40000万元，万某集团用8亿元债权抵偿价值为40000万元的股权。关于万某集团是否以明显不合理的低价受让天某公司股权问题。本院认为，判断是否以明显不合理的低价转让，应以交易当时、当地情况进行判断，结合其他因素进行考虑。股权是一种无形的、抽象的、综合性的权利，股权价值的判断，按照一般的经济生活习惯，公司净资产价值是公司股权价格的最直接参考标准。本案中，首先，人某公司提交的证据北京鼎某德房地产土地评估有限公司作出的《土地评估报告》可知，天某公司名下的三块待开发土地评估价为140857.36万元，本案当事人均未提供案涉股权转让时，天某公司有对外负债的证据。万某集团一审提供的证据银信评估报告载明，2012年10月31日天某公司的净资产评估值为8.25亿元。因此，天某公司的净资产评估值为8.25亿元可以作为案涉股权价值的参考标准，股权转让价格4亿元，没有达到交易时交易地的指导价8.25亿元的70%即5.775亿元。根据以上事实，二审法院认为本案股权价值不论是以公司净资产价值为参考标准,还是以案涉股权质押时的作价标准,该股权转让价格均不足其实际价格的70%,系明显不合理的低价,该认定并无不当,本院予以维持。其次,2012年实某集团发生突发事件,金融债权人宣布借款提前到期,发生了大量金融债权诉讼案件,实某集团及关联公司名下的财产被查封。在此情况下,案涉股权未经评估,即约定以4亿元的价格转让给万某集团,并用8亿元债权抵顶股权转让价款。据此,二审法院认定实某集团以明显不合理的低价转让财产,对其债权人人某公司造成损害,该认定并无不当,本院予以维持。最后,2012年7月2日万某集团与鑫某公司签订的《债权转让协议书》约定,万某集团已受让的奥地利银行对实某集团、北京实某商务物流有限公司等享有的部分债权1.9亿元,则说明万某集团明知实某集团尚有其他债权人。实某集团以明显不合理的低价处分其财产,致使其本可用于偿还债权人的财产缩水、灭失,当然损害债权人的求偿权,故实某集团低价处分财产侵害到其债权人的权益,且万某集团知道该情形。综上,二审法院认定实某集团以明显不合理的超低价格转让案涉股权,对其债权人人某公司造成损害,并且受让人万某集团知道该情形,人某公司请求撤销鑫某公司转让案涉股权的行为应予支持,该认定并无不当,本院予以维持。

052 股权转让和股权让与担保的区分原则[*]

> **阅读提示**:《全国法院民商事审判工作会议纪要》第七十一条确认了让与担保的有效性,而让与担保之"让与"意味着债务人或者第三人需要将约定财产的所有权在形式上转让至债权人名下。基于物权的公示效力,财产的归属问题通常会成为争议的中心。当债权人主张合同系转让合同,债务人或第三人主张合同系让与担保合同时应如何处理,本案例中,法院认为二者的区分应当主要从合同目的及合同主从性的角度进行判断。

裁判要旨

区分股权让与担保和股权转让,主要应从合同目的以及合同是否具有主从性特征来判断。当事人关于可以在约定的期限内购买股权的约定系相关各方达成的一种

---

[*] 案件来源:伯利兹籍居民张某某诉谢某某、深圳某有限公司等合同纠纷案一审民事判决书,最高人民法院(2020)最高法商初5号。

商业安排，不同于让与担保中采用的转让方应当在一定期限届满后回购所转让财产的约定。一方当事人的经营权仅在回购期内受到一定限制，并未约定对回购期满后的股东权利进行任何限制，亦不同于股权让与担保常见的对受让方股东权利进行限制的约定。

案情介绍

1. 深圳某投资发展公司最初由鞍山某科技公司和深圳某有限公司分别持股56.14%和43.86%，张某某系三家公司的实际控制人。

2. 鞍山某科技公司及其关联公司将深圳某投资发展公司100%股权变更登记至某文化企业名下作为向某文化企业融资的风险保障措施。后张某某、鞍山某科技公司与深圳某有限公司、谢某某签订协议，约定深圳某有限公司股权正式由谢某某等持有，并由深圳某有限公司筹集用于回购登记在某文化企业名下的深圳某投资发展公司99%的股权，还约定在其完成回购后12个月内，张某某和鞍山某科技公司有权购买深圳某投资发展公司99%的股权等。

3. 深圳某有限公司筹资回购了深圳某投资发展公司99%股权并完成工商变更登记。

4. 张某某认为案涉协议系股权让与担保之安排，其作为深圳某投资发展公司的实际控制人，向广东省深圳中院请求确认登记在深圳某有限公司名下的深圳某投资发展公司99%股权系向谢某某提供的让与担保措施，并确认深圳某投资发展公司43.68%的股权归其所有。

5. 最高人民法院于2020年9月29日作出（2020）最高法民辖54号民事裁定，裁定由最高人民法院第一国际商事法庭审理。

6. 最高人民法院于2022年7月27日作出生效民事判决，判决驳回张某某的全部诉讼请求。

实务要点总结

第一，合同系双方共同真实意思表示的产物，而双方的意思表示往往是通过合同内容的方式加以体现。即使是合同中细微的用语差异，也可能因为意思表示的改变而影响合同性质的认定。因此，在约定或审查合同条款时，应关注合同中的用语是否使用精准、明确，尽可能避免词不达意带来的合同风险。

第二，让与担保合同中，担保权人并不享有让与财产所有权权能，因而在订立让与担保合同时，可以在合同条款中对担保权人所有权权能的行使明确限制，与所有权转让合同进行明确区分。同时，若双方约定了所有权权能的限制期限，债务人应在约定期限内及时履行主合同义务，避免合同由让与担保合同转化为所有权转让合同。

相关法律规定

《中华人民共和国民法典》

第五百零九条 当事人应当按照约定全面履行自己的义务。

当事人应当遵循诚信原则，根据合同的性质、目的和交易习惯履行通知、协助、保密等义务。

当事人在履行合同过程中，应当避免浪费资源、污染环境和破坏生态。

《最高人民法院关于适用〈中华人民共和国民法典〉有关担保制度的解释》

第六十八条 债务人或者第三人与债权人约定将财产形式上转移至债权人名下，债务人不履行到期债务，债权人有权对财产折价或者以拍卖、变卖该财产所得价款偿还债务的，人民法院应当认定该约定有效。当事人已经完成财产权利变动的公示，债务人不履行到期债务，债权人请求参照民法典关于担保物权的有关规定就该财产优先受偿的，人民法院应予支持。

债务人或者第三人与债权人约定将财产形式上转移至债权人名下，债务人不履行到期债务，财产归债权人所有的，人民法院应当认定该约定无效，但是不影响当事人有关提供担保的意思表示的效力。当事人已经完成财产权利变动的公示，债务人不履行到期债务，债权人请求对该财产享有所有权的，人民法院不予支持；债权人请求参照民法典关于担保物权的规定对财产折价或者以拍卖、变卖该财产所得的价款优先受偿的，人民法院应予支持；债务人履行债务后请求返还财产，或者请求对财产折价或者以拍卖、变卖所得的价款清偿债务的，人民法院应予支持。

债务人与债权人约定将财产转移至债权人名下，在一定期间后再由债务人或者其指定的第三人以交易本金加上溢价款回购，债务人到期不履行回购义务，财产归债权人所有的，人民法院应当参照第二款规定处理。回购对象自始不存在的，人民法院应当依照民法典第一百四十六条第二款的规定，按照其实际构成的法律关系处理。

《全国法院民商事审判工作会议纪要》

71.【让与担保】债务人或者第三人与债权人订立合同，约定将财产形式上转让至债权人名下，债务人到期清偿债务，债权人将该财产返还给债务人或第三人，债务人到期没有清偿债务，债权人可以对财产拍卖、变卖、折价偿还债权的，人民法院应当认定合同有效。合同如果约定债务人到期没有清偿债务，财产归债权人所有的，人民法院应当认定该部分约定无效，但不影响合同其他部分的效力。

当事人根据上述合同约定，已经完成财产权利变动的公示方式转让至债权人名下，债务人到期没有清偿债务，债权人请求确认财产归其所有的，人民法院不予支持，但债权人请求参照法律关于担保物权的规定对财产拍卖、变卖、折价优先偿还其债权的，人民法院依法予以支持。债务人因到期没有清偿债务，请求对该财产拍卖、变卖、折价偿还所欠债权人合同项下债务的，人民法院亦应依法予以支持。

法院判决

以下为该案在审理阶段，判决书中"本院认为"部分就该问题的论述：

案涉《股权回购协议》虽对数个商事交易进行了安排，但涉及本案争议的焦点问题主要是上述协议中股权变动的性质。对此，张某某主张，《股权回购协议》名为股权回购协议、实为民间借贷合同，将深圳某投资发展公司43.86%的股权变更登记在深圳某有限公司名下是作为保障债权实现的股权让与担保，深圳某投资发展公司案涉股权仍归张某某所有。深圳某有限公司、谢某某认为，案涉《股权回购协议》是股权转让合同，谢某某已出资6.82555亿元收购了深圳某投资发展公司99%的股权，深圳某有限公司受让案涉深圳某投资发展公司股权是基于真实的股权转让并设定了回购条款，而非让与担保。法院认为，区分让与担保和股权转让，主要应从两者的合同目的以及合同是否具有主从性特征来判断。《全国法院民商事审判工作会议纪要》第七十一条规定："债务人或者第三人与债权人订立合同，约定将财产形式上转让至债权人名下，债务人到期清偿债务，债权人将该财产返还给债务人或第三人，债务人到期没有清偿债务，债权人可以对财产拍卖、变卖、折价偿还债权的，人民法院应当认定合同有效……"由此可知，让与担保作为一种非典型担保，其目的在于为主债务提供担保，属于从合同范畴，对于受让的财产，受让人在主债务清偿期未届满前不得行使相关权利或处分担保物；财产权转让或股权转让作为一种交易安排，其目的在于转让财产权或股权后获取买受人应当支付的对价款，是通过出卖人根据合同约定交付出让财产用来获取对价款的合同行为。具体可分为以下三点：

第一，合同条款中无让与担保内容，未体现合同的主从性特征。从协议内容看，根据该协议鉴于条款以及第一条、第二条的约定，张某某及鞍山某科技公司原欠谢某某的历史债务 5.4896 亿元，原登记在谢某某名下的深圳某有限公司 90% 股权、登记在某光电产业公司名下的深圳某有限公司 10% 股权，是让与担保方式持有；深圳某投资发展公司股权原由鞍山某科技公司持有 56.14%、深圳某有限公司持有 43.86%，因向某文化企业借款还债而将深圳某投资发展公司 100% 过户登记至某文化企业名下；由于张某某、鞍山某科技公司一方同意谢某某帮助深圳某有限公司筹资向某文化企业回购深圳某投资发展公司 100% 股权，谢某某持有深圳某有限公司 90% 股权不再是前述"历史债务"欠款的担保方式，而由谢某某正式持有；因某文化企业释放深圳某投资发展公司股权时，99% 股权由深圳某有限公司持有、1% 股权由鞍山某科技公司持有，根据《股权回购协议》第一条关于谢某某正式持有深圳某有限公司股权的约定，谢某某亦应通过正式持有深圳某有限公司股权而间接持有深圳某投资发展公司股权。由上可知，案涉《股权回购协议》内容中未就张某某、鞍山某科技公司向谢某某民间借贷进行约定，亦未就深圳某投资发展公司 99% 股权向谢某某、深圳某有限公司办理让与担保进行安排，更无条款体现合同的主从性特征。因此，张某某主张登记在深圳某有限公司名下的深圳某投资发展公司 99% 股权系张某某和鞍山某科技公司向谢某某提供的股权让与担保措施，无事实和法律依据，法院不予支持。同时，张某某关于争议股权价值是认定案涉《股权回购协议》中股权变动法律关系为借款担保关系还是股权转让关系的主张，因区分股权转让和让与担保的决定性因素并非其所称的股权价值，故法院亦不予支持。

第二，案涉《股权回购协议》对股权回购进行了安排。张某某、鞍山某科技公司曾参与签订《合作协议》《美某菲福永合作项目合作协议》及《补充协议二》，在约定股权持有方式时均使用"代持""风险保障措施"等字样，而张某某、鞍山某科技公司在签订案涉《股权回购协议》中使用的是"正式""实际"持有，反映出张某某、鞍山某科技公司在本案所涉复杂商事交易中意思表示的重大转变。为了实现各自的商业目的，各方当事人还设定了案涉深圳某投资发展公司股权的购买权。《股权回购协议》第五条约定，张某某、鞍山某科技公司有权在本次深圳某有限公司从某文化企业处回购深圳某投资发展公司股权后的 12 个月内，向深圳某有限公司购买深圳某投资发展公司 99% 股权；并约定，6 个月内购买上述股权的，对价款为 10.3 亿元；6 个月至 12 个月内购买的，对价款为 11 亿元。同时，还约定了深圳某有限公司通过处置深圳某投资发展公司股权实现投资所得金额后的余额与差额处理方法，如果处置金额超出深圳某有限公司应得款项（历史债务加约定的股权回购总价），超额部分由张某某、鞍山某科技公司享有；如果处置金额不足以满足深圳某有限公司应得款项，不足部分由张某某、鞍山某科技公司承担。法院认为，本案所涉目标项目标的额巨大，案涉相关合同或协议内容复杂，各方当事人之间的约定非常具体细致，体现了参与主体均为成熟商事交易主体的设计和安排。商事交易的权利与义务主要根据当事人自由意志下的约定来确定，法律并未禁止债权投资与股权投资在一定条件下的转换。张某某、鞍山某科技公司作为独立成熟的商事主体，在原先持有深圳某投资发展公司股权过程中曾有让与担保的安排，应当知道让与担保合同与股权转让合同的区别。本案当事人之间对于协议中股权转让以及股权购买权的约定，即在股权转让后通过保留一定期限内回购该部分股权的安排保护自身的利益，而未作让与担保安排，即未约定张某某、鞍山某科技公司偿还谢某某、深圳某有限公司所筹资金并获得深圳某投资发展公司股权，应视为商事交易当时情况下其对自身利益最审慎的考量和安排。由于这种商业交易约定系各方当事人真实意思表示且协商一致，在不违反法律法规强制性规定的情况下，各商事主体的约定应当得到尊重，各方应按照约定履行义务，承担民事责任。

第三，回购期满后深圳某有限公司已正式持有深圳某投资发展公司股权并享有完整股东权利。经查，案涉《股权回购协议》签订后，深圳某有限公司依约筹款并向某文化企业付款，某文化企业收款后释放目标项目公司100%股权，深圳某投资发展公司的股权比例变更为深圳某有限公司占99%股权，鞍山某科技公司占1%股权。同时，深圳某投资发展公司的法定代表人、总经理变更为谢某某，监事、董事也予以了变更。根据案涉《股权回购协议》第二条和第六条约定，在1年回购期及深圳某有限公司同意的展期（以下统称为回购期）内，深圳某有限公司保证深圳某投资发展公司不得开展其他无关的经营工作，深圳某投资发展公司对外合作事宜由鞍山某科技公司和深圳某有限公司协商确定，深圳某有限公司、深圳某投资发展公司相关印信由鞍山某科技公司和深圳某有限公司共管，也不得对外出售所持深圳某投资发展公司股权及资产。由上可知，在回购期内，深圳某有限公司作为深圳某投资发展公司股东，其不得对外出售深圳某投资发展公司股权，经营权也受到一定限制。且根据《股权回购协议》第五条第五款约定，在回购期内张某某、鞍山某科技公司保留了对争议股权的控制权，并实际承担了争议股权价值变动的风险。但是，回购期满后深圳某有限公司对其持有深圳某投资发展公司股权部分可以行使经营权，也未明确限制处分权。此后，张某某、鞍山某科技公司与谢某某、深圳某有限公司之间还就1年回购期满后，展期回购（或赎回）案涉深圳某投资发展公司股权形成了《承诺函》与《和解协议》，一方面，体现了目标项目整体价值上涨后，2016年3月21日前回购股权价格为12.57亿元，2016年12月6日和解总金额为

22.68亿元。另一方面,这种安排亦进一步表明案涉股权变动为转让后的回购安排而非让与担保。现因张某某、鞍山某科技公司未能提交证据证明其已按期并提示谢某某、深圳某有限公司行使回购权,故应认定深圳某有限公司已实际持有本案争议的股权并享有完整股东权利。

此外,张某某虽为深圳某投资发展公司原实际控制人,但深圳某投资发展公司股权原为深圳某有限公司与鞍山某科技公司两股东持有,其并未提供曾直接持有深圳某投资发展公司股权的证据。且即便张某某曾为深圳某有限公司实际控制人,但深圳某有限公司拥有公司法意义上的独立法人人格,张某某无理由绕开深圳某有限公司而直接主张深圳某投资发展公司股权。故深圳某有限公司认为张某某未持有过深圳某投资发展公司股权,缺乏主张案涉股权的请求权基础,理由成立。

综上,张某某主张深圳某有限公司所持有深圳某投资发展公司99%股权是让与担保措施,其中43.86%应归其所有,没有事实和法律依据,且张某某也未提供其已归还6.82555亿元的证据,故法院不予支持。

第五章　合同的变更和转让

053 债权转让可否以登报的形式通知债务人*

> **阅读提示**：债权转让合同因让与人与受让人之间的合意而发生债权移转的效果，无须征得债务人的同意。但是，对此让与事实，债务人未必知晓。为了避免债务人错误清偿，法律设有保护债务人的规定，即《合同法》第八十条第一款规定的"债权人转让权利的，应当通知债务人。未经通知，该转让对债务人不发生效力"。而《民法典》第五百四十六条第一款进一步规定，"债权人转让债权，未通知债务人的，该转让对债务人不发生效力"。
>
> 关于通知的方法，《合同法》未作规定，根据一般法理、学说及判例，通知方法不应受严格限制，口头、书面通知均无不可。在本案例中，最高人民法院认为债权人以登报的形式通知债务人并不违反法律的规定，只要债权人实施了有效的通知行为，债权转让就应对债务人发生效力。

裁判要旨

债权人以登报的形式通知债务人并不违反法律的规定。只要债权人实施了有效的通知行为，债权转让就应对债务人发生法律效力。

本案中因法律法规对债权转让通知的具体方式没有规定，且《山东法制报》是在山东省内公开广泛发行的报纸，债权人在该报纸上登报通知债务人及担保人债权转让的事实，不违反法律法规的强制性规定，应认定债权人已将债权转让的事实告知债务人及担保人，并无不妥。债权转让并没有致使债务人错误履行债务、双重履行债务或加重债务人履行债务的负担，也没有损害海某公司的利益。双方债权债务

---

* 案件来源：何某兰诉海某公司等清偿债务纠纷二审案，最高人民法院（2003）最高法民一终字第46号。

关系明确，债务人及担保人应承担相应的法律责任。海某公司仅以债权人在报纸上登载债权转让通知不当为由，否认债权转让对其发生法律效力，理由不充分。

案情介绍

1. 1994年，东某水泥厂向某银行东营市河口区支行借款200万元，由某建材公司担保；1996年，东某水泥厂向某银行东营市东营区支行借款1050万元，由海某公司担保。

2. 2000年3月10日，某银行山东省分行与中国长某资产管理公司约定，自2000年3月25日起，某银行将对债务人东某水泥厂、担保人某建材公司本金200万元及利息的债权、对债务人东某水泥厂、担保人海某公司本金1050万元及利息的债权转移给中国长某资产管理公司，通知了债务人和担保人。

3. 2002年9月30日，中国长某资产管理公司将东某水泥厂所拖欠的贷款债权转让给何某兰，并于2003年1月21日，在《山东法制报》第2版刊登债权转移通知，通知东某水泥厂及担保人某建材公司、海某公司，其依法享有东某水泥厂债权本金1250万元及相应利息均已依法转移给何某兰，由其行使债权人的一切权利。

4. 2003年2月13日，何某兰向山东省高院起诉，请求东某水泥厂偿还债权本金1250万元及相应利息，某建材公司、海某公司在担保范围内承担连带清偿责任。山东省高院支持了何某兰的诉讼请求，海某公司不服，向最高人民法院提起上诉，最高人民法院判决驳回上诉，维持原判。

实务要点总结

第一，法律并未具体规定债权转让通知的形式，采用书面形式通知并由债务人签字认可是最佳形式。因此，在债权转让时，债权人最好采取书面通知形式，以减少诉讼纠纷。

第二，若以书面形式之外的形式通知的，应保证债务人能够及时、准确地获知债权转让的事实。因此，若采用登报的方式，应选择公开广泛发行的报纸，以便在发生争议时有足够的证据证明已履行了债权转让的通知义务，从而使得债权转让对债务人发生效力。

第三，即使债权人在债权转让时没有通知债务人，但债权的受让人直接以债务人为被告提起诉讼，寄送起诉状的方式亦可以作为合法的债权转让的通知方式。

相关法律规定

《最高人民法院关于适用〈中华人民共和国民法典〉合同编通则若干问题的解释》

第四十八条 债务人在接到债权转让通知前已经向让与人履行，受让人请求债务人履行的，人民法院不予支持；债务人接到债权转让通知后仍然向让与人履行，受让人请求债务人履行的，人民法院应予支持。

让与人未通知债务人，受让人直接起诉债务人请求履行债务，人民法院经审理确认债权转让事实的，应当认定债权转让自起诉状副本送达时对债务人发生效力。债务人主张因未通知而给其增加的费用或者造成的损失从认定的债权数额中扣除的，人民法院依法予以支持。

第四十九条 债务人接到债权转让通知后，让与人以债权转让合同不成立、无效、被撤销或者确定不发生效力为由请求债务人向其履行的，人民法院不予支持。但是，该债权转让通知被依法撤销的除外。

受让人基于债务人对债权真实存在的确认受让债权后，债务人又以该债权不存在为由拒绝向受让人履行的，人民法院不予支持。但是，受让人知道或者应当知道该债权不存在的除外。

第五十条 让与人将同一债权转让给两个以上受让人，债务人以已经向最先通知的受让人履行为由主张其不再履行债务的，人民法院应予支持。债务人明知接受履行的受让人不是最先通知的受让人，最先通知的受让人请求债务人继续履行债务或者依据债权转让协议请求让与人承担违约责任的，人民法院应予支持；最先通知的受让人请求接受履行的受让人返还其接受的财产的，人民法院不予支持，但是接受履行的受让人明知该债权在其受让前已经转让给其他受让人的除外。

前款所称最先通知的受让人，是指最先到达债务人的转让通知中载明的受让人。当事人之间对通知到达时间有争议的，人民法院应当结合通知的方式等因素综合判断，而不能仅根据债务人认可的通知时间或者通知记载的时间予以认定。当事人采用邮寄、通讯电子系统等方式发出通知的，人民法院应当以邮戳时间或者通讯电子系统记载的时间等作为认定通知到达时间的依据。

《中华人民共和国合同法》（已失效）

第八十条 债权人转让权利的，应当通知债务人。未经通知，该转让对债务人不发生效力。

债权人转让权利的通知不得撤销，但经受让人同意的除外。

《中华人民共和国民法典》

第五百四十六条 债权人转让债权，未通知债务人的，该转让对债务人不发生效力。

债权转让的通知不得撤销，但是经受让人同意的除外。

《北京市高级人民法院关于印发〈北京市高级人民法院审理民商事案件若干问题的解答之五（试行）〉的通知》

20. 债权转让没有通知债务人，受让债权人直接起诉债务人的，法院应如何处理？

债权转让没有通知债务人，受让债权人直接起诉债务人的，视为"通知"，法院应该在满足债务人举证期限后直接进行审理，而不应驳回受让债权人的起诉。

法院判决

以下为该案在法院审理阶段，判决书中"本院认为"就该问题的论述：

海某公司主张债权的转让，没有通知债务人及担保人，故债权转让的效力不及于海某公司。《合同法》第八十条第一款规定，债权人转让权利的，应当通知债务人。未经通知，该转让对债务人不发生效力。但法律法规对通知的具体方式没有规定。本案的实际情况是，中国长某资产管理公司济南办事处将其债权转让何某兰后，双方共同就债权转让的事实在《山东法制报》上登报通知债务人及担保人。《山东法制报》是在山东省内公开广泛发行的报纸，一审法院认为债权人在该报纸上登报通知债务人及担保人债权转让的事实，不违反法律法规的强制性规定，应认定债权人已将债权转让的事实告知债务人及担保人，并无不妥。且本案中债权转让人、债权受让人、债务人及担保人均未对债权转让的事实及效力提出异议，债务人及担保人只是对债务款项利息的数额有异议，一审法院已作审查处理。海某公司在上诉请求中，没有涉及债权转让内容及效力问题的异议，即海某公司对双方债权债务存在的事实是认可的。海某公司通过参加本案的诉讼活动，已明知债权转让的事实，且知道履行债务的对象。本案中的债权转让并没有致使债务人错误履行债务、双重履行债务或加重债务人履行债务的负担，也没有损害海某公司的利益。双方债权债务关系明确，债务人及担保人应承担相应的法律责任。海某公司仅以债权人在报纸上登载债权转让通知不当为由，否认债权转让对其发生法律效力，理由不充分，本院不予支持。

054 债权转让未通知债务人，受让人能否直接起诉[*]

> **阅读提示**：《合同法》第八十条第一款规定："债权人转让权利的，应当通知债务人。未经通知，该转让对债务人不发生效力"，而在《民法典》第五百四十六条基本延续了该规定。本案中，最高人民法院对该规定中通知债务人的主体及方式作出了详细解释，并最终在 2023 年 12 月 4 日公布的《最高人民法院关于适用〈中华人民共和国民法典〉合同编通则若干问题的解释》第四十八条予以明文规定。

裁判要旨

债权受让人直接向人民法院起诉，并借助人民法院送达起诉状的方式，向债务人送达债权转让通知，可以发生通知转让之法律效力。

案情介绍

1. 中国信某资产管理公司重庆办事处系某轧钢厂的债权人，将债权转让给重庆港某物流集团有限公司，重庆港某物流集团有限公司又将受让的债权转让给重庆港某物流集团实业有限公司（以下简称重庆港某实业公司）。

2. 2009 年 1 月 15 日，重庆港某实业公司向人民法院起诉，请求清偿债务，人民法院裁定驳回了起诉。

3. 2012 年 7 月 17 日，重庆港某实业公司向人民法院再次提起债权清偿之诉后，于同日向人民法院申请撤诉。

4. 重庆港某实业公司于 2014 年 7 月 11 日提起本案诉讼，请求某轧钢厂偿还借款。原审判决以债权转让未通知某轧钢厂为由，认为 2009 年 1 月 15 日重庆港某实业公司起诉要求某轧钢厂清偿债务时，不具有债权请求权基础，因而不产生诉讼时效中断之法律效果。

5. 重庆港某实业公司不服，向最高人民法院申请再审，主张重庆港某实业公

---

[*] 案件来源：重庆港某物流集团实业有限公司、某冶金轧钢厂金融不良债权追偿纠纷申请再审民事裁定书，最高人民法院（2016）最高法民申 3020 号。

司于 2009 年 1 月 15 日起诉起到了通知债务人债权转让和中断诉讼时效的作用，原审判决认定该次起诉不能产生诉讼时效中断错误。最高人民法院改为认定 2009 年 1 月 15 日的起诉产生诉讼时效中断的法律效果。

实务要点总结

第一，为了避免发生争议，笔者建议在债权转让交易中，应当尽可能地明确约定由转让人通知债务人债权转让的事实。

第二，债务人在知晓债权转让事实后，应当向新的债权人履行债务。债权受让人直接以债务人为被告提起诉讼，借助法院向债务人送达起诉状，可以起到债权转让通知的效果。

相关法律规定

《最高人民法院关于适用〈中华人民共和国民法典〉合同编通则若干问题的解释》

第四十八条　债务人在接到债权转让通知前已经向让与人履行，受让人请求债务人履行的，人民法院不予支持；债务人接到债权转让通知后仍然向让与人履行，受让人请求债务人履行的，人民法院应予支持。

让与人未通知债务人，受让人直接起诉债务人请求履行债务，人民法院经审理确认债权转让事实的，应当认定债权转让自起诉状副本送达时对债务人发生效力。债务人主张因未通知而给其增加的费用或者造成的损失从认定的债权数额中扣除的，人民法院依法予以支持。

《中华人民共和国合同法》（已失效）

第七十九条　债权人可以将合同的权利全部或者部分转让给第三人，但有下列情形之一的除外：

（一）根据合同性质不得转让；

（二）按照当事人约定不得转让；

（三）依照法律规定不得转让。

第八十条　债权人转让权利的，应当通知债务人。未经通知，该转让对债务人不发生效力。

债权人转让权利的通知不得撤销，但经受让人同意的除外。

《中华人民共和国民法典》

第五百四十五条　债权人可以将债权的全部或者部分转让给第三人，但是有下列情形之一的除外：

（一）根据债权性质不得转让；

（二）按照当事人约定不得转让；

（三）依照法律规定不得转让。

当事人约定非金钱债权不得转让的，不得对抗善意第三人。当事人约定金钱债权不得转让的，不得对抗第三人。

第五百四十六条 债权人转让债权，未通知债务人的，该转让对债务人不发生效力。

债权转让的通知不得撤销，但是经受让人同意的除外。

《最高人民法院关于审理民事案件适用诉讼时效制度若干问题的规定》（2020年修正）

第十条 当事人一方向人民法院提交起诉状或者口头起诉的，诉讼时效从提交起诉状或者口头起诉之日起中断。

法院判决

以下为该案在法院审理阶段，裁定书中"本院认为"就该问题的论述：

关于二审判决认为本案债权转让未通知债务人，故重庆港某实业公司前身重庆石某摩擦密封材料有限公司在2009年1月15日向重庆市第五中级人民法院起诉，以重庆港某物流集团有限公司将自中国信某资产管理公司重庆办事处受让的债权转让给该公司为由，要求某轧钢厂清偿债务时，债权请求权不存在，不能发生诉讼时效中断的法律效果是否存在错误的问题。本院认为，上述案件经审理，重庆市第五中级人民法院裁定驳回了重庆港某实业公司的起诉，该驳回裁定已经发生法律效力。根据《最高人民法院关于审理民事案件适用诉讼时效制度若干问题的规定》第十二条的规定，"当事人一方向人民法院提交起诉状或者口头起诉的，诉讼时效从提交起诉状或者口头起诉之日起中断"。该解释规定的当事人起诉引起诉讼时效中断之法律效力，应当以当事人合法起诉为前提，故在起诉被人民法院裁定驳回的情况下，通常并不引起诉讼时效期间中断，但在具体案件认定中，尚应考虑是否存在特殊情况。就本案涉及的债权转让通知问题，本院认为，《合同法》第八十条第一款规定的"债权人转让权利的，应当通知债务人。未经通知，该转让对债务人不发生效力"，应当理解为，在债权转让通知未送达债务人时，债务人对债权转让人的清偿仍发生债务清偿之法律效果，但并不影响债权受让人取得受让债权。虽然该款法律规定的债权转让通知行为人,从文义上应理解为债权转让人,但在可以确认债权转让行为真实性的前提下,亦不应否定债权受让人为该通知行为的法律效力。即应以债务人是否知晓债权转让事实作为认定债权转让通知法律效力之关键。故债权受让人直接向人民法院起诉,并借助人民法院送达起诉状的方式,向债务人送达债权转让通知,亦可以发生通知转让之法律效力。在上述案件中,重庆港某实业公司的债权转让通知和要求清偿债务之请求,在经人民法院送达起诉状实际到达某轧钢厂的情况下,可以认定为《民法通则》第一百四十条规定的"当事人一方提出要求"的情形,产生诉讼时效中断的法律效果。二审判决以债权转让未通知某轧钢厂为由,认为 2009 年 1 月 15 日重庆港某实业公司起诉要求某轧钢厂清偿债务时,不具有债权请求权基础,因而不产生诉讼时效中断之法律效果错误。

055 如何区分一般保证与债务加入[*]

> **阅读提示**:在日常生活的经济交往及商事活动中,为了确保能够安全、高效地回收出借资金,债权人往往会要求债务人采取相应的保障措施,其中包括但不限于第三人提供一般保证和第三人的债务加入。此二者虽在制度目的上展现出高度相似性,但它们在责任承担上实则存在显著差异。第三人的债务加入意味着第三人的身份转化为债务人,所需承担的连带责任要明显重于一般保证的补充责任,因而对两种制度进行区分具有重要意义。本案例中,最高人民法院所确立的关于一般保证与债务加入区分问题的判断标准,无疑为司法实践提供了具有指导意义的操作规范。

裁判要旨

当事人在合同中约定在主债务人不能承担债务时才承担保证责任的,为一般保证。一般保证具有补充性,只有在主债务人不能履行债务之时,保证人方需承担责任;而债务加入并不具有补充性,债权人可以直接要求新债务人履行债务。

---

[*] 案件来源:某投资管理公司诉某电气公司、某电气公司甘肃分公司合同纠纷案二审判决书,最高人民法院(2021)最高法民终 344 号。

案情介绍

1. 某电气公司与某成音公司签订协议，约定由某成音公司定制厂房，建成后由某电气公司租赁。后，某投资管理公司承继了某成音公司与某电气公司所签协议的全部权利及义务。

2. 某投资管理公司与某电气公司签订《厂房租赁及收购合同》，约定先租赁后收购，租期为5年，实际租期到某电气公司付清全部收购款为止。

3. 某电气公司、某投资管理公司与某电气公司甘肃分公司签订《厂房租赁及收购合同补充协议》，约定某电气公司将合同项下全部权利义务转让给某电气公司甘肃分公司，并承诺某电气公司甘肃分公司不能承担相关义务时，该合同所有义务由某电气公司承担。

4. 某投资管理公司与某电气公司甘肃分公司未能就收购事宜达成一致，某电气公司甘肃分公司未支付2018年下半年租金。

5. 某投资管理公司遂向甘肃省高院起诉，请求判令某电气公司、某电气公司甘肃分公司共同支付收购款、违约金及租赁费。甘肃省高院判决某电气公司甘肃分公司支付相应租金与违约金，并由某电气公司就某电气公司甘肃分公司不能清偿部分承担补充清偿责任。

6. 某投资管理公司认为某电气公司构成债务加入，不服一审判决，提起上诉。

7. 最高人民法院作出二审判决，判决驳回某投资管理公司的上诉请求，维持原判。

实务要点总结

第一，法官在对合同性质进行判断时，通常坚持文义优先原则，即优先通过第三人的措辞用语加以判断。因此，在签订一般保证合同时，可以在作出承诺时，使用"一般保证人""一般保证期间""一般保证责任"等字样，从用语上明确己方仅承担一般保证责任的意思表示。同时，也要从债务的履行顺位着手，在合同条款中强调责任承担的补充性，进而避免不必要的责任承担风险。

第二，《最高人民法院关于适用〈中华人民共和国民法典〉有关担保制度的解释》第三十六条第三款，体现了最高人民法院对债务加入与保证责任认定存在无法判断时采取的"存疑推定为保证"的态度。由此，即使合同中没有能够明确体现第三人真实意思表示的字样或能够强调债务履行顺位的条款，但只要在举证时能够提供足够的证据，就有认定当事人承担的责任系一般保证责任，而非债务连带责任的机会和可能。

相关法律规定

《中华人民共和国民法典》

第六百八十七条　当事人在保证合同中约定，债务人不能履行债务时，由保证人承担保证责任的，为一般保证。

一般保证的保证人在主合同纠纷未经审判或者仲裁，并就债务人财产依法强制执行仍不能履行债务前，有权拒绝向债权人承担保证责任，但是有下列情形之一的除外：

（一）债务人下落不明，且无财产可供执行；

（二）人民法院已经受理债务人破产案件；

（三）债权人有证据证明债务人的财产不足以履行全部债务或者丧失履行债务能力；

（四）保证人书面表示放弃本款规定的权利。

《最高人民法院关于适用〈中华人民共和国民法典〉有关担保制度的解释》

第二十五条　当事人在保证合同中约定了保证人在债务人不能履行债务或者无力偿还债务时才承担保证责任等类似内容，具有债务人应当先承担责任的意思表示的，人民法院应当将其认定为一般保证。

当事人在保证合同中约定了保证人在债务人不履行债务或者未偿还债务时即承担保证责任、无条件承担保证责任等类似内容，不具有债务人应当先承担责任的意思表示的，人民法院应当将其认定为连带责任保证。

第三十六条　第三人向债权人提供差额补足、流动性支持等类似承诺文件作为增信措施，具有提供担保的意思表示，债权人请求第三人承担保证责任的，人民法院应当依照保证的有关规定处理。

第三人向债权人提供的承诺文件，具有加入债务或者与债务人共同承担债务等意思表示的，人民法院应当认定为民法典第五百五十二条规定的债务加入。

前两款中第三人提供的承诺文件难以确定是保证还是债务加入的，人民法院应当将其认定为保证。

第三人向债权人提供的承诺文件不符合前三款规定的情形，债权人请求第三人承担保证责任或者连带责任的，人民法院不予支持，但是不影响其依据承诺文件请求第三人履行约定的义务或者承担相应的民事责任。

法院判决

以下为该案在审理阶段，判决书中"本院认为"部分就该问题的论述：

本案的核心争议在于某电气公司应否承担责任。第一，补充协议系一般保证合同。本案中，根据案涉租赁及收购合同补充协议约定，某电气公司承诺在某电气公司甘肃分公司不能全部或部分承担相关义务时，合同的所有义务由其承担，该承诺构成对某电气公司甘肃分公司履行债务的担保，属于原《担保法》第十七条第一款规定的一般保证。第二，某电气公司属于一般保证人，应承担补充责任。根据原《担保法》第十七条第一款的规定，一般保证具有补充性，只有在主债务人不能履行债务之时，保证人方需履行债务或者承担责任。某投资管理公司上诉主张某电气公司构成债务加入，应承担连带责任，最高人民法院不予支持。

056 债务加入人履行债务后，能否向原债务人的保证人追偿[*]

> **阅读提示**：对于债务加入人偿还债务后是否构成债权转移，从而能够取得债权人权益的问题，我国法律并无明文规定，因此学界与实务中存在不同的观点。一种观点认为，债务加入人代偿后能够取得债权人权益，包括但不限于向原债务人的保证人追偿的权利；另一种观点认为，债务加入人即使清偿了债款也不能承继取得债权，法律也并未对其清偿后可向保证人追偿进行规定。在本案中，法院的判决与裁定支持了第二种观点。

裁判要旨

债务加入人清偿债务的行为不构成债权转让，法律也未赋予债务加入人法定代位权，不能据此享有追偿权。鉴于其债务人地位没有变化，故无权向保证人行使追偿权。

---

[*] 案件来源：某银行股份有限公司西安分行诉杨某恒、杨某晓、陕西某实业有限公司追偿权纠纷案民事再审裁定书，最高人民法院（2021）最高法民申1642号。

案情介绍

1. 出借人马某卫与借款人陕西某实业有限公司签订借款合同，杨某恒、杨某晓作为保证人对债权进行担保，某银行股份有限公司西安分行向马某卫出具《承诺书》。

2. 马某卫给付借款后，陕西某实业有限公司未履行还本付息义务，遂向法院起诉某银行股份有限公司西安分行承担还款责任。

3. （2017）陕民终174号民事判决认为，某银行股份有限公司西安分行出具《承诺书》的行为构成第三人加入债务履行，应与陕西某实业有限公司共同承担案涉债务。

4. 某银行股份有限公司西安分行依据上述判决清偿债务后，向陕西省西安市中院起诉，请求陕西某实业有限公司偿还代偿款，并由保证人杨某恒、杨某晓承担连带责任。

5. 陕西省西安市中院支持了某银行股份有限公司西安分行要求杨某恒、杨某晓承担连带责任的请求。杨某恒、杨某晓不服向陕西省高院上诉。

6. 陕西省高院撤销一审判决中要求二人承担连带责任的判项。某银行股份有限公司西安分行不服，向最高人民法院申请再审。

7. 最高人民法院裁定驳回某银行股份有限公司西安分行的再审申请。

实务要点总结

第一，根据《最高人民法院关于适用〈中华人民共和国民法典〉合同编通则若干问题的解释》的规定，债务加入人有权与原债务人约定追偿权，若没有约定则只能通过主张不当得利等在其清偿的范围内向原债务人主张。相比之下，直接通过追偿权对清偿范围进行主张的成本（如举证成本等）可能相较通过不当得利等方式更低。因此，在确定债务加入时，若有向原债务人追偿的意向时，应在债务加入合同中明确约定，以降低后续的求偿成本。

第二，债务加入人无法基于法律规定向原债权的保证人追偿，其原因在于债务加入行为与保证人并无直接关系，双方之间不存在具有真实意思表示的合意。若在债务加入时，债务加入人与保证人之间能就债务清偿后的追偿权达成合意，则在债务加入人将债务清偿后，可以依据双方间约定向保证人追偿。

相关法律规定

《中华人民共和国民法典》

第五百五十九条 债权债务终止时，债权的从权利同时消灭，但是法律另有规定或者当事人另有约定的除外。

第六百九十七条 债权人未经保证人书面同意，允许债务人转移全部或者部分债务，保证人对未经其同意转移的债务不再承担保证责任，但是债权人和保证人另有约定的除外。

第三人加入债务的，保证人的保证责任不受影响。

《最高人民法院关于适用〈中华人民共和国民法典〉有关担保制度的解释》

第三十六条 第三人向债权人提供差额补足、流动性支持等类似承诺文件作为增信措施，具有提供担保的意思表示，债权人请求第三人承担保证责任的，人民法院应当依照保证的有关规定处理。

第三人向债权人提供的承诺文件，具有加入债务或者与债务人共同承担债务等意思表示的，人民法院应当认定为民法典第五百五十二条规定的债务加入。

前两款中第三人提供的承诺文件难以确定是保证还是债务加入的，人民法院应当将其认定为保证。

第三人向债权人提供的承诺文件不符合前三款规定的情形，债权人请求第三人承担保证责任或者连带责任的，人民法院不予支持，但是不影响其依据承诺文件请求第三人履行约定的义务或者承担相应的民事责任。

《最高人民法院关于适用〈中华人民共和国民法典〉合同编通则若干问题的解释》

第五十一条 第三人加入债务并与债务人约定了追偿权，其履行债务后主张向债务人追偿的，人民法院应予支持；没有约定追偿权，第三人依照民法典关于不当得利等的规定，在其已经向债权人履行债务的范围内请求债务人向其履行的，人民法院应予支持，但是第三人知道或者应当知道加入债务会损害债务人利益的除外。

债务人就其对债权人享有的抗辩向加入债务的第三人主张的，人民法院应予支持。

法院判决

以下为该案在审理阶段，裁定书中"本院认为"部分就该问题的论述：

关于某银行股份有限公司西安分行是否有权向杨某恒、杨某晓追偿的问题。首先，在债务加入法律关系中，债权人可以请求第三人在其愿意承担的债务范围内和债务人承担连带债务。具体到本案，因陕西某实业有限公司怠于履行债务，马某卫向人民法院提起诉讼，要求某银行股份有限公司西安分行在其愿意承担的债务范围内承担连带债务，某银行股份有限公司西安分行亦根据人民法院生效判决向马某卫支付了相应款项。至此，案涉债权债务关系为马某卫（债权人）向陕西某实业有限公司（债务人）借款（杨某恒、杨某晓以全部财产为上述债权提供连带责任保证）这一债权债务关系，则基于某银行股份有限公司西安分行的清偿而归于消灭。此外，保证合同属于从合同，从合同因主合同的无效或消灭而相应地无效或消灭。上述债权债务关系基于某银行股份有限公司西安分行的清偿归于消灭，杨某恒、杨某晓提供的保证担保亦随着案涉新债权债务关系的消灭而归于消灭。其次，根据法律规定，在债务加入法律关系中，债务加入人承担连带债务后，不构成债权转移，其与债务人之间的关系，按照其与债务人之间法律关系的性质处理，法律未规定债务加入人承担连带债务后可以向债务人的保证人追偿。故某银行股份有限公司西安分行无权向杨某恒、杨某晓追偿，某银行股份有限公司西安分行关于原审判决认定某银行股份有限公司西安分行作为债务加入人在向债权人马某卫清偿剩余债务后，不能取得对债权人马某卫的保证人杨某恒、杨某晓的追偿权有误的再审请求，本院不予支持。

第六章　合同的权利义务终止

057 合同解除后，违约方是否有权请求对方支付资金占用的利息损失*

> **阅读提示：** 真某夫公司的控制权争夺案件持续数年之久，本案为真某夫控制权争夺案件的民事纠纷之一，蔡某标成功要回此前支付给潘某海的股权转让款 7520 万元，但法院未支持蔡某标关于支付利息赔偿的请求。

裁判要旨

合同的解除系违约方的违约行为所致，并非守约方的违约行为导致，故违约方无权请求守约方赔偿资金占用的利息损失。①

案情介绍

1. 真某夫公司的股权结构为：潘某海、蔡某标各持股 41.74%；今某公司（后更名为润某公司）持股 3%；双某子公司持股 10.52%；联某公司持股 3%。双某子公司的股东为潘某海与蔡某标，各持股 50%。

2. 2010 年 9 月 18 日，潘某海、蔡某标、今某公司签订《框架协议》，潘某海拟减持其直接和间接持有的部分真某夫公司股权，蔡某标和今某公司拟购买潘某海减持的全部股权，主要目的是最终促成真某夫公司上市。同时，蔡某标签署了《陈述和保证》，约定：除已披露的诉讼外，真某夫公司及其子公司、蔡某标和双某子公司均未卷入可能对真某夫公司及其子公司产生不利影响的任何重大民事、刑事、

---

* 案件来源：潘某海、蔡某标、润某资本有限公司股权转让纠纷再审民事判决书，最高人民法院（2017）最高法民再 315 号。

① 《合同法》已失效，现相关规定见《民法典》第五百六十六条。

仲裁、行政或其他法律程序，并赋予今某公司解除框架协议的权利。

3. 2010年9月及11月，潘某海向蔡某标出具收据，收到蔡某标支付的7520万元股权转让款。2010年12月，广东省对外贸易经济合作厅批准了真某夫公司股权转让事宜。

4. 蔡某标于2011年4月被羁押，法院最终判决蔡某标犯职务侵占罪、挪用资金罪，执行有期徒刑十四年，并处没收财产100万元。

5. 2011年11月，今某公司向蔡某标、潘某海发出解除通知，立即解除各方之间的框架协议及其项下所涉全部交易。

6. 潘某海向广州中院起诉，请求：确认《框架协议》及相关附件已经解除；蔡某标向潘某海支付定金赔偿1504万元、特别违约金3496万元、赔偿损失2520万元。蔡某标反诉请求：解除《框架协议》；潘某海返还股权转让款7520万元并赔偿损失2034.91万元。广州中院判决：解除《框架协议》及相关附件；潘某海向蔡某标返还股权转让款7520万元，未支持蔡某标赔偿损失的请求。

7. 潘某海、蔡某标不服，上诉至广东省高院。广东省高院判决：潘某海向蔡某标返还股权转让款人民币7520万元及利息。

8. 潘某海不服，向最高人民法院申请再审。最高人民法院改判维持广州中院一审判决。

实务要点总结

第一，在设计交易合同时，应充分利用该权利，根据交易的商业模式、交易需求、风险大小等因素量身定制合同解除条款。不要一厢情愿地认为签订合同的时候双方是如何友好，所以未来合同不会解除。律师一定要用专业的视角起草合同，想到任何可能性，并针对各种可能性预设解决方案。其中合同解决就是最极端的终极性解决问题，尤其要设计好合同解除后的处理方式。

第二，合同解除后当事人有权请求赔偿损失，但请求的前提是对方构成违约并造成损失，且需要证明损失的范畴和金额，或者提前约定计算方式。

相关法律规定

《最高人民法院关于适用〈中华人民共和国民法典〉合同编通则若干问题的解释》

第五十二条　当事人就解除合同协商一致时未对合同解除后的违约责任、结算和清理等问题作出处理，一方主张合同已经解除的，人民法院应予支持。但是，当事人另有约定的除外。

有下列情形之一的，除当事人一方另有意思表示外，人民法院可以认定合同解除：

（一）当事人一方主张行使法律规定或者合同约定的解除权，经审理认为不符合解除权行使条件但是对方同意解除；

（二）双方当事人均不符合解除权行使的条件但是均主张解除合同。

前两款情形下的违约责任、结算和清理等问题，人民法院应当依据民法典第五百六十六条、第五百六十七条和有关违约责任的规定处理。

《中华人民共和国合同法》（已失效）

第九十三条 当事人协商一致，可以解除合同。

当事人可以约定一方解除合同的条件。解除合同的条件成就时，解除权人可以解除合同。

第九十四条 有下列情形之一的，当事人可以解除合同：

（一）因不可抗力致使不能实现合同目的；

（二）在履行期限届满之前，当事人一方明确表示或者以自己的行为表明不履行主要债务；

（三）当事人一方迟延履行主要债务，经催告后在合理期限内仍未履行；

（四）当事人一方迟延履行债务或者有其他违约行为致使不能实现合同目的；

（五）法律规定的其他情形。

第九十七条 合同解除后，尚未履行的，终止履行；已经履行的，根据履行情况和合同性质，当事人可以要求恢复原状、采取其他补救措施，并有权要求赔偿损失。

《中华人民共和国民法典》

第五百六十二条 当事人协商一致，可以解除合同。

当事人可以约定一方解除合同的事由。解除合同的事由发生时，解除权人可以解除合同。

第五百六十三条 有下列情形之一的，当事人可以解除合同：

（一）因不可抗力致使不能实现合同目的；

（二）在履行期限届满前，当事人一方明确表示或者以自己的行为表明不履行主要债务；

（三）当事人一方迟延履行主要债务，经催告后在合理期限内仍未履行；

（四）当事人一方迟延履行债务或者有其他违约行为致使不能实现合同目的；

（五）法律规定的其他情形。

以持续履行的债务为内容的不定期合同，当事人可以随时解除合同，但是应当在合理期限之前通知对方。

第五百六十六条 合同解除后，尚未履行的，终止履行；已经履行的，根据履行情况和合同性质，当事人可以请求恢复原状或者采取其他补救措施，并有权请求赔偿损失。

合同因违约解除的，解除权人可以请求违约方承担违约责任，但是当事人另有约定的除外。

主合同解除后，担保人对债务人应当承担的民事责任仍应当承担担保责任，但是担保合同另有约定的除外。

法院判决

以下为该案在法院审理阶段，判决书中"本院认为"就该问题的论述：

对违约行为的判断，主要涉及潘某海和蔡某标谁构成违约的认定。《框架协议》的订立目的是促成真某夫公司上市，蔡某标涉嫌经济犯罪并被逮捕，其明显违反了《陈述和保证》，也是造成《框架协议》项下整个交易无法继续履行并导致合同解除的直接原因。因此，蔡某标的行为对潘某海构成违约。此外，在《框架协议》签订之前和订立之后，潘某海的妻子窦某嫘多次向公安机关举报蔡某标等人涉嫌经济犯罪的事实，公安机关由此进行立案侦查。可见，窦某嫘的举报行为是蔡某标被刑事侦查的诱发原因。但蔡某标构成刑事犯罪，属客观存在的事实，且对违法犯罪进行举报是每个公民应尽的义务，而作为真某夫公司监事的窦某嫘，更具有履行维护公司利益的职责。且本案也没有证据证明窦某嫘的举报系潘某海授意所为。因此，窦某嫘的举报行为不能视为潘某海对蔡某标的违约。

法律责任主要涉及对于潘某海请求蔡某标支付定金、特别违约金和损失赔偿的认定，以及蔡某标反诉请求潘某海返还股权转让款及赔偿利息损失的认定。首先，关于定金和特别违约金。根据《框架协议》第7.2条的约定，定金和特别违约金的适用条件是蔡某标等不按协议约定签署和提交文件导致股权交易无法继续，但本案中，各方当事人均依约签署相关文件，股权转让也经批准，故定金、特别违约金的适用条件并不成就，潘某海要求蔡某标支付定金、特别违约金的请求，不能成立。其次，关于潘某海请求的损失赔偿。《框架协议》及相关附件解除后，潘某海仍持有真某夫公司原股权比例。由于潘某海未举证证明蔡某标的行为给其造成损失的范畴和金额，故本院对其损失赔偿主张，亦不予支持。最后，关于蔡某标请求的返还股权转让款和利息损失的赔偿，《合同法》第九十七条规定："合同解除后，尚未履行的，终止履行；已经履行的，根据履行情况和合同性质，当事人可以要求恢复原状、采取其他补救措施，并有权要求赔偿损失。"本案中，《框架协议》及相关附件解除后，股权转让的交易无法继续履行，则蔡某标已支付给潘某海的股权转让款 7520 万元，潘某海依法应予返还。对于蔡某标就该股权转让款请求按照中国人民银行逾期同期同类贷款利率计算的损失赔偿，由于本案合同的解除系蔡某标的违约行为所致，而潘某海并未构成违约，即本案合同的解除从根本上来说并不是潘某海的行为导致，故蔡某标还要求潘某海赔偿利息损失的请求，于法无据，本院不予支持。广东省高院关于蔡某标损失赔偿的认定不当，本院予以纠正。

058 违反合同约定转租、改变房屋用途是否构成根本违约，违约方能否解除合同[*]

> **阅读提示**：当事人依约履行合同债务，不得擅自变更或解除。根据《民法典》的规定，当合同目的不能实现时，可行使法定解除权解除合同。通常来说，违约方不享有合同解除权，但是在一些长期合同履行过程中形成合同僵局时，若不允许违约方通过起诉的方式解除合同，反而不利于双方当事人利益。因此，法律授予违约方在特殊情况下起诉解除合同的权利。
>
> 那么违反合同约定转租、改变房屋用途是否构成根本违约，若不构成，不与承租人续约的违约方能否主张法定解除权？本案例的判决法院认为：改变房屋用途或房屋转租并不一定构成根本违约，而违约方只有在满足一定条件下才可以起诉请求解除合同。

裁判要旨

所谓根本违约，是指当事人一方的违约行为，使得另一方当事人订立合同的目的完全落空，无法实现。《民法典》第五百六十三条明确了法定解除的实质性条件

---

[*] 案件来源：某公司诉某酒店房屋租赁合同纠纷案再审民事判决书，吉林省高级人民法院（2023）吉民再 158 号。

是不能实现合同目的。本条规定中"不能实现合同目的"的判断标准是违约结果的客观严重性，即是否实际剥夺了债权人的履行利益，使得当事人订立合同所追求的履行利益不能实现。此类情形主要包括：1. 不能履行合同主要债务。2. 拒绝履行。又包括：当事人在履行期限届满前以明示或者默示方式拒绝履行合同非主要债务；当事人在履行期限届满后拒绝履行主要债务的；当事人在履行期限届满后不履行其他合同义务致使合同目的不能实现的。3. 履行与约定严重不符，无法通过修理、更换、降价等方法进行补救，致使不能实现合同目的。4. 履行主要债务之外的其他合同义务不适当，致使不能实现合同目的。在当事人的违约行为未构成根本违约时，不能因此解除合同。

违约方起诉请求解除合同的，符合下列条件的，法院依法予以支持：1. 违约方不存在恶意违约的情形，即违约方不履行债务的原因，并非有能力而不履行，而是丧失了履行能力；2. 违约方继续履行合同，将对其明显不利；3. 守约方拒绝解除合同，违背诚实信用原则。违约方解除合同的，其本应当承担的违约责任不能因解除合同而减少或者免除。同时，应当注意适用上述条款赋予违约方解除权是在满足上述条件下可以依法通过诉讼行使解除权，而非任意解除权，不能仅凭违约方的意愿行使。

案情介绍

1. 某公司作为出租房、某酒店作为承租方签订《房屋（场地）租赁意向协议》，约定租赁期共 123 个月，房屋（场地）租赁合同一年一签，非因不可抗力，双方均无拒绝续签合同的权利。

2. 2021 年 1 月 15 日双方再次签订《房屋（场地）租赁合同》，某酒店承诺租赁房屋用作开设洗浴及商务宾馆使用，并约定未经某公司同意其不得改变租赁物用途，也不得转租、转借承租房屋，否则某公司有权单方面解除合同。

3. 在房屋租赁期间，某酒店两次与某超市签订《租赁合同》将涉案房屋部分转租给某超市，用于超市经营足道与包子铺。

4. 某公司向吉林省长春新区人民法院提起诉讼，请求解除《房屋（场地）租赁意向协议》，支付私自转租的违约金等。长春新区人民法院驳回某公司诉讼请求。

5. 某公司不服一审判决，提起上诉。长春市中院撤销长春新区人民法院判决，认定某公司与某酒店所订立《房屋（场地）租赁意向协议》于 2022 年 1 月 25 日解除。

6. 某酒店不服二审判决，申请再审。吉林省高院判决撤销长春市中院判决，维持长春新区人民法院判决。

实务要点总结

第一，当事人一方存在未按照合同约定履行义务的行为，另一方当事人不能任意主张合同解除权。合同一经有效成立，就具有法律效力，当事人双方都必须严格遵守，适当履行，不得擅自变更或解除。只有在不履行合同义务达到根本违约、合同目的不能实现的程度，当事人才能行使法定解除权。

第二，违约方所享有的法定解除权，只能于特定情形下，由违约方通过起诉的方式行使。即使违约方满足相应情形有权解除合同，也仍无法避免需要承担相应的违约责任。因此，合同当事人仍应在不损害双方利益的情况下，依照合同约定履行其义务，一旦违约，无论合同是否解除都需要承担相应的不利后果。

相关法律规定

《中华人民共和国民法典》

第五百六十三条 有下列情形之一的，当事人可以解除合同：

（一）因不可抗力致使不能实现合同目的；

（二）在履行期限届满前，当事人一方明确表示或者以自己的行为表明不履行主要债务；

（三）当事人一方迟延履行主要债务，经催告后在合理期限内仍未履行；

（四）当事人一方迟延履行债务或者有其他违约行为致使不能实现合同目的；

（五）法律规定的其他情形。

以持续履行的债务为内容的不定期合同，当事人可以随时解除合同，但是应当在合理期限之前通知对方。

第五百八十条 当事人一方不履行非金钱债务或者履行非金钱债务不符合约定的，对方可以请求履行，但是有下列情形之一的除外：

（一）法律上或者事实上不能履行；

（二）债务的标的不适于强制履行或者履行费用过高；

（三）债权人在合理期限内未请求履行。

有前款规定的除外情形之一，致使不能实现合同目的的，人民法院或者仲裁机构可以根据当事人的请求终止合同权利义务关系，但是不影响违约责任的承担。

《最高人民法院关于适用〈中华人民共和国民法典〉合同编通则若干问题的解释》

第二十六条 当事人一方未根据法律规定或者合同约定履行开具发票、提供证明文件等非主要债务，对方请求继续履行该债务并赔偿因怠于履行该债务造成的损失的，人民法院依法予以支持；对方请求解除合同的，人民法院不予支持，但是不履行该债务致使不能实现合同目的或者当事人另有约定的除外。

法院判决

以下为该案在审理阶段，判决书中"本院认为"部分就该问题的论述：

一、关于某酒店是否存在擅自转租行为。《民法典》第七百一十八条规定："出租人知道或者应当知道承租人转租，但是在六个月内未提出异议的，视为出租人同意转租。"某酒店与某超市转租案涉房屋发生在 2020 年 1 月，至某公司 2022 年 3 月起诉已经过两年有余。某酒店租用的是某公司案涉楼房的一部分，案涉楼房中除某酒店，还有某公司的华北事业部长春办事处以及长春分公司、员工宿舍，院内有某公司的库房，超市位于一楼临街，招牌明显且紧邻院内入口，进入某公司院内对超市清晰可见。在两年多的时间内，某公司主张于起诉前才发现某酒店转租，不符合常理。某公司在起诉状中亦称 2021 年 2 月某酒店将房屋私自转租，说明至迟在此时其已知晓转租情况。根据以上事实应当认定某公司知晓某酒店转租事宜，未及时提出异议，应视为同意转租，不能因此认定某酒店存在违约行为。同时，某酒店租赁的房屋总面积为 7132 平方米，而出租给某超市的面积仅为 362 平方米，转租面积仅为总面积的 5%，即便未经某公司同意构成违约，亦属于违约程度显著轻微，不影响某公司作为守约方合同目的实现，根据诚实信用原则，某公司不能因此获得解除权，其以此主张解除合同，本院亦不予支持。

二、关于某酒店是否存在改变房屋用途的违约行为。某公司主张案涉租赁合同中约定租赁案涉房屋作为开设洗浴及商务宾馆使用，而某酒店将部分房屋用于开设足道、生鲜超市以及包子铺，构成违约。本案中，某酒店已提供证据证明包子铺、足道虽分别登记在某酒店法定代表人亲属及某酒店员工名下，但实际为其自身经营，故某酒店为提高服务品质，增设早餐店（包子铺）、足道等业务，仅属于酒店多项经营，并未超出餐饮服务及酒店服务的经营范围。而就转租某超市用于经营生鲜，亦未超出某酒店销售食品的经营范围，某公司以此主张某酒店违约并支付违约金，本院不予支持。且上文已经论述某超市仅占某酒店租赁房屋的极小一部分，即使属于改变用途，构成违约，符合双方约定的解除条件，但就其面积而言亦不能构成根本违约，某公司以此主张解除《意向协议》，本院亦不予支持。

三、本院认为，依法成立的合同对双方当事人具有约束力，当事人应当遵循诚信原则，按照合同的约定全面履行自己的义务。《民法典》第五百八十条是因非金钱债务不适用强制履行，而赋予非金钱债务的债务人以违约解除权。只有在出现该条规定的三种情形，违约方继续履行所需的财力、物力超过合同双方基于合同履行所能获得的利益时，合同已不具备继续履行的条件，为平衡双方当事人利益，可以允许违约方解除合同，但必须由违约方向对方承担赔偿责任，以保证对方的现实既得利益不因合同解除而减少。

本案中，某酒店与某公司签订的《意向协议》系双方真实意思表示，双方应信守约定。《意向协议》约定租期123个月，某酒店为履行《意向协议》，已投入了大量的资金装修、经营。故维护《意向协议》的稳定性应当是首选，某酒店可以继续经营获益，某公司也可以基于《意向协议》取得租金收入。只有在《意向协议》继续履行将造成双方利益失衡时或存在无法继续履行的情形时才能予以解除。现某酒店不存在根本违约行为，且仍在继续使用案涉房屋经营，《意向协议》不存在事实上无法继续履行的障碍，某公司无权主张适用上述规定解除《意向协议》。双方每年签订的租赁合同是对于《意向协议》的履行，某公司拒绝继续签订租赁合同构成对《意向协议》的违反。故二审法院仅以某公司不愿继续按照《意向协议》的约定签订租赁合同为由，依据上述规定认定案涉《意向协议》无法继续履行应予解除不妥，本院予以纠正。

059 在合同中明确约定合同目的是否必要[*]

> **阅读提示**：合同首部一般会约定"鉴于……""为了……"等明确合同目的的条款，但是大多数当事人甚至律师并未重视该条款，很少进行个性化的定制约定。事实上明确约定合同目的大有好处，一方面可在对方违约导致该目的不能实现时行使法定解除权，另一方面可在计算违约金时作为违约方可预见损失的判断基础。此举也可避免对复杂合同的合同目的发生争议，让法院去"猜"双方订约的目的。

---

[*] 案件来源：张某华、徐某英与启东市取某置业有限公司房屋买卖合同纠纷二审民事判决书，南通市中级人民法院（2015）通中民终字第03134号。

裁判要旨

合同目的包括客观目的和主观目的。客观目的可通过社会大众的普通认知标准予以判断；主观目的为某些特定情况下当事人的动机和本意。一般而言，《合同法》第九十四条第四项中的合同目的不包括主观目的，但当事人将特定的主观目的作为合同的条件或成交的基础，则该特定的主观目的客观化，属于《合同法》第九十四条①的规制范围。

案情介绍

1. 张某华、徐某英系夫妻关系，2014年2月，张某华与启东市取某置业有限公司（以下简称取某置业）签订《商品房买卖合同》，约定购买由取某置业开发的商品房（在建）一套，房屋总价为63万元。合同附件一为张某华、徐某英买受房屋的平面图（加盖取某置业合同专用章）。合同签订后，张某华、徐某英支付了房款63万元。

2. 后取某置业拟交付房屋与《商品房买卖合同》附件一的房屋平面图内部左右布局相反。

3. 张某华、徐某英向启东市法院起诉，请求：解除双方签订的《商品房买卖合同》；取某置业退还购房款63万元并按银行同期贷款利率支付利息；取某置业赔偿因处理退房纠纷所造成的误工费、交通费等损失。

4. 启东市法院认为，取某置业交付房屋仅存在方向的反差，并不影响张某华、徐某英的居住目的。取某置业表示同意补偿张某华、徐某英1万元。启东市法院判决：取某置业补偿张某华、徐某英1万元。

5. 张某华、徐某英不服，上诉至南通中院，以书面形式变更诉讼请求，不再主张违约金部分。南通中院改判解除《商品房买卖合同》；取某置业返还张某华、徐某英购房款63万元。

实务要点总结

第一，当事人可在交易合同中将特殊的交易目的，明确为合同成交的基础。这样做的好处：一是当因一方违约导致该目的不能实现时，对方可行使法定解除权；

---

① 《合同法》已失效，现相关规定见《民法典》第五百三十六条。

二是因一方违约造成损失时,可据此判断该方订立合同时预见到或者应当预见到的违约损失,进而确定损失赔偿具体数额。

第二,当事人可以约定一方解除合同的条件。条件成就时,解除权人有权解除合同。本案中若合同明确约定房屋内部布局与附件图纸不符系张某华、徐某英单方解除合同的条件,则合同能否解除将可能不是本案的主要争议焦点,张某华、徐某英的胜诉可能更易。

相关法律规定

《最高人民法院关于适用〈中华人民共和国民法典〉合同编通则若干问题的解释》

第二十六条 当事人一方未根据法律规定或者合同约定履行开具发票、提供证明文件等非主要债务,对方请求继续履行该债务并赔偿因怠于履行该债务造成的损失的,人民法院依法予以支持;对方请求解除合同的,人民法院不予支持,但是不履行该债务致使不能实现合同目的或者当事人另有约定的除外。

《中华人民共和国合同法》(已失效)

第九十三条 当事人协商一致,可以解除合同。

当事人可以约定一方解除合同的条件。解除合同的条件成就时,解除权人可以解除合同。

第九十四条 有下列情形之一的,当事人可以解除合同:

(一)因不可抗力致使不能实现合同目的;

(二)在履行期限届满之前,当事人一方明确表示或者以自己的行为表明不履行主要债务;

(三)当事人一方迟延履行主要债务,经催告后在合理期限内仍未履行;

(四)当事人一方迟延履行债务或者有其他违约行为致使不能实现合同目的;

(五)法律规定的其他情形。

第九十七条 合同解除后,尚未履行的,终止履行;已经履行的,根据履行情况和合同性质,当事人可以要求恢复原状、采取其他补救措施,并有权要求赔偿损失。

第一百一十三条第一款 当事人一方不履行合同义务或者履行合同义务不符合约定,给对方造成损失的,损失赔偿额应当相当于因违约所造成的损失,包括合同履行后可以获得的利益,但不得超过违反合同一方订立合同时预见到或者应当预见到的因违反合同可能造成的损失。

《中华人民共和国民法典》

第五百六十二条 当事人协商一致，可以解除合同。

当事人可以约定一方解除合同的事由。解除合同的事由发生时，解除权人可以解除合同。

第五百六十三条 有下列情形之一的，当事人可以解除合同：

（一）因不可抗力致使不能实现合同目的；

（二）在履行期限届满前，当事人一方明确表示或者以自己的行为表明不履行主要债务；

（三）当事人一方迟延履行主要债务，经催告后在合理期限内仍未履行；

（四）当事人一方迟延履行债务或者有其他违约行为致使不能实现合同目的；

（五）法律规定的其他情形。

以持续履行的债务为内容的不定期合同，当事人可以随时解除合同，但是应当在合理期限之前通知对方。

第五百六十六条 合同解除后，尚未履行的，终止履行；已经履行的，根据履行情况和合同性质，当事人可以请求恢复原状或者采取其他补救措施，并有权请求赔偿损失。

合同因违约解除的，解除权人可以请求违约方承担违约责任，但是当事人另有约定的除外。

主合同解除后，担保人对债务人应当承担的民事责任仍应当承担担保责任，但是担保合同另有约定的除外。

第五百八十四条 当事人一方不履行合同义务或者履行合同义务不符合约定，造成对方损失的，损失赔偿额应当相当于因违约所造成的损失，包括合同履行后可以获得的利益；但是，不得超过违约一方订立合同时预见到或者应当预见到的因违约可能造成的损失。

法院判决

以下为该案在法院审理阶段，判决书中"本院认为"就该问题的论述：

本案二审的争议焦点为：上诉人张某华、徐某英能否以合同目的不能实现解除案涉购房合同。

根据《合同法》第九十四条第四项规定，当事人一方迟延履行债务或者有其他违约行为致使不能实现合同目的，当事人可以解除合同。该条赋予合同目的不能实现时非违约方的法定解除权,案涉房屋内部布局左右相反导致上诉人张某华、徐某英合同目的不能实现,其有权解除购房合同。

其一,合同目的包括客观目的和主观目的。客观目的即典型交易目的,当事人购房的客观目的在于取得房屋所有权并用于居住、孩子入学、投资等,影响合同客观目的实现的因素有房屋位置、面积、楼层、采光、质量、小区配套设施等,客观目的可通过社会大众的普遍认知标准予以判断。主观目的为某些特定情况下当事人的动机和本意。一般而言,《合同法》第九十四条第四项中的合同目的不包括主观目的,但当事人将特定的主观目的作为合同的条件或成交的基础,则该特定的主观目的客观化,属于《合同法》第九十四条的规制范围。

其二,本案中,双方当事人对于房屋的内部左右布局约定明确。从现有证据来看,无论是被上诉人取某置业的宣传图片还是购房合同附件中的房屋平面图,均明确了房屋进门后的左右布局。取某置业在购房合同附件中的房屋平面图加盖合同专用章,该附件并未提醒购房者,实际交付房屋的内部左右布局可能与平面图相反。取某置业辩称其工作人员在销售房屋时曾明确告知,但并未提供证据予以证明,应承担举证不能的不利后果。且上诉人张某华、徐某英所购房屋为期房,在购房时参观的样板房也与实际交付的房屋不一致,无法据此推断张某华、徐某英明知所购房屋的内部左右布局与合同约定相反。

其三,上诉人张某华、徐某英对于房屋内部左右布局明确约定并作为特定的合同目的,并不违反法律、行政法规的禁止性规定,亦未侵害第三人权益,属于当事人意思自治的范畴,法律尊重和保护个体通过自身价值判断自由选择合适房屋的合法权利。房屋并非普通商品,购房者对所购房屋的谨慎选择符合生活常理。由于被上诉人取某置业并未交付符合合同约定布局的房屋且无法调换,致使张某华、徐某英购买符合购房合同附件中约定布局房屋的合同目的落空,张某华、徐某英要求解除合同于法有据,法院予以确认。张某华、徐某英于2015年7月16日向取某置业发出律师函,告知取某置业构成根本违约,要求其拿出解决方案,但未明确解除合同,故法院确认案涉购房合同的解除时间为一审期间起诉状副本送达取某置业之日即2015年8月1日。

根据《合同法》第九十七条的规定,合同解除后,尚未履行的,终止履行;已经履行的,根据履行情况和合同性质,当事人可以要求恢复原状、采取其他补救措施,并有权要求赔偿损失。由于上诉人张某华、徐某英并未实际取得案涉房屋,被上诉人取某置业应返还购房款63万元,同时,张某华、徐某英放弃对违约金部分的主张,系对自身权利的自由处分,法院照准。

060 合同解除后违约金条款是否继续有效*

> **阅读提示**：本案例刊载于《最高人民法院公报》2010年第5期，认为解除合同后违约方的责任承担方式不表现为支付违约金，但是笔者在写作中也关注到一些与该案例裁判规则相反的案例。可见对于合同解除后违约金条款的效力问题，审判实践中在《全国法院民商事审判工作会议纪要》颁布之前尚存在分歧。
>
> 根据2019年11月8日正式发布的《全国法院民商事审判工作会议纪要》，该问题的处理得到了统一，规定如下："49.【合同解除的法律后果】合同解除时，一方依据合同中有关违约金、约定损害赔偿的计算方法、定金责任等违约责任条款的约定，请求另一方承担违约责任的，人民法院依法予以支持。"
>
> 因此，本案例的结论系我国司法实践的历史案例，提供给读者参考。实际上，在《全国法院民商事审判工作会议纪要》颁布之后的司法实践，应该是支持在合同解除时，一方依据合同中有关违约金、约定损害赔偿的计算方法、定金责任等违约责任条款的约定来请求另一方承担违约责任的。

裁判要旨

合同解除的法律效果是使合同关系归于消灭，违约方的责任承担方式不表现为支付违约金。[①]

案情介绍

1. 广西桂某电力股份有限公司（以下简称桂某公司）与广西泳某房地产开发有限公司（以下简称泳某公司）签订《基地定向开发建设协议书》及《补充协议》，约定桂某公司委托泳某公司在广西南宁市琅东凤岭段为其建设办公综合楼和商品住宅小区，如果泳某公司未按时完成工作、交付工程、擅自抵押土地，应向桂某公司承担违约责任，支付违约金。

---

* 案件来源：广西桂某电力股份有限公司与广西泳某房地产开发有限公司房屋买卖合同纠纷二审民事判决书，最高人民法院（2009）最高法民一终字第23号。

① 《合同法》已失效，现关于合同解除后果的规定见《民法典》第五百六十六条。

2. 泳某公司至合同约定交付日无法实际交付工程，且该工程因质量事故未能复工。

3. 桂某公司向广西壮族自治区高院提起诉讼，请求判令：解除协议；泳某公司返还投资款、利息、定金、违约金、赔偿损失。广西壮族自治区高院认为，合同解除后违约方的责任承担方式不表现为支付违约金，判决：解除协议；泳某公司返还桂某公司购房款 11050 万元、赔偿损失 13123.3 万元。

4. 泳某公司不服广西壮族自治区高院判决，向最高人民法院提起上诉。最高人民法院判决：解除协议；泳某公司返还桂某公司 11050 万元，并按同期同类贷款利率支付利息；泳某公司赔偿桂某公司损失 1000 万元。

实务要点总结

第一，切记本案例的裁判规则已经不适用了。根据 2019 年 11 月 8 日正式发布的《全国法院民商事审判工作会议纪要》，裁判规则已经改变。合同解除时，一方依据合同中有关违约金、约定损害赔偿的计算方法、定金责任等违约责任条款的约定，请求另一方承担违约责任的，人民法院依法予以支持。

第二，合同解除后主张赔偿损失的，一定要列举出充分的证据证明遭受的损失金额。

相关法律规定

《最高人民法院关于适用〈中华人民共和国民法典〉合同编通则若干问题的解释》

第五十二条 当事人就解除合同协商一致时未对合同解除后的违约责任、结算和清理等问题作出处理，一方主张合同已经解除的，人民法院应予支持。但是，当事人另有约定的除外。

有下列情形之一的，除当事人一方另有意思表示外，人民法院可以认定合同解除：

（一）当事人一方主张行使法律规定或者合同约定的解除权，经审理认为不符合解除权行使条件但是对方同意解除；

（二）双方当事人均不符合解除权行使的条件但是均主张解除合同。

前两款情形下的违约责任、结算和清理等问题，人民法院应当依据民法典第五百六十六条、第五百六十七条和有关违约责任的规定处理。

《中华人民共和国合同法》（已失效）

第九十七条　合同解除后，尚未履行的，终止履行；已经履行的，根据履行情况和合同性质，当事人可以要求恢复原状、采取其他补救措施，并有权要求赔偿损失。

第九十八条　合同的权利义务终止，不影响合同中结算和清理条款的效力。

《中华人民共和国民法典》

第五百六十六条　合同解除后，尚未履行的，终止履行；已经履行的，根据履行情况和合同性质，当事人可以请求恢复原状或者采取其他补救措施，并有权请求赔偿损失。

合同因违约解除的，解除权人可以请求违约方承担违约责任，但是当事人另有约定的除外。

主合同解除后，担保人对债务人应当承担的民事责任仍应当承担担保责任，但是担保合同另有约定的除外。

第五百六十七条　合同的权利义务关系终止，不影响合同中结算和清理条款的效力。

《全国法院民商事审判工作会议纪要》

49.【合同解除的法律后果】合同解除时，一方依据合同中有关违约金、约定损害赔偿的计算方法、定金责任等违约责任条款的约定，请求另一方承担违约责任的，人民法院依法予以支持。

双务合同解除时人民法院的释明问题，参照本纪要第36条的相关规定处理。

法院判决

以下为该案在法院审理阶段，判决书中"本院认为"就该问题的论述：

对合同解除后的责任承担问题，桂某公司诉请泳某公司返还购房款、双倍返还定金、支付违约金并且赔偿购房款利息损失、办公楼重置费损失。本院认为，依照《合同法》第九十七条的规定："合同解除后，尚未履行的，终止履行；已经履行的，根据履行情况和合同性质，当事人可以要求恢复原状、采取其他补救措施，并有权要求赔偿损失。"因此，合同解除后，应由泳某公司返还桂某公司的购房款和利息。关于桂某公司主张的双倍返还定金问题，《补充协议》第2.3.4条约定："桂某公司在2005年3月30日前支付的费用作为已付部分土地补偿费"，因此，桂某公司于2003年4月16日支付的具有履约定金性质的50万元因《补充协议》重新约定为预付土地款而不再具有定金性质。因此，不应予以返还。关于桂某公司要求泳某公司支付工期逾期违约金和泳某公司擅自抵押土地的违约金的诉讼请求。本院认为，合同解除的法律效果是使合同关系归于消灭，解除合同的后果，违约方的责任承担方式也不表现为支付违约金。因此，对桂某公司要求支付违约金的主张，本院亦不予支持。鉴于本案合同解除后桂某公司另行购买办公楼等需要支付费用，而泳某公司专门按照桂某公司的要求定向建设的住宅楼和商品住宅小区，合同不履行后也会给泳某公司造成一定损失。综合考虑本案的实际情况，本院酌定泳某公司赔偿桂某公司损失 1000 万元。

061 合同解除后是否需恢复至签约前的状态[*]

阅读提示：合同解除后如何进行清算，是司法实务中的难题，本案例最高人民法院对此进行了充分阐述，对该类争议问题的裁判具有指引作用。

最高人民法院在本案判决书中认为，合同解除的原则是恢复到合同未签订前之状态，不能恢复的要进行补救和赔偿。

裁判要旨

《合同法》第九十七条规定，合同解除后，尚未履行的，终止履行；已经履行的，根据履行情况和合同性质，当事人可以要求恢复原状、采取其他补救措施，并有权要求赔偿损失。[①] 根据该规定，合同解除的原则是恢复到合同未签订前之状态，不能恢复的要进行补救和赔偿，即能够相互返还和恢复原状的，需相互返还和恢复原状；不能相互返还的和恢复原状的，当事人有权要求采取其他补救措施或要求赔偿损失。

案情介绍

1. 2015 年 8 月 16 日，浙某海公司、沃某公司、胡某胜、胡某心签订四方协议，约定沃某公司以 2.496 亿元的价格受让浙某海公司开发整理的特定区域土地中

---

[*] 案件来源：甘肃浙某海投资发展有限公司、甘肃沃某商贸有限公司合同纠纷二审民事判决书，最高人民法院（2017）最高法民终 53 号。

[①] 《合同法》已失效，现相关规定见《民法典》第五百六十六条。

的 1800 亩的开发权及开发成果，所支付的对价为两部分，一部分以沃某公司对胡某胜享有的 1.496 亿元债权抵销沃某公司等额付款义务，另一部分为沃某公司承诺支付的差额 1 亿元，另胡某胜以自己实际控制和支配的浙某海公司 26% 股权（胡某心名义持有）转让给浙某海公司其他股东。

2. 因浙某海公司未交付约定项目，胡某胜也未将其控制股权转让给浙某海公司其他股东，沃某公司遂于 2016 年 1 月 6 日向甘肃省高院起诉，请求：解除四方协议；浙某海公司、胡某胜、胡某心共同向沃某公司偿还 1.496 亿元，并承担资金占用期间的利息。甘肃省高院判决：解除四方协议；浙某海公司赔偿沃某公司损失 1.496 亿元。

3. 浙某海公司不服，上诉至最高人民法院。最高人民法院改判：解除四方协议；驳回沃某公司的其他诉讼请求。

实务要点总结

第一，律师或者公司法务人员在起草协议的时候，就应该建议当事人事先在合同中约定合同解除后的结算和清理条款，即恢复原状、赔偿损失的具体方式，避免在合同解除后就如何清算发生争议。

第二，当事人应尽可能地在合同中约定对方每一项义务相对应的违约责任，可约定明确的违约金数额，也可约定违约金计算方式。在合同解除后，当事人可依据违约条款请求对方承担违约责任。

相关法律规定

《最高人民法院关于适用〈中华人民共和国民法典〉合同编通则若干问题的解释》

第五十二条 当事人就解除合同协商一致时未对合同解除后的违约责任、结算和清理等问题作出处理，一方主张合同已经解除的，人民法院应予支持。但是，当事人另有约定的除外。

有下列情形之一的，除当事人一方另有意思表示外，人民法院可以认定合同解除：

（一）当事人一方主张行使法律规定或者合同约定的解除权，经审理认为不符合解除权行使条件但是对方同意解除；

（二）双方当事人均不符合解除权行使的条件但是均主张解除合同。

前两款情形下的违约责任、结算和清理等问题，人民法院应当依据民法典第五百六十六条、第五百六十七条和有关违约责任的规定处理。

《中华人民共和国合同法》（已失效）

第九十七条　合同解除后，尚未履行的，终止履行；已经履行的，根据履行情况和合同性质，当事人可以要求恢复原状、采取其他补救措施，并有权要求赔偿损失。

第九十八条　合同的权利义务终止，不影响合同中结算和清理条款的效力。

《中华人民共和国民法典》

第五百六十六条　合同解除后，尚未履行的，终止履行；已经履行的，根据履行情况和合同性质，当事人可以请求恢复原状或者采取其他补救措施，并有权请求赔偿损失。

合同因违约解除的，解除权人可以请求违约方承担违约责任，但是当事人另有约定的除外。

主合同解除后，担保人对债务人应当承担的民事责任仍应当承担担保责任，但是担保合同另有约定的除外。

第五百六十七条　合同的权利义务关系终止，不影响合同中结算和清理条款的效力。

《最高人民法院关于审理买卖合同纠纷案件适用法律问题的解释》（2020年修正）

第二十条　买卖合同因违约而解除后，守约方主张继续适用违约金条款的，人民法院应予支持；但约定的违约金过分高于造成的损失的，人民法院可以参照民法典第五百八十五条第二款的规定处理。

《全国法院民商事审判工作会议纪要》

49.【合同解除的法律后果】合同解除时，一方依据合同中有关违约金、约定损害赔偿的计算方法、定金责任等违约责任条款的约定，请求另一方承担违约责任的，人民法院依法予以支持。

双务合同解除时人民法院的释明问题，参照本纪要第36条的相关规定处理。

法院判决

以下为该案在法院审理阶段，判决书中"本院认为"就该问题的论述：

关于合同解除及相关法律后果问题。根据一、二审查明的事实，四方协议已无法继续履行，对此，各方均无异议。沃某公司据此请求解除该协议，各方亦无异议。审理中，作为合同解除相对方无论是否同意解除，均不影响人民法院依法予以解除。原审根据合同相对方明确表示或以自己行为表明不履行主要债务和合同目的已无法实现等情形，确认四方协议解除，依法有据。

《合同法》第九十七条规定，合同解除后，尚未履行的，终止履行；已经履行的，根据履行情况和合同性质，当事人可以要求恢复原状、采取其他补救措施，并有权要求赔偿损失。根据合同解除的上述法律规定，合同解除的原则是恢复到合同未签订前之状态，不能恢复的要进行补救和赔偿，即能够相互返还和恢复原状的，需相互返还和恢复原状；不能相互返还和恢复的，当事人有权要求采取其他补救措施或要求赔偿损失。根据本案四方协议的主要内容和履行实际，沃某公司仅在形式上将享有的债权冲抵了部分转让款，浙某海公司尚未交付约定项目，胡某胜也未将其控制股权转让浙某海公司其他股东。四方协议解除后，符合相互返还和恢复原状的情形，依法应作恢复原状处理，即名义上已为浙某海公司享有的债权恢复为由沃某公司继续享有和支配，沃某公司不能再向浙某海公司主张相应债权。原审认为沃某公司的上述债权无法恢复，无事实和法律根据，本院予以纠正。沃某公司认为其已将债权凭证交付浙某海公司，按约其与胡某胜之间的债权已经消灭，无法恢复，并未提供证据，也无法律依据。根据四方协议第二条之约定，沃某公司与胡某胜存在的债权债务事实及具体数额，胡某胜已作出承认，据此，其债权不存在无法主张的情形。同时，四方协议第六条第一款亦明确约定，本协议签署生效后，沃某公司对胡某胜享有的债权消灭，沃某公司不得以任何理由再向胡某胜主张原债权；如因本协议无效或者被撤销、解除，导致沃某公司债权无法实现的，胡某胜对本协议约定的债务仍应承担还款责任，即合同生效后，沃某公司不再向胡某胜主张债权；但同时约定如果合同被解除，沃某公司的债权无法实现时，胡某胜仍应承担还款责任，即恢复到原债权债务关系。据此，合同解除后，恢复原状并不违背协议各方的真实意思表示，也不损害各方利益。沃某公司在协议解除后，不同意恢复其对胡某胜的债权，实有转嫁债务风险之嫌，本院对此不予支持。

062 合同双方约定"永不反悔",能否解除合同[*]

阅读提示:本案例是最高人民法院指导案例。在本案例中,最高人民法院认为,股权转让分期付款合同的受让人未支付到期价款达到全部价款的五分之一,转让人无权依据《合同法》第一百六十七条①解除合同。

《合同法》第一百六十七条第一款规定:"分期付款的买受人未支付到期价款的金额达到全部价款的五分之一的,出卖人可以要求买受人支付全部价款或者解除合同。"分期付款的股权转让交易中,股权转让人能否依据该规定请求解除合同?本案例最高人民法院认为股权转让交易不同于一般的消费品交易,对此持否定态度。

本案的另一裁判理由亦值得细细品味:"鉴于双方在股权转让合同上明确约定'此协议一式两份,双方签字生效,永不反悔',因此周某海即使依据《合同法》第一百六十七条的规定,也应当首先选择要求汤某龙支付全部价款,而不是解除合同。"

裁判要旨

从诚实信用的角度,《合同法》第六十条规定:"当事人应当按照约定全面履行自己的义务。当事人应当遵循诚实信用原则,根据合同的性质、目的和交易习惯履行通知、协助、保密等义务。"鉴于双方在股权转让合同上明确约定"永不反悔",因此即使依据《合同法》第一百六十七条的规定,转让人也应当首先选择要求受让人支付全部价款,而不是解除合同。

案情介绍

1. 2013年4月3日,汤某龙与周某海签订《股权转让协议》及《股权转让资金分期付款协议》,约定:周某海将其持有的某变压器集团成都某星电器有限公司6.35%股权转让给汤某龙;股权合计710万元,分四期付清;此协议双方签字生

---

[*] 案件来源:汤某龙诉周某海股权转让纠纷案,最高人民法院(2015)最高法民申字第2532号。
① 《合同法》已失效,现相关规定见《民法典》第六百三十四条。

效，永不反悔。

2. 协议签订后，汤某龙依约向周某海支付第一期股权转让款150万元。因汤某龙逾期未支付约定的第二期股权转让款，周某海向汤某龙送达了《关于解除协议的通知》，以汤某龙根本违约为由，提出解除双方签订的《股权转让资金分期付款协议》。次日，汤某龙即向周某海转账支付了第二期150万元股权转让款，并依约履行了后续第三期、第四期股权转让款的支付义务。周某海以其已经解除合同为由，如数退回汤某龙支付的四笔股权转让款。

3. 汤某龙遂向成都中院提起诉讼，要求确认周某海发出的解除协议通知无效，并责令其继续履行合同。成都中院判决：驳回原告汤某龙的诉讼请求。

4. 汤某龙不服，提起上诉。四川高院判决：确认周某海要求解除双方签订的《股权转让资金分期付款协议》行为无效；汤某龙向周某海支付股权转让款710万元。

5. 周某海不服，向最高人民法院申请再审。最高人民法院裁定驳回周某海的再审申请。

实务要点总结

第一，股权转让分期买卖合同中，转让人可要求在合同中约定受让人逾期付款的违约责任，并约定受让人未付款达到特定比例时转让人可解除合同，以此督促受让人履行付款义务。

第二，虽然股权转让分期付款合同的转让人无权依据《民法典》第六百三十四条的规定，在受让人未支付到期价款达到全部价款的五分之一时解除合同，但是转让人可依据该规定请求受让人支付全部价款。

第三，股权转让的受让人应按约及时履行付款义务，在受让人未付款比例达到影响合同目的的实现的程度，转让人仍享有法定解除权。

第四，当事人在合同中的"永不反悔"等君子协定，属于法院认定当事人是否享有合同解除权的考量因素。

相关法律规定

《中华人民共和国合同法》（已失效）

第九十四条 有下列情形之一的，当事人可以解除合同：

（一）因不可抗力致使不能实现合同目的；

（二）在履行期限届满之前，当事人一方明确表示或者以自己的行为表明不履行主要债务；

（三）当事人一方迟延履行主要债务，经催告后在合理期限内仍未履行；

（四）当事人一方迟延履行债务或者有其他违约行为致使不能实现合同目的；

（五）法律规定的其他情形。

第一百六十七条 分期付款的买受人未支付到期价款的金额达到全部价款的五分之一的，出卖人可以要求买受人支付全部价款或者解除合同。

出卖人解除合同的，可以向买受人要求支付该标的物的使用费。

《中华人民共和国民法典》

第五百六十三条 有下列情形之一的，当事人可以解除合同：

（一）因不可抗力致使不能实现合同目的；

（二）在履行期限届满前，当事人一方明确表示或者以自己的行为表明不履行主要债务；

（三）当事人一方迟延履行主要债务，经催告后在合理期限内仍未履行；

（四）当事人一方迟延履行债务或者有其他违约行为致使不能实现合同目的；

（五）法律规定的其他情形。

以持续履行的债务为内容的不定期合同，当事人可以随时解除合同，但是应当在合理期限之前通知对方。

第六百三十四条 分期付款的买受人未支付到期价款的数额达到全部价款的五分之一，经催告后在合理期限内仍未支付到期价款的，出卖人可以请求买受人支付全部价款或者解除合同。

出卖人解除合同的，可以向买受人请求支付该标的物的使用费。

《最高人民法院关于审理买卖合同纠纷案件适用法律问题的解释》（2020 年修正）

第二十七条 民法典第六百三十四条第一款规定的"分期付款"，系指买受人将应付的总价款在一定期限内至少分三次向出卖人支付。

分期付款买卖合同的约定违反民法典第六百三十四条第一款的规定，损害买受人利益，买受人主张该约定无效的，人民法院应予支持。

法院判决

以下为该案在法院审理阶段，裁定书中"本院认为"就该问题的论述：

本案争议的焦点问题是周某海是否享有《合同法》第一百六十七条规定的合

同解除权。

一、《合同法》第一百六十七条第一款规定，"分期付款的买受人未支付到期价款的金额达到全部价款的五分之一的，出卖人可以要求买受人支付全部价款或者解除合同"。第二款规定，"出卖人解除合同的，可以向买受人要求支付该标的物的使用费"。《最高人民法院关于审理买卖合同纠纷案件适用法律问题的解释》第三十八条规定，"合同法第一百六十七条第一款规定的'分期付款'，系指买受人将应付的总价款在一定期间内至少分三次向出卖人支付。分期付款买卖合同的约定违反合同法第一百六十七条第一款的规定，损害买受人利益，买受人主张该约定无效的，人民法院应予支持"。依据上述法律和司法解释的规定，分期付款买卖的主要特征为：一是买受人向出卖人支付总价款分三次以上，出卖人交付标的物之后买受人分两次以上向出卖人支付价款；二是多发、常见在经营者和消费者之间，一般是买受人作为消费者为满足生活消费而发生的交易；三是出卖人向买受人授予了一定信用，而作为授信人的出卖人在价款回收上存在一定风险，为保障出卖人剩余价款的回收，出卖人在一定条件下可以行使解除合同的权利。

本案系有限责任公司股东将股权转让给公司股东之外的其他人。尽管案涉股权的转让形式也是分期付款，但由于本案买卖的标的物是股权，因此具有与以消费为目的的一般买卖不同的特点：一是汤某龙受让股权是为参与公司经营管理并获取经济利益，并非满足生活消费；二是周某海作为有限责任公司的股权出让人，基于其所持股权一直存在于目标公司中的特点，其因分期回收股权转让款而承担的风险，与一般以消费为目的分期付款买卖中出卖人收回价款的风险并不同等；三是双方解除股权转让合同，也不存在向受让人要求支付标的物使用费的情况。综上特点，股权转让分期付款合同，与一般以消费为目的分期付款买卖合同有较大区别。对案涉《股权转让资金分期付款协议》不宜简单适用《合同法》第一百六十七条规定的合同解除权。

二、本案中，双方订立《股权转让资金分期付款协议》的合同目的能够实现。汤某龙和周某海订立《股权转让资金分期付款协议》的目的是转让周某海所持某变压器集团成都某星电器有限公司6.35%股权给汤某龙。根据汤某龙履行股权转让款的情况，除第2笔股权转让款150万元逾期支付两个月，其余3笔股权转让款均按约支付，周某海认为汤某龙逾期付款构成违约要求解除合同，退回了汤某龙所付710万元，不影响汤某龙按约支付剩余3笔股权转让款的事实的成立，且本案一、二审审理过程中，汤某龙明确表示愿意履行付款义务。因此，周某海签订案涉《股权转让资金分期付款协议》的合同目的能够得以实现。另查明，2013年11月7日，某变压器集团成都某星电器有限公司的变更（备案）登记中，周某海所持有的6.35%股权已经变更登记至汤某龙名下。

三、从诚实信用的角度，《合同法》第六十条规定，"当事人应当按照约定全面履行自己的义务。当事人应当遵循诚实信用原则，根据合同的性质、目的和交易习惯履行通知、协助、保密等义务"。鉴于双方在股权转让合同上明确约定"此协议一式两份，双方签字生效，永不反悔"，因此周某海即使依据《合同法》第一百六十七条的规定，也应当首先选择要求汤某龙支付全部价款，而不是解除合同。

四、从维护交易安全的角度，一项有限责任公司的股权交易，关涉诸多方面，如其他股东对受让人汤某龙的接受和信任（过半数同意股权转让），记载到股东名册和在工商部门登记股权，社会成本和影响已经倾注其中。本案中，汤某龙受让股权后已实际参与公司经营管理、股权也已过户登记到其名下，如果不是汤某龙有根本违约行为，动辄撤销合同可能对公司经营管理的稳定产生不利影响。

综上所述，本案中，汤某龙主张的周某海依据《合同法》第一百六十七条之规定要求解除合同依据不足的理由，于法有据，应当予以支持。

063 以预期违约为由解除合同需要具备哪些前提条件[*]

> **阅读提示**：《合同法》第九十四条第二项规定预期违约是法定合同解除情形之一。《合同法》第一百零八条则对预期违约作出了一般规定，即当事人一方明确表示或者以自己的行为表明不履行合同义务的，对方可以在履行期限届满之前要求其承担违约责任。而在《民法典》第五百七十八条又延续了该规定。
>
> 本案例最高人民法院认为，实践中若当事人以预期违约为由提出解除合同，最为关键的一点在于对方需要证明以明确的意思表示不履行债务，明确意思表示既包括语言的明示，又包括行为的默示。

裁判要旨

债务人已明确表示且以自己的行为表明不履行合同主要义务，且不具有应归咎于对方的合理事由，构成预期违约。

---

[*] 案件来源：中国某业股份有限公司重庆分公司、中国某业股份有限公司招标投标买卖合同纠纷二审民事判决书，最高人民法院（2019）最高法民终511号。

在判断是否构成明示拒绝履行时,强调当事人拒绝履行的表示必须明确、肯定、无条件或直截了当。只要当事人一方声称取消、终结、终止、解除或结束合同(关系),或者表示不愿、不能、无法履行合同,且这样做不存在法定或约定的免责事由,其行为一般被看作拒绝履行。而默示拒绝履行,则应采取理性人标准予以判断,如果一个理性人置身于当事人的地位,认为债务人的行为已达到无意受合同条款约束的地步,即使债务人没有明确表示拒绝履行,其行为也构成拒绝履行。

案情介绍

1. 2007年12月,博某公司与中某重庆分公司签订了《石灰投资建设协议书》,约定了双方的合作方式及期限、石灰及石灰粉技术指标、数量、价格、付款方式及双方的权利义务等,合同履行期限长达25年。

2. 2011年1月至2014年6月间,双方按照《石灰投资建设协议书》履行,均存在未按计划投产以及对个别供货数量和质量存在异议等情况,但均通过临时性自行采购、以质计价、加价计算等方式解决。在此期间博某公司与中某重庆分公司又签订了多份名为《石灰类采购订货合同》或《工业品买卖合同》的供销合同及相关补充协议,分别对货品名称、数量、价格、供货期间、结算方式和结算期限、合同有效期等进行约定。

3. 2014年6月,中某重庆分公司基于行业产能调整、氧化铝行业亏损、竞争加剧等原因向博某公司发出《关于暂停收购石灰、石灰石的函》,明确表示因为"受全球经济复苏不及预期、行业产能严重过剩、竞争不断加剧等不利因素影响,氧化铝行业亏损运营"暂停收购,且对暂停期限没有说明,至今亦未恢复收购。目前中某公司已经就该项目停产。

4. 2015年,博某公司向重庆市高级人民法院起诉请求解除《石灰投资建设协议书》并要求中某重庆分公司赔偿损失,一审法院认为中某重庆分公司构成预期违约,博某公司有权解除合同。中某重庆分公司不服提起上诉,最高人民法院认为中某重庆分公司以其行为已明确表明剩余履行期间内不再履行案涉协议,双方签订合同的目的已无法实现,博某公司可以据此行使法律赋予的解除权。

实务要点总结

第一,合同成立后,没有正当理由,不得在规定的履行期限届满之前,毁弃或拒绝履行自己的合同债务。为避免纠纷,当事人应当遵守合同严守原则,按照双方约定进行交易。

第二，在对方当事人已经明确表示或者以自己的行为表明不履行合同的情况下，对方可以构成预期违约为由行使法定解除权。预期违约不同于现实或实际违约，是一种可能的违约或履行期限届满前的违约，因此在主张对方构成预期违约时还必须对将不能履行合同主要义务的事实提供明确证据加以证明。

相关法律规定

《中华人民共和国合同法》（已失效）

第一百零八条 当事人一方明确表示或者以自己的行为表明不履行合同义务的，对方可以在履行期限届满之前要求其承担违约责任。

第九十四条 有下列情形之一的，当事人可以解除合同：

（一）因不可抗力致使不能实现合同目的；

（二）在履行期限届满之前，当事人一方明确表示或者以自己的行为表明不履行主要债务；

（三）当事人一方迟延履行主要债务，经催告后在合理期限内仍未履行；

（四）当事人一方迟延履行债务或者有其他违约行为致使不能实现合同目的；

（五）法律规定的其他情形。

《中华人民共和国民法典》

第五百七十八条 当事人一方明确表示或者以自己的行为表明不履行合同义务的，对方可以在履行期限届满前请求其承担违约责任。

第五百六十三条 有下列情形之一的，当事人可以解除合同：

（一）因不可抗力致使不能实现合同目的；

（二）在履行期限届满前，当事人一方明确表示或者以自己的行为表明不履行主要债务；

（三）当事人一方迟延履行主要债务，经催告后在合理期限内仍未履行；

（四）当事人一方迟延履行债务或者有其他违约行为致使不能实现合同目的；

（五）法律规定的其他情形。

以持续履行的债务为内容的不定期合同，当事人可以随时解除合同，但是应当在合理期限之前通知对方。

法院判决

以下为该案在法院审理阶段，判决书中"本院认为"就该问题的论述：

《石灰投资建设协议书》符合法定解除条件，应予解除。首先，案涉协议系经过招投标后，博某公司与中某重庆分公司签订的，履行期限长达25年，并对产品的生产工艺及技术指标的特殊性进行了明确约定，实质是定向收购的框架性合同安排，某种意义上可以视为双方排他性、长期性、定制性的特殊交易安排。任何一方违约，或明确表示不再履行合同，或致使合同目的无法实现，必然给相对方造成一定的损失，相对方据此可以依照约定或法律规定行使解除权终结双方的交易行为，并要求违约方承担相应的违约责任。本案中，2011年1月至2014年6月间，双方围绕案涉协议的约定，在进行具体案涉产品供销的交易过程中，双方均存在未按计划投产以及对个别供货数量和质量存在异议等情况，虽均通过临时性自行采购、以质计价、加价计算等方式解决，但并未免除中某重庆分公司采购案涉产品的义务。任何一方均不应存在终结合同的行为，否则即应视为违约并承担相应的责任。其次，2014年6月13日，中某重庆分公司单方面发出《关于暂停收购石灰、石灰石的函》，明确表示因为"受全球经济复苏不及预期、行业产能严重过剩、竞争不断加剧等不利因素影响，氧化铝行业亏损运营"暂停收购，对暂停期限没有说明，且至今亦未恢复收购。结合中某公司在《关于计提大额资产减值准备的公告》中明确表示由于"氧化铝价格较建设期间价格下降幅度较大，以及矿石资源负变大，天然气等能源成本高等原因"导致停产，且已经为本案"80万吨氧化铝项目"计提长期资产减值准备约人民币33亿元，以及中某重庆分公司已在厂区内建设满足大部分生产需求的4台竖式石灰窑等事实，均可以充分说明在案涉交易25年的履行期限届满之前，中某重庆分公司已经明确表示且以自己的行为表明不履行向博某公司继续收购约定产品的义务，且不具有应归咎于博某公司原因的合理事由，构成预期违约。

064 合同解除后能否请求赔偿可得利益*

> **阅读提示**：关于合同解除后能否请求赔偿可得利益问题，本案例较为典型，明确了在合同解除情况下可以主张赔偿可得利益。关于可得利益的范围，在 2023 年 12 月 4 日公布的《最高人民法院关于适用〈中华人民共和国民法典〉合同编通则若干问题的解释》中明确了计算方式及参考因素。

裁判要旨

最高人民法院在本案判决书中认为，应当将可得利益纳入合同解除后的损失赔偿范围，但不应超过违约方在订立合同时预见或应当预见违反合同可能造成的损失。

如在因违约方违约导致合同解除的情况下，将损害赔偿范围仅限定于守约方因对方违约而产生的损失，不将可得利益损失纳入其中，显然将会在一定程度上鼓励甚至纵容当事人违约行为的发生，亦不符合合同法关于赔偿可得利益损失的立法初衷。因而，可以并且应当将可得利益纳入合同解除后的损失赔偿范围，但应以不超过违约方在订立合同时预见或应当预见违反合同可能造成的损失为限。①

案情介绍

1. 学某公司与童某军签订《开发项目内部承包协议》，童某军承包学某公司的开发项目，学某公司可获得的收益包括三部分：8000 万元款项和价值 2000 万元的车位；童某军无偿为学某公司建设的 34300 平方米的毛坯房；童某军无偿为学某公司建设的 150 个地下车位。

2. 2015 年 8 月 24 日，学某公司、童某军与刘某新、刘某青签订《暮云学海-优品汇项目建设承包人变更协议》，约定由刘某新、刘某青全面承接原由童某军承包的案涉项目相关权利和义务。

3. 2015 年 10 月 21 日，学某公司与刘某新、刘某青签订《补充协议》，明确如

---

* 案件来源：刘某新、刘某青合同纠纷再审审查与审判监督民事裁定书，最高人民法院（2018）最高法民申 2258 号。

① 《合同法》已失效，现相关规定见《民法典》第五百六十六条。

果刘某新、刘某青未能在规定时间内解决好与案涉项目有关的一切债权债务纠纷等问题，刘某新、刘某青自愿放弃案涉项目的承包权。如果由于刘某新、刘某青方面的原因给学某公司造成经济损失和重大影响，学某公司有权在解除协议的基础上，要求刘某新、刘某青赔偿一切经济损失。

4. 刘某新、刘某青未能在规定时间内解决好协议约定的债权债务纠纷等问题，存在违约行为。

5. 2015年10月27日，学某公司委托律师向刘某新、刘某青发出《律师函》，通知刘某新、刘某青正式收回变更至其名下的案涉项目承包权，并解除与其签订的相关协议。

6. 学某公司起诉要求刘某新、刘某青赔偿可得利益损失。原审判决酌情认定刘某新、刘某青应赔偿学某公司1400万元的可得利益损失。

7. 刘某新、刘某青不服，向最高人民法院申请再审，理由之一是可得利益损失不属于合同解除的赔偿范围，赔偿可得利益损失属违约责任，而合同解除与违约责任是合同法上两项相互独立的法律救济制度。最高人民法院裁定驳回刘某新、刘某青的再审申请。

实务要点总结

第一，对于守约方而言，举证证明存在可得利益的重点在于预期利润的确定性及计算依据，在有鉴定条件的情形下应当申请鉴定。为降低发生纠纷时的举证难度，可事先约定可得利益损失的计算标准及依据。

第二，对于违约方而言，举证证明可得利益依据不足的重点在于守约方预期利润具有不确定性、缺乏依据，守约方没有采取合理减损措施而导致损失扩大，守约方因违约而获得利益以及守约方亦有过失所造成的损失等。合同解除并不能成为免除承担可得利益赔偿的理由。

相关法律规定

《最高人民法院关于适用〈中华人民共和国民法典〉合同编通则若干问题的解释》

第六十条 人民法院依据民法典第五百八十四条的规定确定合同履行后可以获得的利益时，可以在扣除非违约方为订立、履行合同支出的费用等合理成本后，按照非违约方能够获得的生产利润、经营利润或者转售利润等计算。

非违约方依法行使合同解除权并实施了替代交易，主张按照替代交易价格与合同价格的差额确定合同履行后可以获得的利益的，人民法院依法予以支持；替代交易价格明显偏离替代交易发生时当地的市场价格，违约方主张按照市场价格与合同价格的差额确定合同履行后可以获得的利益的，人民法院应予支持。

非违约方依法行使合同解除权但是未实施替代交易，主张按照违约行为发生后合理期间内合同履行地的市场价格与合同价格的差额确定合同履行后可以获得的利益的，人民法院应予支持。

第六十一条 在以持续履行的债务为内容的定期合同中，一方不履行支付价款、租金等金钱债务，对方请求解除合同，人民法院经审理认为合同应当依法解除的，可以根据当事人的主张，参考合同主体、交易类型、市场价格变化、剩余履行期限等因素确定非违约方寻找替代交易的合理期限，并按照该期限对应的价款、租金等扣除非违约方应当支付的相应履约成本确定合同履行后可以获得的利益。

非违约方主张按照合同解除后剩余履行期限相应的价款、租金等扣除履约成本确定合同履行后可以获得的利益的，人民法院不予支持。但是，剩余履行期限少于寻找替代交易的合理期限的除外。

第六十二条 非违约方在合同履行后可以获得的利益难以根据本解释第六十条、第六十一条的规定予以确定的，人民法院可以综合考虑违约方因违约获得的利益、违约方的过错程度、其他违约情节等因素，遵循公平原则和诚信原则确定。

《中华人民共和国民法通则》（已失效）

第一百一十五条 合同的变更或者解除，不影响当事人要求赔偿损失的权利。

《中华人民共和国合同法》（已失效）

第九十七条 合同解除后，尚未履行的，终止履行；已经履行的，根据履行情况和合同性质，当事人可以要求恢复原状、采取其他补救措施，并有权要求赔偿损失。

第一百一十三条第一款 当事人一方不履行合同义务或者履行合同义务不符合约定，给对方造成损失的，损失赔偿额应当相当于因违约所造成的损失，包括合同履行后可以获得的利益，但不得超过违反合同一方订立合同时预见到或者应当预见到的因违反合同可能造成的损失。

《中华人民共和国民法典》

第五百六十六条 合同解除后，尚未履行的，终止履行；已经履行的，根据履行情况和合同性质，当事人可以请求恢复原状或者采取其他补救措施，并有权请求赔偿损失。

合同因违约解除的，解除权人可以请求违约方承担违约责任，但是当事人另有约定的除外。

主合同解除后，担保人对债务人应当承担的民事责任仍应当承担担保责任，但是担保合同另有约定的除外。

第五百八十四条 当事人一方不履行合同义务或者履行合同义务不符合约定，造成对方损失的，损失赔偿额应当相当于因违约所造成的损失，包括合同履行后可以获得的利益；但是，不得超过违约一方订立合同时预见到或者应当预见到的因违约可能造成的损失。

《全国法院民商事审判工作会议纪要》

49.【合同解除的法律后果】合同解除时，一方依据合同中有关违约金、约定损害赔偿的计算方法、定金责任等违约责任条款的约定，请求另一方承担违约责任的，人民法院依法予以支持。

双务合同解除时人民法院的释明问题，参照本纪要第36条的相关规定处理。

法院判决

以下为该案在法院审理阶段，裁定书中"本院认为"就该问题的论述：

……其二，关于刘某新、刘某青应否赔偿学某公司可得利益损失的问题。《民法通则》第一百一十五条规定："合同的变更或者解除，不影响当事人要求赔偿损失的权利。"《合同法》第九十七条规定："合同解除后，尚未履行的，终止履行；已经履行的，根据履行情况和合同性质，当事人可以要求恢复原状、采取其他补救措施，并有权要求赔偿损失。"《合同法》第一百一十三条第一款规定："当事人一方不履行合同义务或者履行合同义务不符合约定，给对方造成损失的，损失赔偿额应当相当于因违约所造成的损失，包括合同履行后可以获得的利益，但不得超过违反合同一方订立合同时预见到或者应当预见到的因违反合同可能造成的损失。"从上述法律规定可知，当事人一方或双方存在违约行为是合同解除的原因之一，在出现合同约定或法律规定当事人可以行使解除权解除合同的违约行为的情况下，守约方实际面临两种利益抉择，其一是选择继续履行合同，其二是选择解除合同。合同解除后必然涉及恢复原状、采取其他补救措施、赔偿损失等问题。可得利益是合同履行后可以获得的利益，是对债务不履行的赔偿，法律规定可得利益的目的主要在于通过加重当事人的违约成本，以期遏制违约行为的发生，督促当事人诚信履约，保护守约方的信赖利益，并弥补守约方因对方违约而造成的实际损失。如在因违约方违约导致合同解除的情况下，将损害赔偿范围仅限定于守约方因对方违约而产生的损失，不将可得利益损失纳入其中，显然将会在一定程度上鼓励甚至纵容当事人违约行为的发生，亦不符合合同法关于赔偿可得利益损失的立法初衷。因而，可以并且应当将可得利益纳入合同解除后的损失赔偿范围，但应以不超过违约方在订立合同时预见或应当预见违反合同可能造成的损失为限。本案中，根据《开发项目内部承包协议》的约定，案涉项目承包价款包括三部分，其一为 8000 万元款项和价值 2000 万元的车位，其二为童某军无偿为学某公司建设的 34300 平方米的毛坯房，其三为童某军无偿为学某公司建设的 150 个地下车位。可见，如《开发项目内部承包协议》得以完全履行完毕，学某公司将可以获得上述收益。作为《开发项目内部承包协议》当事人，童某军应可预见违反合同可能给学某公司造成的损失，而作为案涉项目承包权利义务承接人的刘某新、刘某青亦应承担由此产生的相应法律后果。故原判决判令刘某新、刘某青向学某公司支付可得利益损失，并无不当。

其三，关于刘某新、刘某青应赔偿学某公司可得利益损失的数额问题。如前所述，如《开发项目内部承包协议》得以完全履行，学某公司将可以获得该协议约定的收益。在《开发项目内部承包协议》未履行完毕，并因刘某新、刘某青违约而解除的情况下，学某公司的可得利益损失客观存在。刘某新、刘某青申请再审主张学某公司没有可得利益损失，有违客观事实。根据本案已查明的事实，在本案一审期间，学某公司向法院提交了其单方委托湖南天某房地产评估有限公司作出的关于案涉 34300 平方米毛坯房及 150 个地下车库价值的评估报告，评估结果为以上房产和车位总价为 21882.46 万元。刘某新、刘某青对该评估报告的三性均无异议。2016 年 11 月 20 日，案涉土地使用权以股权转让方式被转让，价款为 19200 万元。原判决根据评估价格、合同约定的承包总价款、股权转让价格，并综合考虑因房地产市场变化所带来的不确定性等因素，酌情认定刘某新、刘某青应赔偿学某公司 1400 万元的可得利益损失，并无不妥。

065 诉讼中被告应以抗辩方式还是反诉方式主张抵销债务*

> 阅读提示：《合同法》第九十九条规定当事人享有法定抵销权，但对于在诉讼中被告应通过抗辩方式还是反诉方式抑或另行起诉行使抵销权，并未明确规

---

* 案件来源：安徽盛某投资有限公司、伟某建设集团有限公司建设工程施工合同纠纷二审民事判决书，最高人民法院（2017）最高法民终 518 号。

定，实践中亦存在一定争议。最高人民法院在本案判决书中认为，诉讼中应通过抗辩还是反诉行使抵销权，需要人民法院根据具体情况进行确认，赋予了人民法院一定的自由裁量权。

在该案件之后发布的《全国法院民商事审判工作会议纪要》对该问题作出了明确的规定：抵销权既可以通知的方式行使，也可以提出抗辩或者提起反诉的方式行使。抵销的意思表示自到达对方时生效，抵销一经生效，其效力溯及自抵销条件成就之时，双方互负的债务在同等数额内消灭。双方互负的债务数额，是截至抵销条件成就之时各自负有的包括主债务、利息、违约金、赔偿金等在内的全部债务数额。行使抵销权一方享有的债权不足以抵销全部债务数额，当事人对抵销顺序又没有特别约定的，应当根据实现债权的费用、利息、主债务的顺序进行抵销。

裁判要旨

对于抵销权的行使，既可以在诉讼中也可以在诉讼之外而为抵销的意思表示，但在诉讼中的抵销，是为抵销抗辩或者反诉抵销，并无法律明确规定，需要人民法院根据具体情况进行确认。在双方互负债务数额已经确定、债权债务明确、标的物种类和品质相同、债务均已到期的情形下，当事人可选择以抗辩的方式行使抵销权，而无须以提起反诉的方式主张抵销。

案情介绍

1. 2011年12月，C城市学院与盛某投资公司签订《C城市职业学院融资采购新校区项目协议书》，约定项目前期准备工作由C城市学院负责，盛某投资公司负责工程建设以及相关费用的融资，建设方式为BT即建设—转让。

2. 2012年2月，盛某投资公司作为发包人、伟某建设公司作为承包人签订《建筑工程施工合同》，承包范围为盛某投资公司与C城市学院所签协议中的所有工程范围。

3. 后双方因工程进度款的支付发生争议，伟某建设公司向安徽省高院起诉，请求：确认伟某建设公司于2013年4月发出的终止合同通知书的效力；盛某投资公司、C城市学院支付工程款41005306.67元及逾期利息，赔偿材料损失等；确认伟某建设公司对其所建设部分工程的价款有优先受偿权。

4. 安徽省高院认为，案涉建设工程施工合同违反了招标投标法，应认定无效；盛某投资公司已超付伟某建设公司工程款；盛某投资公司依据无效合同收取的1000万元履约保证金，应当予以返还；盛某投资公司主张冲抵多付的工程款，因其未提出反诉，主张抵销金额也不明确，故不予处理。该院判决：盛某投资公司返还伟某建设公司履约保证金1000万元及利息，赔偿伟某建设公司损失760万元。

5. 盛某投资公司不服，上诉至最高人民法院。最高人民法院认为，安徽省高院以盛某投资公司未提出反诉为由未予采纳其抗辩意见不当，应予纠正，盛某投资公司可在9088941.37元范围内与应返还1000万元保证金相互抵销。遂改判盛某投资公司返还伟某建设公司履约保证金911058.63元及利息。

实务要点总结

第一，律师应及时掌握最新的法律法规和司法解释，以及最高人民法院的司法审判精神和动态。有时候有分歧的案件，而法律和司法解释尚未明确的时候，就更加需要进行案例检索。该案发生的时候，法律和司法政策并不明确、不统一。如果办案的过程中，进行了法规检索和案例检索，也许就能取得最佳的办案效果。

第二，根据《民法典》的规定和民法基本理论，当事人行使法定抵销权应符合以下要件：(1) 双方互负到期债务；(2) 债务标的物种类、品质相同；(3) 不属于依照法律规定或者按照合同性质不得抵销的情形；(4) 未约定债权不得抵销。

第三，《全国法院民商事审判工作会议纪要》对该问题作出了明确的规定：抵销权既可以通知的方式行使，也可以提出抗辩或者提起反诉的方式行使。抵销的意思表示自到达对方时生效，抵销一经生效，其效力溯及自抵销条件成就之时，双方互负的债务在同等数额内消灭。双方互负的债务数额，是截至抵销条件成就之时各自负有的包括主债务、利息、违约金、赔偿金等在内的全部债务数额。行使抵销权一方享有的债权不足以抵销全部债务数额，当事人对抵销顺序又没有特别约定的，应当根据实现债权的费用、利息、主债务的顺序进行抵销。

相关法律规定

《最高人民法院关于适用〈中华人民共和国民法典〉合同编通则若干问题的解释》

第五十五条 当事人一方依据民法典第五百六十八条的规定主张抵销，人民法院经审理认为抵销权成立的，应当认定通知到达对方时双方互负的主债务、利息、违约金或者损害赔偿金等债务在同等数额内消灭。

第五十六条 行使抵销权的一方负担的数项债务种类相同,但是享有的债权不足以抵销全部债务,当事人因抵销的顺序发生争议的,人民法院可以参照民法典第五百六十条的规定处理。

行使抵销权的一方享有的债权不足以抵销其负担的包括主债务、利息、实现债权的有关费用在内的全部债务,当事人因抵销的顺序发生争议的,人民法院可以参照民法典第五百六十一条的规定处理。

第五十七条 因侵害自然人人身权益,或者故意、重大过失侵害他人财产权益产生的损害赔偿债务,侵权人主张抵销的,人民法院不予支持。

第五十八条 当事人互负债务,一方以其诉讼时效期间已经届满的债权通知对方主张抵销,对方提出诉讼时效抗辩的,人民法院对该抗辩应予支持。一方的债权诉讼时效期间已经届满,对方主张抵销的,人民法院应予支持。

《中华人民共和国合同法》(已失效)

第九十九条 当事人互负到期债务,该债务的标的物种类、品质相同的,任何一方可以将自己的债务与对方的债务抵销,但依照法律规定或者按照合同性质不得抵销的除外。

当事人主张抵销的,应当通知对方。通知自到达对方时生效。抵销不得附条件或者附期限。

《中华人民共和国民法典》

第五百六十八条 当事人互负债务,该债务的标的物种类、品质相同的,任何一方可以将自己的债务与对方的到期债务抵销;但是,根据债务性质、按照当事人约定或者依照法律规定不得抵销的除外。

当事人主张抵销的,应当通知对方。通知自到达对方时生效。抵销不得附条件或者附期限。

《最高人民法院关于适用〈中华人民共和国合同法〉若干问题的解释(二)》(已失效)

第二十三条 对于依照合同法第九十九条的规定可以抵销的到期债权,当事人约定不得抵销的,人民法院可以认定该约定有效。

第二十四条 当事人对合同法第九十六条、第九十九条规定的合同解除或者债务抵销虽有异议,但在约定的异议期限届满后才提出异议并向人民法院起诉的,人民法院不予支持;当事人没有约定异议期间,在解除合同或者债务抵销通知到达之日起三个月以后才向人民法院起诉的,人民法院不予支持。

《全国法院民商事审判工作会议纪要》

43.【抵销】抵销权既可以通知的方式行使，也可以提出抗辩或者提起反诉的方式行使。抵销的意思表示自到达对方时生效，抵销一经生效，其效力溯及自抵销条件成就之时，双方互负的债务在同等数额内消灭。双方互负的债务数额，是截至抵销条件成就之时各自负有的包括主债务、利息、违约金、赔偿金等在内的全部债务数额。行使抵销权一方享有的债权不足以抵销全部债务数额，当事人对抵销顺序又没有特别约定的，应当根据实现债权的费用、利息、主债务的顺序进行抵销。

法院判决

以下为该案在法院审理阶段，判决书中"本院认为"就该问题的论述：

关于盛某投资公司主张伟某建设公司多收取的工程款能否与盛某投资公司应返还的履约保证金相抵销的问题。

盛某投资公司主张其已经支付工程款49816600元，超额部分应与其应当返还的1000万元保证金相互抵销。一审判决返还保证金及利息错误。本院认为，《合同法》第九十九条规定，当事人互负到期债务，该债务的标的物种类、品质相同的，任何一方可以将自己的债务与对方的债务抵销……当事人主张抵销的，应当通知对方。通知自到达对方时生效……根据该规定，行使抵销权是一种单方法律行为，只要具备法律构成要件，依据权利人单方意思表示即能发生权利义务变更或消灭的法律效力。对于抵销权的行使，既可以在诉讼中也可以在诉讼之外而为抵销的意思表示，但在诉讼中的抵销，是为抵销抗辩或者反诉抵销，并无法律明确规定，需要人民法院根据具体情况进行确认。本案中，盛某投资公司所主张抵销的1000万元债务，系伟某建设公司在进场施工前向盛某投资公司交付的履约保证金，因案涉建设工程施工合同归于无效，而应由盛某投资公司返还伟某建设公司。经一、二审查明，盛某投资公司已经支付工程款数额为49200000元，伟某建设公司实际应得工程款为40111058.63元，盛某投资公司已超付工程款9088941.37元，伟某建设公司对该部分款项应予返还。因双方互负债务数额已经确定，债权债务明确，且为同一建设工程施工合同法律关系项下发生的款项，标的物种类、品质相同。现双方纠纷已诉至法院，债务均已到期。故盛某投资公司作为一审被告在诉讼中选择以抗辩的方式行使抵销权，要求以其超额支付的工程款抵销其应返还伟某建设公司的保证金债务，符合法律规定抵销权行使的构成要件，而无须以被告提起反诉的方式主张抵销。一审判决以盛某投资公司未提出反诉为由未予采纳其抗辩意见不当，应予纠正。盛某投资公司可在 9088941.37 元范围内与应返还 1000 万元保证金相互抵销。经计算，盛某投资公司应返还保证金 911058.63 元。关于保证金利息的问题，因案涉建设工程施工合同无效，一审法院判决从起诉之日作为履约保证金的利息起算点并无不当，应予维持。

066 债务人无力全部清偿数笔债务时按照什么顺序清偿*

> **阅读提示：** 在债务人对同一债权人负有数宗同种标的的债务场合或者一个债务的清偿应以数个给付作出的场合，债务人所提供的履行不足以清偿全部的债务时，因利息及担保的有无、履行期到来与否之不同，以所提交的履行充抵数个债务中的哪些债务，对于当事人而言意义十分重大。
>
> 本书分析与梳理的主要是法定的抵充规则，通过最高人民法院的案例，为读者揭示当债务人的给付不足以清偿对同一债权人所负的数笔债务时，实务中如何处理。

裁判要旨

债务人的给付不足以清偿其对同一债权人所负的数笔相同种类的全部债务，应当优先抵充已到期的债务。

在当事人之间没有就债务履行顺序作出约定，债务人也没有在清偿时指定抵充的情况下，法律应基于公平原则，设定抵充顺序，我国《合同法》对此没有明确规定，但《最高人民法院关于适用〈中华人民共和国合同法〉若干问题的解释（二）》① 第二十条规定的法定清偿抵充顺序如下：①债务人的给付不足以清偿其对同一债权人所负的数笔相同种类的全部债务，应当优先抵充已到期的债务。②几项债务均到期的，优先抵充对债权人缺乏担保或者担保数额最少的债务。③担保数额相同的，优先抵充债务负担较重的债务。④负担相同的，按照债务到期的先后顺序抵充。⑤到期时间相同的，按比例抵充。

---

* 案件来源：华某银行股份有限公司无锡分行、常州方某制药有限公司、江阴红某集团进出口有限公司、江阴汇某纺织有限公司、江阴澄某毛纺织有限公司、周某晔信用证开证及担保纠纷民事裁定书，最高人民法院（2011）最高法民申字第 1238 号。

① 《最高人民法院关于适用〈中华人民共和国合同法〉若干问题的解释（二）》已失效，现关于清偿顺序的相关规定见《民法典》第五百六十条、第五百六十一条。

案情介绍

1. 2005年底至2006年初，江阴红某集团进出口有限公司（以下简称红某公司）等多次向华某银行股份有限公司无锡分行（以下简称华某银行无锡分行）借款，并均由常州方某制药有限公司（以下简称方某公司）提供最高额保证担保，自2006年4月28日至2008年4月15日，红某公司共有五次银行债务发生。

2. 2008年4月，华某银行无锡分行与方某公司等签订最高额保证合同，合同项下被担保的最高债权额为3500万元，被担保的主债权的发生期间为2008年4月15日至2009年12月31日。

3. 2008年5月，华某银行无锡分行与红某公司签订信用证开证合同，方某公司亦提供连带最高额保证担保。红某公司未依约足额缴纳该信用证项下的应付人民币约823万元，担保人也未尽担保义务。

4. 华某银行无锡分行向无锡市中级人民法院起诉请求红某公司偿还本金约823万元及利息，上述担保人方某公司等承担连带责任。一审支持了华某银行无锡分行的诉讼请求。方某公司不服提起上诉，二审江苏省高级人民法院判决方某公司不必承担担保责任。

5. 华某银行无锡分行不服申请再审，方某公司辩称红某公司已经向华某银行无锡分行支付了信用证项下的款项，案涉最高额保证合同项下的主债务并不存在，最高人民法院认为红某公司将处理信用证项下货物回笼的资金不足以偿还数笔相同种类的债务，应优先充抵先于本案债务到期的另一欠款，红某公司对华某银行无锡分行所欠的信用证项下的主债务并未消灭，方某公司仍需对未消灭的债务承担10%的赔偿责任。

实务要点总结

第一，法律同行们在学习法律的时候，99%的人都掌握了正常的基本规定，却有90%的人不重视"除外"条款的学习。而这种"除外"的规定，恰恰就是最体现律师技术含量的地方。所以，建议在平时的学习和工作中，一定要特别注意对这种例外条款的学习和揣摩。笔者在学习任何法律的时候都一定会先利用Word的查找功能，全文自动查找有"除外""但是"字样的条款，然后把这些条款涂成红色或黄色进行重点学习和研究，揣摩里面的深意。

第二，律师工作绝对不能出工不出力。在设计起草涉及债权债务尤其是涉及抵销条款的时候,就要充分利用"除当事人另有的约定,由债务人在清偿时指定其履行的债务"这个例外的规定,作出符合当事人意志的约定。这才是体现律师能力和水平的地方。

第三,作为起草合同的律师或者公司法务人员,要告知当事人:如果不提前起草对己方有利的约定,最后只能根据法律规定的规则进行抵销,届时就没有选择的权利和空间。并且告知当事人,债务人未指定的,法定的抵销顺序如下:债务人的给付不足以清偿其对同一债权人所负的数笔相同种类的全部债务,应当优先履行已到期的债务;数项债务均到期的,优先履行对债权人缺乏担保或者担保最少的债务;均无担保或者担保相等的,优先履行债务人负担较重的债务;负担相同的,按照债务到期的先后顺序;到期时间相同的,按债务比例履行。

相关法律规定

《中华人民共和国民法典》

第五百六十条 债务人对同一债权人负担的数项债务种类相同,债务人的给付不足以清偿全部债务的,除当事人另有约定外,由债务人在清偿时指定其履行的债务。

债务人未作指定的,应当优先履行已经到期的债务;数项债务均到期的,优先履行对债权人缺乏担保或者担保最少的债务;均无担保或者担保相等的,优先履行债务人负担较重的债务;负担相同的,按照债务到期的先后顺序履行;到期时间相同的,按照债务比例履行。

第五百六十一条 债务人在履行主债务外还应当支付利息和实现债权的有关费用,其给付不足以清偿全部债务的,除当事人另有约定外,应当按照下列顺序履行:

(一)实现债权的有关费用;

(二)利息;

(三)主债务。

《最高人民法院关于适用〈中华人民共和国合同法〉若干问题的解释(二)》(已失效)

第二十条 债务人的给付不足以清偿其对同一债权人所负的数笔相同种类的全部债务,应当优先抵充已到期的债务;几项债务均到期的,优先抵充对债权人缺乏担保或者担保数额最少的债务;担保数额相同的,优先抵充债务负担较重的债务;

负担相同的，按照债务到期的先后顺序抵充；到期时间相同的，按比例抵充。但是，债权人与债务人对清偿的债务或者清偿抵充顺序有约定的除外。

《全国法院民商事审判工作会议纪要》

43.【抵销】抵销权既可以通知的方式行使，也可以提出抗辩或者提起反诉的方式行使。抵销的意思表示自到达对方时生效，抵销一经生效，其效力溯及自抵销条件成就之时，双方互负的债务在同等数额内消灭。双方互负的债务数额，是截至抵销条件成就之时各自负有的包括主债务、利息、违约金、赔偿金等在内的全部债务数额。行使抵销权一方享有的债权不足以抵销全部债务数额，当事人对抵销顺序又没有特别约定的，应当根据实现债权的费用、利息、主债务的顺序进行抵销。

法院判决

以下为该案在法院审理阶段，裁定书中"本院认为"就该问题的论述：

关于本案所涉主债务是否依然存在的问题。本案中，虽然红某公司曾将本案所涉信用证项下货物出售回笼的资金存入了其在华某银行无锡分行的账户，但根据红某公司与华某银行无锡分行在《信用证开证合同》中的约定，"对信用证项下垫款，华某银行无锡分行有权从红某公司保证金账户或其他账户直接划走，或从红某公司在华某银行无锡分行系统开立的其他账户划收"。因此，华某银行无锡分行有权对红某公司的账户内的款项就红某公司对华某银行无锡分行的欠款进行划收。根据《最高人民法院关于适用〈中华人民共和国合同法〉若干问题的解释（二）》第二十条的规定，债务人的给付不足以清偿其对同一债权人所负的数笔相同种类的全部债务，应当优先抵充已到期的债务……本案中，华某银行无锡分行将红某公司因处理本案所涉信用证项下货物回笼的资金用于偿还先于本案债务到期的另一信用证项下的欠款符合该规定。因此，本案中红某公司对华某银行无锡分行的主债务并未消灭。一、二审判决根据方某公司存在的缔约过错判令其对本案债务不能清偿的部分承担10%的赔偿责任，并无不妥。

067 债权人向连带债务人主张权利是否放弃了对其他连带债务人的债权[*]

> **阅读提示**：商事实践中，若是债权人只向一连带债务人主张权利，在债权未得到全部清偿的情况下，其他债务人可否以债权人已经放弃了对其他连带债务人的清偿请求而拒绝向债权人履行？本书通过梳理和分析最高人民法院的案例为读者揭示连带债务的特殊效力，以供读者参考。

裁判要旨

合同未约定共同债务人各自承担的债务份额，债务性质为连带债务，债权人有权向任一债务人请求承担全部债务，债权人向其中一债务人主张权利，并不产生放弃对其他连带债务人债权的法律后果。

案情介绍

1. 1998 年，某银行股份有限公司中宁县支行（以下简称中宁某行）与宁夏秦某实业集团有限公司（以下简称秦某公司）、宁夏沃尔某实业有限公司（以下简称沃尔某公司）签订《抵押担保借款合同》，合同尾部借款人及抵押人均有秦某公司与沃尔某公司的盖章，涉及借款总计为 2000 万元。

2. 2003 年，中宁某行与秦某公司签订了《借款展期协议》，将还款日期延长至 2006 年。2005 年 12 月，中宁某行又与秦某公司签订协议约定秦某公司以其部分资产作为贷款和银行承兑汇票设立抵押，但双方未办理抵押登记；又约定以资抵债，但至 2006 年，抵债资产既未变现，也没有过户至债权人中宁某行的名下。

3. 2009 年，中宁某行向秦某公司催收借款，但截至 2011 年 3 月，秦某公司与沃尔某公司一直未予以清偿。2011 年 4 月，中宁某行向宁夏高院起诉请求秦某公司与沃尔某公司对案涉债务 2000 万元以及利息承担连带清偿责任。一审宁夏高院认为中宁某行的行为已认可案涉借款的债务人变更为秦某公司，沃尔某公司不承担清

---

[*] 案件来源：某银行股份有限公司中宁县支行与宁夏沃尔某实业有限公司、宁夏秦某实业集团有限公司金融借款合同纠纷二审民事判决书，最高人民法院（2013）最高法民二终字第 55 号。

偿责任。

4. 中宁某行不服提起上诉，最高人民法院认为秦某公司、沃尔某公司对案涉债务承担连带责任，中宁某行有权向任一债务人主张权利，中宁某行的行为并未放弃对沃尔某公司的债权，故改判沃尔某公司与秦某公司对案涉借款本金及利息承担连带清偿责任。

实务要点总结

第一，切记连带清偿责任在合同领域属于比较重的责任类型。若是当事人不想被牵扯进债务之中，应事先在合同中明确约定，如在借款合同或担保合同中写明各债务人的清偿份额。否则，如果没有明确约定，法律推定当事人之间承担连带清偿责任。

第二，债权人对任一连带债务人都有权请求其履行部分或全部债务，至于选择向谁主张债权，则是债权人的自由，债务人不能以债权人未向其主张债权视为对其债权的放弃而进行抗辩。只要债权人的债权没有全部得到满足，连带债务人就负有对债权人的清偿义务。

相关法律规定

《中华人民共和国民法总则》（已失效）

第一百七十八条 二人以上依法承担连带责任的，权利人有权请求部分或者全部连带责任人承担责任。

连带责任人的责任份额根据各自责任大小确定；难以确定责任大小的，平均承担责任。实际承担责任超过自己责任份额的连带责任人，有权向其他连带责任人追偿。连带责任，由法律规定或者当事人约定。

《中华人民共和国民法典》

第一百七十八条 二人以上依法承担连带责任的，权利人有权请求部分或者全部连带责任人承担责任。

连带责任人的责任份额根据各自责任大小确定；难以确定责任大小的，平均承担责任。实际承担责任超过自己责任份额的连带责任人，有权向其他连带责任人追偿。

连带责任，由法律规定或者当事人约定。

法院判决

以下为该案在法院审理阶段，判决书中"本院认为"就该问题的论述：

本案所涉五份《抵押担保借款合同》订立时，秦某公司未成立，但其在合同尾部借款人及抵押人处加盖公章予以确认，应当认定秦某公司及沃尔某公司为本案所涉 2000 万元贷款的共同债务人。《抵押担保借款合同》中未约定共同债务人各自承担的债务份额，债务性质为连带债务，债权人中宁某行有权向任一债务人请求承担全部债务，债权人向其中一债务人主张权利，并不产生放弃对其他连带债务人债权的法律后果。沃尔某公司认为中宁某行与秦某公司签订《借款展期协议》以及对秦某公司的一系列催收行为表明中宁某行放弃了对沃尔某公司债权的抗辩理由，无法律依据。

况且，虽然秦某公司与中宁某行签订的《借款展期协议》所载借款人仅为秦某公司，但《借款展期协议》第四条明确约定"本协议是对编号为×××号的主合同及编号为×××号的担保合同部分条款的调整和补充。除涉及上述内容的条款外，原主合同及担保合同规定的其他各项条款仍然有效"，而总共只有七条条款的《借款展期协议》中，没有任何关于债务转移和债务主体变更的内容。《合同法》第七十八条规定，当事人对合同变更的内容约定不明确的，推定为未变更。债务主体涉及各方当事人重大利益，属于原合同重要内容，其变更应有明确的意思表示。本案中，不能仅通过中宁某行和秦某公司签订《借款展期协议》以及向秦某公司的催收行为推定债务转移至秦某公司。

因此，中宁某行关于本案所涉 2000 万元贷款本息债务的债务主体未发生变更的上诉理由，本院予以采纳。

第七章　违约责任

068 政府规划调整、政策变化导致违约应向对方当事人承担违约责任[*]

> **阅读提示**：本案例为最高人民法院发布的第二批人民法院充分发挥审判职能作用保护产权和企业家合法权益典型案例之一，是一起建设用地使用权出让合同纠纷案件。最高人民法院认为，本案的典型意义在于："本案为最高人民法院二审改判案件，针对地方政府的违约毁约行为，依法判决政府有关部门承担违约责任，有利于规范地方政府在招商引资中的不规范行为，严格兑现其依法作出的承诺，对于推动地方政府守信践诺和依法行政，保护企业家合法生产经营权益，促进经济持续平稳健康发展具有积极意义，对于处理同类案件具有典型指引价值。"

裁判要旨

因政府规划调整、政策变化导致民商事合同不能履行的，当事人有权请求依法解除合同并返还已经支付的国有土地使用权出让金、投资款、租金或者承担损害赔偿责任。

案情介绍

1. 2009年5月5日，某滨海经济区管理委员会（东某河管委会的前身，甲方）与北京中某拜克生物技术有限公司（以下简称北京中某公司，乙方）签订《项目合作协议书》和《补充协议》，乙方在滨海经济区内投资建设生物兽药、干扰素项

---

[*] 案件来源：北京中某拜克生物技术有限公司、绥中中某拜克生物工程有限公司建设用地使用权出让合同纠纷二审民事判决书，最高人民法院（2017）最高法民终340号。

目,甲方在生命科学园内无偿提供60亩土地。

2. 绥中中某拜克生物工程有限公司(以下简称绥中中某公司)系北京中某公司成立的项目公司。2010年9月25日,某县国土局(原某滨海经济区国土局)与绥中中某公司签订《国有建设用地使用权出让合同》,由该国土局向绥中中某公司出让工业用地4.3113公顷,出让价款为900万元。绥中中某公司已实际占有、开发建设案涉工业用地。

3. 在绥中中某公司积极投资建设过程中,当地政府调整了用地规划。案涉土地被政府单方收回并另行高价出让,由其他公司拍得并开发房地产。绥中中某公司的投资建设被拆除。

4. 北京中某公司与绥中中某公司于2013年1月向辽宁省高院提起民事诉讼,请求东某河管委会和某滨海经济区国土局赔偿地上建筑物部分损失3023639.98元;因原属绥中中某公司的土地出让给他人,补偿绥中中某公司直接和间接损失47779256.92元。

5. 辽宁省高院认为,就绥中中某公司本次起诉请求赔偿的内容和数额而言,鉴于东某河管委会也存在违约并同意赔偿经审计得出的3023639.98元地上建筑物损失及前期费用,对此予以支持。其他赔偿请求因缺乏事实和法律依据,无法支持。遂判决:解除案涉合同;东某河管委会赔偿北京中某公司和绥中中某公司项目工程部投资3023639.98元。

6. 北京中某公司和绥中中某公司不服,上诉至最高人民法院。最高人民法院判决维持东某河管委会赔偿北京中某公司和绥中中某公司项目工程部投资3023639.98元,但改判某滨海经济区管理委员会与北京中某公司签订的《项目合作协议书》和《补充协议》无效,解除某滨海经济区国土资源局与绥中中某公司签订的《国有建设用地使用权出让合同》;某县国土局赔偿绥中中某公司损失750万元。

实务要点总结

第一,为在一定程度上降低违约损失的举证难度,建议合同当事人事先约定违约金的数额或具体计算方式。在诉讼中亦可通过申请鉴定的方式对实际损失进行鉴定。

第二,政府部门作为合同当事人,应当依据诚实信用原则全面履行合同,如违反了合同义务,将依法承担损失赔偿的违约责任。

相关法律规定

《最高人民法院关于适用〈中华人民共和国民法典〉合同编通则若干问题的解释》

第六十条 人民法院依据民法典第五百八十四条的规定确定合同履行后可以获得的利益时，可以在扣除非违约方为订立、履行合同支出的费用等合理成本后，按照非违约方能够获得的生产利润、经营利润或者转售利润等计算。

非违约方依法行使合同解除权并实施了替代交易，主张按照替代交易价格与合同价格的差额确定合同履行后可以获得的利益的，人民法院依法予以支持；替代交易价格明显偏离替代交易发生时当地的市场价格，违约方主张按照市场价格与合同价格的差额确定合同履行后可以获得的利益的，人民法院应予支持。

非违约方依法行使合同解除权但是未实施替代交易，主张按照违约行为发生后合理期间内合同履行地的市场价格与合同价格的差额确定合同履行后可以获得的利益的，人民法院应予支持。

第六十一条 在以持续履行的债务为内容的定期合同中，一方不履行支付价款、租金等金钱债务，对方请求解除合同，人民法院经审理认为合同应当依法解除的，可以根据当事人的主张，参考合同主体、交易类型、市场价格变化、剩余履行期限等因素确定非违约方寻找替代交易的合理期限，并按照该期限对应的价款、租金等扣除非违约方应当支付的相应履约成本确定合同履行后可以获得的利益。

非违约方主张按照合同解除后剩余履行期限相应的价款、租金等扣除履约成本确定合同履行后可以获得的利益的，人民法院不予支持。但是，剩余履行期限少于寻找替代交易的合理期限的除外。

第六十二条 非违约方在合同履行后可以获得的利益难以根据本解释第六十条、第六十一条的规定予以确定的，人民法院可以综合考虑违约方因违约获得的利益、违约方的过错程度、其他违约情节等因素，遵循公平原则和诚信原则确定。

第六十三条 在认定民法典第五百八十四条规定的"违约一方订立合同时预见到或者应当预见到的因违约可能造成的损失"时，人民法院应当根据当事人订立合同的目的，综合考虑合同主体、合同内容、交易类型、交易习惯、磋商过程等因素，按照与违约方处于相同或者类似情况的民事主体在订立合同时预见到或者应当预见到的损失予以确定。

除合同履行后可以获得的利益外，非违约方主张还有其向第三人承担违约责任应当支出的额外费用等其他因违约所造成的损失，并请求违约方赔偿，经审理认为该损失系违约一方订立合同时预见到或者应当预见到的，人民法院应予支持。

在确定违约损失赔偿额时，违约方主张扣除非违约方未采取适当措施导致的扩大损失、非违约方也有过错造成的相应损失、非违约方因违约获得的额外利益或者减少的必要支出的，人民法院依法予以支持。

《最高人民法院关于审理涉及国有土地使用权合同纠纷案件适用法律问题的解释》（2020年修正）

第二条 开发区管理委员会作为出让方与受让方订立的土地使用权出让合同，应当认定无效。

本解释实施前，开发区管理委员会作为出让方与受让方订立的土地使用权出让合同，起诉前经市、县人民政府土地管理部门追认的，可以认定合同有效。

《中华人民共和国合同法》（已失效）

第六条 当事人行使权利、履行义务应当遵循诚实信用原则。

第五十八条 合同无效或者被撤销后，因该合同取得的财产，应当予以返还；不能返还或者没有必要返还的，应当折价补偿。有过错的一方应当赔偿对方因此所受到的损失，双方都有过错的，应当各自承担相应的责任。

第九十七条 合同解除后，尚未履行的，终止履行；已经履行的，根据履行情况和合同性质，当事人可以要求恢复原状、采取其他补救措施，并有权要求赔偿损失。

第一百一十三条第一款 当事人一方不履行合同义务或者履行合同义务不符合约定，给对方造成损失的，损失赔偿额应当相当于因违约所造成的损失，包括合同履行后可以获得的利益，但不得超过违反合同一方订立合同时预见到或者应当预见到的因违反合同可能造成的损失。

《中华人民共和国物权法》（已失效）

第九条 不动产物权的设立、变更、转让和消灭，经依法登记，发生效力；未经登记，不发生效力，但法律另有规定的除外。

依法属于国家所有的自然资源，所有权可以不登记。

第十五条 当事人之间订立有关设立、变更、转让和消灭不动产物权的合同，除法律另有规定或者合同另有约定外，自合同成立时生效；未办理物权登记的，不影响合同效力。

第一百三十五条 建设用地使用权人依法对国家所有的土地享有占有、使用和收益的权利，有权利用该土地建造建筑物、构筑物及其附属设施。

《中华人民共和国民法典》

第七条 民事主体从事民事活动,应当遵循诚信原则,秉持诚实,恪守承诺。

第一百五十七条 民事法律行为无效、被撤销或者确定不发生效力后,行为人因该行为取得的财产,应当予以返还;不能返还或者没有必要返还的,应当折价补偿。有过错的一方应当赔偿对方由此所受到的损失;各方都有过错的,应当各自承担相应的责任。法律另有规定的,依照其规定。

第二百零九条 不动产物权的设立、变更、转让和消灭,经依法登记,发生效力;未经登记,不发生效力,但是法律另有规定的除外。

依法属于国家所有的自然资源,所有权可以不登记。

第二百一十五条 当事人之间订立有关设立、变更、转让和消灭不动产物权的合同,除法律另有规定或者当事人另有约定外,自合同成立时生效;未办理物权登记的,不影响合同效力。

第三百四十四条 建设用地使用权人依法对国家所有的土地享有占有、使用和收益的权利,有权利用该土地建造建筑物、构筑物及其附属设施。

第五百六十六条 合同解除后,尚未履行的,终止履行;已经履行的,根据履行情况和合同性质,当事人可以请求恢复原状或者采取其他补救措施,并有权请求赔偿损失。

合同因违约解除的,解除权人可以请求违约方承担违约责任,但是当事人另有约定的除外。

主合同解除后,担保人对债务人应当承担的民事责任仍应当承担担保责任,但是担保合同另有约定的除外。

第五百八十四条 当事人一方不履行合同义务或者履行合同义务不符合约定,造成对方损失的,损失赔偿额应当相当于因违约所造成的损失,包括合同履行后可以获得的利益;但是,不得超过违约一方订立合同时预见到或者应当预见到的因违约可能造成的损失。

《中共中央、国务院关于完善产权保护制度依法保护产权的意见》

七、完善政府守信践诺机制

大力推进法治政府和政务诚信建设,地方各级政府及有关部门要严格兑现向社会及行政相对人依法作出的政策承诺,认真履行在招商引资、政府与社会资本合作等活动中与投资主体依法签订的各类合同,不得以政府换届、领导人员更替等理由违约毁约,因违约毁约侵犯合法权益的,要承担法律和经济责任。因国家利益、公共利益或者其他法定事由需要改变政府承诺和合同约定的,要严格依照法定权限和程序进行，并对企业和投资人因此而受到的财产损失依法予以补偿。对因政府违约等导致企业和公民财产权受到损害等情形，进一步完善赔偿、投诉和救济机制，畅通投诉和救济渠道。将政务履约和守诺服务纳入政府绩效评价体系，建立政务失信记录，建立健全政府失信责任追究制度及责任倒查机制，加大对政务失信行为惩戒力度。

《中共中央、国务院关于营造企业家健康成长环境弘扬优秀企业家精神更好发挥企业家作用的意见》

3.依法保护企业家财产权。全面落实党中央、国务院关于完善产权保护制度依法保护产权的意见，认真解决产权保护方面的突出问题，及时甄别纠正社会反映强烈的产权纠纷申诉案件，剖析侵害产权案例，总结宣传依法有效保护产权的好做法、好经验、好案例。在立法、执法、司法、守法等各方面各环节，加快建立依法平等保护各种所有制经济产权的长效机制。研究建立因政府规划调整、政策变化造成企业合法权益受损的依法依规补偿救济机制。

《最高人民法院关于充分发挥审判职能作用为企业家创新创业营造良好法治环境的通知》

三、依法保护诚实守信企业家的合法权益。妥善认定政府与企业签订的合同效力，对有关政府违反承诺，特别是仅因政府换届、领导人员更替等原因违约、毁约的，依法支持企业的合理诉求。妥善审理因政府规划调整、政策变化引发的民商事、行政纠纷案件，对于确因政府规划调整、政策变化导致当事人签订的民商事合同不能履行的，依法支持当事人解除合同的请求。对于当事人请求返还已经支付的国有土地使用权出让金、投资款、租金或者承担损害赔偿责任的，依法予以支持。对企业家财产被征收征用的，要综合运用多种方式进行公平合理的补偿。

法院判决

以下为该案在法院审理阶段，判决书中"本院认为"就该问题的论述：

一、涉案项目合同履行中，哪一方当事人构成违约

2009年5月5日，东某河管委会与北京中某公司签订的《项目合作协议书》《补充协议》约定的主要内容为，东某河管委会在生命科学园内无偿提供60亩土地，北京中某公司投资建设案涉项目，如两年内未能投产，东某河管委会将收回该宗土地使用权。对项目建设需要的一切审批手续一站式全程服务。上述协议实质内容为：东某河管委会代表地方政府招商引资，北京中某公司作为高科技企业在产业

园区投资兴建生物制药项目，优惠取得厂区工业用地的国有土地使用权，故协议具有国有土地使用权出让合同性质。依据《最高人民法院关于审理涉及国有土地使用权合同纠纷案件适用法律问题的解释》第二条"开发区管理委员会作为出让方与受让方订立的土地使用权出让合同，应当认定无效"的规定，东某河管委会作为同级人民政府派出机构，无权签订土地使用权出让合同，故《项目合作协议书》《补充协议》应认定为无效。合同效力属于人民法院依职权审查的范围，不受当事人诉讼请求限制，一审未对《项目合作协议书》《补充协议》的合同效力进行审查，即认定双方当事人均存在违约，并判令解除上述协议，适用法律不当，本院予以纠正。导致该宗土地使用权出让合同无效的主要原因在于东某河管委会作为土地使用权出让合同中的出让方，主体不适格，无权出让诉争宗地，应对合同无效承担主要缔约过错责任。具体讲，东某河管委会作为土地供给方，对《项目合作协议书》《补充协议》无效负有主要缔约过错，应当依据《合同法》第五十八条规定承担赔偿责任，其在一审中也同意赔偿经审计得出的北京中某公司和绥中中某公司地上建筑物等损失。一审认定《项目合作协议书》《补充协议》的合同效力虽有不当，但一审判决主文第二项判令东某河管委会赔偿北京中某公司和绥中中某公司项目投资3023639.98元，各方当事人均未就此判项提出上诉，本院予以维持。

某县国土局与绥中中某公司于2010年9月25日签订《国有建设用地使用权出让合同》，约定案涉项目用地为工业用地性质，土地使用期限为50年。本案双方当事人签订上述土地使用权出让合同的签约目的仍是实现前述招商引资目标，为此，北京中某公司设立绥中中某公司为高科技产业项目公司进入园区落地投产，至此引资到位。某县国土局作为出让合同出让方在二审庭审时陈述，签订上述《国有建设用地使用权出让合同》前履行了招拍挂程序，对东某河管委会签订的有关项目合作协议不清楚。案涉《国有建设用地使用权出让合同》并非对《项目合作协议书》《补充协议》的追认或者补充，具有独立性。《国有建设用地使用权出让合同》与《项目合作协议书》《补充协议》指向同一宗建设用地，招商引资来的企业以在开发区落地投资建厂为对价优惠取得国有出让土地使用权的合同内容和合作方式基本相同，在招商引资的大背景下，二者存在事实上的关联。《国有建设用地使用权出让合同》系有权主体某县国土局依照法定程序签订，签约时间在《项目合作协议书》《补充协议》成立之后，体现了双方在招商引资背景下互利合作的真实意思表示，《国有建设用地使用权出让合同》依法成立并生效，对双方当事人具有约束力。因《国有建设用地使用权出让合同》有效，前述无效合同中与本合同内容相同、相近、有关联的合同内容得以在本合同中体现，并通过履行本合同实现前述无效合同当事人意愿。当事人的权利义务关系，如土地出让年限、投资建设工期等约定内容应以《国有建设用地使用权出让合同》的约定内容为准。《国有建设用地使用权出让合同》签订后，某县国土局于2010年12月1日收取了绥中中某公司依约交纳的土地出让金，并于次日依照当时招商引资的优惠政策将土地出让金及相关税费全额退还，但这并不影响出让合同的效力、约束力及合同已得到部分履行的事实认定。2010年12月29日，案涉项目通过当地环境保护局批复同意可以建设。本合同项下建设项目在2010年11月30日之前开工，在2012年11月30日之前竣工。此前，绥中中某公司亦根据东某河管委会主持召开的案涉项目建设与施工调解会的要求，与辽宁金某第二建筑工程有限公司签订《建设工程施工合同》，拟对项目二期进行投资建设。上述事实说明，绥中中某公司积极履行《国有建设用地使用权出让合同》，并无明显违约行为。2010年12月10日，即某县国土局收取绥中中某公司的土地出让金数日后，东某河管委会向绥中中某公司第四次发函，通知绥中中某公司一周内退出场地并归还建设用地，不允许绥中中某公司继续施工。2011年4月17日，东某河管委会召开主任办公会议，对某滨海经济区控规进行调整，将包括案涉项目用地在内的202.3亩工业用地调整为二类居住用地。某县国土局参加了此次会议。此时，距离《国有建设用地使用权出让合同》的签订仅有半年，即使依据《项目合作协议书》《补充协议》的约定，两年的投产期限也尚未届满。上述土地性质调整的事实表明，某县国土局主观上已不愿、客观上已不能再继续履行案涉出让合同。故案涉出让合同不能继续履行，难以归咎于绥中中某公司开发建设进度缓慢。2011年5月19日，某县人民政府批复同意某县国土局《关于收回三宗国有土地使用权的请示》，案涉项目用地被收回。2012年4月18日，某县国土局将诉争土地使用权以二类居住用地条件另行出让给案外人。绥中中某公司随即发函提出异议。涉案用地性质变更后另行出让给案外人，显然背离了地方政府招商引资初衷，客观上终结了招商引资进程，实现了某县国土局所追求的土地变性为开发用地的意图，显然从根本上违背了作为引资兴办的高科企业绥中中某公司落地投产的意愿。《合同法》第六条规定："当事人行使权利、履行义务应当遵循诚实信用原则。"地方政府及有关部门与投资主体签订招商引资合同后，应遵守诚实信用原则，依法严格履行合同义务。本案《国有建设用地使用权出让合同》有效，合同目的不能实现的主要原因在于土地控制性规划调整，某县国土局在《国有建设用地使用权出让合同》约定的投资建设和土地使用权出让期限内，将案涉项目用地另行出让。综上，某县国土局对绥中中某公司构成根本违约，应承担相应责任。

二、关于项目综合开办费 200 余万元应否得到支持

东某河管委会、某县国土局认为地上物基建投资审计金额 3023639.98 元中包含项目综合开办费，北京中某公司、绥中中某公司提出异议。一审法院已经释明，鉴于东某河管委会同意就开办费进行重新完善审计，北京中某公司、绥中中某公司可选择通过复核审计增加审计金额，或者通过司法审计确定相应金额。北京中某公司、绥中中某公司既不同意东某河管委会复核审计，又不申请司法审计，应承担举证不能的不利后果。北京中某公司、绥中中某公司如有证据证明该部分损失确已发生，可依法另行主张。一审判决驳回该项诉讼请求并无不当。

三、关于某县国土局应承担的违约责任

绥中中某公司虽系北京中某公司成立的项目公司，两公司的利益在一定程度上具有一致性，但北京中某公司与绥中中某公司为独立法人，案涉《国有建设用地使用权出让合同》系某县国土局和绥中中某公司签订，北京中某公司、东某河管委会并非该合同的当事人，故北京中某公司无权依据上述出让合同主张权利，东某河管委会无须承担《国有建设用地使用权出让合同》的合同责任。北京中某公司请求东某河管委会及某县国土局赔偿相关违约损失的上诉请求，以及绥中中某公司请求东某河管委会承担责任的上诉请求，均不能成立。

《物权法》第九条规定："不动产物权的设立、变更、转让和消灭，经依法登记，发生效力；未经登记，不发生效力，但法律另有规定的除外。"案涉项目土地使用权并未登记在绥中中某公司名下，故北京中某公司、绥中中某公司关于其已取得案涉项目用地使用权并请求赔偿的上诉理由，并无法律依据，本院不予支持。

《物权法》第十五条规定："当事人之间订立有关设立、变更、转让和消灭不动产物权的合同，除法律另有规定或者合同另有约定外，自合同成立时生效；未办理物权登记的，不影响合同效力。"涉案土地使用权未登记在绥中中某公司名下，不影响本案《国有建设用地使用权出让合同》的效力。绥中中某公司在合同签订后，案涉项目一期工程已完成部分建设，环保方案亦通过某县环保局批复同意。经政府有关部门准许，绥中中某公司原已实际占有案涉项目土地，且为履行《国有建设用地使用权出让合同》投入了一定的人力、物力，应当视为《国有建设用地使用权出让合同》已经得到部分履行。《物权法》第一百三十五条规定："建设用地使用权人依法对国家所有的土地享有占有、使用和收益的权利，有权利用该土地建造建筑物、构筑物及其附属设施。"建设用地使用权具有经济利益性质，如案涉《国有建设用地使用权出让合同》能够得到适当履行，绥中中某公司将依法享有土地使用权益。某县国土局在案涉《国有建设用地使用权出让合同》的土地使用权出让年

限内,将项目用地另行出让,损害了绥中中某公司的合同利益,某县国土局对绥中中某公司因合同目的不能实现而产生的损失以及其客观上可能通过违约获利,应有预见。在东某河管委会决定将案涉土地由工业用地调整为二类居住用地以及绥某县人民政府将该项目用地收回后,绥中中某公司多次发函提出异议,请求恢复施工、并保证尽快建成投产,绥中中某公司并非缺乏履行意愿。某县国土局将案涉项目用地另行出让给他人,《国有建设用地使用权出让合同》客观上无法继续履行,合同目的不能实现。对于确因政府规划调整、政策变化导致当事人签订的民商事合同不能履行的,当事人请求依法解除合同并返还已经支付的国有土地使用权出让金、投资款、租金或者承担损害赔偿责任的,依法应予支持,故绥中中某公司依法有权请求解除合同,并由某县国土局赔偿损失。依据《合同法》第一百一十三条的规定,某县国土局应当赔偿对方因其违约所造成的损失,包括合同履行后合同相对方即绥中中某公司可以获得的利益。某县国土局出让给保定宇某房地产开发有限公司的土地出让金为每平方米 1215.13 元,绥中中某公司受让的案涉项目用地面积为 43113 平方米,某县国土局因违约再次出让案涉项目用地获得土地出让金 5000 万元左右。某县国土局对绥中中某公司的合同利益进行适当赔偿的范围,应当考虑某县国土局因上述违约行为的获利、绥中中某公司基于《国有建设用地使用权出让合同》本可享有的合同期内工业用地的土地使用权益、实际投入的资金金额和资金使用利益的损失,以绥中中某公司曾交纳的土地使用权出让金 900 万元作为涉案工业用地土地价格参考,结合该公司能否按期投产经营具有一定的不确定性,加之未来经营风险、市场风险等因素,综合认定。本院以 5000 万元为基数,酌定某县国土局在 5000 万元 15% 的范围内即 750 万元,对绥中中某公司承担违约赔偿责任。

069 判定违约责任应考虑合同约定、违约程度、可得利益损失等因素[*]

> **阅读提示:** 本案系最高人民法院第三巡回法庭审理的再审案件,依法纠正了一审、二审判决的错误。
> 　　该案裁判文书的说理兼具深度和温度,深度体现在文书的说理逻辑清晰,

---

[*] 案件来源:上海飞某科技有限公司、富某医疗器材(上海)有限公司合同纠纷再审民事判决书,最高人民法院(2018)最高法民再 82 号。

> 论证充分，其中"本院认为"部分的论述达1.5万字；温度体现在文书末尾的指引性言辞："富某医疗公司与富某胶片公司作为具有国际影响力的外国企业在中国大陆的全资控股公司，其在中国从事经营活动即应同等遵守中国法律，诚实守信经营。本案富某医疗公司与富某胶片公司如此'过河拆桥'违反商业诚信之交易行为，决非正当商业交易秩序所能容忍，决非法治秩序所能放纵，必须承担相应后果。"
>
> 该案从五个方面对商事交易的违约责任进行详细论述，较为典型，具有重要的指引与参考价值。

裁判要旨

违约责任系合同责任中的一种重要形式，对于规范合同行为、维护交易秩序以及保障社会经济稳定发展均有重要意义。对于违约金的正确认定，不仅可以保障合同守约方的合法利益，还能对违约行为进行有效的制约，以维护交易安全，促进社会诚实信用体系建设。

判定商事交易之违约责任应当综合考虑以下方面：充分尊重当事人的意思自治，按照合同约定确定违约赔偿数额；根据违约程度，视违约情形认定违约责任；结合守约方之可得利益损失，衡量违约方之赔偿责任；根据当事人诉请，认定损失赔偿数额范围；根据证据规则认定损失赔偿的最终数额。

案情介绍

1. 2005年4月2日，上海飞某科技有限公司（以下简称飞某公司）与富某医疗器械（上海）有限公司（以下简称富某医疗公司）签订《地区总代理合同》，双方就富某医疗公司负责销售的所有其母公司富某胶片公司制造的医疗相关产品授予飞某公司在五省一市的唯一合法销售代理权。2008年2月4日，飞某公司与富某医疗公司签订《大区总代理合同》，约定唯一合法销售代理区域扩大至十一省一市。此后双方又签订合同扩大代理区域。

2. 飞某公司向上海一中院起诉，主张富某医疗公司存在串货、拒不供货、擅自解除合同、未保持10年的耗材供应的违约行为，应向飞某公司承担赔偿责任。为了逃避违约责任，富某医疗公司与富某胶片公司联合发函，富某医疗公司部分与医疗产品相关的业务逐步并入富某胶片公司的医疗系统事业，恶意造成富某医疗公司歇业至今。故请求判令富某医疗公司、富某胶片公司共同支付违约赔偿金840955146元。上海一中院判决驳回飞某公司的全部诉讼请求。

3. 飞某公司不服，上诉至上海高院。二审审理过程中变更诉讼请求为支付违约金383388609.70元。上海高院判决驳回上诉，维持原判。

4. 飞某公司仍不服，向最高人民法院申请再审。最高人民法院提审本案，判决富某医疗公司、富某胶片公司连带赔偿飞某公司损失175708684.80元。

实务要点总结

第一，在合同纠纷中主张违约责任应当列举出对方所有的违约行为，并与违约责任相对应。仅就部分违约行为主张违约责任的，法院或仲裁机构将依据处分原则对其他违约行为对应的违约责任不予支持。本案中，飞某公司未就富某医疗公司低价销售的违约责任进行主张，最终最高人民法院未考虑该等违约责任。当然，由于每个案件都有其自身的特点，这种诉讼方案可能是权衡各种因素的选择结果。

第二，虽然在违约金过分高于因违约造成的损失时违约方可请求法院或仲裁机构调减，但在合同中约定违约金或损失赔偿额的计算方法是有必要的。违约责任约定可在一定程度上减轻守约方对违约方造成损失的举证责任。关于违约金调整的举证责任问题，请参阅本书中《主张违约金过高要求调减，由谁承担举证责任》一文。

相关法律规定

《最高人民法院关于适用〈中华人民共和国民法典〉合同编通则若干问题的解释》

第六十三条 在认定民法典第五百八十四条规定的"违约一方订立合同时预见到或者应当预见到的因违约可能造成的损失"时，人民法院应当根据当事人订立合同的目的，综合考虑合同主体、合同内容、交易类型、交易习惯、磋商过程等因素，按照与违约方处于相同或者类似情况的民事主体在订立合同时预见到或者应当预见到的损失予以确定。

除合同履行后可以获得的利益外，非违约方主张还有其向第三人承担违约责任应当支出的额外费用等其他因违约所造成的损失，并请求违约方赔偿，经审理认为该损失系违约一方订立合同时预见到或者应当预见到的，人民法院应予支持。

在确定违约损失赔偿额时，违约方主张扣除非违约方未采取适当措施导致的扩大损失、非违约方也有过错造成的相应损失、非违约方因违约获得的额外利益或者减少的必要支出的，人民法院依法予以支持。

第六十四条　当事人一方通过反诉或者抗辩的方式，请求调整违约金的，人民法院依法予以支持。

违约方主张约定的违约金过分高于违约造成的损失，请求予以适当减少的，应当承担举证责任。非违约方主张约定的违约金合理的，也应当提供相应的证据。

当事人仅以合同约定不得对违约金进行调整为由主张不予调整违约金的，人民法院不予支持。

第六十五条　当事人主张约定的违约金过分高于违约造成的损失，请求予以适当减少的，人民法院应当以民法典第五百八十四条规定的损失为基础，兼顾合同主体、交易类型、合同的履行情况、当事人的过错程度、履约背景等因素，遵循公平原则和诚信原则进行衡量，并作出裁判。

约定的违约金超过造成损失的百分之三十的，人民法院一般可以认定为过分高于造成的损失。

恶意违约的当事人一方请求减少违约金的，人民法院一般不予支持。

《中华人民共和国合同法》（已失效）

第一百零七条　当事人一方不履行合同义务或者履行合同义务不符合约定的，应当承担继续履行、采取补救措施或者赔偿损失等违约责任。

第一百一十三条　当事人一方不履行合同义务或者履行合同义务不符合约定，给对方造成损失的，损失赔偿额应当相当于因违约所造成的损失，包括合同履行后可以获得的利益，但不得超过违反合同一方订立合同时预见到或者应当预见到的因违反合同可能造成的损失。

经营者对消费者提供商品或者服务有欺诈行为的，依照《中华人民共和国消费者权益保护法》的规定承担损害赔偿责任。

第一百一十四条　当事人可以约定一方违约时应当根据违约情况向对方支付一定数额的违约金，也可以约定因违约产生的损失赔偿额的计算方法。

约定的违约金低于造成的损失的，当事人可以请求人民法院或者仲裁机构予以增加；约定的违约金过分高于造成的损失的，当事人可以请求人民法院或者仲裁机构予以适当减少。

当事人就迟延履行约定违约金的，违约方支付违约金后，还应当履行债务。

《中华人民共和国民法典》

第五百七十七条　当事人一方不履行合同义务或者履行合同义务不符合约定

的，应当承担继续履行、采取补救措施或者赔偿损失等违约责任。

第五百八十四条 当事人一方不履行合同义务或者履行合同义务不符合约定，造成对方损失的，损失赔偿额应当相当于因违约所造成的损失，包括合同履行后可以获得的利益；但是，不得超过违约一方订立合同时预见到或者应当预见到的因违约可能造成的损失。

第五百八十五条 当事人可以约定一方违约时应当根据违约情况向对方支付一定数额的违约金，也可以约定因违约产生的损失赔偿额的计算方法。

约定的违约金低于造成的损失的，人民法院或者仲裁机构可以根据当事人的请求予以增加；约定的违约金过分高于造成的损失的，人民法院或者仲裁机构可以根据当事人的请求予以适当减少。

当事人就迟延履行约定违约金的，违约方支付违约金后，还应当履行债务。

法院判决

以下为该案在法院审理阶段，判决书中"本院认为"就该问题的论述：

关于飞某公司损失如何认定的问题。《合同法》第一百零七条规定："当事人一方不履行合同义务或者履行合同义务不符合约定的，应当承担继续履行、采取补救措施或者赔偿损失等违约责任。"富某医疗公司在履行合同义务原本存在违约情形下，后又直接通过单方解除合同的方式拒不履行合同义务，致使本案合同根本不能履行，应当承担赔偿损失之违约责任。

《合同法》第一百一十三条规定："当事人一方不履行合同义务或者履行合同义务不符合约定，给对方造成损失的，损失赔偿额应当相当于因违约所造成的损失，包括合同履行后可以获得的利益，但不得超过违反合同一方订立合同时预见到或者应当预见到的因违反合同可能造成的损失。"本案中，飞某公司主张富某医疗公司应当赔偿违约金383388609.70元，包括富某医疗公司违约造成的实际损失与可得利益损失两部分。根据双方合同履行情况，飞某公司的实际损失系指富某医疗公司在合同履行期间将产品销售给恒某公司，以致恒某公司未在飞某公司购买产品，导致飞某公司损失。如富某医疗公司不存在串货情况，这些产品将由飞某公司销售并产生利益，因此这部分利益的损失应视为飞某公司的实际损失。飞某公司按照其与恒某公司的进出货价格，结合以往销售情况及医疗产品本身相对高利润、高回报特点，主张平均利润率54.5%。富某医疗公司在与飞某公司合同履行期间共销售给恒某公司146423904元的产品，由此得出富某医疗公司串货导致其实际损失为

146423904 元×54.5%＝79801027.68 元。至于可得利益损失，即履行合同可以获得的利益，本案中如飞某公司继续与富某医疗公司履行合同，根据飞某公司稳定供货期间与不稳定供货期间的销售业绩来看，其完全可以超出合同约定的业务量，因此可以通过已完成的销售额来推算此后合同期限能够完成的销售金额，结合飞某公司已履行合同期间的平均利润率 54.5%，可认定继续履行合同可以获得的利益为 303587582 元。因此，飞某公司主张富某医疗公司应承担违约赔偿数额为 383388609.70 元。

对此，本院认为，违约责任是指当事人不履行合同义务或者履行合同义务不符合约定而依法应当承担的民事责任。违约责任系合同责任中的一种重要形式，对于规范合同行为、维护交易秩序以及保障社会经济稳定发展均有重要意义。对于违约金的正确认定，不仅可以保障合同守约方的合法利益，还能对违约行为进行有效的制约，以维护交易安全，促进社会诚实信用体系建设。针对本案独家代理销售合同的商业代理特性，本院认为，判定商事交易之违约责任应当综合考虑以下方面：

（一）充分尊重当事人的意思自治，按照合同约定确定违约赔偿。本案是因独家商事代理而引发的纠纷，意思自治和诚实信用乃商事活动之基本原则。充分尊重当事人的意思自治，是促进商事交易繁荣与发展之基本前提，而维护诚实信用，则是保障商事活动的基本要求。在商事活动中，各方均应当按照各自真实意思表示签订合同并严格履行，一方恶意违约导致合同不能履行时，即应当受到相应惩戒以维护正常交易秩序。合同中对于违约条款之约定，是交易各方事先一致约定维护特定商事交易得以正常进行的基础保障所在，且各方在签订合同时即对此了解并接受。因此，当一方违约时，按照合同约定承担违约责任或进行相关赔偿，系商事交易普遍而根本之社会意愿。《合同法》第一百一十四条第一款规定："当事人可以约定一方违约时应当根据违约情况向对方支付一定数额的违约金，也可以约定因违约产生的损失赔偿额的计算方法。"飞某公司与富某医疗公司之间关于违约责任的约定主要有：1.《大区总代理合同》第五条第 1 款第 10 项约定："对于乙方（飞某公司）的销售区域，甲方（富某医疗公司）有义务保护其相应耗材（如 IP 套件、胶片等）供应的唯一性和长期性（10 年）……若出现未经乙方许可的公司或个人或其他团体向乙方的销售区域内的用户供应相应耗材，则乙方有权追究甲方责任，甲方须作出无条件赔偿，赔偿金额为最终用户购入相关设备、耗材价格的 120%。" 2.《大区总代理合同》第十六条损害赔偿约定："双方基于第十四条而解除本合同或个别合同，或者另一方违反本合同或个别合同的情况下，由此遭受的损害赔偿可以向另一方要求支付。" 3.《3.28 补充合同》第四条第 2.3 款约定："乙方（富某医疗公司）违约：未按合同内容中的承诺履行，即无论是乙方的供货生产厂方——日本 F Corporation，乙方直接上级母公司——富某胶片（中国）投资有限公司，还是乙方的本身及各级下属体系中的任何一方，存在在中国大陆地区的低价销售行为。甲乙双方任何一方违约，均须向对方以本合同所涉及的所有有效销售合同金额的 200%进行赔偿。"

本案之中，双方签订的合同合法有效，系双方真实意思表示，合同之中对于特定违约行为的相关条款均为有效，双方均应严格遵守，如有违反即应按照相关约定执行。根据上述约定，《大区总代理合同》第五条第 1 款第 10 项是针对富某医疗公司串货时的违约责任，为最终用户购入相关设备、耗材价格的 120%；《大区总代理合同》第十六条约定了按照具体损失赔偿的原则；《3.28 补充合同》第四条第 3 款约定系针对一方具有低价销售违约行为直接承担所有有效销售合同金额的 200%的赔偿责任。据此，严格按照合同约定，飞某公司有两种赔偿方案可供选择：第一种方案，比照双方关于富某医疗公司串货之约定判定违约赔偿数额。根据《大区总代理合同》第五条第 1 款第 10 项约定："对于乙方（飞某公司）的销售区域，甲方（富某医疗公司）有义务保护其相应耗材（如 IP 套件、胶片等）供应的唯一性和长期性（10 年）……若出现未经乙方许可的公司或个人或其他团体向乙方的销售区域内的用户供应相应耗材，则乙方有权追究甲方责任，甲方须作出无条件赔偿，赔偿金额为最终用户购入相关设备、耗材价格的 120%。"根据本案已经查明之事实，富某医疗公司与恒某公司之间存在串货之行为，且因富某医疗公司并未主张恒某公司有向其退货之任何事实，故富某医疗公司向恒某公司串货供应的全部金额产品均应视为销售至最终用户。至于富某医疗公司关于应按最终销售区域认定串货之主张，不仅其对此举证不能，而且其该项主张与本案独家代理销售合同关系的法律性质根本不符，与独家销售的商业惯例亦不相符，不能支持，故依照上述条款约定比照串货金额追究富某医疗公司违约责任，并非不公平。由此，根据飞某公司所提交的证据，富某医疗公司出售给恒某公司的产品总价格为 146423904 元，按该价格的 120%计算，富某医疗公司应赔偿飞某公司 175708684.80 元。事实上，如果按照富某医疗公司所称最终用户是指产品最终用户的话，实际恒某公司作为代理销售方必然以更高的价格销售给最终用户，则最终产品总价格应当还会超过上述数额。第二种方案，依据双方关于富某医疗公司低价销售的约定来认定。根据《3.28 补充合同》第四条约定，如果富某医疗公司存在低价销售行为，即须向对方以本合同所涉及的所有有效销售合同金额的 200%进行赔偿。根据飞某公司提交的增值税发票显示，在《大区总代理合同》存续期间，飞某公司与富某医疗公司双方履行的销售合同的金额为 686585955 元，按富某医疗公司低价销售违约行为追究，富某医疗公司应当支付的违约金则为 1373171910 元。上述两条针对特定事项的违约责任，均系双方真实意思表示，如此巨额、严苛的违约责任约定正是基于本案商业代理之特性而考量，依法应予维护。

（二）根据违约程度，视违约情形认定违约责任。在认定违约责任时，应当根据违约程度的大小予以考虑。如果一方履约存在单项违约或特定违约，则应当根据特定违约考虑相应违约责任；如果一方根本违约，则应当按照合同约定承担全部根本违约责任；如果双方都违约，则应综合过错及各自违约程度衡平考量。本案之中，如前认定，富某医疗公司在与飞某公司合同履行过程中，首先存在串货行为，即应按串货违约承担责任；同时，富某医疗公司又低价向恒某公司销售相关产品，违反双方关于不得低价销售的约定，由此即应承担低价销售的违约责任；并且，富某医疗公司擅自停止供应耗材，同样违约，原本亦应承担相应违约责任，但鉴于飞某公司放弃，故最终判定富某医疗公司违约责任时可不予考虑；最为主要的是，富某医疗公司在明明自身存在多个先行违约行为之情形下，却擅自单方解约，致使双方合同根本不能继续履行，致使飞某公司合同权益受到根本损害，因此富某医疗公司构成根本违约。故最终认定富某医疗公司承担违约责任时，必须结合其以上多项违约以及根本违约之事实，全面予以考量。

（三）结合守约方之可得利益损失，衡量违约方之赔偿责任。根据我国合同法司法解释之规定，对于违约金约定金额过分高于实际损失的，当事人可以请求调减。因此，对于违约责任的最终认定亦应当结合守约方之损失，包括可得利益损失等进行考量。本案之中，飞某公司所受到的损失是显而易见的，富某医疗公司不仅挖走了其线下二级代理商恒某公司，而且由此使得飞某公司失去了发展起来的由该二级代理商可以形成的潜在客户。在此还需指出的是，飞某公司除按双方协议享有 17 省市独家代理权限，还可享有独家代理区域以外其他省市的销售权利，故富某医疗公司越过飞某公司直接向原本属于飞某公司的二级代理经销商恒某公司销售产品，不仅如前认定损害到飞某公司独家代理销售之合同权益，还损害到飞某公司向独家代理区域以外拓展业务之利益空间。更何况，富某医疗公司还对飞某公司与恒某公司实施差别待遇，以更低价格销售给恒某公司以强化恒某公司之竞争力，致使飞某公司销售能力受到压缩。更为主要的是，富某医疗公司单方擅自解除合约，致使飞某公司数年来凭独家代理打拼出来的全国高达 17 省市的已经颇具规模的稳定市场完全丧失，后续稳定可观收益亦随之完全丧失，故判定富某医疗公司违约责任之时，对此亦必须予以充分考量。

（四）根据当事人诉请，认定损失赔偿数额范围。民事诉讼应充分保障与尊重当事人之诉讼权利，尤其应尊重当事人之处分权，并结合当事人之诉请在不超越当事人诉请范围内判定赔偿数额。飞某公司在本案一审中曾起诉要求富某医疗公司支付违约金 840955146 元，二审理过程中变更诉讼请求为支付违约金 383388609.70元，此系其对本人诉讼权利之自由处分，应予尊重。据此，凡超越以上最后诉求判定违约赔偿之数额均不可能。

（五）根据证据规则认定损失赔偿的最终数额。就本案而言，虽然双方约定了具体违约责任条款，且富某医疗公司亦的确存在多项违约甚至根本违约行为，并且飞某公司因富某医疗公司违约而可能产生的利益损失亦属巨大，但富某医疗公司之违约赔偿数额，还必须结合飞某公司之诉请，更应依据可以采信之证据最终判定。就飞某公司诉请的赔偿数额而言，其所谓的可得利益损失系根据其单方得出的54.5%的利润率计算而来，但富某医疗公司对此并不认可，且该利润率亦未考虑代理销售之各项成本与支出，更未经合法审计，故飞某公司依据利润率为 54.5%诉请违约赔偿数额，难以支持。但是，如本判之前认定，上海浦东新区相关税务部门证实的富某医疗公司与恒某公司之间的交易金额为 146423904 元，有关该串货金额认定证据充分，而富某医疗公司的相关抗辩不能支持，结合本案各方陈述一致认可代理产品主要为耗材，且绝大部分价值亦为耗材之基本特点，故可以依据该项金额比照耗材违约条款衡量富某医疗公司应当承担之违约赔偿数额。

综合分析，富某医疗公司根本违约，原本应当对飞某公司的全部损失依法进行赔偿，因飞某公司计算依据所主张的利润率 54.5%缺乏证据而难以支持。但是，富某医疗公司违约情形明显，飞某公司受到之利益损失亦明显，富某医疗公司应当承担相应违约责任，应当给予飞某公司相应赔偿。因此，依据前述相关因素考量，并结合前述两种违约赔偿方案，进一步根据当事人的诉请，飞某公司所主张的违约金数额为 383388609.70 元，实际已经显然低于富某医疗公司因低价销售所应支付的违约金 1373171910 元，鉴于飞某公司并未就富某医疗公司低价销售违约责任进行主张，故对于第二种方案可不予考虑。因此，本院综合飞某公司诉请、富某医疗公司违约情形与程度以及飞某公司实际受到的利益损失等多方因素考量，比照富某医疗公司向恒某公司之串货总金额结合相关违约责任条款，最终酌定富某医疗公司应赔偿飞某公司的违约金额为 175708684.80 元。

070 守约方要求继续履行但合同不适合强制履行的，应予解除*

> **阅读提示**：对于非金钱债务而言，继续履行具有重要现实意义，能使债权人尽可能地获得合同约定的标的或标的物，不存在评价或证明损害赔偿额的困难，无须证明违约方在违约上存在过错，合同的约束力得到维护。但是在违约的情况下，因为法律或者客观事实或者债权人自身的原因，继续履行适用于非金钱债务时存在更多的例外情形。
>
> 本案中，最高人民法院认为对于不适合强制履行的合同，守约方即使要求继续履行也应予解除合同。

裁判要旨

一方不具有继续履行合同的意愿，双方就继续履行合同所必须的一些事项不再能达成合意及配合磋商，无强制履行的可能，同时继续履行合同对一方已无实益。综合全案因素，基于对社会经济效益的考量，为避免资源损失浪费，不宜判令双方当事人继续履行合同。

《合同法》在确立具有普遍适用性的继续履行权之时，也以但书规定的立法技术，规定了三种排除继续履行权的情形或事由：其一，法律或事实上不能履行；其二，债务的标的不适于强制履行或履行费用过高；其三，债权人在合理期限内未要求履行。当违约构成不适用继续履行的情形时，不管该不能履行是否可归责于债务人，当事人皆可获得合同解除权，债权人只能选择其他的违约救济方式。

案情介绍

1. 2010年11月，青岛赛某达电子科技有限公司（以下简称赛某达公司，供方）与金某利（泉州）科技实业有限公司（以下简称金某利公司，需方）签订一份《采购合同》，约定金某利公司购买20台设备用于光伏产业，合同总金额为8088万元。《采购合同》签订后，金某利公司通过银行转账方式，分5笔向赛某达

---

* 案件来源：青岛赛某达电子科技有限公司、金某利（泉州）科技实业有限公司买卖合同纠纷二审民事判决书，最高人民法院（2017）最高法民终480号。

公司支付货款，共计1664.18万元。

2. 2010年12月，赛某达公司向金某利公司已交付3台设备，合计804.4万元，金某利公司于2011年12月出具验收报告，验收合格。但之后证明赛某达公司提交的设备验收报告系贿赂金某利公司相关工作人员而取得，金某利公司认为赛某达公司交付的3台设备质量不符合合同约定，故停止继续采购第二批设备。

3. 2015年，赛某达公司向福建省高级人民法院起诉，请求金某利公司继续履行合同，支付合同项下设备款并赔偿经济损失，一审法院认为赛某达公司关于继续履行的诉讼请求，在实际履行中存在障碍，不适于强制履行，不予支持。

4. 赛某达公司不服提起上诉，最高人民法院认为虽然赛某达公司的设备不存在质量不合格的问题，但金某利公司在原审、二审庭审中均表明不具有继续履行合同的意愿，并且设备所涉产业已因政策原因遇冷，金某利公司已转投建电站事宜，故合同继续履行对金某利公司已无实益，不适于强制履行，维持原判。

实务要点总结

第一，一方违约时，守约方要求继续履行合同需要有履行的条件，违约方客观上无法继续履行合同或合同已缺乏履行的基础时，未避免合同僵局，可以请求解除合同。

第二，若违约方请求解除合同，需要举证证明合同存在《民法典》第五百八十条规定的不能继续履行的情形，合同已不具备继续履行的条件或继续履行的成本过高。守约方可以要求其他的违约救济方式，要求违约方进行充分的违约损害赔偿。

相关法律规定

《中华人民共和国合同法》（已失效）

第一百零七条 当事人一方不履行合同义务或者履行合同义务不符合约定的，应当承担继续履行、采取补救措施或者赔偿损失等违约责任。

第一百一十条 当事人一方不履行非金钱债务或者履行非金钱债务不符合约定的，对方可以要求履行，但有下列情形之一的除外：

（一）法律上或者事实上不能履行；

（二）债务的标的不适于强制履行或者履行费用过高；

（三）债权人在合理期限内未要求履行。

《中华人民共和国民法典》

第五百七十七条 当事人一方不履行合同义务或者履行合同义务不符合约定的，应当承担继续履行、采取补救措施或者赔偿损失等违约责任。

第五百八十条 当事人一方不履行非金钱债务或者履行非金钱债务不符合约定的，对方可以请求履行，但是有下列情形之一的除外：

（一）法律上或者事实上不能履行；

（二）债务的标的不适于强制履行或者履行费用过高；

（三）债权人在合理期限内未请求履行。

有前款规定的除外情形之一，致使不能实现合同目的的，人民法院或者仲裁机构可以根据当事人的请求终止合同权利义务关系，但是不影响违约责任的承担。

法院判决

以下为该案在法院审理阶段，判决书中"本院认为"就该问题的论述：

尽管赛某达公司已经交付的 3 台设备不存在质量不合格的问题，赛某达公司请求金某利公司继续履行合同、支付 60596400 元设备款的上诉请求仍不能成立。

首先，《采购合同》第三条约定："1. 合同签订后，需方支付供方合同额的 40%作为定金。2. 需方在供方预验收合格后再支付合同金额的 55%，款到发货。同时供方为需方开具合同金额的增值税发票。3. 设备验收后需方付清剩余合同额的 5%货款。4. 合同金额支付方式：50%现金+50%的 90 天承兑（汇票）。"根据上述约定，赛某达公司要求金某利公司支付剩余设备款，应以设备预验收、验收合格为前提条件。本案中，赛某达公司未能举证证明其曾就第二批设备向金某利公司进行过预验收、验收通知，《采购合同》约定的付款条件尚未成就。赛某达公司上诉主张，预验收工作应由赛某达公司进行，金某利公司仅负有支付设备款的金钱债务，与该合同第八条第二款"设备制造完毕在出厂前通知需方派人员到供方现场进行设备预验收"的约定不符，其请求金某利公司支付 60596400 元设备款欠缺事实前提。

其次，金某利公司在本案原审中提交了 2014 年 4 月 18 日的一份《律师催告函》作为证据材料，其中载有解除《采购合同》的函告内容。金某利公司在原审、二审庭审中均陈述，其将不再履行《采购合同》。根据上述情形可以认定，金某利公司不具有继续履行合同的意愿，双方就继续履行合同所必须的接收设备、进行设备预验收、验收，以及后续的安装、调试等事项不再能达成合意及配合磋商，无强制履行的可能。原审判决根据《合同法》第一百一十条规定，未支持赛某达公司要求金某利公司继续履行《采购合同》的诉讼请求，认定事实和适用法律并无不当。

再次，《采购合同》约定，未交付的第二批设备系2厂项目所需，但2厂项目并未建成，金某利公司已转投建电站事宜。且《采购合同》自2010年11月25日签订距今时日已久，其中约定的技术参数有升级换代，赛某达公司在二审庭审中亦述称设备所涉光伏产业已因政策原因遇冷，故合同继续履行对金某利公司已无实益。综合全案因素，基于对社会经济效益的考量，为避免资源损失浪费，本案也不宜判令双方当事人继续履行《采购合同》。

最后，原审法院曾就《采购合同》不适于强制履行的问题向赛某达公司释明并询问其是否变更诉讼请求，赛某达公司表示不予变更。本案二审庭审后，赛某达公司经释明后亦先后向本院提出增加或者变更诉讼请求为，判令金某利公司向其支付违约金1617.6万元、赔偿损失4238.74万元。经双方当事人同意，本院进行了调解，但调解未果，本院依法在本案中不再就赛某达公司变更的诉讼请求事宜予以处理，赛某达公司可就上述请求另诉主张。

071 项目将来的盈利（预期经营利润）是否属于违约赔偿范围*

> **阅读提示**：根据《民法典》第五百八十四条的规定，违约损害赔偿的范围包含合同履行后可以获得的利益。那么，在商事交易中因一方的违约行为导致对方未来经营利润的丧失，是否属于该规定中合同履行后可以获得的利益？
>
> 本案例系合作开发房地产争议，最高人民法院认定合作开发项目未来并不必然产生利润，故以可能产生的利润作为违约损失缺乏依据。

裁判要旨

房地产开发项目将来既可能盈利也可能亏损，故以可能产生的利润作为违约损失缺乏法律依据。涉案项目尚未竣工，也未销售完毕，存在未来市场销售价格和销售情况不能确定等客观因素，将来既可能产生利润，也可能造成亏损，故当事人要求以可能产生的利润作为认定损失的依据并据此确定违约责任，没有法律依据。

---

* 案件来源：绵阳兆某房地产开发有限公司、石嘴山市登某房地产开发有限公司合资、合作开发房地产合同纠纷二审民事判决书，最高人民法院（2017）最高法民终736号。

案情介绍

1. 2012年9月，绵阳兆某房地产开发有限公司（以下简称兆某公司）作为甲方、石嘴山市登某房地产开发有限公司（以下简称登某公司）作为乙方签订《投资合作协议》，约定：乙方拥有两宗商住开发用地约100亩，因乙方无开发资金，甲方投入2000万元用于该项目开发，利润按登某公司股份比例进行分配（王某平46%，向某全27%，王某强25%，冯某云2%），其中向某全、王某强、冯某云系兆某公司委派。

2. 协议签订后，兆某公司分次向登某公司转款2000万元。涉案项目永某小区总建筑面积为138725平方米，截至诉讼时，已完工房屋的可销售面积为18395.656平方米。

3. 登某公司于2012年8月办理股权变更登记，将股东变更为王某平、向某全、王某强、冯某云之后，因登某公司法定代表人王某平假冒签名致使另案生效判决认定向兆某公司委派的向某全、王某强、冯某云转让股权无效，三人丧失了登某公司股东身份，兆某公司已经不能按照合同约定分配利润。

4. 兆某公司诉至宁夏高院，请求：解除《投资合作协议》，登某公司赔偿兆某公司可得利益损失5400万元。兆某公司提出鉴定申请，请求对涉案永某小区项目的市场价值及开发预期可得利润进行评估鉴定，但因预期收益无法进行鉴定而被退回。

5. 宁夏高院认为，兆某公司申请对涉案项目的市场价值及开发预期可得利润进行评估鉴定，但因预期收益无法进行鉴定，且兆某公司也未能提供其他证据以证实其可得利益损失的数额。故判决解除《投资合作协议》；驳回兆某公司的其他诉讼请求。

6. 兆某公司不服，上诉至最高人民法院，最高人民法院判决驳回上诉，维持原判。

实务要点总结

第一，违约赔偿中的可得利益损失应具有确定性和可预见性，由于房地产开发项目的预期利润存在不确定性，主张该类损失为可得利益损失较难获得人民法院或仲裁机构的支持。

第二，诉讼或仲裁请求应当完整、准确。本案当事人可根据一审法院的释明，变更诉讼请求为返还投资款及资金占用利息，至少可增加该项诉讼请求，最大化维护自身权益。

相关法律规定

《最高人民法院关于适用〈中华人民共和国民法典〉合同编通则若干问题的解释》

第六十三条 在认定民法典第五百八十四条规定的"违约一方订立合同时预见到或者应当预见到的因违约可能造成的损失"时，人民法院应当根据当事人订立合同的目的，综合考虑合同主体、合同内容、交易类型、交易习惯、磋商过程等因素，按照与违约方处于相同或者类似情况的民事主体在订立合同时预见到或者应当预见到的损失予以确定。

除合同履行后可以获得的利益外，非违约方主张还有其向第三人承担违约责任应当支出的额外费用等其他因违约所造成的损失，并请求违约方赔偿，经审理认为该损失系违约一方订立合同时预见到或者应当预见到的，人民法院应予支持。

在确定违约损失赔偿额时，违约方主张扣除非违约方未采取适当措施导致的扩大损失、非违约方也有过错造成的相应损失、非违约方因违约获得的额外利益或者减少的必要支出的，人民法院依法予以支持。

第六十五条 当事人主张约定的违约金过分高于违约造成的损失，请求予以适当减少的，人民法院应当以民法典第五百八十四条规定的损失为基础，兼顾合同主体、交易类型、合同的履行情况、当事人的过错程度、履约背景等因素，遵循公平原则和诚信原则进行衡量，并作出裁判。

约定的违约金超过造成损失的百分之三十的，人民法院一般可以认定为过分高于造成的损失。

恶意违约的当事人一方请求减少违约金的，人民法院一般不予支持。

《中华人民共和国合同法》（已失效）

第一百一十三条第一款 当事人一方不履行合同义务或者履行合同义务不符合约定，给对方造成损失的，损失赔偿额应当相当于因违约所造成的损失，包括合同履行后可以获得的利益，但不得超过违反合同一方订立合同时预见到或者应当预见到的因违反合同可能造成的损失。

《中华人民共和国民法典》

第五百八十四条 当事人一方不履行合同义务或者履行合同义务不符合约定，造成对方损失的，损失赔偿额应当相当于因违约所造成的损失，包括合同履行后可以获得的利益;但是,不得超过违约一方订立合同时预见到或者应当预见到的因违约可能造成的损失。

法院判决

以下为该案在法院审理阶段,判决书中"本院认为"就该问题的论述:

关于登某公司应否向兆某公司赔偿可得利益损失 5400 万元的问题。兆某公司仅根据其推断认为整个项目开发销售后将会产生大概 1 亿元的利润,再按照兆某公司在《投资合作协议》占有 54% 股份的比例,故而主张其可得利益损失为 5400 万元。但涉案项目尚未竣工,也未销售完毕,存在未来市场销售价格和销售情况不能确定等客观因素,将来既可能产生利润,也可能造成亏损,兆某公司提出一定会产生利润只是根据其猜测,并无证据证明其主张。兆某公司提出的"假设开发法",也只是对房地产开发项目将来可能产生的利润作出评估,并不能据此确定将来该项目一定会产生利润。要求以可能产生的利润作为认定损失的依据并据此确定违约责任,没有法律依据。一审法院是在依据可能产生的利润确定损害赔偿责任缺乏法律依据的基础上认定无法对兆某公司提出的预期可得利润进行鉴定的,并无不当。一审法院多次向兆某公司释明其还享有要求登某公司返还 2000 万元投资款的权利,但兆某公司拒绝变更诉讼请求,除向一审法院诉请解除《投资合作协议》外,只请求判令登某公司赔偿兆某公司可得利益损失 5400 万元。故一审判决认定兆某公司主张由登某公司赔偿其可得利益损失 5400 万元的证据不足,不予支持,是正确的。

072 守约方的可得利益损失如何计算[*]

阅读提示:合同纠纷中一方主张违约责任时,可得利益损失的具体数额往往是双方争议的焦点。《最高人民法院关于当前形势下审理民商事合同纠纷案件若干问题的指导意见》中确立了可得利益损失的认定标准:"人民法院在计算和认定可得利益损失时,应当综合运用可预见规则、减损规则、损益相抵规则以及过失相抵规则等,从非违约方主张的可得利益赔偿总额中扣除违约方不可

---

[*] 案件来源:成都和某致远地产顾问有限责任公司与四川省南部县金某房地产开发有限公司委托合同纠纷二审民事判决书,最高人民法院(2015)最高法民一终字第 226 号。

预见的损失、非违约方不当扩大的损失、非违约方因违约获得的利益、非违约方亦有过失所造成的损失以及必要的交易成本。"但因缺乏特别明确的计算标准，法官对可得利益损失的认定亦存在难度。

裁判要旨

可得利益是合同被履行后可以取得的利益。赔偿可得利益可以弥补因违约方给守约方造成的全部实际损失，使守约方恢复到合同得到严格履行情况下的状态，促使当事人诚信履行合同。人民法院在计算和认定可得利益损失时，应当运用可预见规则、减损规则、损益相抵规则以及过失相抵规则等综合予以判定。

案情介绍

1. 2009年11月26日，四川省南部县金某房地产开发有限公司（以下简称金某公司，甲方）与成都和某致远地产顾问有限责任公司（以下简称和某致远公司，乙方）签订《南充市南部县白某香洲房地产项目全程营销代理合同》（以下简称《代理合同》），甲方正式委托乙方为南充市南部县白某香洲项目的独家全程营销代理商，并约定了具体的销售目标及佣金计算方式。白某香洲项目总建筑面积为451279.08平方米。

2. 2013年4月23日，金某公司向和某致远公司送达《解除合同通知书》，以和某致远公司擅自将白某香洲房地产项目中22栋、23栋楼的预定（订）房屋合同带离售房部，以及已发生情势变更情形，继续履行合同对金某公司显失公平为由，解除双方签订的《代理合同》。

3. 和某致远公司向四川省高院起诉，请求：确认金某公司向和某致远公司发出的《解除合同通知书》无效；解除《代理合同》；金某公司支付因不履行合同给和某致远公司造成的预期商业利益损失5738万元，以及从2013年7月15日起至付清之日止的逾期付款资金利息等。

4. 金某公司提起反诉，认为和某致远公司违反《代理合同》约定，未按双方协商一致的价格进行销售，给金某公司造成23105499元的损失，请求判令和某致远公司赔偿损失23105499元。

5. 四川省高院判决：金某公司向和某致远公司送达的《解除合同通知书》无效；解除《代理合同》；金某公司向和某致远公司支付可得利益损失700万元等。

6. 金某公司、和某致远公司不服，上诉至最高人民法院。最高人民法院改判金某公司向和某致远公司支付可得利益损失 7407421.01 元。

实务要点总结

第一，关于合同纠纷中可得利益损失的争议，对于守约方而言，举证证明的重点在于预期利润的确定性及计算依据，在有鉴定条件的情形下应当申请鉴定；对于违约方而言，举证证明的重点在于守约方没有采取合理减损措施而导致损失扩大、守约方因违约而获得利益以及守约方对所造成的损失亦有过失。但由于可得利益损失的认定没有相对明确的计算标准，实践中司法认定亦存在一定难度。

第二，为降低发生纠纷时的举证难度，当事人可事先约定可得利益损失的计算标准及依据。

相关法律规定

《最高人民法院关于适用〈中华人民共和国民法典〉合同编通则若干问题的解释》

第六十条 人民法院依据民法典第五百八十四条的规定确定合同履行后可以获得的利益时，可以在扣除非违约方为订立、履行合同支出的费用等合理成本后，按照非违约方能够获得的生产利润、经营利润或者转售利润等计算。

非违约方依法行使合同解除权并实施了替代交易，主张按照替代交易价格与合同价格的差额确定合同履行后可以获得的利益的，人民法院依法予以支持；替代交易价格明显偏离替代交易发生时当地的市场价格，违约方主张按照市场价格与合同价格的差额确定合同履行后可以获得的利益的，人民法院应予支持。

非违约方依法行使合同解除权但是未实施替代交易，主张按照违约行为发生后合理期间内合同履行地的市场价格与合同价格的差额确定合同履行后可以获得的利益的，人民法院应予支持。

第六十一条 在以持续履行的债务为内容的定期合同中，一方不履行支付价款、租金等金钱债务，对方请求解除合同，人民法院经审理认为合同应当依法解除的，可以根据当事人的主张，参考合同主体、交易类型、市场价格变化、剩余履行期限等因素确定非违约方寻找替代交易的合理期限，并按照该期限对应的价款、租金等扣除非违约方应当支付的相应履约成本确定合同履行后可以获得的利益。

非违约方主张按照合同解除后剩余履行期限相应的价款、租金等扣除履约成本确定合同履行后可以获得的利益的，人民法院不予支持。但是，剩余履行期限少于寻找替代交易的合理期限的除外。

第六十二条 非违约方在合同履行后可以获得的利益难以根据本解释第六十条、第六十一条的规定予以确定的,人民法院可以综合考虑违约方因违约获得的利益、违约方的过错程度、其他违约情节等因素,遵循公平原则和诚信原则确定。

《中华人民共和国合同法》(已失效)

第一百一十三条第一款 当事人一方不履行合同义务或者履行合同义务不符合约定,给对方造成损失的,损失赔偿额应当相当于因违约所造成的损失,包括合同履行后可以获得的利益,但不得超过违反合同一方订立合同时预见到或者应当预见到的因违反合同可能造成的损失。

第一百一十四条 当事人可以约定一方违约时应当根据违约情况向对方支付一定数额的违约金,也可以约定因违约产生的损失赔偿额的计算方法。

约定的违约金低于造成的损失的,当事人可以请求人民法院或者仲裁机构予以增加;约定的违约金过分高于造成的损失的,当事人可以请求人民法院或者仲裁机构予以适当减少。

当事人就迟延履行约定违约金的,违约方支付违约金后,还应当履行债务。

《中华人民共和国民法典》

第五百八十四条 当事人一方不履行合同义务或者履行合同义务不符合约定,造成对方损失的,损失赔偿额应当相当于因违约所造成的损失,包括合同履行后可以获得的利益;但是,不得超过违约一方订立合同时预见到或者应当预见到的因违约可能造成的损失。

第五百八十五条 当事人可以约定一方违约时应当根据违约情况向对方支付一定数额的违约金,也可以约定因违约产生的损失赔偿额的计算方法。

约定的违约金低于造成的损失的,人民法院或者仲裁机构可以根据当事人的请求予以增加;约定的违约金过分高于造成的损失的,人民法院或者仲裁机构可以根据当事人的请求予以适当减少。

当事人就迟延履行约定违约金的,违约方支付违约金后,还应当履行债务。

《最高人民法院关于当前形势下审理民商事合同纠纷案件若干问题的指导意见》
三、区分可得利益损失类型,妥善认定可得利益损失

9. 在当前市场主体违约情形比较突出的情况下,违约行为通常导致可得利益损失。根据交易的性质、合同的目的等因素,可得利益损失主要分为生产利润损失、经营利润损失和转售利润损失等类型。生产设备和原材料等买卖合同违约中,因出卖人违约而造成买受人的可得利益损失通常属于生产利润损失。承包经营、租赁经营合同以及提供服务或劳务的合同中，因一方违约造成的可得利益损失通常属于经营利润损失。先后系列买卖合同中，因原合同出卖方违约而造成其后的转售合同出售方的可得利益损失通常属于转售利润损失。

10. 人民法院在计算和认定可得利益损失时，应当综合运用可预见规则、减损规则、损益相抵规则以及过失相抵规则等，从非违约方主张的可得利益赔偿总额中扣除违约方不可预见的损失、非违约方不当扩大的损失、非违约方因违约获得的利益、非违约方亦有过失所造成的损失以及必要的交易成本。存在合同法第一百一十三条第二款规定的欺诈经营、合同法第一百一十四条第一款规定的当事人约定损害赔偿的计算方法以及因违约导致人身伤亡、精神损害等情形的，不宜适用可得利益损失赔偿规则。

11. 人民法院认定可得利益损失时应当合理分配举证责任。违约方一般应当承担非违约方没有采取合理减损措施而导致损失扩大、非违约方因违约而获得利益以及非违约方亦有过失的举证责任；非违约方应当承担其遭受的可得利益损失总额、必要的交易成本的举证责任。对于可以预见的损失，既可以由非违约方举证，也可以由人民法院根据具体情况予以裁量。

法院判决

以下为该案在法院审理阶段，判决书中"本院认为"就该问题的论述：

关于可得利益损失如何确定的问题

《合同法》第一百一十三条第一款规定："当事人一方不履行合同义务或者履行合同义务不符合约定，给对方造成损失的，损失赔偿额应当相当于因违约所造成的损失，包括合同履行后可以获得的利益，但不得超过违反合同一方订立合同时预见到或者应当预见到的因违反合同可能造成的损失。"可得利益是合同被履行后可以取得的利益。赔偿可得利益可以弥补因违约给守约方造成的全部实际损失，使守约方恢复到合同得到严格履行情况下的状态，促使当事人诚信履行合同。人民法院在计算和认定可得利益损失时，应当运用可预见规则、减损规则、损益相抵规则以及过失相抵规则等综合予以判定。根据已查明的事实，除案涉项目一期外，和某致远公司代理销售的其余项目的均价均超过住宅销售奖励的支付条件。在此情况下，金某公司于2013年4月23日向和某致远公司发出解除合同通知，主要是合同约定的销售奖励溢价发生情势变更，继续履行对其明显不利，双方协商未果。由此表明金某公司在解除合同时对和某致远公司的预期商业利益已经有所预见。和某致远公司主张的可得利益应包括案涉项目 22 栋、23 栋住房销售奖金的损失和金某公司单方解除合同而造成的损失。和某致远公司实际销售的 22 栋、23 栋房屋面积为 24470 平方米、销售金额为 93820676 元。在金某公司违约解除合同前，和某致远公司已完成销售的面积占可售房屋的面积比为 81.38%。该比例未达到合同约定的支付奖金的条件，是金某公司为自己的利益不正当阻止和某致远公司继续履行合同所致，应视为支付奖金的条件已成就。参照合同所约定的住宅销售奖励计算标准，和某致远公司对此应得到可得利益损失为 5102669 元 [（93820676 元 − 3000 元/平方米 × 24470 平方米）× 25%]。关于金某公司不继续履行合同而造成的损失问题，案涉合同约定如金某公司擅自解除合同，除支付和某致远公司应付款项外，按本项目预计总代理佣金的 10% 赔偿和某致远公司的损失。诉讼中，金某公司主张合同约定了损失赔偿方法，有具体的计算方法和计算公式。从案涉《代理合同》的约定看，双方当事人并未对项目的销售价格予以确定。基于合同的履行情况，和某致远公司代理销售的房屋除一期的房屋销售均价未超过 3000 元/平方米外，其余均超过此价格，故以案涉住宅房屋销售单价的平均值作为计算和某致远公司总代理佣金的标准较为客观、公平。和某致远公司代理销售房屋面积共计 157369.52 平方米（52260.4 平方米 + 28305.76 平方米 + 23945.67 平方米 + 26117.67 平方米 + 24770 平方米 + 1970.02 平方米），销售金额共计 535806975 元（151107933 元 + 92960049 元 + 89606117 元 + 101465973 元 + 93820676 元 + 6846227 元），销售均价应为 3404.77 元/平方米（535806975 元 ÷ 157369.52 平方米）。根据合同约定的单方解除合同造成损失的计算方式，和某致远公司的此部分损失为 2304752.21 元（451279.08 平方米 × 3404.77 元/平方米 × 1.5% × 10%）。上述两项共计 7407421.21 元（5102669 元 + 2304752.21 元）。和某致远公司上诉主张一审判决对其可得利益损失的认定既不采纳已形成的专业评估报告，也不委托鉴定机构进行司法鉴定错误的事由，本院不予支持。

073 金融借款合同约定的利息、罚息、复利及违约金等超过年利率24%的，应如何处理*

> **阅读提示**：利息、罚息、复利、违约金等条款是借贷合同中的重要内容。民间借贷合同中，通常以一年期贷款市场报价利率四倍作为标准，判断双方的利率约定是否合理。但金融借款合同不同于一般的民间借贷合同，金融借款合同的借款提供主体具有特殊性，因而法律需要对其进行进一步的引导和规范。根据《最高人民法院关于进一步加强金融审判工作的若干意见》第二条的规定，金融借款合同的借款人可以贷款人同时主张的利息、复利、罚息、违约金和其他费用过高，显著背离实际损失为由，向法院主张进行调整。
>
> 在本案例中，某银行要求某投资公司支付利息、罚息、复利和违约金，某投资公司则主张上述费用总和已超过法律规定的年利率24%，最终法院并未就总额超出24%的部分作出支持的判决。

裁判要旨

现阶段，金融借款合同约定的利息、罚息、复利、违约金如无法定无效情形，应予支持，但约定的利息、复利、罚息、违约金过高，显著背离实际损失的，应当对总计超过年利率24%的部分不予支持。

案情介绍

1. 某银行委托丁信托公司向某投资公司发放信托贷款。2018年12月20日，丁信托公司与某投资公司签订资金信托贷款合同，约定贷款期限为2018年12月24日至2019年12月24日，固定年利率6.65%，罚息、复利均为贷款利率的1.5倍，违约金为所涉金额的1‰。

2. 2018年12月24日和25日，某银行向丁信托公司转账2亿元；丁信托公司当日将该2亿元转账给某投资公司。

---

* 案件来源：某银行诉某投资公司、景某某等金融借款合同纠纷案二审民事判决书，河南省高级人民法院（2021）豫民终949号。

3. 2020年1月2日，某银行与丁信托公司、丁信托公司与某投资公司分别签订补充合同，约定资金信托合同的信托期限和贷款期限延长至2020年6月24日，延长期内的贷款固定年利率变更为9.5%。

4. 2020年12月1日，因某投资公司欠付本息，丁信托公司将合同项下全部权利和义务转由某银行享有和履行。原期限内的利息已经支付完毕，延长期内尚有应付未付利息。

5. 某银行向郑州市中院提起诉讼，要求某投资公司偿还贷款本金2亿元及合同约定的利息、罚息、复利及违约金。郑州市中院判决某投资公司应偿还某银行本金及利息、罚息，按照年利率14.25%计算至实际清偿之日止。

6. 某银行不服，提起上诉。河南省高院判决撤销郑州中院判决，要求某投资公司偿还本金、利息、复利、罚息和违约金，按照年利率24%计算至实际清偿之日止。

实务要点总结

第一，双方当事人在签订金融借款合同时，可以约定利息、复利、罚息、违约金等不同的违约救济形式，所约定的数额可以略高于实际损失。在同一金融借款合同中出现多种违约救济形式的情况下，需要考虑实际损失与约定数额之间的关系，若约定限额并未过分超出实际损失，则要求支付利息、复利、罚息、违约金等的主张可以得到支持；若约定限额明显高于实际损失，总计超过年利率24%的部分则无法得到支持。

第二，合同应当严守，当事人双方应当按照约定，适当、完整地履行合同义务，遵守诚实信用原则，避免被追究违约责任。但若发生此情形，违约方在认为有关违约救济的约定过分高于守约方的实际损失时，也可以向人民法院请求酌减，以减少自己的损失。

相关法律规定

《中华人民共和国民法典》

第五百八十五条　当事人可以约定一方违约时应当根据违约情况向对方支付一定数额的违约金，也可以约定因违约产生的损失赔偿额的计算方法。

约定的违约金低于造成的损失的，人民法院或者仲裁机构可以根据当事人的请求予以增加；约定的违约金过分高于造成的损失的，人民法院或者仲裁机构可以根据当事人的请求予以适当减少。

当事人就迟延履行约定违约金的，违约方支付违约金后，还应当履行债务。

第六百七十六条 借款人未按照约定的期限返还借款的，应当按照约定或者国家有关规定支付逾期利息。

《最高人民法院关于适用〈中华人民共和国民法典〉合同编通则若干问题的解释》

第六十五条 当事人主张约定的违约金过分高于违约造成的损失，请求予以适当减少的，人民法院应当以民法典第五百八十四条规定的损失为基础，兼顾合同主体、交易类型、合同的履行情况、当事人的过错程度、履约背景等因素，遵循公平原则和诚信原则进行衡量，并作出裁判。

约定的违约金超过造成损失的百分之三十的，人民法院一般可以认定为过分高于造成的损失。

恶意违约的当事人一方请求减少违约金的，人民法院一般不予支持。

《最高人民法院关于进一步加强金融审判工作的若干意见》

2. 严格依法规制高利贷，有效降低实体经济的融资成本。金融借款合同的借款人以贷款人同时主张的利息、复利、罚息、违约金和其他费用过高，显著背离实际损失为由，请求对总计超过年利率24%的部分予以调减的，应予支持，以有效降低实体经济的融资成本。规范和引导民间融资秩序，依法否定民间借贷纠纷案件中预扣本金或者利息、变相高息等规避民间借贷利率司法保护上限的合同条款效力。

《全国法院民商事审判工作会议纪要》

50.【违约金过高标准及举证责任】认定约定违约金是否过高，一般应当以《合同法》第113条规定的损失为基础进行判断，这里的损失包括合同履行后可以获得的利益。除借款合同外的双务合同，作为对价的价款或者报酬给付之债，并非借款合同项下的还款义务，不能以受法律保护的民间借贷利率上限作为判断违约金是否过高的标准，而应当兼顾合同履行情况、当事人过错程度以及预期利益等因素综合确定。主张违约金过高的违约方应当对违约金是否过高承担举证责任。

法院判决

以下为该案在审理阶段，判决书中"本院认为"部分就该问题的论述：

本案系信托通道业务，实为借款合同纠纷，各当事人之间签订的合同均系各方当事人的真实意思表示，内容不违反法律、行政法规的强制性规定，合法有效，各方当事人均应按合同内容全面履行合同义务。根据涉案资金信托贷款合同及补充合同、借（贷）款相关要素确认凭证等约定，某投资公司通过丁信托公司向某银行贷款人民币 2 亿元，于 2020 年 6 月 24 日届满。某投资公司逾期未偿还本金，截至 2020 年 6 月 24 日，尚有应付未付利息 7058333.33 元，上述本息应予偿还。关于 2020 年 6 月 24 日之后的利息、罚息，某投资公司因未能按照合同约定归还贷款本金及利息，已构成违约，应按照合同约定支付利息、罚息以及复利、违约金等。某银行作为原合同当事人丁信托公司的权利义务承继人，起诉某投资公司主张本金、利息、罚息、复利、违约金具有合同依据，依法应予以支持。关于利息、罚息、复利、违约金的计算标准问题。某银行主张的利息、罚息、复利、违约金总和已超 50%，某投资公司认为某银行同时主张利息、复利、罚息、违约金显著背离实际损失，不应支持其关于复利、违约金的请求，某银行亦未能证明其实际损失，故对某银行主张的利息、罚息、复利、违约金总和超出 24% 的部分不予支持。

074 逾期付款，违约金依法应按什么标准计算*

> 阅读提示：司法实践中，关于一般交易中逾期付款违约金的计算标准尚不统一，一种观点认为，逾期付款违约金约定不超过年利率 24%，可予支持；另一种观点认为，逾期付款违约金应按中国人民银行规定的逾期贷款罚息利率或同期同类贷款基准利率为标准计算。

裁判要旨

在现实经济活动中，借款成本或贷款收益常常要高于银行同期贷款基准利率，故该基准利率并非计算损失的唯一标准，甚至可以说该基准利率未必是各种情形下最合理的标准。除经金融监管部门批准设立的从事贷款业务的金融机构及其分支机构，因发放贷款等相关金融业务产生的法律关系外，自然人、法人、其他组织之间及其相互之间约定迟延付款违约金未超过年利率 24% 的，可以不认定为"过高"，不予调整。

---

* 案件来源：中某东泰（南宁）纳米基因生物技术有限公司、林某东建设工程施工合同纠纷再审审查与审判监督民事裁定书，最高人民法院（2017）最高法民申 3354 号。

案情介绍

1. 中某东泰（南宁）纳米基因生物技术有限公司（以下简称中某公司，一人有限公司，股东林某东）作为发包人、浙江花某公司作为承包人签订《建设工程施工合同》，约定中某公司逾期支付工程款将承担以下责任：按应付工程款的日万分之五支付违约金，工期顺延；延期60天还未支付工程款的，浙江花某公司有权停止施工，中某公司应结清工程款并在7日内退还400万元保证金、赔偿损失。

2. 后双方因工程款支付发生争议，诉至法院。原审法院判决中某公司向浙江花某公司支付违约金（按照双方约定的日万分之五计算）、退还保证金并支付相应利息。

3. 中某公司、林某东向最高人民法院申请再审，主张浙江花某公司未能如期收到工程款的损失仅为利息，原判决按照合同约定的"日万分之五"计算违约金已远超银行同期贷款基准利率（折合为日万分之一点六）的30%，故约定违约金过高，应予调整。为此，中某公司提供了新证据即"历年贷款利率表"予以证实。最高人民法院最终裁定驳回中某公司、林某东的再审申请。

实务要点总结

第一，当事人可在合同中约定逾期付款违约金，如果在签订合同前预判自身资金周转可能出现问题，不能及时付款，则可与对方协商延长合同中约定的付款期限，或者适当调减违约金。对付款条件的约定也应明确具体，尽可能细化。

第二，尽管本案裁判观点认为不超过年利率24%的逾期付款违约金约定是受司法保护的，但亦有司法观点认为应参照中国人民银行规定的逾期贷款罚息利率或同期同类贷款基准利率为标准计算逾期付款违约金。

相关法律规定

《最高人民法院关于适用〈中华人民共和国民法典〉合同编通则若干问题的解释》

第六十五条　当事人主张约定的违约金过分高于违约造成的损失，请求予以适当减少的，人民法院应当以民法典第五百八十四条规定的损失为基础，兼顾合同主体、交易类型、合同的履行情况、当事人的过错程度、履约背景等因素，遵循公平原则和诚信原则进行衡量，并作出裁判。

约定的违约金超过造成损失的百分之三十的，人民法院一般可以认定为过分高于造成的损失。

恶意违约的当事人一方请求减少违约金的，人民法院一般不予支持。

《中华人民共和国合同法》（已失效）

第一百一十四条 当事人可以约定一方违约时应当根据违约情况向对方支付一定数额的违约金，也可以约定因违约产生的损失赔偿额的计算方法。

约定的违约金低于造成的损失的，当事人可以请求人民法院或者仲裁机构予以增加；约定的违约金过分高于造成的损失的，当事人可以请求人民法院或者仲裁机构予以适当减少。

当事人就迟延履行约定违约金的，违约方支付违约金后，还应当履行债务。

《中华人民共和国民法典》

第五百八十五条 当事人可以约定一方违约时应当根据违约情况向对方支付一定数额的违约金，也可以约定因违约产生的损失赔偿额的计算方法。

约定的违约金低于造成的损失的，人民法院或者仲裁机构可以根据当事人的请求予以增加；约定的违约金过分高于造成的损失的，人民法院或者仲裁机构可以根据当事人的请求予以适当减少。

当事人就迟延履行约定违约金的，违约方支付违约金后，还应当履行债务。

《最高人民法院关于审理买卖合同纠纷案件适用法律问题的解释》（2020年修正）

第十八条 买卖合同对付款期限作出的变更，不影响当事人关于逾期付款违约金的约定，但该违约金的起算点应当随之变更。

买卖合同约定逾期付款违约金，买受人以出卖人接受价款时未主张逾期付款违约金为由拒绝支付该违约金的，人民法院不予支持。

买卖合同约定逾期付款违约金，但对账单、还款协议等未涉及逾期付款责任，出卖人根据对账单、还款协议等主张欠款时请求买受人依约支付逾期付款违约金的，人民法院应予支持，但对账单、还款协议等明确载有本金及逾期付款利息数额或者已经变更买卖合同中关于本金、利息等约定内容的除外。

买卖合同没有约定逾期付款违约金或者该违约金的计算方法，出卖人以买受人违约为由主张赔偿逾期付款损失，违约行为发生在2019年8月19日之前的，人民法院可以中国人民银行同期同类人民币贷款基准利率为基础，参照逾期罚息利率标准计算；违约行为发生在2019年8月20日之后的，人民法院可以违约行为发生时中国人民银行授权全国银行间同业拆借中心公布的一年期贷款市场报价利率（LPR）标准为基础，加计30-50%计算逾期付款损失。

《最高人民法院关于审理民间借贷案件适用法律若干问题的规定》（2020年第二次修正）

第二十五条 出借人请求借款人按照合同约定利率支付利息的，人民法院应予支持，但是双方约定的利率超过合同成立时一年期贷款市场报价利率四倍的除外。

前款所称"一年期贷款市场报价利率"，是指中国人民银行授权全国银行间同业拆借中心自2019年8月20日起每月发布的一年期贷款市场报价利率。

《全国法院民商事审判工作会议纪要》

50.【违约金过高标准及举证责任】认定约定违约金是否过高，一般应当以《合同法》第113条规定的损失为基础进行判断，这里的损失包括合同履行后可以获得的利益。除借款合同外的双务合同，作为对价的价款或者报酬给付之债，并非借款合同项下的还款义务，不能以受法律保护的民间借贷利率上限作为判断违约金是否过高的标准，而应当兼顾合同履行情况、当事人过错程度以及预期利益等因素综合确定。主张违约金过高的违约方应当对违约金是否过高承担举证责任。

法院判决

以下为该案在法院审理阶段，裁定书中"本院认为"就该问题的论述：

关于违约金的计算标准问题。双方在《建设工程施工合同》专用条款第35.1条中约定按照日万分之五计算逾期支付工程款的违约金。中某公司认为浙江花某公司未能如期收到工程款的损失仅为利息，原判决按照合同约定的"日万分之五"计算违约金已远超银行同期贷款基准利率（折合为日万分之一点六）的30%，故约定违约金过高，应予调整。原审法院以其未能举证证明为由对其该项请求不予支持。根据《合同法》第一百一十四条和《最高人民法院关于适用〈中华人民共和国合同法〉若干问题的解释（二）》第二十八条、第二十九条的规定，当事人约定的违约金超过实际损失的30%的，可以认定为"过分高于造成的损失"，当事人因此主张约定的违约金过高而请求予以适当减少的，人民法院应当以实际损失为基础，兼顾合同的履行情况、当事人的过错程度以及预期利益等综合因素，根据公平原则和诚实信用原则予以衡量，并作出裁决。在确定是否对违约金进行调整以及如何调整时，应全面、正确地适用上述规定，充分尊重当事人意思自治，保护合同自由，维护交易秩序稳定，倡导诚实守信的价值，公平合理地进行衡量。确定是否过高的基本依据应当是违约造成的损失，包括依约履行的可得利益。中某公司主张浙江花某公司的利息损失应按银行同期贷款基准利率来计算，但是，在现实经济活动中，借款成本或贷款收益常常要高于该利率。故银行同期贷款基准利率并非计算损失的唯一标准，甚至可以说该基准利率未必是在各种情形下最合理的标准。《最高人民法院关于审理民间借贷案件适用法律若干问题的规定》第二十六条第一款规定："借贷双方约定的利率未超过年利率24%，出借人请求借款人按照约定的利率支付利息的，人民法院应予支持。"可见，年利率24%以内的民间借贷收益是合法的、受保护的。据此可以认定，除经金融监管部门批准设立的从事贷款业务的金融机构及其分支机构，因发放贷款等相关金融业务产生的法律关系外，自然人、法人、其他组织之间及其相互之间约定迟延付款违约金未超过年利率24%的，可以不认定为"过高"。浙江花某公司并非从事贷款业务的金融机构，双方约定按日万分之五计算违约金，并未超过受保护的年利率24%，并不"过高"。因此，原判决按照双方约定的日万分之五计算违约金，并无不当。中某公司、林某东关于原判决中违约方和违约责任认定错误的再审申请理由不能成立。

075 主张违约金过高要求调减，由谁承担举证责任[*]

> **阅读提示**：有关违约金过高的举证责任问题，《合同法》中没有明确规定，《最高人民法院关于适用〈中华人民共和国合同法〉若干问题的解释（二）》第二十九条也只是规定违约金酌减的参照标准，应综合衡量多种因素避免"一刀切"的做法，防止机械司法而造成的以偏概全，但也未提及举证责任分配。
>
> 2009年《最高人民法院关于当前形势下审理民商事合同纠纷案件若干问题的指导意见》第八条规定："……人民法院要正确确定举证责任，违约方对于违约金约定过高的主张承担举证责任，非违约方主张违约金约定合理的，亦应提供相应的证据……"
>
> 而根据我国《民事诉讼法》"谁主张、谁举证"的一般规定，违约方主张违约金过高自然应当对此事实举证，即对给对方造成的实际损失举证。
>
> 在实际的司法案件中，根据合同标的是金钱之债还是非金钱之债有所不同，在只涉及金钱之债的案件中，基本不涉及举证责任的问题，最高人民法院的很多判决也是法官直接参照民间借贷利息的规定酌情调减；在非金钱之债的案件

---

[*] 案件来源：海口电信城市建设投资有限公司与海口市人民政府、海口市住房和城乡建设局房屋租赁合同纠纷二审民事判决书，最高人民法院（2016）最高法民终469号。

中，大量的最高人民法院的案例判决主文中均表达"违约方主张违约金过高请求酌减，但因其未提供证据而不予支持"的意思。

笔者认为这些案件的裁判规定也并非完全将举证责任分配给违约方，但底线是提出请求酌减的主张时应提供足以引起怀疑违约金过分高于实际损失的初步证据，很多案件因为未能提供初步证据而直接被驳回请求。

2019年11月8日正式发布的《全国法院民商事审判工作会议纪要》对违约金过高标准及举证责任作了明确的规定"认定约定违约金是否过高，一般应当以《合同法》第113条规定的损失为基础进行判断，这里的损失包括合同履行后可以获得的利益。除借款合同外的双务合同，作为对价的价款或者报酬给付之债，并非借款合同项下的还款义务，不能以受法律保护的民间借贷利率上限作为判断违约金是否过高的标准，而应当兼顾合同履行情况、当事人过错程度以及预期利益等因素综合确定。主张违约金过高的违约方应当对违约金是否过高承担举证责任"。

本案例中最高人民法院是将违约金过分高于实际损失的举证责任分配给了违约方，但是最高人民法院的其他判决也存在将举证责任分配给守约方或者直接对违约金调整的情形。

2023年12月4日公布的《最高人民法院关于适用〈中华人民共和国民法典〉合同编通则若干问题的解释》第六十四条、第六十五条、第六十六条对违约金是否高于实际损失问题进行了明确规定。

裁判要旨

当事人主张约定的违约金过分高于造成的损失、请求调减违约金，但其未提供证据证明的，法院不予支持。

本案违约方某市住建局对其提出的违约金过高的主张负有举证责任，但是某市住建局未提供证据证明，至少没能提出初步的证据引起法官进一步的怀疑。另外，最高人民法院认为，该协议约定的违约金计算标准，系双方在平等协商的基础上确定的，符合公平原则和诚实信用原则，且无明显不合理之处。

案情介绍

1. 2004年，某市住建局与某电信城市投资有限公司（以下简称某电信城投公司）签订《框架协议》，约定由某电信城投公司作为"迎宾大道"项目建设业主单位负责该工程项目的建设，并依法享有各项综合补偿受益权；某电信城投公司、某市住建局分别负责建设资金总额的 50%；违约金按应付款项的日万分之五计算。

2. 某电信城投公司按照协议约定完成了"迎宾大道"建设项目的投资及施工管理，建设工程通过竣工验收；但某市住建局未在《框架协议》约定的付款期限内履行支付项目投资款及综合补偿款的义务。

3. 某电信城投公司向海南省高院提起诉讼，请求判令海口市政府、某市住建局共同支付工程款、综合补偿款及相应违约金。海南省高院判决，某市住建局支付欠付项目投资款、综合补偿款及违约金，违约金按照中国人民银行同期一年期流动资金贷款基准利率计算。

4. 某电信城投公司不服海南省高院判决，向最高人民法院提起上诉。最高人民法院判决某市住建局支付欠付项目投资款、综合补偿款及违约金，违约金按照合同约定的应付款项的日万分之五计算。

实务要点总结

第一，双方当事人可以在合同中约定违约金条款作为将来一方违约时的救济手段，违约金数额可以与实际损失不完全吻合，但约定的违约金数额要适可而止，不能过分高于实际损失或极具惩罚性意义，避免使违约金条款异化成一方压榨另一方的工具。

第二，当事人签订合同时约定违约金应充分权衡，切勿认为其是"鸡肋"条款，可有可无。实际违约后主张违约金过分高于实际损失的，至少需提供足够引起法官怀疑违约金公平性的初步证据，否则极可能会承担不利的后果。

相关法律规定

《最高人民法院关于适用〈中华人民共和国民法典〉合同编通则若干问题的解释》

第六十四条 当事人一方通过反诉或者抗辩的方式，请求调整违约金的，人民法院依法予以支持。

违约方主张约定的违约金过分高于违约造成的损失，请求予以适当减少的，应当承担举证责任。非违约方主张约定的违约金合理的，也应当提供相应的证据。

当事人仅以合同约定不得对违约金进行调整为由主张不予调整违约金的，人民法院不予支持。

第六十五条 当事人主张约定的违约金过分高于违约造成的损失，请求予以适当减少的，人民法院应当以民法典第五百八十四条规定的损失为基础，兼顾合同主体、交易类型、合同的履行情况、当事人的过错程度、履约背景等因素，遵循公平原则和诚信原则进行衡量，并作出裁判。

约定的违约金超过造成损失的百分之三十的，人民法院一般可以认定为过分高于造成的损失。

恶意违约的当事人一方请求减少违约金的，人民法院一般不予支持。

第六十六条 当事人一方请求对方支付违约金，对方以合同不成立、无效、被撤销、确定不发生效力、不构成违约或者非违约方不存在损失等为由抗辩，未主张调整过高的违约金的，人民法院应当就若不支持该抗辩，当事人是否请求调整违约金进行释明。第一审人民法院认为抗辩成立且未予释明，第二审人民法院认为应当判决支付违约金的，可以直接释明，并根据当事人的请求，在当事人就是否应当调整违约金充分举证、质证、辩论后，依法判决适当减少违约金。

被告因客观原因在第一审程序中未到庭参加诉讼，但是在第二审程序中到庭参加诉讼并请求减少违约金的，第二审人民法院可以在当事人就是否应当调整违约金充分举证、质证、辩论后，依法判决适当减少违约金。

《中华人民共和国合同法》（已失效）

第一百一十四条 当事人可以约定一方违约时应当根据违约情况向对方支付一定数额的违约金，也可以约定因违约产生的损失赔偿额的计算方法。

约定的违约金低于造成的损失的，当事人可以请求人民法院或者仲裁机构予以增加；约定的违约金过分高于造成的损失的，当事人可以请求人民法院或者仲裁机构予以适当减少。

当事人就迟延履行约定违约金的，违约方支付违约金后，还应当履行债务。

《中华人民共和国民法典》

第五百八十五条 当事人可以约定一方违约时应当根据违约情况向对方支付一定数额的违约金，也可以约定因违约产生的损失赔偿额的计算方法。

约定的违约金低于造成的损失的，人民法院或者仲裁机构可以根据当事人的请求予以增加；约定的违约金过分高于造成的损失的，人民法院或者仲裁机构可以根据当事人的请求予以适当减少。

当事人就迟延履行约定违约金的，违约方支付违约金后，还应当履行债务。

《中华人民共和国民事诉讼法》（2023 年修正）

第六十七条 当事人对自己提出的主张，有责任提供证据。

当事人及其诉讼代理人因客观原因不能自行收集的证据，或者人民法院认为审理案件需要的证据，人民法院应当调查收集。

人民法院应当按照法定程序，全面地、客观地审查核实证据。

《最高人民法院关于适用〈中华人民共和国民事诉讼法〉的解释》（2022 年修正）

第九十条 当事人对自己提出的诉讼请求所依据的事实或者反驳对方诉讼请求所依据的事实，应当提供证据加以证明，但法律另有规定的除外。

在作出判决前，当事人未能提供证据或者证据不足以证明其事实主张的，由负有举证证明责任的当事人承担不利的后果。

第九十一条 人民法院应当依照下列原则确定举证证明责任的承担，但法律另有规定的除外：

（一）主张法律关系存在的当事人，应当对产生该法律关系的基本事实承担举证证明责任；

（二）主张法律关系变更、消灭或者权利受到妨害的当事人，应当对该法律关系变更、消灭或者权利受到妨害的基本事实承担举证证明责任。

《全国法院民商事审判工作会议纪要》

50.【违约金过高标准及举证责任】认定约定违约金是否过高，一般应当以《合同法》第 113 条规定的损失为基础进行判断，这里的损失包括合同履行后可以获得的利益。除借款合同外的双务合同，作为对价的价款或者报酬给付之债，并非借款合同项下的还款义务，不能以受法律保护的民间借贷利率上限作为判断违约金是否过高的标准，而应当兼顾合同履行情况、当事人过错程度以及预期利益等因素综合确定。主张违约金过高的违约方应当对违约金是否过高承担举证责任。

法院判决

以下为该案在法院审理阶段，判决书中"本院认为"就该问题的论述：

关于某市住建局应承担的违约金标准的确定问题。案涉《框架协议》第十二条约定"甲方违反本协议第二条、第五条约定，每逾期一天，应承担应付款项万分之五的违约金"；甲方违反本协议第九条约定，"每逾期一天，应承担应补偿数额万分之五的违约金"。且按照案涉《框架协议》的约定，如某电信城投公司违反协议约定，亦应向某市住建局承担相应的违约责任，故该协议约定的违约金的适用条件对任何一方而言都是公平的。按照上述约定，某市住建局应就其违约行为按应付款项日万分之五标准计算的金额向某电信城投公司支付违约金。某市住建局主张该约定的违约金过分高于造成的损失，依据《合同法》第一百一十四条之规定，请求调减违约金。

本院认为，案涉《框架协议》的一方主体为主管工程建设的政府机构，另一方为专业的工程投资公司，双方具有相当的缔约能力。该协议约定的违约金计算标准，系双方在平等协商的基础上确定的，其主要目的是督促某市住建局如期履行资金投入的义务。依照《最高人民法院关于适用〈中华人民共和国民事诉讼法〉的解释》第九十条的规定，当事人对自己提出的诉讼请求所依据的事实或者反驳对方诉讼请求所依据的事实，应当提供证据加以证明。某市住建局主张约定的违约金过高，但其未提供证据证明约定的违约金过分高于某电信城投公司遭受的实际损失。

与此相反，某电信城投公司提供了其因某市住建局迟延支付项目投资款导致拖欠施工单位工程款造成的利息等实际损失的初步证据。案涉工程项目已于2005年9月30日通过竣工验收，某市住建局在约定的付款期限届满时尚欠付某电信城投公司项目投资款、综合补偿款共计157978973.72元，且在2014年5月29日之后无正当理由未向某电信城投公司支付过任何款项。某市住建局作为政府行政机关参与民事活动，理应严格按照合同约定履行义务，其未按照合同的约定履行付款义务的行为，有违诚实信用，应按照《框架协议》的约定承担相应的违约责任。

因此，案涉《框架协议》约定的某市住建局按应付款项日万分之五的标准承担违约金，符合公平原则和诚实信用原则，且无明显不合理之处。某市住建局主张调减违约金，依据不足，本院不予采信。一审判决按照中国人民银行同期一年期流动资金贷款基准利率计算违约金不当，应予纠正。某电信城投公司关于按照《框架协议》的约定确定某市住建局应承担违约金的计算标准的上诉请求，有事实和法律依据，本院予以支持。故某市住建局应按应付款项的日万分之五向某电信城投公司承担支付违约金的责任。

076 违约金与损害赔偿能否同时主张*

> **阅读提示**：违约金是违约救济体系中最古老、最广泛的措施之一，在一方违约的情况下，根据《合同法》第一百零七条以及第一百一十四条的规定，守约方可能同时享有违约金请求权与损害赔偿请求权，对于这两种请求权守约方是否能同时主张，何种情况下可以同时主张，我国法律并没有明确规定。
>
> 笔者在检索大量的案例中得出违约金与损害赔偿的关系不可一概而论，要结合违约金的功能实现、当事人约定违约金的目的等因素综合考虑，本书主要是从惩罚性违约金的角度予以梳理。

裁判要旨

合同中明确约定了违约金最高限额和损失计算方法，则二者在合同中是并列的两种违约责任，在违约方根本违约、守约方因此丧失了履行合同的获利机会的情况下，违约金和损害赔偿可以同时适用。

当事人在合同中约定违约金条款，在争议时主张除适用该条款，还要追究损害赔偿责任的，能否并罚取决于如何看待违约金的性质，是属于惩罚性违约金还是赔偿性违约金。《合同法》第一百一十二条证明我国法律实际上采纳了违约金可以作为惩罚性的合同补救措施，《合同法》第一百一十三条规定违约损害赔偿范围包括合同履行后可以获得的利益。当事人约定惩罚性违约金，一方恶意违约，守约方可以主张违约金与损害赔偿同时并用。[①]

本案中，双方明确约定了违约金最高限额和损失计算方法，这里的违约金应认定具有惩罚性。且涉案合同陷入履行僵局直至被解除，显系违约方恶意不遵守合同，违背了诚实信用原则，守约方也丧失了履行合同的可得利益，违约方也可预见。因此，最高人民法院支持了守约方请求违约金与损害赔偿并罚的请求。

---

* 案件来源：淮北海某房地产开发有限公司与北京贝某国际建筑装饰工程有限公司建设工程施工合同纠纷申请再审民事裁定书，最高人民法院（2014）最高法民申字第1195号。

① 《合同法》已失效，现相关规定见《民法典》第五百八十三条、第五百八十四条。

案情介绍

1. 淮北海某房地产开发有限公司（以下简称海某公司）与北京贝某国际建筑装饰工程有限公司（以下简称贝某公司）签订《建设工程施工合同》约定，由贝某公司承接涉案工程项目，若海某公司未履行合同义务或将本工程交由贝某公司以外的任何单位施工，应承担违约责任，违约金最高限额为合同价款2300万元的15%，损失计算方法按实际计算。

2. 施工过程中，海某公司单方大幅取消施工范围并削减合同价款，将案涉工程交由其他单位施工。贝某公司提起诉讼，主张海某公司的行为构成违约，应承担违约金责任345万元并赔偿实际损失共计约170万元。

3. 贝某公司不服一审判决上诉，二审安徽省高级人民法院虽然认定海某公司违约，但未判决其支付违约金。

4. 贝某公司向最高人民法院申请再审，最高人民法院认为贝某公司与海某公司在合同中明确约定了违约金责任和损害赔偿计算方法，是并行的两种违约责任，海某公司恶意违约，贝某公司丧失了履行合同的获利机会，仅赔偿实际施工损失有失公平，故支持了贝某公司的请求。

实务要点总结

第一，起草合同的时候要注意，违约金按照其性质的不同可分为惩罚性违约金与赔偿性违约金。对于惩罚性违约金条款，出于尊重当事人的意思自治，司法实践中一般认为损害赔偿与违约金可以并用，但违约金过高的违约方也可以请求酌情调减。惩罚性违约金，是依当事人的约定或依法律法规的规定，对于违约行为的一种制裁，例如当事人在合同中约定违约方除了要完全有效的赔偿守约方的损失，还需给付一定比例的违约金。

第二，对于赔偿性违约金，司法实践中一般坚持填补赔偿的理念，即当事人不应通过违约行为而获利。当然当事人在主张违约金以及损失赔偿时，还应注意这两种违约责任方式是否指向同一利益。若二者并非指向同一利益，例如违约金是针对迟延给付，损害赔偿是针对瑕疵给付，自然可以累加；若二者均指向同一利益，则不能累加主张。

相关法律规定

《最高人民法院关于适用〈中华人民共和国民法典〉合同编通则若干问题的解释》

第六十四条 当事人一方通过反诉或者抗辩的方式,请求调整违约金的,人民法院依法予以支持。

违约方主张约定的违约金过分高于违约造成的损失,请求予以适当减少的,应当承担举证责任。非违约方主张约定的违约金合理的,也应当提供相应的证据。

当事人仅以合同约定不得对违约金进行调整为由主张不予调整违约金的,人民法院不予支持。

第六十五条 当事人主张约定的违约金过分高于违约造成的损失,请求予以适当减少的,人民法院应当以民法典第五百八十四条规定的损失为基础,兼顾合同主体、交易类型、合同的履行情况、当事人的过错程度、履约背景等因素,遵循公平原则和诚信原则进行衡量,并作出裁判。

约定的违约金超过造成损失的百分之三十的,人民法院一般可以认定为过分高于造成的损失。

恶意违约的当事人一方请求减少违约金的,人民法院一般不予支持。

第六十六条 当事人一方请求对方支付违约金,对方以合同不成立、无效、被撤销、确定不发生效力、不构成违约或者非违约方不存在损失等为由抗辩,未主张调整过高的违约金的,人民法院应当就若不支持该抗辩,当事人是否请求调整违约金进行释明。第一审人民法院认为抗辩成立且未予释明,第二审人民法院认为应当判决支付违约金的,可以直接释明,并根据当事人的请求,在当事人就是否应当调整违约金充分举证、质证、辩论后,依法判决适当减少违约金。

被告因客观原因在第一审程序中未到庭参加诉讼,但是在第二审程序中到庭参加诉讼并请求减少违约金的,第二审人民法院可以在当事人就是否应当调整违约金充分举证、质证、辩论后,依法判决适当减少违约金。

《中华人民共和国合同法》(已失效)

第一百零七条 当事人一方不履行合同义务或者履行合同义务不符合约定的,应当承担继续履行、采取补救措施或者赔偿损失等违约责任。

第一百一十二条 当事人一方不履行合同义务或者履行合同义务不符合约定的,在履行义务或者采取补救措施后,对方还有其他损失的,应当赔偿损失。

第一百一十三条 当事人一方不履行合同义务或者履行合同义务不符合约定,

给对方造成损失的，损失赔偿额应当相当于因违约所造成的损失，包括合同履行后可以获得的利益，但不得超过违反合同一方订立合同时预见到或者应当预见到的因违反合同可能造成的损失。

经营者对消费者提供商品或者服务有欺诈行为的，依照《中华人民共和国消费者权益保护法》的规定承担损害赔偿责任。

第一百一十四条 当事人可以约定一方违约时应当根据违约情况向对方支付一定数额的违约金，也可以约定因违约产生的损失赔偿额的计算方法。

约定的违约金低于造成的损失的，当事人可以请求人民法院或者仲裁机构予以增加；约定的违约金过分高于造成的损失的，当事人可以请求人民法院或者仲裁机构予以适当减少。

当事人就迟延履行约定违约金的，违约方支付违约金后，还应当履行债务。

《中华人民共和国民法典》

第五百七十七条 当事人一方不履行合同义务或者履行合同义务不符合约定的，应当承担继续履行、采取补救措施或者赔偿损失等违约责任。

第五百八十三条 当事人一方不履行合同义务或者履行合同义务不符合约定的，在履行义务或者采取补救措施后，对方还有其他损失的，应当赔偿损失。

第五百八十四条 当事人一方不履行合同义务或者履行合同义务不符合约定，造成对方损失的，损失赔偿额应当相当于因违约所造成的损失，包括合同履行后可以获得的利益；但是，不得超过违约一方订立合同时预见到或者应当预见到的因违约可能造成的损失。

第五百八十五条 当事人可以约定一方违约时应当根据违约情况向对方支付一定数额的违约金，也可以约定因违约产生的损失赔偿额的计算方法。

约定的违约金低于造成的损失的，人民法院或者仲裁机构可以根据当事人的请求予以增加；约定的违约金过分高于造成的损失的，人民法院或者仲裁机构可以根据当事人的请求予以适当减少。

当事人就迟延履行约定违约金的，违约方支付违约金后，还应当履行债务。

法院判决

以下为该案在法院审理阶段，裁定书中"本院认为"就该问题的论述：

海某公司应依双方约定赔偿贝某公司相应损失，同时还应支付一定数额的违约金。

主要理由在于：1. 双方订立合同明确约定了违约金最高限额和损失计算方法，二者在合同中是并列的两种违约责任；2. 综合本案事实，涉案合同陷入履行僵局直至被解除，显系海某公司单方大幅取消施工范围及削减合同价款所致。对依法成立之合同，缔约双方应按照约定履行各自义务，不得擅自变更或解除合同。海某公司在缺乏事实及法律依据情况下对合同核心条款的变更，构成了根本违约，违背了诚实信用原则，贝某公司因此丧失了履行合同的获利机会。海某公司仅赔偿贝某公司实际损失对其有失公平，也不能体现合同约定的既赔偿损失又支付违约金的本意。综上，二审法院认为海某公司应支付违约金为贝某公司实际损失额2321938元（施工发生费用1571938元加施工图设计费75万元），未予认定其他赔付金额，实际上并未支持贝某公司要求支付违约金的主张，该认定与合同约定不符，对恶意违约的海某公司的责任分配较轻，属于适用法律不当。

077 国务院规定的土地出让合同逾期支付违约金年36.5%是否过高，可否调整[*]

> **阅读提示**：一般交易中的逾期付款违约金标准超出民间借贷法定利息标准的，可请求人民法院予以调整。但是根据《国务院办公厅关于规范国有土地使用权出让收支管理的通知》（国办发〔2006〕100号），土地受让人逾期支付土地出让金，应按每日1‰（年36.5%）的标准支付违约金。该标准是否属于过分高于违约方造成的损失，可否请求人民法院予以调整？最高人民法院认为：该违约金标准体现了国家维护国有土地交易市场正常秩序的意志，不宜通过司法裁判进行调整。

裁判要旨

双方约定的土地出让合同违约金，其标准受到《国务院办公厅关于规范国有土地使用权出让收支管理的通知》的约束。该违约金标准不属于土地出让合同双方能够任意协商达成的条款，且系属土地出让合同双方真实的意思表示，因而不能简单地以银行同期贷款利率或民间借贷规定的利率标准进行评判。

---

[*] 案件来源：某县自然资源和规划局诉安徽某房地产公司、南京某房地产公司建设用地使用权出让合同纠纷民事再审裁定书，最高人民法院（2021）最高法民申2084号。

案情介绍

1. 南京某房地产公司与某县自然资源和规划局签订了一份建设用地使用权出让合同，约定土地出让价款和违约金，明确约定如果逾期支付，每日按延迟支付价款的1‰缴纳违约金。

2. 之后，合同的履行主体由南京某房地产公司变更为安徽某房地产公司。

3. 由于安徽某房地产公司违约，逾期交纳土地出让金，某县自然资源和规划局向一审法院起诉请求南京某房地产公司、安徽某房地产公司缴纳土地出让金，支付分期付款利息，按照实际欠款日1‰支付滞纳金至还清欠款并赔偿实现债权所带来的律师费损失。

4. 安徽省蚌埠市中院作出一审判决，判决安徽某房地产公司于判决生效之日起十日内支付土地出让金及利息，于判决生效之日起十二日内支付某县自然资源和规划局滞纳金，并驳回某县自然资源和规划局的其他诉讼请求。

5. 安徽某房地产公司不服一审判决，提起上诉。安徽省高院维持蚌埠市中院其他项判决，变更判决安徽某房地产公司于十日内支付县自然资源和规划局滞纳金。

6. 安徽某房地产公司不服申请再审，最高人民法院裁定驳回该再审申请。

实务要点总结

虽然合同双方可以违约金标准不当请求法院调整，但双方的共同意思依然会作为判断是否应当调整违约金的依据。因而在约定违约金条款时，应当更为慎重。

受让人在签订土地出让合同后，应当及时按约支付土地出让金，否则后果真的很严重，即使受让人因特殊原因确实不能按时支付土地出让金，也应当及时与国土部门协商双方均可接受的解决方案，并通过书面形式予以确认。

相关法律规定

《中华人民共和国民法典》

第五百七十七条 当事人一方不履行合同义务或者履行合同义务不符合约定的，应当承担继续履行、采取补救措施或者赔偿损失等违约责任。

《国务院办公厅关于规范国有土地使用权出让收支管理的通知》

七、强化土地出让收支监督管理，防止国有土地资产收益流失

……

土地出让合同、征地协议等应约定对土地使用者不按时足额缴纳土地出让收入的，按日加收违约金额1‰的违约金。违约金随同土地出让收入一并缴入地方国库。对违反本通知规定，擅自减免、截留、挤占、挪用应缴国库的土地出让收入，不执行国家统一规定的会计、政府采购等制度的，要严格按照土地管理法、会计法、审计法、政府采购法、《财政违法行为处罚处分条例》（国务院令第427号）和《金融违法行为处罚办法》（国务院令第260号）等有关法律法规进行处理，并依法追究有关责任人的责任；触犯刑法的，依法追究有关人员的刑事责任。

规范土地出让收支管理，不仅有利于促进节约集约用地，而且有利于促进经济社会可持续发展，对于保持社会稳定，推进社会主义和谐社会建设，以及加强党风廉政建设都具有十分重要的意义。各地区、各部门必须高度重视，坚决把思想统一到党中央、国务院决策部署上来，采取积极有效措施，确保规范土地出让收支管理政策的贯彻落实。

《最高人民法院关于适用〈中华人民共和国民法典〉合同编通则若干问题的解释》

第六十五条　当事人主张约定的违约金过分高于违约造成的损失，请求予以适当减少的，人民法院应当以民法典第五百八十四条规定的损失为基础，兼顾合同主体、交易类型、合同的履行情况、当事人的过错程度、履约背景等因素，遵循公平原则和诚信原则进行衡量，并作出裁判。

约定的违约金超过造成损失的百分之三十的，人民法院一般可以认定为过分高于造成的损失。

恶意违约的当事人一方请求减少违约金的，人民法院一般不予支持。

《全国法院民商事审判工作会议纪要》

50.【违约金过高标准及举证责任】认定约定违约金是否过高，一般应当以《合同法》第113条规定的损失为基础进行判断，这里的损失包括合同履行后可以获得的利益。除借款合同外的双务合同，作为对价的价款或者报酬给付之债，并非借款合同项下的还款义务，不能以受法律保护的民间借贷利率上限作为判断违约金是否过高的标准，而应当兼顾合同履行情况、当事人过错程度以及预期利益等因素综合确定。主张违约金过高的违约方应当对违约金是否过高承担举证责任。

法院判决

以下为该案在审理阶段，裁定书中"本院认为"部分就该问题的论述：

原审判决认定安徽某房地产公司按每日1‰支付滞纳金，标准是否过高的问题。

安徽某房地产公司称其支付的日1‰违约金标准过高。对此法院认为，案涉出让合同第三十条关于"受让人不能按时支付国有建设用地使用权出让价款的，自滞纳之日起，每日按延迟支付款项的1‰向出让人缴纳违约金"的约定，是双方当事人真实意思表示，且符合《国务院办公厅关于规范国有土地使用权出让收支管理的通知》第七条关于"土地出让合同、征地协议等应约定对土地使用者不按时足额缴纳土地出让收入的，按日加收违约金额1‰的违约金。违约金随同土地出让收入一并缴入地方国库"的规定。该违约金标准体现了国家维护国有土地交易市场正常秩序的意志，不属于土地出让合同的双方能够任意协商达成的条款；不能简单地以银行同期贷款利率或民间借贷规定的利率标准进行评判。而且该违约金标准对土地出让合同的双方均具有约束力，具有督促守约和惩罚违约的功能。因此，安徽某房地产公司以民间借贷利率的司法保护上限，即一年期贷款市场报价利率的四倍作为标准，主张案涉出让合同中约定的"自滞纳之日起，每日按延迟支付款项的1‰向出让人缴纳违约金"标准过高的理由，不能成立。

078 合同没有约定违约金的，可否主张逾期付款违约金[*]

> **阅读提示**：笔者通过相关案例，梳理出了逾期付款违约金认定的三个裁判规则：
> （1）买卖合同没有约定逾期付款违约金或者该违约金的计算方法，人民法院可以中国人民银行同期同类人民币贷款基准利率为基础，参照逾期罚息利率标准计算。
> （2）建设工程施工合同纠纷中发包人欠付工程款的违约金可参照《最高人民法院关于审理买卖合同纠纷案件适用法律问题的解释》第二十四条第四款的规定进行认定。
> （3）买卖合同纠纷中买受人请求对约定的逾期付款违约金进行调减的，人民法院可参照《最高人民法院关于审理买卖合同纠纷案件适用法律问题的解释》第二十四条第四款的规定进行调整。

---

[*] 案件来源：太原市明某发煤业有限公司、韵某明买卖合同纠纷二审民事判决书，最高人民法院（2016）最高法民终577号。

> 要注意到，为深化利率市场化改革，推动降低实体利率水平，自2019年8月20日起，中国人民银行已经授权全国银行间同业拆借中心于每月20日（遇节假日顺延）9时30分公布贷款市场报价利率（LPR），中国人民银行贷款基准利率这一标准已经取消。因此，自此之后人民法院裁判贷款利息的基本标准应改为全国银行间同业拆借中心公布的贷款市场报价利率。尽管贷款利率标准发生了变化，但存款基准利率并未发生相应变化，相关标准仍可适用。

裁判要旨

买卖合同没有约定逾期付款违约金或者违约金的计算方法，出卖人以买受人违约为由主张赔偿逾期付款损失的，人民法院可以中国人民银行同期同类人民币贷款基准利率为基础，参照逾期罚息利率标准计算。

案情介绍

1. 2013年1月1日，元某矿业与太原市明某发煤业有限公司（以下简称明某发煤业）签订了《煤炭买卖合同》，合同约定明某发煤业向元某矿业购买煤炭，款到发煤。2014年3月31日，经双方核对账目，明某发煤业尚欠元某矿业货款12178355.40元。后明某发煤业向元某矿业支付货款100万元。

2. 元某矿业向青海省高院起诉，请求：明某发煤业向元某矿业支付货款11178355.40元；明某发煤业向元某矿业支付利息2531327.67元；韵某明、赵某萍承担连带责任。青海省高院判决：明某发煤业向元某矿业支付货款11178355.40元及利息（按中国人民银行同期同类人民币贷款基准利率上浮50%计付利息）。

3. 明某发煤业不服，上诉至最高人民法院，主张双方买卖合同对违约利息未作约定，请求改判明某发煤业不承担利息损失。最高人民法院认定明某发煤业关于原审判决就其欠付货款支付利息的认定不当的上诉理由缺乏依据，维持了原审上述判决。

实务要点总结

第一，合同当事人应当按照约定全面履行合同义务，买卖合同关系中，买受人应当及时按照约定的付款时间节点支付货款，否则，即使合同未约定逾期付款违约金，出卖人仍有权依据相关规定请求买受人支付违约金。

第二，出卖人可要求在买卖合同中事先约定买受人逾期付款的违约金，以督促买受人及时付款，但违约金的标准不宜约定过高，否则买受人可请求人民法院调减。

相关法律规定

《最高人民法院关于审理买卖合同纠纷案件适用法律问题的解释》（2020年修正）

第十八条 买卖合同对付款期限作出的变更，不影响当事人关于逾期付款违约金的约定，但该违约金的起算点应当随之变更。

买卖合同约定逾期付款违约金，买受人以出卖人接受价款时未主张逾期付款违约金为由拒绝支付该违约金的，人民法院不予支持。

买卖合同约定逾期付款违约金，但对账单、还款协议等未涉及逾期付款责任，出卖人根据对账单、还款协议等主张欠款时请求买受人依约支付逾期付款违约金的，人民法院应予支持，但对账单、还款协议等明确载有本金及逾期付款利息数额或者已经变更买卖合同中关于本金、利息等约定内容的除外。

买卖合同没有约定逾期付款违约金或者该违约金的计算方法，出卖人以买受人违约为由主张赔偿逾期付款损失，违约行为发生在2019年8月19日之前的，人民法院可以中国人民银行同期同类人民币贷款基准利率为基础，参照逾期罚息利率标准计算；违约行为发生在2019年8月20日之后的，人民法院可以违约行为发生时中国人民银行授权全国银行间同业拆借中心公布的一年期贷款市场报价利率（LPR）标准为基础，加计30-50%计算逾期付款损失。

《中国人民银行关于人民币贷款利率有关问题的通知》

三、关于罚息利率问题。逾期贷款（借款人未按合同约定日期还款的借款）罚息利率由现行按日万分之二点一计收利息，改为在借款合同载明的贷款利率水平上加收30%-50%；借款人未按合同约定用途使用借款的罚息利率，由现行按日万分之五计收利息，改为在借款合同载明的贷款利率水平上加收50%-100%。

对逾期或未按合同约定用途使用借款的贷款，从逾期或未按合同约定用途使用贷款之日起，按罚息利率计收利息，直至清偿本息为止。对不能按时支付的利息，按罚息利率计收复利。

法院判决

以下为该案在法院审理阶段，判决书中"本院认为"就该问题的论述：

一、关于原审判决判令明某发公司就欠付的货款支付利息以及利息计算是否正确的问题

根据当事人的诉辩意见，该争议焦点主要涉及两个方面，一是明某发煤业是否应支付利息以及利息计算标准问题。《最高人民法院关于审理买卖合同纠纷案件适用法律问题的解释》第二十四条第四款规定，买卖合同没有约定逾期付款违约金或者该违约金的计算方法，出卖人以买受人违约为由主张赔偿逾期付款损失的，人民法院可以中国人民银行同期同类人民币贷款基准利率为基础，参照逾期罚息利率标准计算。本案中，虽然双方在《煤炭买卖合同》中并未对违约金作出约定。但合同约定款到发煤，至今明某发煤业尚欠货款，已经构成违约，原审法院判令明某发煤业以欠付货款为基数按中国人民银行同期同类人民币贷款基准利率上浮50%计付利息，并无不当。明某发煤业关于其不应支付利息以及原审判决认定利率标准不当的上诉理由，不能成立，本院不予支持。

二是利息的起算点问题。《煤炭买卖合同》第5条约定款到发煤，并约定结算周期当月26日至次月25日。2014年3月31日，双方经核对账目，确认明某发煤业尚欠货款12178355.40元。2014年10月23日，明某发煤业向元某矿业支付货款100万元。原审判决判令以12178355.40元为基数从2014年4月1日起至2014年10月23日止，以11178355.40元为基数自2014年10月24日起至2016年2月16日止计付利息，并无不当。明某发煤业关于原审法院分别以2014年4月1日和2014年10月24日作为"逾期"的起算点错误的上诉理由，本院亦不予采信。

079 合同约定违约金有何益处？法院能否对约定违约金进行调整[*]

> **阅读提示**：商事交易中有时会出现合同中未对某些义务约定违约金甚至未约定任何违约条款的现象，此举会导致发生纠纷时守约方对主张的违约损失应承担举证责任，增加举证成本。从本案例中最高人民法院的裁判思路来看，约定违约金大有好处。

---

[*] 案件来源：西宁凯某实业发展有限责任公司、陈某峰股权转让纠纷再审审查与审判监督民事裁定书，最高人民法院（2017）最高法民申741号；西宁凯某实业发展有限责任公司、陈某峰股权转让纠纷二审民事判决书，最高人民法院（2016）最高法民终20号。

裁判要旨

违约金条款是合同主体契约自由的体现,除具有对违约行为的惩罚性和对守约方的补偿性功能,还应体现预先确定性和效率原则。约定违约金降低了发生纠纷时合同主体的举证成本,使合同主体在订立合同时即明确违约后果,从而做到慎重订约、适当履约,人民法院对约定违约金进行调整应依法、审慎、适当。

案情介绍

1. 2011年1月25日,陈某峰、陈某与西宁凯某实业发展有限责任公司(以下简称凯某公司)签订《股权转让合同》,约定:陈某峰、陈某向凯某公司转让青海天某企业资产管理有限公司100%股权及该股权对应的相关财产,凯某公司以交付约定位置和面积的房产与8000万元为对价;凯某公司90天内将其开发的东大街39号凯某购物中心商业房产第五层至第七层房产权属证和土地证办至陈某峰、陈某指定的朱某名下,逾期交付房产证、土地使用证的,每逾期一天,凯某公司承担房屋土地价格约4560万元的3‰的违约金。后双方签订《股权转让补充合同》《股权转让补充合同二》,约定凯某公司最晚应于2011年7月31日前办理完毕并交付。

2. 陈某峰、陈某向青海省高院起诉,请求:凯某公司向陈某峰、陈某交付案涉房屋土地证,向陈某峰、陈某赔付自违约之时到实际交付房屋土地证期间的违约金,截止到2014年7月16日该违约金暂计为14774.4万元。青海省高院判决:凯某公司向陈某峰、陈某交付案涉房屋土地使用权证书,赔偿陈某峰、陈某逾期办理交付案涉房屋土地使用权证违约金1912877元。

3. 凯某公司、陈某峰、陈某不服,上诉至最高人民法院。最高人民法院改判凯某公司向陈某峰、陈某赔偿逾期办理交付案涉房屋土地使用权证违约金23302390元。

4. 凯某公司不服,向最高人民法院申请再审。最高人民法院裁定驳回凯某公司的再审申请。

实务要点总结

第一,不管是复杂交易还是简单交易,针对合同中的每一项义务,都应当尽可能地明确约定违约方应支付的违约金或损失计算方法,此举可降低守约方的举证成本。

第二,违约方如果认为约定的违约金过高,可通过反诉或者抗辩的方式,请求予以减少，但应当承担举证证明责任。

相关法律规定

《最高人民法院关于适用〈中华人民共和国民法典〉合同编通则若干问题的解释》

第六十四条 当事人一方通过反诉或者抗辩的方式，请求调整违约金的，人民法院依法予以支持。

违约方主张约定的违约金过分高于违约造成的损失，请求予以适当减少的，应当承担举证责任。非违约方主张约定的违约金合理的，也应当提供相应的证据。

当事人仅以合同约定不得对违约金进行调整为由主张不予调整违约金的，人民法院不予支持。

第六十五条 当事人主张约定的违约金过分高于违约造成的损失，请求予以适当减少的，人民法院应当以民法典第五百八十四条规定的损失为基础，兼顾合同主体、交易类型、合同的履行情况、当事人的过错程度、履约背景等因素，遵循公平原则和诚信原则进行衡量，并作出裁判。

约定的违约金超过造成损失的百分之三十的，人民法院一般可以认定为过分高于造成的损失。

恶意违约的当事人一方请求减少违约金的，人民法院一般不予支持。

第六十六条 当事人一方请求对方支付违约金，对方以合同不成立、无效、被撤销、确定不发生效力、不构成违约或者非违约方不存在损失等为由抗辩，未主张调整过高的违约金的，人民法院应当就若不支持该抗辩，当事人是否请求调整违约金进行释明。第一审人民法院认为抗辩成立且未予释明，第二审人民法院认为应当判决支付违约金的，可以直接释明，并根据当事人的请求，在当事人就是否应当调整违约金充分举证、质证、辩论后，依法判决适当减少违约金。

被告因客观原因在第一审程序中未到庭参加诉讼，但是在第二审程序中到庭参加诉讼并请求减少违约金的，第二审人民法院可以在当事人就是否应当调整违约金充分举证、质证、辩论后，依法判决适当减少违约金。

《中华人民共和国合同法》（已失效）

第一百一十四条 当事人可以约定一方违约时应当根据违约情况向对方支付一定数额的违约金，也可以约定因违约产生的损失赔偿额的计算方法。

约定的违约金低于造成的损失的，当事人可以请求人民法院或者仲裁机构予以增加；约定的违约金过分高于造成的损失的，当事人可以请求人民法院或者仲裁机构予以适当减少。

当事人就迟延履行约定违约金的，违约方支付违约金后，还应当履行债务。

《中华人民共和国民法典》

第五百八十五条 当事人可以约定一方违约时应当根据违约情况向对方支付一定数额的违约金，也可以约定因违约产生的损失赔偿额的计算方法。

约定的违约金低于造成的损失的，人民法院或者仲裁机构可以根据当事人的请求予以增加；约定的违约金过分高于造成的损失的，人民法院或者仲裁机构可以根据当事人的请求予以适当减少。

当事人就迟延履行约定违约金的，违约方支付违约金后，还应当履行债务。

《全国法院民商事审判工作会议纪要》

50.【违约金过高标准及举证责任】认定约定违约金是否过高，一般应当以《合同法》第113条规定的损失为基础进行判断，这里的损失包括合同履行后可以获得的利益。除借款合同外的双务合同，作为对价的价款或者报酬给付之债，并非借款合同项下的还款义务，不能以受法律保护的民间借贷利率上限作为判断违约金是否过高的标准，而应当兼顾合同履行情况、当事人过错程度以及预期利益等因素综合确定。主张违约金过高的违约方应当对违约金是否过高承担举证责任。

法院判决

以下为该案在法院审理阶段，判决书中"本院认为"就该问题的论述（本文的"本院认为"部分内容是出自二审民事判决书，而非最后再审裁定书。再审裁定书支持二审判决）：

一、关于一审判决认定的凯某公司应承担的违约金数额是否适当的问题。

本院认为，双方签订的《股权转让合同》《股权转让补充合同》《股权转让补充合同二》对案涉房屋土地使用权证的办理及交付时间予以明确约定，凯某公司未在2011年7月31日前履行上述合同义务构成违约，其应承担相应违约责任。关于凯某公司应承担的违约金数额，本院认为，违约金条款是合同主体契约自由的体现，除具有对违约行为的惩罚性和对守约方的补偿性功能，还应体现预先确定性和效率原则。约定违约金降低了发生纠纷时合同主体的举证成本，使合同主体在订立合同时即明确违约后果，从而做到慎重订约、适当履约，人民法院对约定违约金进行调整应依法、审慎、适当。第一，本案凯某公司与陈某峰、陈某之间为股权转让合同纠纷，各方当事人在股权转让合同中明确约定如果未如期交付房产证和土地证，则以房屋土地价款 4560 万元为基数计算违约金。一审法院以各方当事人为过户订立的房屋买卖合同所约定价款 1539.242 万元为基数计算违约金，缺乏事实依据，有违当事人真实意思表示，本院予以纠正。第二，凯某公司作为违约方主张违约金约定过高，应承担举证责任，非违约方陈某峰、陈某主张违约金约定合理的，亦应提供相应的证据。在凯某公司未提交证据证明违约金过高的情况下，一审法院认为逾期办理交付土地使用权证造成损失的证明责任主体为守约方陈某峰、陈某，举证责任分配有失妥当。第三，《最高人民法院关于适用〈中华人民共和国合同法〉若干问题的解释（二）》第二十九条规定，当事人主张约定的违约金过高请求予以适当减少的，人民法院应当以实际损失为基础，兼顾合同的履行情况、当事人的过错程度以及预期利益等综合因素，根据公平原则和诚实信用原则予以衡量，并作出裁决。从本案履约情况来看，陈某、陈某峰分别于 2012 年 5 月 15 日、同年 6 月 19 日、2013 年 1 月 29 日发函要求凯某公司履行合同义务，凯某公司于 2012 年 11 月 7 日作出书面承诺后，仍未履行相应义务，直至二审开庭期间交付土地使用权证已逾期 1730 天，有失诚信。凯某公司称陈某峰方拒绝领受土地使用权证，但未提供证据证明。鉴于合同违约条款系针对在约定时间内交付房屋产权证、土地使用权证，凯某公司已经在约定期限内交付了涉案房屋产权证，部分履行了合同义务，且陈某峰、陈某除发出函件主张权利之外，确未采取有效措施主张权利，同时考虑到三层房屋租金收益（1650000/365×1730＝7820547 元）由陈某峰、陈某收取，本院根据合同实际履行情况及双方过错程度，按照年利率 24% 计算违约金为 23302390 元（45600000×24%/365×1730×60%－7820547）。

080 定金罚则不足以弥补守约方损失的，可否要求赔偿超出部分的损失[*]

> 阅读提示：《合同法》第一百一十六条规定："当事人既约定违约金，又约定定金的，一方违约时，对方可以选择适用违约金或者定金条款。"该规定明确了违约金条款和定金条款的择一适用问题。但是实践中有一种观点认为，根据该规定，主张定金罚则后就不能再主张违约赔偿。本案例否认了该观点。
>
> 《民法典》第五百八十八条第一款延续了《合同法》的上述规定。

---

[*] 案件来源：四川省南充市鑫某房地产开发有限公司、某市国土资源局建设用地使用权出让合同纠纷二审民事判决书，最高人民法院（2017）最高法民终 584 号。

裁判要旨

一、适用定金罚则后不能弥补守约方损失的，守约方仍有权就超出部分损失主张权利。我国合同法规定的定金具有违约定金性质，属于当事人预先约定的违约赔偿金，但如果适用定金罚则后不能弥补守约方损失的，守约方仍有权就超出部分损失主张权利。①

二、虽然土地拍卖须知未明确约定竞买保证金在受让人中标后转化为定金，但明确未尽事宜依照《招标拍卖挂牌出让国有土地使用权规范（试行）》办理的，其第14.2条"中标人、竞得人支付的投标、竞买保证金，在中标或竞得后转作受让地块的定金"的规定即转引为合同内容。

案情介绍

1. 2011年，某市土地交易中心就望天坝1号地块拍卖出让发出《拍卖须知》，出让土地净用地面积27.7725亩（以实测面积为准），竞买履约保证金可抵拍卖价款，也可在交清全部拍卖成交总价款后退回，未尽事宜依照《招标拍卖挂牌出让国有土地使用权规范（试行）》办理。鑫某公司参与竞买，支付了1300万元竞买保证金。

2. 2011年8月26日，鑫某公司通过公开竞拍以总价款133863450元竞得该宗地使用权。同日，鑫某公司与某市国土局签订《拍卖成交确认书》。双方没有签订《出让合同》。后某市国土局另行出让涉案建设用地使用权。

3. 已有生效判决认定某市国土局在履行涉案国有建设用地使用权出让合同中构成根本违约。

4. 鑫某公司向四川省高院起诉，请求：某市国土局双倍返还定金1300万元，即返还2600万元，赔偿因其根本违约给鑫某公司造成的各种损失278635626元，具体包括二次出让土地溢价、可得利益损失、止损合理费用及诉讼费用损失、项目停工损失。四川省高院判决：某市国土局返还鑫某公司2600万元，支付违约金22218000元。

5. 鑫某公司、某市国土局不服，上诉至最高人民法院。最高人民法院判决驳回上诉，维持原判。

---

① 《合同法》已失效，其中关于违约金与定金的选择的规则见《民法典》第五百八十八条。

实务要点总结

《合同法》第一百一十六条"当事人既约定违约金,又约定定金的,一方违约时,对方可以选择适用违约金或者定金条款"的规定针对的是违约金条款和定金条款的择一适用问题,并不能得出主张定金罚则后就不能再主张违约赔偿的结论。因此,违约方抗辩支付定金后就无须承担损失赔偿责任的,难以得到人民法院的支持。

相关法律规定

《最高人民法院关于适用〈中华人民共和国民法典〉合同编通则若干问题的解释》

第六十七条 当事人交付留置金、担保金、保证金、订约金、押金或者订金等,但是没有约定定金性质,一方主张适用民法典第五百八十七条规定的定金罚则的,人民法院不予支持。当事人约定了定金性质,但是未约定定金类型或者约定不明,一方主张为违约定金的,人民法院应予支持。

当事人约定以交付定金作为订立合同的担保,一方拒绝订立合同或者在磋商订立合同时违背诚信原则导致未能订立合同,对方主张适用民法典第五百八十七条规定的定金罚则的,人民法院应予支持。

当事人约定以交付定金作为合同成立或者生效条件,应当交付定金的一方未交付定金,但是合同主要义务已经履行完毕并为对方所接受的,人民法院应当认定合同在对方接受履行时已经成立或者生效。

当事人约定定金性质为解约定金,交付定金的一方主张以丧失定金为代价解除合同的,或者收受定金的一方主张以双倍返还定金为代价解除合同的,人民法院应予支持。

第六十八条 双方当事人均具有致使不能实现合同目的的违约行为,其中一方请求适用定金罚则的,人民法院不予支持。当事人一方仅有轻微违约,对方具有致使不能实现合同目的的违约行为,轻微违约方主张适用定金罚则,对方以轻微违约方也构成违约为由抗辩的,人民法院对该抗辩不予支持。

当事人一方已经部分履行合同,对方接受并主张按照未履行部分所占比例适用定金罚则的,人民法院应予支持。对方主张按照合同整体适用定金罚则的,人民法院不予支持,但是部分未履行致使不能实现合同目的的除外。

因不可抗力致使合同不能履行,非违约方主张适用定金罚则的,人民法院不予支持。

《招标拍卖挂牌出让国有土地使用权规范（试行）》

14.2 中标人、竞得人支付的投标、竞买保证金，在中标或竞得后转作受让地块的定金。其他投标人、竞买人交纳的投标、竞买保证金，出让人应在招标拍卖挂牌活动结束后5个工作日内予以退还，不计利息。

《中华人民共和国合同法》（已失效）

第一百一十三条第一款 当事人一方不履行合同义务或者履行合同义务不符合约定，给对方造成损失的，损失赔偿额应当相当于因违约所造成的损失，包括合同履行后可以获得的利益，但不得超过违反合同一方订立合同时预见到或者应当预见到的因违反合同可能造成的损失。

第一百一十五条 当事人可以依照《中华人民共和国担保法》约定一方向对方给付定金作为债权的担保。债务人履行债务后，定金应当抵作价款或者收回。给付定金的一方不履行约定的债务的，无权要求返还定金；收受定金的一方不履行约定的债务的，应当双倍返还定金。

第一百一十六条 当事人既约定违约金，又约定定金的，一方违约时，对方可以选择适用违约金或者定金条款。

《中华人民共和国担保法》（已失效）

第八十九条 当事人可以约定一方向对方给付定金作为债权的担保。债务人履行债务后，定金应当抵作价款或者收回。给付定金的一方不履行约定的债务的，无权要求返还定金；收受定金的一方不履行约定的债务的，应当双倍返还定金。

《中华人民共和国民法典》

第五百八十四条 当事人一方不履行合同义务或者履行合同义务不符合约定，造成对方损失的，损失赔偿额应当相当于因违约所造成的损失，包括合同履行后可以获得的利益；但是，不得超过违约一方订立合同时预见到或者应当预见到的因违约可能造成的损失。

第五百八十六条 当事人可以约定一方向对方给付定金作为债权的担保。定金合同自实际交付定金时成立。

定金的数额由当事人约定；但是，不得超过主合同标的额的百分之二十，超过部分不产生定金的效力。实际交付的定金数额多于或者少于约定数额的，视为变更约定的定金数额。

第五百八十七条 债务人履行债务的，定金应当抵作价款或者收回。给付定金的一方不履行债务或者履行债务不符合约定，致使不能实现合同目的的，无权请求返还定金；收受定金的一方不履行债务或者履行债务不符合约定，致使不能实现合同目的的，应当双倍返还定金。

第五百八十八条 当事人既约定违约金，又约定定金的，一方违约时，对方可以选择适用违约金或者定金条款。

定金不足以弥补一方违约造成的损失的，对方可以请求赔偿超过定金数额的损失。

《最高人民法院关于审理买卖合同纠纷案件适用法律问题的解释》

第二十八条 分期付款买卖合同约定出卖人在解除合同时可以扣留已受领价金，出卖人扣留的金额超过标的物使用费以及标的物受损赔偿额，买受人请求返还超过部分的，人民法院应予支持。

当事人对标的物的使用费没有约定的，人民法院可以参照当地同类标的物的租金标准确定。[①]

法院判决

以下为该案在法院审理阶段，判决书中"本院认为"就该问题的论述：

（一）关于鑫某公司已经支付的竞买保证金 1300 万元是否适用定金罚则的问题。《拍卖须知》为拍卖系列法律文件之一，属于案涉合同的组成部分，在拍卖成交后，对当事人双方均具有法律约束力。《拍卖须知》第十六条载明"未尽事宜依照《招标拍卖挂牌出让国有土地使用权规范（试行）》办理"，根据该条约定，当事人具有将《招标拍卖挂牌出让国有土地使用权规范（试行）》内容转化为合同条款的意思表示，该转引条款属于书面约定，符合法律规定。《招标拍卖挂牌出让国有土地使用权规范（试行）》是相关行政主管部门为规范国有土地使用权招标拍卖挂牌出让行为，统一程序和标准，优化土地资源配置，推进土地市场建设的规范性文件，对相关当事人的行为具有指引作用。当事人可以根据双方合意直接将有关条文作为合同内容，与《招标拍卖挂牌出让国有土地使用权规范（试行）》是否系强制性法律规范无关。《招标拍卖挂牌出让国有土地使用权规范（试行）》第14.2 条规定，中标人、竞得人支付的投标、竞买保证金，在中标或竞得后转作受让地块的定金。某市国土局主张，根据《拍卖须知》约定，"八、付款期限……竞得

[①] 《最高人民法院关于审理买卖合同纠纷案件适用法律问题的解释》2020 年修改时，本条被删除。

人所交竞得履约保证金可以抵支拍卖价款,也可在交清全部拍卖成交总价款后退回。十四、注意事项……(五)竞得人交纳的竞拍保证金,在拍卖成交后可转为交易费或土地出让金……"双方已明确该笔竞拍保证金不属于定金性质。对此,本院认为,根据《合同法》第一百一十五条、《担保法》第八十九条之规定,当事人可以约定一方向对方给付定金作为债权的担保。债务人履行债务后,定金应当抵作价款或者收回。《拍卖须知》关于竞买保证金可以抵支拍卖价款或退回的约定与定金的作用和功能并不矛盾,不足以得出该笔竞买保证金不是定金的结论。而且,《拍卖须知》载明:(七)竞得人有下列行为之一的,视为违约,拍卖人可取消其竞得人资格,竞拍保证金不予退还。《拍卖成交确认书》也载明:"6.以上约定,竞得人必须严格遵守,若违反上述条款之一者,保证金不予退还……"从前述内容可知,某市国土局具有将竞买保证金作为担保债权实现的意思表示,上述约定符合担保法及合同法关于定金性质的规定,符合权利义务相一致原则。一审判决认定案涉1300万元竞买保证金具有定金性质,并无不当。某市国土局的该项上诉主张依据不足,本院不予支持。

(二)关于某市国土局应否以及如何承担违约责任的问题。根据本院已生效的(2016)最高法民终187号民事判决(以下简称187号判决)认定,某市国土局已构成根本违约。某市国土局虽主张其已就该案向本院申请再审以及向最高人民检察院提起抗诉,但并未提供证据证明187号判决已被撤销,一审判决以生效判决关于某市国土局根本违约的判决结果为基础认定某市国土局应承担违约责任,并无不当。关于某市国土局应当如何承担违约责任的问题。《合同法》第一百一十三条第一款规定,当事人一方不履行合同义务或者履行合同义务不符合约定,给对方造成损失的,损失赔偿额应当相当于因违约造成的损失,包括合同履行后可以获得的利益,但不得超过违反合同一方订立合同时预见到或者应当预见到的因违反合同可能造成的损失。违约损害赔偿的目的在于填补受害人因对方违约所受损害。我国合同法规定的定金具有违约定金性质,属于当事人预先约定的违约赔偿金,但如果适用定金罚则后不能弥补守约方损失的,守约方仍有权就超出部分损失主张权利。某市国土局关于适用定金罚则后即不能再要求损失赔偿的主张,无法律依据,本院不予支持。违约损失赔偿包括因违约产生的直接损失及可得利益损失。由上所述,案涉竞买保证金在竞拍成功后已经转化为定金,具有定金的性质和功能,该定金属于违约定金,在某市国土局存在根本违约的情况下,鑫某公司可以主张适用定金罚则来赔偿其损失。对于超出部分的损失,鑫某公司应当举证证明。根据已经查明的事实,某市国土局另行出让案涉建设用地使用权的溢价收益为2221.8万元，此属合同履行后可获利益范畴，该部分损失即已超过适用定金罚则后赔偿的1300万元，除此之外，鑫某公司的损失还应包括履行合同过程中实际支出的费用，可见，适用定金罚则尚不足以弥补鑫某公司的损失，鑫某公司主张除适用定金罚则外，还应赔偿其超出部分的损失，有事实依据。对于鑫某公司实际损失的具体数额，原判决综合合同履行情况、当事人过错程度以及预期利益等因素，根据公平原则和诚实信用原则予以衡量，酌定鑫某公司在1300万元外，尚有2221.8万元的损失，符合本案实际情况，并无明显不当。某市国土局主张鑫某公司的损失总额为2221.8万元，依据不足。鑫某公司上诉主张某市国土局还应赔偿其各项直接损失共计4899.29万元，包括为履行合同而产生的设备闲置费、管理人员工资等费用1402.05万元，为避免损失扩大提供保全担保物的资金损失2978.15万元，竞买保证金资金占用利息519.09万元。关于设备闲置费、管理人员工资等费用，鑫某公司称该部分费用系竞拍成功后施工方产生的建设费用。对此，本院认为，双方尚未就案涉国有土地使用权签订出让合同，鑫某公司亦未实际占有使用案涉土地，对案涉土地进行开发尚需要前期的规划设计等工作，根据先设计后施工的基本建设原则，案涉土地的开发建设尚未进入必要的施工准备阶段，即便鑫某公司存在上述损失，根据已经查明的事实，鑫某公司对案涉国有土地使用权再次拍卖是知情的，其理应采取适当措施防止损失扩大，该部分损失亦属于扩大部分损失，其该项赔偿请求，无法律依据。关于另案中鑫某公司因申请保全提供担保财产的占用损失，该部分损失系鑫某公司在另案中某银行使诉讼权利而应当履行的义务或付出的成本，鑫某公司并未就此提供充分的证据证明该项损失的具体数额，且该损失超出了某市国土局订立合同时应当预见到的因违反合同可能造成的损失，其该项上诉主张，无事实和法律依据，本院不予支持。对于竞买保证金资金占用利息，鑫某公司明确，该项请求未包含在一审诉讼请求中，因超出了一审诉讼请求，不作为本院二审审理范围。某市国土局主张鑫某公司行使抵销权即为根本违约，该违约行为给其造成损失401.7万元，应予扣减。因某市国土局一审对此未提出反诉，不属于本案审理范围，对其该项主张，本院不予支持。某市国土局主张因案涉土地使用权二次出让中新增了7.5亩的商业用地，二次出让的溢价金额应扣减新增用地价值666.54万元。本院认为，《拍卖成交确认书》及《拍卖须知》均载明案涉土地用途为居住兼商业，2013年5月，某市土地交易中心发出的望天坝1号地块的《拍卖须知》亦载明"土地用途为居住、商业服务业用地"。某市国土局二审提供的证据不能证明案涉国有土地使用权二次拍卖溢价2221.8万元中有666.54万元系因周边增加纯商业用地导致。退一步讲，即便周边新增商业用地导致原国有土地使用权增值,亦属于鑫某公司因合同履行可获利益范畴,某市国土局的该项上诉主张,依据不足,本院不予支持。

081 不可抗力的具体认定标准[*]

阅读提示:一般认为我国违约责任采纳严格责任原则,不可抗力是合同法定免责条款,并且《民法典》中规定的法定解除权情形之一也包含不可抗力条款。

实践中的合同纠纷当事人援引不可抗力免责或解除合同的层出不穷,很多当事人也在合同中事先约定了不可抗力情形,但合同履行中当事人可能遇到的不可抗力的情形复杂多样,可能涉及自然灾害、政府行为、社会异常事件等方方面面。

笔者在梳理了近年来最高人民法院相关案例之后得出,法院在认定不可抗力时不局限于合同约定,往往采取实质标准,即不能预见、不能避免且不能克服的客观情况,任何人都无可奈何,不以人的意志为转移。但是面临不可抗力时,当事人并非无所作为,同样负有通知义务,否则不能援引该条款抗辩。

裁判要旨

现实生活中不可抗力的情形复杂多样,具体包括自然灾害,如台风、地震、洪水、冰雹等;政府行为,如征收、征用等;社会异常事件,如罢工、骚乱等。虽然合同中仅列举了水灾、地震、战争等不可抗力的情形,但根据不可抗力是指不能预见、不能避免且不能克服的客观情况的规定,并不限于双方当事人在合同中约定的情形,应以有关客观情况是否同时具备不可预见性、不可避免性、不可克服性等特征加以综合判断。

案情介绍

1. 2002 年 9 月 11 日,洪某村委会与湖北水某歌头饮食文化发展有限公司(以

---

[*] 案件来源:湖北水某歌头饮食文化发展有限公司、洪某村村民委员会房屋租赁合同纠纷二审民事判决书,最高人民法院(2018)最高法民终 107 号。

下简称水某歌头公司）签订了租期为20年的房屋租赁合同，自2003年8月22日起至2023年8月21日止，该房屋于2003年4月22日移交至水某歌头公司从事酒店经营。

2. 2006年4月1日，三某公司为甲方与乙方水某歌头公司签订了租期为17年的租赁商铺合同，甲方同意出租及乙方同意承租坐落于楚某王大酒店院内附楼一栋面积为7000平方米的房屋，租期从2006年8月15日起至2023年8月15日止，期限为17年。水某歌头公司依约移交房屋。

3. 2012年9月5日，洪某村委会、三某公司向水某歌头公司发出《关于解除并终止履行的通知》，根据是《武汉市政府办公厅转发市体改办等部门关于落实市委市政府积极推进"城中村"综合改造工作的意见的通知》（武政办〔2004〕173号）和《中共武汉市委、武汉市人民政府关于积极推进"城中村"综合改造工作的意见》（武发〔2004〕13号）文件精神，本村委会是武汉市政府确定进行城中村综合改造的行政村之一，贵公司承租的本村委会的房屋属于本次城中村改造范围之列，根据城市规划和发展的需要，贵公司承租的房屋属于此次必须拆迁的范围。因此通知水某歌头公司解除合同并且于7日内腾房。

4. 2012年9月20日至起诉前，水某歌头公司与洪某村委会、三某公司就房屋评估、损失赔偿、腾房等方案多次协商未果，2013年3月8日水某歌头公司起诉洪某村委会以及三某公司，请求继续履行《房屋租赁合同》，若履行不能请求其赔偿损失163741891元；洪某村委会、三某公司则提起反诉，以该地块原为洪某村的集体土地，后被武汉市人民政府征收，转化为国有土地，案涉租赁物必须拆除，继续履行租赁合同变为不可能，完全符合不可抗力的特征，故而请求解除合同并要求水某歌头公司腾房，并且赔偿腾房前的房屋及土地占用租金损失8225550元。

5. 一审法院判决此情形构成不可抗力，洪某村委会、三某公司以此为由解除合同有效，同时要求其支付水某歌头公司装饰装修工程价款1006.37万元、支付提前解除劳动合同经济补偿金5955640.54元、经营利润损失补偿金4798533.33元，共计20817873.87元。双方均不服一审判决提起上诉，二审法院经审理维持原判。

实务要点总结

第一，双方当事人订立合同时应当审慎，尽到理性人的注意义务，关注商业风险。

第二，双方当事人履行合同的过程中即使遭遇未事先约定的不可抗力之情形，也不影响法院认定，前提是符合不可预见、不能避免且不能克服的实质标准，根据

"谁主张、谁举证"的证明责任分配原则，一方当事人若要援引该条款，应负该情况是订立合同时不可预见、不能避免且不能克服的举证责任。

第三，不可抗力发生时，当事人应当切实履行通知义务，以减轻双方损失。同时也避免对方援引此条款对不可抗力条款再抗辩，发生纠纷时减少败诉风险。

相关法律规定

《中华人民共和国合同法》（已失效）

第九十四条　有下列情形之一的，当事人可以解除合同：

（一）因不可抗力致使不能实现合同目的；

（二）在履行期限届满之前，当事人一方明确表示或者以自己的行为表明不履行主要债务；

（三）当事人一方迟延履行主要债务，经催告后在合理期限内仍未履行；

（四）当事人一方迟延履行债务或者有其他违约行为致使不能实现合同目的；

（五）法律规定的其他情形。

第一百一十七条　因不可抗力不能履行合同的，根据不可抗力的影响，部分或者全部免除责任，但法律另有规定的除外。当事人迟延履行后发生不可抗力的，不能免除责任。

本法所称不可抗力，是指不能预见、不能避免并不能克服的客观情况。

第一百一十八条　当事人一方因不可抗力不能履行合同的，应当及时通知对方，以减轻可能给对方造成的损失，并应当在合理期限内提供证明。

《中华人民共和国民法总则》（已失效）

第一百八十条　因不可抗力不能履行民事义务的，不承担民事责任。

法律另有规定的，依照其规定。不可抗力是指不能预见、不能避免且不能克服的客观情况。

《中华人民共和国民法典》

第一百八十条　因不可抗力不能履行民事义务的，不承担民事责任。法律另有规定的，依照其规定。

不可抗力是不能预见、不能避免且不能克服的客观情况。

第五百六十三条　有下列情形之一的，当事人可以解除合同：

（一）因不可抗力致使不能实现合同目的；

（二）在履行期限届满前，当事人一方明确表示或者以自己的行为表明不履行

主要债务;

（三）当事人一方迟延履行主要债务,经催告后在合理期限内仍未履行;

（四）当事人一方迟延履行债务或者有其他违约行为致使不能实现合同目的;

（五）法律规定的其他情形。

以持续履行的债务为内容的不定期合同,当事人可以随时解除合同,但是应当在合理期限之前通知对方。

第五百九十条 当事人一方因不可抗力不能履行合同的,根据不可抗力的影响,部分或者全部免除责任,但是法律另有规定的除外。因不可抗力不能履行合同的,应当及时通知对方,以减轻可能给对方造成的损失,并应当在合理期限内提供证明。

当事人迟延履行后发生不可抗力的,不免除其违约责任。

法院判决

以下为该案在法院审理阶段,判决书中"本院认为"就该问题的论述:

根据双方当事人的上诉与答辩意见,本院归纳本案二审争议的焦点问题是:1. 洪某村委会、三某公司因不可抗力解除案涉《房屋租赁合同》《租赁商铺合同》的理由是否成立;2. 一审判决根据公平原则对水某歌头公司的损失进行补偿是否正确;3. 合同解除后水某歌头公司的损失范围和具体数额如何认定。

一、关于洪某村委会、三某公司因不可抗力解除案涉《房屋租赁合同》《租赁商铺合同》的理由是否成立的问题。《合同法》第九十四条规定:"有下列情形之一的,当事人可以解除合同:（一）因不可抗力致使不能实现合同目的……"案涉《房屋租赁合同》第八条也约定,由于不可抗力（水灾、地震、战争）造成本合同不能继续履行,双方互不负责任。虽然该合同仅列举了水灾、地震、战争等不可抗力的情形,但根据《民法总则》第一百八十条关于"不可抗力是指不能预见、不能避免且不能克服的客观情况"的规定,不可抗力并不限于双方当事人在上述《房屋租赁合同》中约定的情形,应以有关客观情况是否同时具备不可预见性、不可避免性、不可克服性等特征加以综合判断。具体到本案中,根据武汉市人民政府2011年3月18日发布的〔2011〕第54号征收土地公告,案涉土地作为洪某村综合改造还建用地,在征收土地的四至范围内,并根据《省国土资源厅关于批准武汉市2010年度城中村改造第三批次建设用地的函》（鄂土资函〔2010〕374号）及《武汉市建设用地批准书》（武土批准书〔2014〕第23号）文件,随后办毕征收土地批后手续,在拆除原楚某王大酒店后作为国有建设用地使用。因案涉土地被政府征收,并导致案涉房屋因政府征收行为被拆除,显然已无法继续提供给水某歌头公司租赁使用,故双方签订《房屋租赁合同》《租赁商铺合同》的目的已无法实现。在此情形下,洪某村委会、三某公司可以依据《合同法》第九十四条第一项的规定,解除其与水某歌头公司签订的《房屋租赁合同》《租赁商铺合同》。水某歌头公司上诉称案涉地块被置换进而被拆迁系洪某村委会、三某公司策划并操纵的结果,对此本院认为,根据《中共武汉市委、武汉市人民政府关于积极推进"城中村"综合改造工作的意见》中关于城中村改造"要认真听取村民意见、反映村民意愿"的原则精神,洪某村委会、三某公司分别作为基层村民自治组织、村集体经济组织,有责任将该村在还建安置中的矛盾及村民安置意愿需求反映给上级政府,但这并不能改变上述征收及拆迁行为系政府行为的属性,即有关征收及拆迁行为仍是由政府决定并付诸实施的强制行为,符合不可预见性、不可避免性、不可克服性等不可抗力的基本特征,不能归责于本案任何一方。水某歌头公司还上诉称洪某村委会、三某公司在取得新建的商业住宅综合楼的商业部分后仍可以继续履行租赁合同,对此本院认为,新建商业住宅综合楼的商业部分与案涉房屋并不属于同一标的物,在双方没有协商一致的情况下,水某歌头公司要求洪某村委会、三某公司按原租赁合同继续出租给水某歌头公司缺乏依据。

082 合同以外第三人致使债权不能实现时,可否向第三人请求承担责任[*]

> **阅读提示**:合同是当事人之间设立、变更或终止民事权利义务关系的协议,作为一种民事法律关系,合同关系不同于其他民事法律关系的重要特点,在于合同关系的相对性。合同关系的相对性是合同规则和制度赖以建立的基础和前提,也是我国合同立法和司法所必须坚持的一项重要规则。
>
> 最高人民法院公报案例亦认为合同当事人以外的第三人的行为致使债权不能实现,债权人不能向第三人请求承担责任,也是坚守合同相对性的一个鲜明例证。

---

[*] 案件来源:大连渤某建筑工程总公司与大连金某纪房屋开发公司、大连宝某房地产开发公司、大连宝某集团有限公司建设工程施工合同纠纷二审案,最高人民法院(2007)最高法民一终字第39号。

裁判要旨

债权属于相对权，相对性是债权的基础。债是特定当事人之间的法律关系，债权人和债务人都是特定的。债权人只能向特定的债务人请求给付，债务人只能对特定的债权人负有给付义务。因第三人的行为致使债权不能实现，债权人也不能依据债权的效力向第三人请求排除妨害，债权在性质上属于对人权。

本案施工合同的当事人为大连宝某集团有限公司（以下简称宝某集团）、大连宝某房地产开发有限公司（以下简称宝某公司）与大连渤某建筑工程总公司（以下简称渤某公司），大连金某纪房屋开发有限公司（以下简称金某纪公司）只是与宝某集团之间存在合作开发房地产关系，并不是施工合同当事人，不应对施工合同承担合同义务。而合同法规定即使因第三人的行为致使债权不能实现，债权人也不能依据债权的效力向第三人请求排除妨害，债权在性质上属于相对权，债权人要求债务人履行义务的基础只能是合同约定或法律规定。故渤某公司主张金某纪公司对还款承担连带责任没有法律依据。

案情介绍

1. 2000年10月，宝某集团与金某纪公司签订《联合建房协议书》，约定金某纪公司与宝某集团联合开发新某纪家园。随后，金某纪公司取得新某纪家园的《建设用地规划许可证》《国有土地使用证》；2001年取得《建设工程规划许可证》；2004年5月办理《商品房预售许可证》。新某纪家园的房屋销售工作，均以金某纪公司名义对外签订房屋销售合同。

2. 2001年3月，渤某公司与宝某集团签订《建设工程施工合同》，约定由渤某公司承建新某纪家园高层住宅楼，合同价款为4440万元。2001年3月，渤某公司与宝某集团签订《补充协议书》，双方约定了新某纪家园工程的付款方式和期限。

3. 2002年10月，宝某集团与金某纪公司签订《联合建房协议书之补充协议》，约定项目由双方共同负责，联合办公。

4. 2004年，渤某公司施工的新某纪家园高层住宅楼竣工，同年5月通过验收。宝某集团一共支付工程款约1998万元，剩余工程款宝某集团未能按期支付。

5. 2006年，渤某公司向辽宁省高级人民法院起诉请求宝某集团和金某纪公司共同承担尚欠工程款及利息，宝某集团和金某纪公司承担连带责任，一审法院判令金某纪公司承担施工合同付款义务。二审中最高人民法院认为因金某纪公司与渤某公司之间不存在"特定的"债的关系,突破合同相对性也没有法律依据,故渤某公司主张金某纪公司对还款承担连带责任的上诉请求,于法无据,撤销了该项判决。

实务要点总结

第一,违约责任以合同债务的存在为前提,而合同债务则主要体现于合同义务之中,合同义务的相对性必然决定合同责任的相对性。故违约责任只能在特定的具有合同关系的当事人之间发生,合同关系以外的人不负违约责任。

第二,签订的合同若涉及第三方的情况下,应对第三方的履约能力进行考察,有必要时也应对第三方进行适当的干预、约束、激励等,以保障自己的合同履行不受第三方的影响。

相关法律规定

《最高人民法院关于适用〈中华人民共和国民法典〉合同编通则若干问题的解释》

第五条 第三人实施欺诈、胁迫行为,使当事人在违背真实意思的情况下订立合同,受到损失的当事人请求第三人承担赔偿责任的,人民法院依法予以支持;当事人亦有违背诚信原则的行为的,人民法院应当根据各自的过错确定相应的责任。但是,法律、司法解释对当事人与第三人的民事责任另有规定的,依照其规定。

《中华人民共和国合同法》（已失效）

第八条 依法成立的合同,对当事人具有法律约束力。当事人应当按照约定履行自己的义务,不得擅自变更或者解除合同。

依法成立的合同,受法律保护。

第一百二十一条 当事人一方因第三人的原因造成违约的,应当向对方承担违约责任。当事人一方和第三人之间的纠纷,依照法律规定或者按照约定解决。

《中华人民共和国民法典》

第四百六十五条 依法成立的合同,受法律保护。

依法成立的合同,仅对当事人具有法律约束力,但是法律另有规定的除外。

第五百九十三条 当事人一方因第三人的原因造成违约的,应当依法向对方承担违约责任。当事人一方和第三人之间的纠纷,依照法律规定或者按照约定处理。

法院判决

以下为该案在法院审理阶段,判决书中"本院认为"就该问题的论述:

金某纪公司对宝某集团、宝某公司向渤某公司清偿工程欠款不承担连带责任。首先，本案讼争的法律关系是施工合同纠纷，而不是合作开发房地产合同纠纷。本案施工合同的当事人为宝某集团、宝某公司与渤某公司，宝某集团、宝某公司为发包人，渤某公司为承包人。施工合同只对合同当事人产生约束力，即对宝某集团、宝某公司和渤某公司发生法律效力，对合同当事人以外的人不发生法律效力。金某纪公司与宝某集团之间存在合作开发房地产关系，不是施工合同当事人，不应对施工合同承担合同义务。其次，债权属于相对权，相对性是债权的基础。债是特定当事人之间的法律关系，债权人和债务人都是特定的。债权人只能向特定的债务人请求给付，债务人只能对特定的债权人负有给付义务。即使因第三人的行为致使债权不能实现，债权人也不能依据债权的效力向第三人请求排除妨害，债权在性质上属于对人权。最后，《民法通则》第八十四条第一款规定，债是按照合同的约定或者依照法律的规定，在当事人之间产生的特定的权利和义务关系。第二款规定，债权人有权要求债务人按照合同的约定或者依照法律的规定履行义务。"特定的"含义就是只有合同当事人才受合同权利义务内容的约束。债权人要求债务人履行义务的基础是合同约定或法律规定。本案渤某公司主张金某纪公司就宝某集团、宝某公司偿还工程欠款承担连带责任，因当事人之间不存在"特定的"债的关系，突破合同相对性也没有法律依据，渤某公司主张金某纪公司对还款承担连带责任的上诉请求，于法无据。

083 抵押权未经登记，债权人能否以抵押合同主张违约责任[*]

> **阅读提示：** 物权行为的独立性问题在前《民法典》时期一直存在争论，直至2021年《民法典》的正式实施，物权与债权独立成编，并且根据《民法典》第二百一十五条的规定，当事人之间订立有关设立、变更、转让和消灭不动产物权的合同，除法律另有规定或者当事人另有约定外，自合同成立时生效；未办理物权登记的，不影响合同效力。可见，目前我国对物债两分模式持认可态度。最高人民法院通过本指导案例，再次对该问题进行了确认。

---

[*] 案件来源：某银行股份有限公司东莞分行诉陈某华等金融借款合同纠纷案民事再审判决书，最高人民法院（2019）最高法民再155号。

裁判要旨

以不动产提供抵押担保,抵押人未依抵押合同约定办理抵押登记的,不影响抵押合同的效力。债权人依据抵押合同主张抵押人在抵押物的价值范围内承担违约赔偿责任的,人民法院应予支持。抵押权人对未能办理抵押登记有过错的,相应减轻抵押人的赔偿责任。

案情介绍

1. 2011年6月29日,东莞市房产管理局发出的《关于明确房地产抵押登记有关事项的函》规定,只有土地使用权人与房屋产权人一致时方可申请办理抵押登记,在办理房地产抵押贷款申请时,各金融机构应对权利主体是否一致进行审查。

2. 2013年12月31日,某银行东莞分行与某某盛公司等公司签订《综合授信合同》,约定某银行东莞分行为某某盛公司、某阳公司、某某信公司提供综合授信额度。

3. 陈某华、陈某波、陈某兴、梁某霞分别与某银行东莞分行签订《最高额抵押合同》,以多处不动产为上述债权提供抵押,但因房地权属不一致,未能办理抵押登记。

4. 某银行东莞分行基于《综合授信合同》与某某盛公司签订《人民币流动资金贷款合同》,并向其提供贷款。

5. 某某盛公司未按期付息,某银行东莞分行向广东省东莞中院提起诉讼,请求某某盛公司归还本金及贷款利息,并请求陈某波、陈某华、陈某兴、梁某霞在抵押物价值范围内承担连带赔偿责任。

6. 东莞中院一审支持某银行东莞分行有关偿还本金利息等请求,并判决与陈某华、陈某波就某某盛公司在其未能清偿部分的二分之一范围内承担连带赔偿责任。

7. 某银行东莞分行不服一审判决,向广东省高院上诉。广东省高院判决驳回上诉,维持原判。

8. 某银行东莞分行不服,向最高人民法院提出再审申请。最高人民法院裁定提审本案,最终判决四人共同就某某盛公司未能清偿部分的二分之一范围内承担连带赔偿责任。

实务要点总结

第一，抵押权人在与抵押人签订合同前，可以通过到房产部门查询等方式，审查核实担保财产能够作为抵押财产、不存在禁止抵押等情况，以确保抵押登记的顺利进行。若抵押合同已成立，抵押人尚未进行抵押登记的，抵押权人可依据《最高人民法院关于适用〈中华人民共和国民法典〉有关担保制度的解释》第四十六条的规定，要求抵押人及时办理抵押登记。同时，因为抵押登记不影响抵押合同的效力，抵押权人还可以依据抵押合同的约定，要求抵押人承担违约责任。

第二，当抵押权人因存在怠于办理抵押登记手续，或存在明知不能进行抵押登记仍订立抵押合同等情形，导致抵押权不能设立存在过错时，抵押权人应当自行承担相应的后果。抵押人可在承担违约责任时对前述情形及时举证，以减轻其因违约所需承担的赔偿责任。

相关法律规定

《中华人民共和国民法典》

第二百一十五条　当事人之间订立有关设立、变更、转让和消灭不动产物权的合同，除法律另有规定或者当事人另有约定外，自合同成立时生效；未办理物权登记的，不影响合同效力。

第五百七十七条　当事人一方不履行合同义务或者履行合同义务不符合约定的，应当承担继续履行、采取补救措施或者赔偿损失等违约责任。

第五百八十四条　当事人一方不履行合同义务或者履行合同义务不符合约定，造成对方损失的，损失赔偿额应当相当于因违约所造成的损失，包括合同履行后可以获得的利益；但是，不得超过违约一方订立合同时预见到或者应当预见到的因违约可能造成的损失。

第五百九十一条　当事人一方违约后，对方应当采取适当措施防止损失的扩大；没有采取适当措施致使损失扩大的，不得就扩大的损失请求赔偿。

当事人因防止损失扩大而支出的合理费用，由违约方负担。

《全国法院民商事审判工作会议纪要》

60.【未办理登记的不动产抵押合同的效力】不动产抵押合同依法成立，但未办理抵押登记手续，债权人请求抵押人办理抵押登记手续的，人民法院依法予以支持。因抵押物灭失以及抵押物转让他人等原因不能办理抵押登记，债权人请求抵押人以抵押物的价值为限承担责任的，人民法院依法予以支持，但其范围不得超过抵押权有效设立时抵押人所应当承担的责任。

《最高人民法院关于适用〈中华人民共和国民法典〉有关担保制度的解释》

第四十六条 不动产抵押合同生效后未办理抵押登记手续，债权人请求抵押人办理抵押登记手续的，人民法院应予支持。

抵押财产因不可归责于抵押人自身的原因灭失或者被征收等导致不能办理抵押登记，债权人请求抵押人在约定的担保范围内承担责任的，人民法院不予支持；但是抵押人已经获得保险金、赔偿金或者补偿金等，债权人请求抵押人在其所获金额范围内承担赔偿责任的，人民法院依法予以支持。

因抵押人转让抵押财产或者其他可归责于抵押人自身的原因导致不能办理抵押登记，债权人请求抵押人在约定的担保范围内承担责任的，人民法院依法予以支持，但是不得超过抵押权能够设立时抵押人应当承担的责任范围。

《最高人民法院关于适用〈中华人民共和国民法典〉合同编通则若干问题的解释》

第六十三条 在认定民法典第五百八十四条规定的"违约一方订立合同时预见到或者应当预见到的因违约可能造成的损失"时，人民法院应当根据当事人订立合同的目的，综合考虑合同主体、合同内容、交易类型、交易习惯、磋商过程等因素，按照与违约方处于相同或者类似情况的民事主体在订立合同时预见到或者应当预见到的损失予以确定。

除合同履行后可以获得的利益外，非违约方主张还有其向第三人承担违约责任应当支出的额外费用等其他因违约所造成的损失，并请求违约方赔偿，经审理认为该损失系违约一方订立合同时预见到或者应当预见到的，人民法院应予支持。

在确定违约损失赔偿额时，违约方主张扣除非违约方未采取适当措施导致的扩大损失、非违约方也有过错造成的相应损失、非违约方因违约获得的额外利益或者减少的必要支出的，人民法院依法予以支持。

法院判决

以下为该案在审理阶段，判决书中"本院认为"部分就该问题的论述：

《物权法》第十五条规定："当事人之间订立有关设立、变更、转让和消灭不动产物权的合同，除法律另有规定或者合同另有约定外，自合同成立时生效；未办理物权登记的，不影响合同效力。"本案中，某银行东莞分行分别与陈某华等四人签订的《最高额抵押合同》，约定陈某华以其位于东莞市中堂镇东泊村的房屋、陈某兴以其位于东莞市中堂镇的房屋、梁某霞以其位于东莞市中堂镇东泊村陈屋新村的房屋为案涉债务提供担保。上述合同内容系双方当事人的真实意思表示,且不违反法律、行政法规的强制性规定,应为合法有效。虽然前述抵押物未办理抵押登记,但根据《物权法》第十五条之规定,该事实并不影响抵押合同的效力。

依法成立的合同,对当事人具有法律约束力,当事人应当按照合同约定履行各自义务,不履行合同义务或履行合同义务不符合约定的,应依据合同约定或法律规定承担相应责任。《最高额抵押合同》第六条"甲方声明与保证"约定:"6.2 甲方对本合同项下的抵押物拥有完全的、有效的、合法的所有权或处分权,需依法取得权属证明的抵押物已依法获发全部权属证明文件,且抵押物不存在任何争议或任何权属瑕疵……6.4 设立本抵押不会受到任何限制或不会造成任何不合法的情形。"第十二条"违约责任"约定:"12.1 本合同生效后,甲乙双方均应履行本合同约定的义务,任何一方不履行或不完全履行本合同约定的义务的,应当承担相应的违约责任,并赔偿由此给对方造成的损失。12.2 甲方在本合同第六条所作声明与保证不真实、不准确、不完整或故意使人误解,给乙方造成损失的,应予赔偿。"根据上述约定,陈某华等三人应确保案涉房产能够依法办理抵押登记,否则应承担相应的违约责任。本案中,陈某华等三人尚未取得案涉房屋所占土地使用权证,因房地权属不一致,案涉房屋未能办理抵押登记,抵押权未依法设立,陈某华等三人构成违约,应依据前述约定赔偿由此给某银行东莞分行造成的损失。

《合同法》第一百一十三条第一款规定:"当事人一方不履行合同义务或者履行合同义务不符合约定,给对方造成损失的,损失赔偿额应当相当于因违约所造成的损失,包括合同履行后可以获得的利益,但不得超过违反合同一方订立合同时预见到或者应当预见到的因违反合同可能造成的损失。"《最高额抵押合同》第6.6条约定:"甲方承诺:当主合同债务人不履行到期债务或发生约定的实现担保物权的情形,无论乙方对主合同项下的债权是否拥有其他担保(包括但不限于主合同债务人自己提供物的担保、保证、抵押、质押、保函、备用信用证等担保方式),乙方有权直接请求甲方在其担保范围内承担担保责任,无须行使其他权利(包括但不限于先行处置主合同债务人提供的物的担保)。"第8.1条约定:"按照本合同第二条第2.2款确定的债务履行期限届满之日债务人未按主合同约定履行全部或部分债务的,乙方有权按本合同的约定处分抵押物。"在《最高额抵押合同》正常履行的情况下,当主债务人不履行到期债务时,某银行东莞分行可直接请求就抵押物优先受偿。本案抵押权因未办理登记而未设立,某银行东莞分行无法实现抵押权,损失客观存在,其损失范围相当于在抵押财产价值范围内某某盛公司未清偿债务数额部分，并可依约直接请求陈某华等三人进行赔偿。同时，根据本案查明的事实，某银行东莞分行对《最高额抵押合同》无法履行亦存在过错。东莞市房产管理局已于2011年明确函告辖区各金融机构，房地权属不一致的房屋不能再办理抵押登记。据此可以认定，某银行东莞分行在2013年签订《最高额抵押合同》时对于案涉房屋无法办理抵押登记的情况应当知情或者应当能够预见。某银行东莞分行作为以信贷为主营业务的专业金融机构，应比一般债权人具备更高的审核能力。相对于此前曾就案涉抵押物办理过抵押登记的陈某华等三人来说，某银行东莞分行具有更高的判断能力，负有更高的审查义务。某银行东莞分行未尽到合理的审查和注意义务，对抵押权不能设立亦存在过错。同时，根据《合同法》第一百一十九条第一款"当事人一方违约后，对方应当采取适当措施防止损失的扩大；没有采取适当措施致使损失扩大的，不得就扩大的损失要求赔偿"的规定，某银行东莞分行在知晓案涉房屋无法办理抵押登记后，没有采取降低授信额度、要求提供补充担保等措施防止损失扩大，可以适当减轻陈某华等三人的赔偿责任。综合考虑双方当事人的过错程度以及本案具体情况，酌情认定陈某华等三人以抵押财产价值为限，在某某盛公司尚未清偿债务的二分之一范围内，向某银行东莞分行承担连带赔偿责任。

084 因政策调整导致合同因目的不能实现而解除合同，是否应承担违约责任[*]

> 阅读提示：《民法典》第五百七十七条规定："当事人一方不履行合同义务或者履行合同义务不符合约定的，应当承担继续履行、采取补救措施或者赔偿损失等违约责任。"在签订合同的过程中，合同当事人可以基于双方真实的意思表示，约定违约责任。那么，当双方约定因任何原因解除合同均应承担违约责任时，出现产业政策调整从而导致合同解除的情况，违约方是否应承担违约责任？在本案例中，最高人民法院认为，违约方应当承担违约责任。

裁判要旨

在涉矿产资源增资扩股、合作合同纠纷中，应依据双方合同约定来判断合同目

---

[*] 案件来源：某投资公司、某能源公司、某贸易公司诉某煤业公司等合同纠纷案二审判决书，最高人民法院（2023）最高法民终142号。

的是否实现。在一方主张合同目的已经实现,对方应当依约继续履行支付义务;一方反诉主张合同目的不能实现,合同应当终止履行,对方应当返还已支付的出资额情况下,应当查明合同目的是否实现,影响合同目的实现的原因。

当出现因政策调整导致合同目的不能实现的情形时,应当结合合同约定、政策调整等因素确定双方责任。在合同约定无论因何种原因导致合同解除,一方需返还另一方出资额,并以一定比例承担违约责任的情况下,考虑政策调整因素的影响,判令违约方承担返还已收取的出资款及未及时返还的资金占用费损失较为妥当。

案情介绍

1. 2009 年,某矿务局与某投资公司、某能源公司、某贸易公司签订增资扩股协议书,约定四方对某焦化公司增资,合作开发建设 X 沟煤矿及相关产业链项目。并由某矿务局向某投资公司、某能源公司支付前期工作的补偿,该补偿款分两笔支付:第一笔在探矿权协议签订后支付,第二笔剩余补偿款在需缴纳探矿权价款时支付。

2. 三公司向某矿务局承诺负责办理探矿权转让事宜,若探矿权因各种原因不能转让至某焦化公司,则某矿务局有权退出,三公司无条件退还其出资本金和已支付补偿费,并且承担违约金。

3. 某焦化公司致函某矿务局,认为地方发改委已明确同意探矿权转让,第二笔补偿款支付条件已成就。某矿务局以某焦化公司原股东尚未签订探矿权转让协议为由回函拒绝。

4. 2013 年,某化工公司决定将某矿务局持有的某焦化公司的股权全部转让给某煤业公司。2014 年某煤业公司向某化工公司请示停建 X 沟煤矿项目,某化工公司决定停止投入某焦化公司,某焦化公司至今仍未取得案涉项目矿区探矿权。

5. 某投资公司、某能源公司、某贸易公司向陕西省高院起诉,请求某煤业公司继续履行《增资扩股协议书》,并继续支付补偿款。某煤业公司提起反诉,请求退出某焦化公司,三公司共同退还某煤业公司出资款及补偿款,并支付违约金。

6. 本案经过发回重审。2016 年 11 月本案第一次一审立案,陕西省高院支持三公司要求继续履行《增资扩股协议书》和支付补偿款的请求,驳回某煤业公司的反诉请求。某煤业公司不服提起上诉,最高人民法院以事实不清为由发回重审。2019 年 7 月,本案重审立案。

7. 经一审法院征询意见,A 公司、B 公司、C 集团认为,案涉项目因产业政策限制,不具备单独开发的条件,不会也不可能转让探矿权。

8. 陕西省高院重审后，判决三公司向某煤业公司返还出资款、补偿款及利息，并支付违约金。

9. 三公司不服，提出上诉。最高人民法院判决驳回上诉，维持原判。

实务要点总结

虽然《民法典》及相关司法解释并无明文规定，但司法实践中常将产业政策调整归属于情势变更情形，以此主张解除合同不需要承担违约责任。但若双方当事人在合同中约定了解除合同后的违约责任，尽管一方当事人系因产业政策调整导致合同目的无法实现，但由于双方存在意思表示真实的违约责任约定，此时，基于民法的意思自治原则，违约责任的承担不受情势变更规则的限制，违约方仍应承担约定的违约责任。可见，在合同条款对双方的约束力有时会高于法律规定，因此，在订立合同的过程中，应尽可能确定每一个条款是否都为双方的真实意思表示，尤其应当注意与法律规定可能存在矛盾之处。

相关法律规定

《中华人民共和国民法典》

第一百五十八条 民事法律行为可以附条件，但是根据其性质不得附条件的除外。附生效条件的民事法律行为，自条件成就时生效。附解除条件的民事法律行为，自条件成就时失效。

第五百七十七条 当事人一方不履行合同义务或者履行合同义务不符合约定的，应当承担继续履行、采取补救措施或者赔偿损失等违约责任。

法院判决

以下为该案在审理阶段，判决书中"本院认为"部分就该问题的论述：

本案争议的焦点有三个。包括：一是案涉增资扩股协议是否应当继续履行；二是协议确定的补偿金支付及退还问题；三是某投资公司、某能源公司、某贸易公司应否退还某煤业公司出资款并承担损失。

关于案涉增资扩股协议是否应当继续履行。根据协议第四条第六项的约定，乙方、丙方、丁方承诺办理并完成探矿权受让事宜，若探矿权不能受让至新公司，则本合作协议终止，甲方有权退出新公司。根据地方国资委 2020 年 9 月 7 日函件，某投资公司、某能源公司、某贸易公司 2021 年 2 月 26 日函件，2021 年 6 月 23 日地方市政府、地方市发改委、C集团相关人员与省发改委能源局关于某矿区开发问题的座谈会内容，以及一审法院关于案涉探矿权转让征询相关单位的意见可知，案涉某井田的探矿权人已无意转让、国家政策已不允许转让、有权机关已认为不能转让，因此，案涉探矿权已经确定无法转入某焦化公司，按照协议约定，增资扩股协议可以终止。

某投资公司、某能源公司、某贸易公司主张某煤业公司（某矿务局）签署案涉增资扩股协议的目的是出资某焦化公司以及通过参与某焦化公司的经营实现对X沟煤矿及配套产业项目的开发建设，并非取得探矿权，认为某焦化公司目前仍可以通过参股经营、合作开发等方式参与某矿区的开发，合同目的可以实现，协议应当继续履行。根据查明的事实，参股经营、合作开发是各方在无法取得探矿权的前提下，处理历史遗留问题过程中的协商内容，主体涉及案外人，并非本案各方签订案涉协议时的最初合同目的，且各方尚未达成一致，在某煤业公司一审反诉请求退出某焦化公司的情况下，某投资公司、某能源公司、某贸易公司关于继续履行协议的主张无事实依据和法律依据，法院不予支持。

关于协议确定的补偿金支付及退还问题。某投资公司、某能源公司、某贸易公司主张，自地方发改函〔2010〕51号授权洽商的A公司明确致函某焦化公司，要求支付包括探矿权价款在内的前期投入款时，约定的第二次7800万元补偿款支付条件已成就，某煤业公司应按约定履行付款义务。根据增资扩股协议第四条第五项约定，第二次补偿在需缴纳探矿权价款时进行，补偿额为剩余补偿款因某焦化公司未与探矿权持有人签署探矿权转让协议，未明确缴纳探矿权价款的主体、对象、时间、金额、模式等主要内容；某投资公司、某能源公司、某贸易公司也未举证证明A公司函件中索要金额即为向适格主体缴纳的探矿权转让价款，未通知某煤业公司（某矿务局）缴纳该款，其关于第二笔补偿款支付条件已成就的主张无事实依据，不予支持。

截止到法院审理期间，增资扩股协议约定的某煤业公司支付第二次补偿款的条件尚未成就。案涉增资扩股协议第四条第六项约定，若探矿权不能受让至新公司……乙方、丙方、丁方必须在甲方书面通知退出新公司的20个工作日内无条件将甲方对乙、丙二方的补偿款如数退还给甲方。根据合同约定，某投资公司、某能源公司、某贸易公司应当退还某煤业公司已收取的3500万元补偿金，并按协议约定承担利息损失。原审判决对此争议焦点认定事实清楚，适用法律正确，应当予以维持。

关于某投资公司、某能源公司、某贸易公司应否退还某煤业公司出资款及损失。案涉增资扩股协议第四条第六项约定，若探矿权不能受让至新公司……乙方、丙方、丁方必须在甲方书面通知退出新公司的 20 个工作日内无条件将甲方对某焦化公司出资的资金如数退还给甲方。上诉人主张一审法院将该条款解释为股东间预先设立的、附条件的股权转让协议属于法律适用错误,直接判决支持某煤业公司股权转让诉讼请求违反了国有资产交易的相关强制性规定。首先,根据《民法典》第一百五十八条规定,民事法律行为可以附条件,但是根据其性质不得附条件的除外。附生效条件的民事法律行为,自条件成就时生效。附解除条件的民事法律行为,自条件成就时失效。"根据其性质不得附条件"的除外情形主要包括身份法上的行为以及性质上要求即时、确定地发生效力的行为,案涉出资款以及补偿款的返还不属于不得附条件的法律行为,一审法院关于将该约定解释为附条件的股权转让协议并无不当。其次,某煤业公司的控股股东为某化工公司,某化工公司的控股股东为省国资委。根据省国资委印发的《省国资委授权放权清单》规定,省属企业审批所持有非上市股份有限公司的国有股权管理方案和股权变动事项属于对各省属企业的授权放权事项,某化工公司通过总经理办公会以及董事会的形式对某煤业公司转让某焦化公司股权作出了决议,无须经省人民政府主管部门同意。因此,三上诉人关于不应承担回购某煤业公司在某焦化公司股权、退还其资本金的主张无事实和法律依据,不予支持。

某投资公司、某能源公司、某贸易公司认为,因某煤业公司控制某焦化公司管理层,其怠于推动案涉探矿权转让,主导某矿区整体开发目的未能实现,单方面停止了案涉探矿权转让手续,案涉探矿权不能转让的责任在于某煤业公司一方。法院认为,根据某焦化公司股权构成、双方往来函件及与各方的沟通情况,认定某煤业公司控制某焦化公司日常经营管理证据不足。同时,增资扩股协议约定,案涉探矿权转让的责任主体是某投资公司、某能源公司以及某贸易公司,该合同义务亦不会因某焦化公司管理层的变化而发生改变。某煤业公司的义务是在需要交纳探矿权转让价款时的出资义务,根据案件查明事实,案涉探矿权尚未到某煤业公司缴纳价款的阶段,某投资公司、某能源公司以及某贸易公司并未举证证明 2014 年 6 月某煤业公司向煤业集团提交停建 X 沟煤矿项目的请示、煤业集团停止投入某焦化公司的决定产生了阻碍案涉探矿权转让的后果。某投资公司、某能源公司、某贸易公司关于案涉探矿权不能转让责任在于某煤业公司的主张无事实依据,不予支持。在某煤业公司(某矿务局)履行 2000 万元出资义务后,即获得某焦化公司 40% 股权,享有股东权利,参与公司经营管理;增资扩股协议未约定出资款利息,在某煤业公司参与某焦化公司经营管理期间也不应获得利息。在合同履行过程中,虽经某投资公司、某能源公司、某贸易公司努力,但因产业政策调整、各方利益难以协调等原因，案涉探矿权未能实现转让，该结果不能仅归责于某投资公司、某能源公司、某贸易公司方。但在产业政策调整后，案涉探矿权客观上已经无法转让至某焦化公司名下，各方以探矿权转让方式共同经营某焦化公司的合同目的亦不能实现，自某投资公司、某能源公司、某贸易公司接到某煤业公司退还款项通知，至迟至某煤业公司提起反诉起，某投资公司、某能源公司、某贸易公司即负有返还出资款的义务，并承担未及时返还的资金占用费损失责任。一审判决以没有合同依据、合同约定的条件未成就为由，未支持某煤业公司关于出让出资款利息损失的请求；虽未述及某投资公司、某能源公司、某贸易公司的违约责任，但支持了某煤业公司违约金的诉讼请求，虽有不当，但考虑到以某煤业公司（某矿务局）2000万元出资款为基数，自某煤业公司一审提起反诉时起，按照2016年至2019年中国人民银行一年期贷款利率和2020年至今全国银行间同业拆借中心公布的一年期贷款市场报价利率计算，该资金占用费用的损失与一审判决的400万元大致相当，因此一审裁判结果公平合理，符合《最高人民法院关于适用〈中华人民共和国民事诉讼法〉的解释》第三百三十二条的规定，予以维持。

085 逾期付款违约金应计算至何时[*]

> **阅读提示**：违约责任是指合同当事人因违反合同义务所需承担的责任，根据《民法典》第一百七十九条与第五百八十五条的规定，违约责任又可分为法定违约责任与约定违约责任。当合同双方约定逾期付款违约金时，司法实践常会将其与法定迟延履行责任混淆，出现违约金计算期限不明确的情况。在本案例中，最高人民法院将二者进行区分，明确了逾期付款违约金的计算截止时间。

裁判要旨

逾期付款违约责任系基于双方合同约定，法定延迟履行责任系基于法律规定，二者是不同的责任，法定延迟履行责任的承担不能免除逾期付款违约责任。在债务清偿前，逾期付款的事实持续存在，债权人请求将逾期付款违约金计算至债务实际清偿之日的，人民法院应予支持。

---

[*] 案件来源：金昌某工业气体公司诉甘肃某环保科技公司加工合同纠纷案再审判决书，最高人民法院（2022）最高法民再77号。

案情介绍

1. 2010年10月,甘肃某化学工业集团与福建某工业气体公司签订《加工合同》,约定由福建某工业气体公司为甘肃某化学工业集团提供氧气和氮气,金昌某工业气体公司为甘肃某化学工业集团加工氧气、氮气并按要求输送。

2. 2012年3月15日,通过签订补充协议,约定由金昌某工业气体公司、甘肃某环保科技公司执行原合同。

3. 2013年10月10日至2015年2月13日期间,金昌某工业气体公司按约为甘肃某环保科技公司加工氧气。

4. 2015年2月12日,因原料提供商停止供应生产所需原料,金昌某工业气体公司向甘肃某环保科技公司发出停止供应的书面通知。2015年2月14日至2017年7月31日期间,金昌某工业气体公司未再向甘肃某环保科技公司供气。

5. 金昌某工业气体公司向甘肃省金昌市中院提起诉讼,请求甘肃某环保科技公司向其支付加工费、2017年12月31日前的逾期付款违约金和自2018年1月1日至清偿加工费之日的违约金。

6. 金昌市中院支持了金昌某工业气体公司的部分请求,其中包括要求甘肃某环保科技公司支付按日利率0.05%计算的自2018年1月1日至该加工费清偿之日的逾期付款违约金。金昌某工业气体公司对一审判决不服,提起上诉。

7. 甘肃省高院在二审中,改判甘肃某环保科技公司支付按日利率0.05%计算的自2018年1月1日至本判决生效之日的逾期付款违约金。金昌某工业气体公司不服,向最高人民法院提起再审。

8. 最高人民法院在终审判决中,支持一审法院判决有关逾期付款违约金的判项。

实务要点总结

第一,订立合同时,双方约定的违约责任可以略高于法定的违约金标准,但不应过高,否则违约方有权请求法院对超出实际损失的过高违约金进行调减。

第二,即使当事方已构成违约,也应提醒违约方及时承担相应的违约责任,否则根据本案中所明确的截止时间,则可能出现逾期付款违约金不断累积,导致最终承担金额过高的不利后果。

相关法律规定

《中华人民共和国民法典》

第五百八十五条　当事人可以约定一方违约时应当根据违约情况向对方支付一定数额的违约金，也可以约定因违约产生的损失赔偿额的计算方法。

约定的违约金低于造成的损失的，人民法院或者仲裁机构可以根据当事人的请求予以增加；约定的违约金过分高于造成的损失的，人民法院或者仲裁机构可以根据当事人的请求予以适当减少。

当事人就迟延履行约定违约金的，违约方支付违约金后，还应当履行债务。

《中华人民共和国民事诉讼法》（2023年修正）

第二百六十四条　被执行人未按判决、裁定和其他法律文书指定的期间履行给付金钱义务的，应当加倍支付迟延履行期间的债务利息。被执行人未按判决、裁定和其他法律文书指定的期间履行其他义务的，应当支付迟延履行金。

《最高人民法院关于执行程序中计算迟延履行期间的债务利息适用法律若干问题的解释》

第一条　根据民事诉讼法第二百五十三条规定加倍计算之后的迟延履行期间的债务利息，包括迟延履行期间的一般债务利息和加倍部分债务利息。

迟延履行期间的一般债务利息，根据生效法律文书确定的方法计算；生效法律文书未确定给付该利息的，不予计算。

加倍部分债务利息的计算方法为：加倍部分债务利息=债务人尚未清偿的生效法律文书确定的除一般债务利息之外的金钱债务×日万分之一点七五×迟延履行期间。

法院判决

以下为该案在审理阶段，判决书中"本院认为"部分就该问题的论述：

本案二审判决将逾期付款违约金的计算截止时间调整至判决生效之日，适用法律错误。

一审判决甘肃某环保科技公司向金昌某工业气体公司支付正常生产期间拖欠的加工费及该加工费计算至清偿之日的逾期付款违约金，在双方均未对该逾期付款违约金上诉的情况下，二审判决以民事诉讼法司法解释第三百二十三条"第二审人民法院应当围绕当事人的上诉请求进行审理。当事人没有提出请求的，不予审理，但一审判决违反法律禁止性规定，或者损害国家利益、社会公共利益、他人合法权益的除外"的但书规定，对逾期付款违约金的截止时间进行调整。而一审判决关于逾期付款违约金的判决内容，并未违反法律禁止性规定，也没有损害国家利益、社会公共利益、他人合法权益，并不符合该条但书规定的情形，二审判决适用上述规定对逾期付款违约金的计算截止时间进行改判，适用法律错误，本院予以纠正。

逾期付款违约责任与《民事诉讼法》（2017年修正）第二百五十三条规定的法定迟延履行责任是两种不同的责任。逾期付款违约责任是基于双方合同约定，在发生逾期付款事实时产生的责任。法定迟延履行责任是一种间接强制措施，兼具补偿性和惩罚性，其目的是督促被执行人及时履行生效法律文书确定的义务。法定迟延履行责任与生效判决所确定的逾期付款违约责任在法律依据、性质、适用范围等方面均存在不同。法定迟延履行责任的承担不能免除逾期付款违约责任，法定迟延履行责任不能替代逾期付款违约责任。再者，根据《最高人民法院关于执行程序中计算迟延履行期间的债务利息适用法律若干问题的解释》第一条有关"加倍计算之后的迟延履行期间的债务利息"的规定，执行中迟延履行期间的债务利息包括一般债务利息和加倍部分债务利息。迟延履行期间的一般债务利息，根据生效法律文书确定的方法计算，即生效法律文书判决至法律文书生效之日则计算至法律文书生效之日，生效法律文书判决至实际清偿之日则计算至实际清偿之日。加倍部分债务利息的计算方法为：加倍部分债务利息=债务人尚未清偿的生效法律文书确定的除一般债务利息之外的金钱债务×日万分之一点七五×迟延履行期间，加倍部分债务利息的计算并不包含一般债务利息。具体到本案中，违约金判决至判决生效之日，违约金只能计算至判决生效之日，之后只能按照日万分之一点七五（约年利率6.39%）以欠付的加工费为基数计算迟延履行违约金。而本案约定的违约金标准为日利率0.05%（年利率18.25%），将导致迟延履行生效判决的责任远低于当事人约定的违约责任，有违合同约定，亦不能对迟延履行该部分违约责任起到惩罚作用。甘肃某环保科技公司在清偿加工费前，逾期付款的状态持续存在，二审判决认定违约责任的确认和承担自法院裁判生效之日即终结，此后责任的承担方式为法定迟延履行责任，对违约金计算的截止日进行改判，无法律依据，应予纠正。一审判决按照金昌某工业气体公司的诉讼请求，判决逾期付款违约金计算至加工费实际清偿之日，符合合同约定和法律规定。再审判决予以部分改判，撤销二审判决中将逾期付款违约金的截止日期计算至判决生效之日的判项，维持一审判决中将逾期付款违约金计算至加工费实际清偿之日的判项。

086 承包人向执行法院主张优先受偿权能否成立[*]

> **阅读提示**：本案例是最高人民法院指导案例。根据《民法典》第八百零七条的规定，发包人未按约定支付建设工程价款的，承包人有权就工程折价或拍卖的价款主张优先受偿权。但对于优先受偿权的行使方式，我国现行法并没有明确的规定。因此，在本案例中，最高人民法院进一步明确了，承包人可以向执行该项目工程的法院主张其对工程价款的优先受偿权。

裁判要旨

执行法院依其他债权人的申请，对发包人的建设工程强制执行，承包人向执行法院主张其享有建设工程价款优先受偿权且未超过除斥期间的，视为承包人依法行使了建设工程价款优先受偿权。发包人以承包人起诉时行使建设工程价款优先受偿权超过除斥期间为由进行抗辩的，人民法院不予支持。

案情介绍

1. 2013年6月26日，河南某某置业公司和某某建设公司签订《建设工程施工合同》，约定由某某建设公司就涉案工程进行施工。

2. 施工期间，河南某某置业公司拖欠工程款，某某建设公司多次向其送达联系函请求支付相关款项。

3. 2014年4月、5月，河南某某置业公司委托某某工程管理有限公司对案涉工程进行结算，并于同年11月3日向某某建设公司出具《结算审核报告》，三方分别加盖公章并签字确认。

4. 2014年11月24日，某某建设公司得知河南焦作市中院要依据河南某某置业公司其他债权人的申请对案涉工程进行拍卖，遂于同年12月1日，向焦作市中院提交《关于某某国际商务会展中心在建工程拍卖联系函》，主张确认其优先受偿权。

---

[*] 案件来源：某某建设公司诉河南某某置业有限公司建设工程施工合同纠纷案二审判决书，最高人民法院（2019）最高法民终255号。

5. 某某建设公司与河南某某置业公司认可案涉工程于 2015 年 2 月 5 日停工。

6. 2018 年 1 月 31 日，某某建设公司向河南省高院起诉，请求确认河南某某置业公司欠付的工程价款及优先受偿权。

7. 河南省高院支持了某某建设公司优先受偿权的主张。河南某某置业公司不服，提起上诉。

8. 最高人民法院判决驳回上诉，维持原判。

实务要点总结

第一，《最高人民法院关于审理建设工程施工合同纠纷案件适用法律问题的解释（一）》第四十一条中所规定的"应当给付建设工程价款之日"并不等同于工程停工时间，而是基于出具《结算审核报告》且双方盖章并签字确认的时间。当发包人与承包人已就上述报告达成一致意见时，应当及时履行给付工程价款的义务；同时，《民法典》出台后，承包人主张优先受偿权的期限也由原先的 6 个月改为 18 个月，但承包人也应及时向发包人主张工程价款的优先受偿权，切不可一拖再拖。

第二，目前，关于主张工程款优先受偿权的方式在我国现行法上尚无明确规定，一般而言，可以通过与发包人达成协议、提起诉讼或仲裁等方式主张。在本案中，最高人民法院认可了承包人向执行法院主张优先受偿权的行使方式，但除此以外，也有部分法院的判决认为，承包人向发包人发放催款函或向破产管理人申报债权时提出优先受偿权，同样能够成为行使工程款优先受偿权的方式。因此，承包人在主张优先受偿权时，可以通过多种途径同时进行，尽可能确保权利的形式，避免不必要的损失。

相关法律规定

《中华人民共和国民法典》

第五百二十三条 当事人约定由第三人向债权人履行债务，第三人不履行债务或者履行债务不符合约定的，债务人应当向债权人承担违约责任。

《最高人民法院关于审理建设工程施工合同纠纷案件适用法律问题的解释（一）》

第四十一条 承包人应当在合理期限内行使建设工程价款优先受偿权，但最长不得超过十八个月，自发包人应当给付建设工程价款之日起算。

法院判决

以下为该案在审理阶段，判决书中"本院认为"部分就该问题的论述：

《最高人民法院关于审理建设工程施工合同纠纷案件适用法律问题的解释（二）》第二十二条规定："承包人行使建设工程价款优先受偿权的期限为六个月，自发包人应当给付建设工程价款之日起算。"根据《最高人民法院关于建设工程价款优先受偿权问题的批复》第一条的规定，建设工程价款优先受偿权的效力优先于设立在建设工程上的抵押权和发包人的其他债权人所享有的普通债权。人民法院依据发包人的其他债权人或抵押权人申请对建设工程采取强制执行行为，会对承包人的建设工程价款优先受偿权产生影响。此时，如承包人向执行法院主张其对建设工程享有建设工程价款优先受偿权的，属于行使建设工程价款优先受偿权的合法方式。河南某某置业公司和某某建设公司共同委托的造价机构某某工程管理有限公司于2014年11月3日对案涉工程价款出具《结算审核报告》。2014年11月24日，某某建设公司收到通知，河南省焦作市中级人民法院依据河南某某置业公司其他债权人的申请将对案涉工程进行拍卖。2014年12月1日，某某建设公司向河南省焦作市中级人民法院提交《关于某某国际商务会展中心在建工程拍卖联系函》，请求依法确认对案涉建设工程的优先受偿权。2015年2月5日，某某建设公司对案涉工程停止施工。2015年8月4日，某某建设公司向河南某某置业公司发送《关于主张某某国际商务会展中心工程价款优先受偿权的工作联系单》，要求对案涉工程价款享有优先受偿权。2016年5月5日，某某建设公司又向河南省洛阳市中级人民法院提交《优先受偿权参与分配申请书》，依法确认并保障其对案涉建设工程价款享有的优先受偿权。因此，河南某某置业公司关于某某建设公司未在6个月除斥期间内以诉讼方式主张优先受偿权，其优先受偿权主张不应得到支持的上诉理由不能成立。

第八章 合同的解释

087 当事人对同一内容达成多份协议时，以哪份协议为准[*]

> **阅读提示**：商事实践中，交易状况经常会发生变化，当事人订立合同后并非不能变更，出于市场行情、履行情况等多种因素的考虑，当事人往往会适时调整合同，签订新的合同。在当事人就同一内容达成多份协议的情况下，若事后发生纠纷，到底以哪一份合同作为当事人之间权利义务的依据呢？本书主要梳理和分析了最高人民法院对此问题给出的裁判规则，以供读者参考。

裁判要旨

三方协议及双方协议均为当事人真实意思的表示，亦未违反法律、行政法规的强制性规定，均为合法有效。两份协议的具体内容和当事人不同，并不能互相覆盖、互相取代，因此，不同当事人之间、不同事项上的约定均具有法律约束力，相同当事人之间、相同事项上的不同约定应以签订在后的协议变更签订在前的协议为基本原则，并结合具体履行情况来理解和分析协议的关系和内容。

本案中，签订在前的三方协议并未涉及回迁楼的建设问题，而签订在后的双方协议中则约定了回迁楼建设上的权利义务。因此，双方协议与三方协议相比较，一是就回迁楼建设而言，内容上属于不同事项上的约定；二是二者从总体上都是对同一土地开发项目的约定，也理应以签订在后的合同为准。故案涉回迁楼的权利义务，应主要依据双方协议确定。

---

[*] 案件来源：沈阳市于洪区北陵街道包某村村民委员会与辽宁东某房地产开发有限公司、沈阳银某房地产开发有限公司合资合作开发房地产纠纷案二审民事判决书，最高人民法院（2013）最高法民一终字第91号。

案情介绍

1. 2006 年 9 月 6 日，包某村村委会与沈阳银某房地产开发有限公司（以下简称沈阳银某公司）、辽宁东某房地产开发有限公司（以下简称东某公司）签订《三方协议》，约定沈阳银某公司利用包某村村委会委托东某公司整理的土地面积约为 1400 亩，沈阳银某公司支付包某村村委会补偿款为每亩 45 万元，协议中未涉及回迁楼的建设问题。

2. 2006 年 10 月 15 日，包某村村委会与东某公司签订《双方协议》，约定东某公司征用包某村村委会 1500 亩土地，补偿方式为货币或实物两种，实物补偿主要涉及拆迁后的建设，包括无偿为包某村村委会建设 10 万平方米农民回迁楼等。

3. 《双方协议》约定东某公司负责办理土地手续和农民回迁楼的建设手续并且在拆迁完毕后 18 个月内建设完成回迁楼及所有地上物。东某公司若不能取得案涉土地使用权，包某村村委会有权解除合同，并取得东某公司已交付的款项和已建设的地上物。

4. 2006 年 11 月，沈阳银某公司取得回迁楼建设用地使用权，但包某村村委会并未向东某公司行使合同解除权。2006 年 11 月 28 日，包某村村委会与东某公司约定双方成立包某公司，主要服务于村民回迁楼项目。此后东某公司从包某公司取款并向沈阳银某公司申请出具授权手续用于办理回迁楼建设，各方当事人均未提出异议。

5. 2007 年 11 月，包某村村委会向东某公司发函称，东某公司未按协议约定时间办理农民回迁楼的建设手续，未按时开工建设回迁楼和所有地上物，构成根本违约，解除三方协议和双方协议。

6. 包某村村委会向辽宁省高院起诉请求东某公司赔偿违约金及损失，未获支持；包某村村委会不服上诉，最高人民法院认为不同当事人之间、不同事项上的约定均具有法律约束力，相同当事人之间、相同事项上的不同约定应以签订在后的协议变更签订在前的协议为基本原则，关于回迁楼的权利义务依双方协议确定，在包某村村委会未能举证证明东某公司违约的情况下，维持原判。

实务要点总结

第一，当事人无论签订几份合同，都应该详细规定权利义务，尽量避免因词义不清而产生争议。一般而言相同事项上的不同约定，应以签订在后的协议变更签订在前的协议为基本原则。

第二，为了防止发生纠纷时，难以确定双方当事人的权利义务以哪份合同为准，负责起草合同的律师或者公司法务人员，建议在签订后续的新的合同时，一定要写清楚每份合同或备忘录之间的关系，明确签订在前的合同的效力，签订在后的合同与其是互补还是替代，约定不一致时以哪份为准。类似的约定一定要清楚，避免争议。例如，写明"以本协议为准，××协议作废"或者"本协议未涉及事项，仍以××协议为依据"或其他类似的表述，有备无患。

相关法律规定

《最高人民法院关于适用〈中华人民共和国民法典〉合同编通则若干问题的解释》

第十四条 当事人之间就同一交易订立多份合同，人民法院应当认定其中以虚假意思表示订立的合同无效。当事人为规避法律、行政法规的强制性规定，以虚假意思表示隐藏真实意思表示的，人民法院应当依据民法典第一百五十三条第一款的规定认定被隐藏合同的效力；当事人为规避法律、行政法规关于合同应当办理批准等手续的规定，以虚假意思表示隐藏真实意思表示的，人民法院应当依据民法典第五百零二条第二款的规定认定被隐藏合同的效力。

依据前款规定认定被隐藏合同无效或者确定不发生效力的，人民法院应当以被隐藏合同为事实基础，依据民法典第一百五十七条的规定确定当事人的民事责任。但是，法律另有规定的除外。

当事人就同一交易订立的多份合同均系真实意思表示，且不存在其他影响合同效力情形的，人民法院应当在查明各合同成立先后顺序和实际履行情况的基础上，认定合同内容是否发生变更。法律、行政法规禁止变更合同内容的，人民法院应当认定合同的相应变更无效。

《中华人民共和国合同法》（已失效）

第一百二十五条 当事人对合同条款的理解有争议的，应当按照合同所使用的词句、合同的有关条款、合同的目的、交易习惯以及诚实信用原则，确定该条款的真实意思。

合同文本采用两种以上文字订立并约定具有同等效力的，对各文本使用的词句推定具有相同含义。各文本使用的词句不一致的，应当根据合同的目的予以解释。

《中华人民共和国民法典》

第一百四十二条 有相对人的意思表示的解释，应当按照所使用的词句，结合相关条款、行为的性质和目的、习惯以及诚信原则，确定意思表示的含义。

无相对人的意思表示的解释，不能完全拘泥于所使用的词句，而应当结合相关条款、行为的性质和目的、习惯以及诚信原则，确定行为人的真实意思。

第四百六十六条 当事人对合同条款的理解有争议的，应当依据本法第一百四十二条第一款的规定，确定争议条款的含义。

合同文本采用两种以上文字订立并约定具有同等效力的，对各文本使用的词句推定具有相同含义。各文本使用的词句不一致的，应当根据合同的相关条款、性质、目的以及诚信原则等予以解释。

法院判决

以下为该案在法院审理阶段，判决书中"本院认为"就该问题的论述：

本案三方协议及双方协议均为当事人真实意思的表示，亦未违反法律、行政法规的强制性规定，均为合法有效。两份协议的具体内容和当事人不同，并不能互相覆盖、互相取代，因此，不同当事人之间、不同事项上的约定均具有法律约束力，相同当事人之间、相同事项上的不同约定应以签订在后的协议变更签订在前的协议为基本原则，并结合具体履行情况来理解和分析协议的关系和内容。

本案双方当事人争议的焦点是回迁楼的建设问题。签订在前的三方协议中，未涉及回迁楼的建设问题。签订在后的双方协议中约定了东某公司和包某村村委会在回迁楼建设上的权利义务。因此，无论是从协议签订的时间上还是内容上看，案涉回迁楼建设的相关权利义务，应主要依据双方协议确定。

就回迁楼建设用地使用权的实际取得状况与双方协议约定不符的问题，从合同履行情况看，对于沈阳银某公司实际取得回迁楼建设用地使用权的事实，各方当事人均予以认可，而未提出异议，对于此后各方当事人是否以及怎样继续履行双方协议约定的回迁楼建设事项，没有书面证据予以证明，而仅能从合同实际履行变更的角度予以分析：首先，在沈阳银某公司于2006年11月通过拍卖取得回迁楼建设用地使用权后，东某公司仍然通过从包某公司转款用于办理回迁楼相关手续、向沈阳银某公司申请出具授权手续用于办理回迁楼建设手续，而且东某公司亦举证证明其为履行建设回迁楼义务进行了前期工作，故在上述合同实际变更后，东某公司对其继续负有办理回迁楼建设手续和建设回迁楼等合同义务予以认可；其次，根据双方协议第五条第八项的约定，东某公司因自身原因不能通过摘牌取得合同项下宗地使用权的情况下，包某村村委会有权解除合同，并有权取得东某公司已经交付的款项和已经建设的地上物。但在沈阳银某公司实际取得回迁楼建设用地使用权后，包某村村委会并未因此向东某公司主张行使合同解除权，而且从本案诉讼起因和包某村村委会的诉讼请求看，其对合同实际变更后，东某公司继续负有办理回迁楼建设手续和建设回迁楼等合同义务亦持肯定观点。最后，沈阳银某公司虽认可回迁楼建设用地使用权被其一并取得的事实，但认为回迁楼建设与其无关，对此东某公司与包某村村委会均未提出异议，但由于回迁楼建设手续的办理，客观上必然需要沈阳银某公司予以配合，对此，沈阳银某公司未提出异议，故应当认为，合同的实际变更增加了沈阳银某公司配合办理回迁楼相关建设手续的义务。综上，本院认为，本案合同的实际履行变更，并未免除东某公司办理回迁楼建设手续以及建设回迁楼等合同义务，仅是就合同的具体履行方式进行了变更。

088 名为合作开发实为土地使用权转让合同的特殊法律效果[*]

> **阅读提示**：房地产行业对促进我国国民经济的发展有着不可估量的作用，同时国民经济的发展也带动了房地产开发行业的发展。房地产行业的发展需要庞大的资金和充足的土地，而拥有许多土地使用权的企业面临资金短缺的窘境，部分拥有充足资金的企业或个人因无法取得土地使用权而不能投入房地产建设，市场的自发调节使拥有土地资源的企业和拥有资金的企业很容易形成合作关系，更好地融合稀缺资源。故房地产开发合同在此类开发中应用极为广泛，但开发手续烦琐、时间周期较长、资金链条庞大、工程建设复杂等原因导致纠纷层出不穷，对于房地产开发合同的性质和效力的争议尤为常见。实践中，出现了很多披着房地产开发合作协议的特殊表现形式，其中土地使用权转让合同便是一种，如何识别房地产开发合同与土地使用权转让合同是本文主要分析的问题。

裁判要旨

合作开发房地产合同约定提供土地使用权的当事人不承担经营风险，只收取固定利益的，应当认定为土地使用权转让合同。土地使用权转让合同是债权合同，债权人仅能请求债务人履行合同义务，而不能直接发生物权变动的效果。

合同定性除审查合同的名称外，最重要的是根据合同约定的权利义务内容进行

---

[*] 案件来源：岳阳市新某地置业发展有限公司与湖南华某置业有限公司其他合同纠纷二审民事判决书，最高人民法院（2013）最高法民一终字第209号。

全面理解和准确判断。房地产开发合同的核心特征在于双方的权利义务呈现了共同出资、共享收益、共担风险的特点，缺少任何一个特征都不宜认定为房地产开发合作合同，而应根据合同的权利义务认定为其他性质的合同。土地使用权转让合同的当事人不承担经营风险，只收取固定收益，不论市场如何变化，提供土地使用权的一方都可以按照合同约定获得一定的、不变的收益。

本案中，根据《合作协议》约定，提供土地使用权的一方当事人主要合同义务便是提供案涉土地用于房地产开发；而开发商的主要义务为支付前期投资款和固定回报给提供土地使用权的一方，并且自行承担后期开发费用和一切债务及责任。从《合作协议》约定的权利义务来看，双方并没有共享收益、共担风险，不应认定为房地产开发合作合同，应认定为土地使用权转让合同。

案情介绍

1. 2004年8月，湖南华某置业有限公司（以下简称华某置业）与岳阳新某地置业发展有限公司（以下简称岳阳新某地）签订《带资承包合作开发协议书》（以下简称《合作协议》），华某置业的主要合同义务为向岳阳新某地提供案涉土地用于房地产开发；岳阳新某地的合同义务为支付华某置业前期投资款和固定回报以及承担后期开发费用和一切债务及责任。

2. 2004年10月，华某置业与岳阳新某地签订财务移交书，确认岳阳新某地应根据双方订立的《合作协议》的约定按期返还华某置业前期投资款约1亿元。

3. 合同订立后，岳阳新某地的胡某负责案涉房地产开发项目，2006年12月，案涉项目已经竣工验收，至2008年8月，案涉92%的房屋已经销售给他人。

4. 2008年岳阳新某地资金短缺，胡某出走，该项目部无人接管。因该项目的遗漏问题，华某置业先后向相关部门缴纳了业主办理房产证、国土证需缴纳契税、维修基金等费用并因延期办理支付了巨额赔偿金。华某置业未将该项目开发形成的资产转让给岳阳新某地。

5. 岳阳新某地向湖南省高级人民法院起诉称，《合作协议》实质是土地使用权转让，项目开发业已完成，请求判令该项目开发形成的资产归其所有，湖南省高级人民法院驳回了岳阳新某地的请求。

6. 岳阳新某地不服一审判决上诉，最高人民法院认为《合作协议》约定华某置业不承担经营风险，只收取固定利益，认定为土地使用权转让合同。但岳阳新某地作为债权人，仅能请求华某置业履行合同义务，而不能直接请求确认该土地使用权归其享有，故驳回了岳阳新某地的诉讼请求，维持原判。

实务要点总结

第一,判断合同性质不能只拘泥于合同名称,而应该根据合同签订背景、合同内容、主要条款、合同目的,以及所涉及的法律关系即合同双方当事人所设立的权利义务关系进行判定,其中最为关键的便是对权利义务的认定。

第二,房地产合作开发合同的核心特征为共同投资、共享收益、共担风险合作开发房地产,这三个特征缺一不可。其中共同投资一般表现为一方出资、一方出地;共享利润是指在房地产开发过程中,双方按照合同约定的分配方式均能获取利益;共担风险,主要是指合作双方均需承担预期的利益目标不能实现或者不能全部实现的风险。与土地使用权转让合同区分之处便在于土地使用权转让合同无须共享收益、共担风险,而是基于合同享有固定收益,与是否存在经营风险无关。

相关法律规定

《最高人民法院关于适用〈中华人民共和国民法典〉合同编通则若干问题的解释》

第一条 人民法院依据民法典第一百四十二条第一款、第四百六十六条第一款的规定解释合同条款时,应当以词句的通常含义为基础,结合相关条款、合同的性质和目的、习惯以及诚信原则,参考缔约背景、磋商过程、履行行为等因素确定争议条款的含义。

有证据证明当事人之间对合同条款有不同于词句的通常含义的其他共同理解,一方主张按照词句的通常含义理解合同条款的,人民法院不予支持。

对合同条款有两种以上解释,可能影响该条款效力的,人民法院应当选择有利于该条款有效的解释;属于无偿合同的,应当选择对债务人负担较轻的解释。

《中华人民共和国合同法》(已失效)

第一百二十五条 当事人对合同条款的理解有争议的,应当按照合同所使用的词句、合同的有关条款、合同的目的、交易习惯以及诚实信用原则,确定该条款的真实意思。

合同文本采用两种以上文字订立并约定具有同等效力的,对各文本使用的词句推定具有相同含义。各文本使用的词句不一致的,应当根据合同的目的予以解释。

《中华人民共和国民法典》

第一百四十二条 有相对人的意思表示的解释,应当按照所使用的词句,结合相关条款、行为的性质和目的、习惯以及诚信原则,确定意思表示的含义。

无相对人的意思表示的解释，不能完全拘泥于所使用的词句，而应当结合相关条款、行为的性质和目的、习惯以及诚信原则，确定行为人的真实意思。

第四百六十六条 当事人对合同条款的理解有争议的，应当依据本法第一百四十二条第一款的规定，确定争议条款的含义。

合同文本采用两种以上文字订立并约定具有同等效力的，对各文本使用的词句推定具有相同含义。各文本使用的词句不一致的，应当根据合同的相关条款、性质、目的以及诚信原则等予以解释。

《最高人民法院关于审理涉及国有土地使用权合同纠纷案件适用法律问题的解释》（2020年修正）

第七条 本解释所称的土地使用权转让合同，是指土地使用权人作为转让方将出让土地使用权转让于受让方，受让方支付价款的合同。

第十二条 本解释所称的合作开发房地产合同，是指当事人订立的以提供出让土地使用权、资金等作为共同投资，共享利润、共担风险合作开发房地产为基本内容的合同。

第二十一条 合作开发房地产合同约定提供土地使用权的当事人不承担经营风险，只收取固定利益的，应当认定为土地使用权转让合同。

法院判决

以下为该案在法院审理阶段，判决书中"本院认为"就该问题的论述：

从《合作协议》第三条第二项关于岳阳新某地应向华某置业支付项目开发固定回报1100万元的约定内容看，该《合作协议》符合《最高人民法院关于审理涉及国有土地使用权合同纠纷案件适用法律问题的解释》第二十四条"合作开发房地产合同约定提供土地使用权的当事人不承担经营风险，只收取固定利益的，应当认定为土地使用权转让合同"的规定，岳阳新某地关于案涉《合作协议》应为土地使用权转让合同的主张，于法有据。当然，由于《合作协议》为当事人真实意思表示，且不违反法律行政法规的相关规定，合法有效，故双方当事人具体权利义务内容，仍应按照《合作协议》约定来确定。根据《合作协议》约定，华某置业的主要合同义务为向岳阳新某地提供案涉土地用于房地产开发；岳阳新某地的合同义务为支付华某置业前期投资款和固定回报以及承担后期开发费用和一切债务及责任。《合作协议》并未约定案涉土地使用权需要过户到岳阳新某地名下，也未约定建设完成后所建建筑物均须登记在岳阳新某地名下，归岳阳新某地所有。故岳阳新某地关于案涉土地使用权实质已转让的主张无合同依据。退一步讲，即便双方约定在岳阳新某地支付相应款项后，华某置业应将案涉土地使用权过户到其名下，双方亦仅为债权债务关系，作为债权人的岳阳新某地，仅能请求华某置业履行相应合同义务，而不能直接请求确认该土地使用权归其享有，亦不能依照《物权法》第三十条规定主张因合法建造当然取得其上建筑物的所有权。加之，案涉项目的90%以上的房产已销售给他人。故在案涉土地使用权未过户到岳阳新某地名下且《合作协议》亦未约定相关内容的情况下，岳阳新某地主张其已经支付相应对价而当然成为案涉土地使用权人，华某、香某美地项目开发形成的资产应归其所有，没有法律和事实依据。

089 融资租赁与借贷的本质区别是什么[*]

> **阅读提示**：最高人民法院在本案判决书中认为，售后回租交易与抵押借款在法律关系、标的物权属属性、债权金额构成、偿还方式方面存在差异。
>
> 融资租赁关系与其他法律关系的区分是融资租赁纠纷案件中的关键法律问题，关系到案件的法律适用，正确审理。本案例中，最高人民法院详细论述了售后回租交易与抵押借款的区分要点。

裁判要旨

一、在售后回租交易中，物的所有权原本属于承租人，出卖人与承租人归于一体，与传统融资租赁交易的三方当事人存在一定区别，但与抵押借款存在不同：一是当事人之间存在的合同法律关系不同。抵押借款一般存在抵押合同与借款合同两个合同；售后回租则包括租赁物买卖合同与融资租赁合同两个合同。二是标的物在租赁期间的权利属性不同。在抵押贷款合同中，标的物所有权归抵押人；在售后回租合同中，出租人是标的物的所有权人。三是债权金额构成不同。抵押借款合同由本金加利息构成；售后回租合同中，租金一般由租赁物的购买价款、费用及出租人的合理利润摊提而成。四是偿还方式不同。抵押借款多为整借整还；售后回租多为按月或按年分期偿还。

---

[*] 案件来源：D市某区人民政府、D市某区国土资源局融资租赁合同纠纷二审民事判决书，最高人民法院（2016）最高法民终480号。

二、因抵押登记错误，给他人造成损害的，登记机构应当承担民事赔偿责任。

案情介绍

1. 2011年7月25日，信某租赁公司与华某公司签订《融资租赁合同》，华某公司以筹措资金为目的，将其拥有真实所有权并有权处分的租赁物转让给信某租赁公司，再由信某租赁公司出租给华某公司使用，租赁成本1.5亿元。

2. 2011年7月26日，信某租赁公司与欣某公司签订《抵押合同》，约定：欣某公司以自有两宗土地使用权为华某公司的债务提供抵押担保。信某租赁公司与欣某公司到某县（后调整为D市某区）国土资源局办理了抵押登记。欣某公司用作抵押的土地出让手续不全。

3. 2011年7月27日，信某租赁公司向华某公司转账12150万元，另向华某公司出具收据，确认收到华某公司租赁服务费750万元、租赁保证金2100万元。

4. 信某租赁公司向山东省高院起诉，请求：解除《融资租赁合同》；华某公司返还所有租赁物，赔偿损失182889163.84元；信某租赁公司对欣某公司提供的抵押土地变现价款享有优先受偿权；欣某公司、D市某区政府、某区国土资源局在信某租赁公司无法实现抵押权的价值范围内承担连带赔偿责任。

5. 山东省高院判决：《融资租赁合同》于2015年4月27日解除；华某公司向信某租赁公司返还全部租赁物，赔偿损失（全部未付租金155230138.32元、逾期利息27137659.73元、留购价款75000元，扣除租赁保证金2100万元和租赁物价值）；信某租赁公司对欣某公司提供的抵押物享有优先受偿权；D市某区政府、某区国土资源局在信某租赁公司抵押权不能实现的范围内承担补充赔偿责任。

6. D市某区政府、某区国土资源局不服，上诉至最高人民法院，主张：本案名为融资租赁合同纠纷，实为民间借贷纠纷；按照民间借贷纠纷认定，本案本金利息的计算应当是实际到位资金12150万元；将行政赔偿主体和民事赔偿主体混为一谈，存在明显错误。最高人民法院认定本案属于融资租赁合同纠纷，但改判D市某区政府、某区国土资源局在信某租赁公司抵押权不能实现的范围内对信某租赁公司承担三分之一的赔偿责任。

实务要点总结

是否构成融资租赁关系的关键在于租赁物是否真实存在、租赁物的所有权是否发生变动。若不构成融资租赁关系，则人民法院将按照实际构成的法律关系处理。

相关法律规定

《中华人民共和国合同法》（已失效）

第二百三十七条　融资租赁合同是出租人根据承租人对出卖人、租赁物的选择，向出卖人购买租赁物，提供给承租人使用，承租人支付租金的合同。

第二百四十三条　融资租赁合同的租金，除当事人另有约定的以外，应当根据购买租赁物的大部分或者全部成本以及出租人的合理利润确定。

《中华人民共和国物权法》（已失效）

第二十一条　当事人提供虚假材料申请登记，给他人造成损害的，应当承担赔偿责任。

因登记错误，给他人造成损害的，登记机构应当承担赔偿责任。登记机构赔偿后，可以向造成登记错误的人追偿。

《中华人民共和国民法通则》（已失效）

第一百二十一条　国家机关或者国家机关工作人员在执行职务中，侵犯公民、法人的合法权益造成损害的，应当承担民事责任。

《中华人民共和国民法典》

第二百二十二条　当事人提供虚假材料申请登记，造成他人损害的，应当承担赔偿责任。

因登记错误，造成他人损害的，登记机构应当承担赔偿责任。登记机构赔偿后，可以向造成登记错误的人追偿。

第七百三十五条　融资租赁合同是出租人根据承租人对出卖人、租赁物的选择，向出卖人购买租赁物，提供给承租人使用，承租人支付租金的合同。

第七百四十六条　融资租赁合同的租金，除当事人另有约定外，应当根据购买租赁物的大部分或者全部成本以及出租人的合理利润确定。

《最高人民法院关于审理融资租赁合同纠纷案件适用法律问题的解释》（2020年修正）

第一条　人民法院应当根据民法典第七百三十五条的规定，结合标的物的性质、价值、租金的构成以及当事人的合同权利和义务，对是否构成融资租赁法律关系作出认定。

对名为融资租赁合同，但实际不构成融资租赁法律关系的，人民法院应按照其实际构成的法律关系处理。

第二条 承租人将其自有物出卖给出租人，再通过融资租赁合同将租赁物从出租人处租回的，人民法院不应仅以承租人和出卖人系同一人为由认定不构成融资租赁法律关系。

《中华人民共和国土地管理法》（2019年修正）

第七十九条 无权批准征收、使用土地的单位或者个人非法批准占用土地的，超越批准权限非法批准占用土地的，不按照土地利用总体规划确定的用途批准用地的，或者违反法律规定的程序批准占用、征收土地的，其批准文件无效，对非法批准征收、使用土地的直接负责的主管人员和其他直接责任人员，依法给予处分；构成犯罪的，依法追究刑事责任。非法批准、使用的土地应当收回，有关当事人拒不归还的，以非法占用土地论处。

非法批准征收、使用土地，对当事人造成损失的，依法应当承担赔偿责任。

法院判决

以下为该案在法院审理阶段，判决书中"本院认为"就该问题的论述：

本案属于民间借贷纠纷还是融资租赁合同纠纷。《合同法》第二百三十七条规定："融资租赁合同是出租人根据承租人对出卖人、租赁物的选择，向出卖人购买租赁物，提供给承租人使用，承租人支付租金的合同。"第二百四十三条规定："融资租赁合同的租金，除当事人另有约定的以外，应当根据购买租赁物的大部分或者全部成本以及出租人的合理利润确定。"《最高人民法院关于审理融资租赁合同纠纷案件适用法律问题的解释》第二条规定："承租人将其自有物出卖给出租人，再通过融资租赁合同将租赁物从出租人处租回的，人民法院不应仅以承租人和出卖人系同一人为由认定不构成融资租赁法律关系。"由上述规定可见，《最高人民法院关于审理融资租赁合同纠纷案件适用法律问题的解释》第二条认可售后回租的合法性。在售后回租交易中，物的所有权原本属于承租人，出卖人与承租人归于一体，与传统融资租赁交易的三方当事人存在一定区别，但与抵押借款存在不同：一是当事人之间存在的合同法律关系不同。抵押借款一般存在抵押合同与借款合同两个合同，当事人之间是借款担保关系；售后回租则包括租赁物买卖合同与融资租赁合同两个合同，当事人之间是融资租赁法律关系。二是标的物在租赁期间的权利属性不同。在抵押贷款合同中，债权人是抵押权人，标的物是抵押物，所有权归抵押人。而在售后回租合同中，出租人是标的物的所有权人。三是债权金额构成不同。抵押借款合同由本金加利息构成，而售后回租合同中，租金一般由租赁物的购买价款、费用及出租人的合理利润摊提而成。四是偿还方式不同，抵押借款多为整借整还，售后回租多为按月或按年分期偿还。本案中，信某租赁公司与华某公司之间形成的法律关系符合前述融资租赁法律关系的特征，具体分析如下：一是当事人之间签订有《融资租赁合同》，该合同的附件包括《租赁物清单》《概算租金支付表》《实际租金支付表》《所有权转移证书》。《租赁物清单》上载有明确的租赁物，租赁物客观存在。《融资租赁合同》约定，信某租赁公司向华某公司支付转让价款之时租赁物的所有权转归信某租赁公司，华某公司应在收到转让价款当日向信某租赁公司出具《所有权转移证书》。该合同附件四《所有权转移证书》载明：华某公司于 2011 年 7 月 27 日收到原告 2011 年 7 月 27 日（起租日）通过民生银行汇出的租赁物转让价款，共计人民币 15000 万元。自 2011 年 7 月 27 日起，编号 XDZL2011-004《融资租赁合同》项下租赁物的所有权自华某公司转移至原告。案涉租赁物的所有权在融资租赁合同履行期间属于原告所有。上述合同及其附件表明，本案存在租赁物以及租赁物所有权的移转即买卖租赁物、回租给付租金的事实，当事人之间并非没有租赁物或者未进行租赁物的所有权转移，也并不只是单纯的资金流转。二是债权金额构成不同于借款合同。《融资租赁合同》约定，华某公司承租租赁物须向原告支付租金，租金及其给付办法等事项均按《概算租金支付表》及原告发出的《实际租金支付表》办理。实际支付时，二者不一致的，以《实际租金支付表》为准。《概算租金支付表》载明，承租人需支付租金、租赁保证金、租赁服务费，双方还对留购价格和损失赔偿金进行了约定。尽管《概算租金支付表》载明，租赁利率是按照中国人民银行公布的人民币 3 年期贷款基准利率上调 4%，是以中国人民银行公布的人民币 3 年期贷款基准利率为基础，但在此之外双方还规定了服务费、保证金等内容。这显然不同于借款合同只返本付息的特性。《融资租赁合同》约定："华某公司未按时、足额支付任何到期租金、租赁保证金、租赁服务费或其他应付款项，构成华某公司违约。若华某公司出现违约情形，原告有权采取以下一项或多项措施：要求维修服务商停止相关服务，禁止华某公司使用租赁物，且不对华某公司因此遭受的损害承担任何责任。"从上述约定可见，信某租赁公司对华某公司提供维修等服务，因此，服务费的收取有事实和法律依据。两上诉人关于信某租赁公司没有提供任何服务不存在租赁服务费的上诉理由不能成立。三是偿还方式为按月分期偿还。《融资租赁合同》附件二《概算租金支付表》载明，每 3 个月支付一次租金，租金分期给付。融资租赁的租期由当事人自由约定，三年将本息全部收回。四是预留购置款 75000 元并不足以否定融资租赁合同的性质。综上，上诉人关于本案信某租赁公司与华某公司之间形成的是企业之间借贷法律关系的上诉理由不能成立，本院不予支持。

……

《民法通则》第一百二十一条规定："国家机关或者国家机关工作人员在执行职务，侵犯公民、法人的合法权益造成损害的，应当承担民事责任。"《土地管理法》第七十九条第二款规定："非法批准征收、使用土地，对当事人造成损失的，依法应当承担赔偿责任。"《物权法》第二十一条第二款规定："因登记错误，给他人造成损害的，登记机构应当承担赔偿责任……"上述规定均是对国家机关或其工作人员在履行相应职务过程中造成民事主体损失应承担民事赔偿责任的规定。本案一审庭审中，信某租赁公司提交的抵押物照片显示，抵押土地有大量居民住宅，华某公司及欣某公司对此亦无异议。一审法院要求D市某区政府、某区国土局限期提交涉案抵押土地的《国有土地出让合同》、土地出让金交纳凭证、拍卖成交确认书等相关土地档案资料，D市某区政府、某区国土局未能提供，在本院审理期间亦未能提供上述材料。在土地出让手续不全的情况下，D市某区政府向欣某公司颁发《国有土地使用证》，某区国土局也为该土地办理了抵押登记，致使信某租赁公司信赖抵押权有效成立，由于上述抵押权可能不能实现造成损失问题的发生，因此，根据前述法律规定，D市某区政府和某区国土局应承担赔偿损失的责任。原审法院根据上述法律认定两上诉人承担民事责任并无不当。在本院二审期间，信某租赁公司认可，在以案涉土地使用权设定抵押权时，其到抵押物现场进行了实地考察，知晓在办理抵押物登记手续之时，抵押物上存在住房的情况，因此，对于本案抵押权不能有效实现，其也具有过错。因案涉债权人、债务人、两上诉人对于案涉抵押权不能有效实现均有过错，故本案根据三方的过错程度，判决D市某区政府和某区国土局在信某租赁公司抵押权不能实现的范围内承担三分之一的赔偿责任。华某公司未按约支付案涉款项存在违约，信某租赁公司一直与债务人进行协商，不存在债权人未采取合理措施应承担未尽减损义务而对扩大的损失自担责任的问题，上诉人的该上诉理由不能成立。

第九章　其他合同

090 预约合同不得强制订立本约合同[*]

> **阅读提示**：关于预约合同的继续履行问题之实质是否可强制缔约问题，我国法律及司法解释对此问题未给予明确态度。
>
> 在司法解释制定过程中，存在肯定说与否定说之争。否定说认为预约合同不可强制缔约，理由：其一，并非所有合同均可强制履行；其二，强制缔约有违合同意思自治原则；其三，与强制执行基本理论不符。而肯定说认为德日民法和判例都采纳此立场，关于当事人缔结本约时不予配合也可以通过合同解释、合同漏洞填补等途径解决，我国多数学者也认同肯定说。但是到目前为止，司法实践以及理论界对该问题仍然莫衷一是，对此研究有待深入。
>
> 本案例中，最高人民法院认为预约合同不得强制合同当事人订立本约。

裁判要旨

《股权转让意向书》就订立《股权转让协议》的时间、步骤及违反意向书的违约责任等均作出了明确约定，应当认定为三方当事人为订立《股权转让协议》而签订的预约合同。《股权转让意向书》明确约定若不愿意签订《股权转让协议》将双倍返还定金，亦即赋予了以双倍返还定金为代价不签订《股权转让协议》的合同权利。

根据预约合同的约定，在张某侠与南某实业已经表示不愿意签订《股权转让协议》的情况下，嘉某公司可请求张某侠与南某实业承担定金责任，亦即赋予了张某侠与南某实业以双倍返还定金为代价不签订《股权转让协议》的合同权利。据此，

---

[*] 案件来源：海南嘉某投资开发有限公司与张某侠、海口南某实业有限公司、海南南某置业有限公司股权转让合同纠纷案，最高人民法院（2011）最高法民二终字第10号。

即便嘉某公司完成了尽职调查,张某侠和南某实业也可以不签订《股权转让协议》,而仅是双倍返还定金。现张某侠与南某实业已明确表示不愿意签订《股权转让协议》,嘉某公司的该项请求已没有实际意义,诉请强制缔约没有法律和事实依据。[①]

案情介绍

1. 张某侠、海口南某实业有限公司(以下简称南某实业)是海南南某置业有限公司(以下简称南某置业)的股东,分别持股69.6%和30.4%。

2. 2010年1月6日,嘉某公司与张某侠、南某实业签订《股权转让意向书》,约定:张某侠与南某实业持有的股权拟转让给嘉某公司。在意向书签订的5日内,嘉某公司将委托专业机构进行尽职调查并且若满足条件,在尽职调查结束后3个工作日签订《股权转让协议》。若因嘉某公司的原因导致不能签订《股权转让协议》,嘉某公司所付定金500万元,张某侠与南某实业有权没收;若张某侠与南某实业不愿意签订《股权转让协议》,张某侠与南某实业将双倍返还定金。

3. 2010年1月12日,嘉某公司向张某侠与南某实业支付定金500万元。2010年1月18日,张某侠与南某实业分别将500万元退回嘉某公司。嘉某公司于2010年1月21日、1月22日向张某侠、南某实业与南某置业发函催告要求其协助嘉某公司开展尽职调查工作并继续履行意向书。

4. 2010年2月3日,张某侠与南某实业致函嘉某公司,以嘉某公司迟延支付定金,不按时开展尽职调查为由通知嘉某公司解除意向书,嘉某公司遂诉至法院,请求张某侠、南某实业继续履行《股权转让意向书》。

5. 一审法院认为《股权转让意向书》是预约合同且约定张某侠与南某实业承担双倍返还定金代价即可不签订《股权转让协议》。在张某侠与南某实业不愿意履行合同的情况下嘉某公司诉请履行没有依据,不予支持。嘉某公司不服上诉,二审维持原判。

实务要点总结

律师在代为起诉类似案件时,应当对预约合同条款仔细审查,若是双方当事人已约定了解除预约合同的对价,一般认为预约合同不可强制缔约,而只能主张其他违约责任。避免起诉错误做无用功,浪费当事人的金钱,也浪费自己的时间和精力。

[①] 《民法典》合同编第四百九十五条新增了预约合同制度,《最高人民法院关于适用〈中华人民共和国民法典〉合同编通则若干问题的解释》第六条、第七条、第八条对预约合同相关规则又进行了明确。

相关法律规定

《最高人民法院关于适用〈中华人民共和国民法典〉合同编通则若干问题的解释》

第六条 当事人以认购书、订购书、预订书等形式约定在将来一定期限内订立合同，或者为担保在将来一定期限内订立合同交付了定金，能够确定将来所要订立合同的主体、标的等内容的，人民法院应当认定预约合同成立。

当事人通过签订意向书或者备忘录等方式，仅表达交易的意向，未约定在将来一定期限内订立合同，或者虽然有约定但是难以确定将来所要订立合同的主体、标的等内容，一方主张预约合同成立的，人民法院不予支持。

当事人订立的认购书、订购书、预订书等已就合同标的、数量、价款或者报酬等主要内容达成合意，符合本解释第三条第一款规定的合同成立条件，未明确约定在将来一定期限内另行订立合同，或者虽然有约定但是当事人一方已实施履行行为且对方接受的，人民法院应当认定本约合同成立。

第七条 预约合同生效后，当事人一方拒绝订立本约合同或者在磋商订立本约合同时违背诚信原则导致未能订立本约合同的，人民法院应当认定该当事人不履行预约合同约定的义务。

人民法院认定当事人一方在磋商订立本约合同时是否违背诚信原则，应当综合考虑该当事人在磋商时提出的条件是否明显背离预约合同约定的内容以及是否已尽合理努力进行协商等因素。

第八条 预约合同生效后，当事人一方不履行订立本约合同的义务，对方请求其赔偿因此造成的损失的，人民法院依法予以支持。

前款规定的损失赔偿，当事人有约定的，按照约定；没有约定的，人民法院应当综合考虑预约合同在内容上的完备程度以及订立本约合同的条件的成就程度等因素酌定。

《中华人民共和国合同法》（已失效）

第一百七十四条 法律对其他有偿合同有规定的，依照其规定；没有规定的，参照买卖合同的有关规定。

《中华人民共和国民法典》

第四百九十五条 当事人约定在将来一定期限内订立合同的认购书、订购书、预订书等，构成预约合同。

当事人一方不履行预约合同约定的订立合同义务的，对方可以请求其承担预约合同的违约责任。

《最高人民法院关于审理买卖合同纠纷案件适用法律问题的解释》

第二条 当事人签订认购书、订购书、预订书、意向书、备忘录等预约合同，约定在将来一定期限内订立买卖合同，一方不履行订立买卖合同的义务，对方请求其承担预约合同违约责任或者要求解除预约合同并主张损害赔偿的，人民法院应予支持。①

法院判决

以下为该案在法院审理阶段，判决书中"本院认为"就该问题的论述：

嘉某公司与张某侠、南某公司签订的《股权转让意向书》是双方当事人的真实意思表示，内容不违反法律、法规的强制性规定，为有效合同。《股权转让意向书》就订立《股权转让协议》的时间、步骤及违反意向书的违约责任等均作出了明确约定，应当认定为三方当事人为订立《股权转让协议》而签订的预约合同。该意向书亦就股权转让标的、价款及价款支付方式等股权转让协议的条款作了约定，但由于该意向书第三条第四款明确约定若张某侠与南某公司在嘉某公司尽职调查结束后不愿意签订《股权转让协议》，张某侠与南某公司将双倍返还定金，亦即赋予了张某侠与南某公司以双倍返还定金为代价不签订《股权转让协议》的合同权利，且第四条还就三方当事人不能签订正式《股权转让协议》情况下公证提存款的处理作出了约定，因此应当认定该意向书关于股权转让协议条款的约定仅为意向性安排，在未签订正式《股权转让协议》的情况下，三方当事人均可以放弃股权转让交易，不能据此认定该意向书性质为股权转让协议。对嘉某公司关于该意向书已经完全具备了股权转让协议的要素，应为具有合法效力的股权转让协议本约的主张，本院不予支持。由于张某侠、南某公司拒绝订立《股权转让协议》具有充分的合同依据，因此对嘉某公司关于张某侠、南某公司违背诚信原则的主张，本院不予支持。嘉某公司虽主张张某侠与南某公司拒绝订立《股权转让协议》的行为给其造成了巨大损失，但并未提供证据予以证明，也未提出赔偿损失的诉讼请求，且经原审法院释明后仍表示不变更诉讼请求。根据《民事诉讼法》第一百七十九条第一款第十二项的规定，人民法院只能在当事人诉讼请求范围内作出裁判，对是否应当返还定金及双方是否存在违约的问题本案不予审理，对原审法院的相关决定本院予以维持。

---

① 《最高人民法院关于审理买卖合同纠纷案件适用法律问题的解释》2020年修改时，本条被删除。

091 预约合同的损害赔偿范围以信赖利益为限*

> **阅读提示**：违反预约合同造成损害的，赔偿损失的范围如何确定？笔者通过梳理大量的司法案例以及阅读相关书籍得出：在目前的国内学术研究和审判实务所处的发展阶段，鉴于双方仅处于预约阶段，预约合同的损害赔偿应以信赖利益为限，在最高不超过信赖利益的范围内，由法官从利益平衡和诚实信用、公平原则出发，结合案件实际情况，综合考虑守约方的履约情况、违约方的过错程度、合理的成本支出等因素自由裁量。

裁判要旨

对于预约合同的违约赔偿范围。通说认为，预约违约的损失在总体上应相当于本约的缔约过失责任范围，相当于本约的信赖利益损失，对信赖利益的赔偿以不超过履行利益为限。信赖利益通常包括所受损失与所失利益。其中，所受损失包括：缔约费用、准备履行所需费用、已付金钱的利息等。所失利益主要指另失订约机会的损害。因此，订立预约合同所支付的各项费用、准备签订本约所支付的费用、已付款项的法定孳息均属预约合同违约的损失赔偿范围。①

案情介绍

1. 2010 年 5 月 20 日，嘉某融通投资有限公司（以下简称嘉某公司）、某区政府签订《某新城投资合作框架协议》，就某区政府提供配套政策，嘉某公司在约定区域投资建设等相关内容达成合意。协议同时约定，项目的实施，必须获得湖北省水利厅的批准由嘉某公司具体实施，15 个月内获得批文后签订正式项目投资合作协议。

2. 框架协议签订后，嘉某公司为了取得行政许可批文，进行前期工作咨询、项目前期勘察、工程勘察设计、制定项目建设总体规划等大量工作，并且配合某区政府设立的某滨河新区建设工程指挥部进行设备购置和办公场所装修。

---

* 案件来源：襄阳嘉某融通投资有限公司、襄阳市某区人民政府合同纠纷二审民事判决书，湖北省高级人民法院（2016）鄂民终 569 号。
① 《民法典》合同编第四百九十五条新增了预约合同制度。

3. 2011年1月7日，湖北省水利厅下发《关于襄阳市某河洪山头堤防加固工程实施方案的批复》（鄂水利复〔2011〕7号），嘉某公司获得了行政许可批文。

4. 2011年9月至2013年5月，嘉某公司向某区政府上报有关区域投资建设的要点以及推进项目的请示，也多次要求与某区政府签订正式合作协议未果。

5. 2013年9月，嘉某公司向某区政府请求解决与上届政府所签投资合同履行问题，某区政府在进行调查后决定解除原协议，对嘉某公司在项目中的实际投资进行审计，并给予合理补偿。对其前期投入勘察、设计费等技术性支出及指挥部费用171余万元给予补偿，对其包括专家及员工工资310余万元、办公用品及办公经费79余万元、餐饮费75余万元、差旅费25余万元、烟酒副食673余万元、水利勘察代理费260万元、礼品费106余万元等合计1500余万元无法达成一致，引起诉讼。

6. 一审法院判决某区政府向嘉某公司赔偿损失367余万元，嘉某公司不服上诉，二审法院以信赖利益为限，从利益平衡和诚实信用、公平原则出发，结合案件实际情况，综合考虑守约方的履行情况、违约方的过错程度、合理成本支出等因素判决某区政府向嘉某公司赔偿损失632余万元。

实务要点总结

第一，当事人违反预约合同导致本约无法签订的，守约方可要求其承担预约违约损害赔偿责任，以挽回对方违约给自己带来的损失。

第二，主张预约合同的违约损害赔偿要适可而止，以信赖利益为限，包括所受损失和所失利益。所受损失包括缔约费用、准备履行所需费用、已付金钱的利息等；所失利益包括另失订约机会之损害，另外根据"谁主张、谁举证"的原则，守约方还需要证明上述损失的存在。

相关法律规定

《最高人民法院关于适用〈中华人民共和国民法典〉合同编通则若干问题的解释》

第八条 预约合同生效后，当事人一方不履行订立本约合同的义务，对方请求其赔偿因此造成的损失的，人民法院依法予以支持。

前款规定的损失赔偿，当事人有约定的，按照约定；没有约定的，人民法院应当综合考虑预约合同在内容上的完备程度以及订立本约合同的条件的成就程度等因素酌定。

《中华人民共和国合同法》（已失效）

第一百七十四条 法律对其他有偿合同有规定的，依照其规定；没有规定的，参照买卖合同的有关规定。

《中华人民共和国民法典》

第四百九十五条 当事人约定在将来一定期限内订立合同的认购书、订购书、预订书等，构成预约合同。

当事人一方不履行预约合同约定的订立合同义务的，对方可以请其承担预约合同的违约责任。

《最高人民法院关于审理买卖合同纠纷案件适用法律问题的解释》

第二条 当事人签订认购书、订购书、预订书、意向书、备忘录等预约合同，约定在将来一定期限内订立买卖合同，一方不履行订立买卖合同的义务，对方请求其承担预约合同违约责任或者要求解除预约合同并主张损害赔偿的，人民法院应予支持。[①]

法院判决

以下为该案在法院审理阶段，判决书中"本院认为"就该问题的论述：

对于预约合同的违约赔偿范围。通说认为，预约违约的损失在总体上应相当于本约的缔约过失责任范围，相当于本约的信赖利益损失，对信赖利益的赔偿以不超过履行利益为限。信赖利益通常包括所受损失与所失利益。其中，所受损失包括：缔约费用、准备履行所需费用、已付金钱的利息等。所失利益主要指丧失订约机会的损害。因此，订立预约合同所支付的各项费用、准备签订本约所支付的费用、已付款项的法定孳息均属预约合同违约的损失赔偿范围。

本案中，嘉某公司诉请某区政府赔偿的各项损失包括支出损失 15386673.85 元、注册资本金 1000 万元按月利率 2% 计算的利息损失。就上述损害赔偿主张，应以信赖利益为限，从利益平衡和诚实信用、公平原则出发，结合案件实际情况，综合考虑守约方的履行情况，违约方的过错程度、合理成本支出等因素进行裁量。本院分项评述如下：

嘉某公司主张的 15386673.85 元支出损失，原审法院分类为：专家及员工工资 3170235 元、办公用品及办公经费 796894.53 元、餐饮费 759223.1 元、差旅费

[①] 《最高人民法院关于审理买卖合同纠纷案件适用法律问题的解释》2020 年修改时，本条被删除。

258301.22元、烟酒副食6737340元、水利勘察代理费2600000元、礼品费1064680元，时间跨度为2010年1月至2015年4月。

对于专家及员工工资、办公用品及办公经费、餐饮费、差旅费四项费用，原审法院认定从预约合同签订的2010年5月20日至2013年5月28日堤防工程开工期间的费用共3676656元，双方均未提出上诉，本院予以确认。就嘉某公司上诉主张的2010年1月至2010年5月20日、2013年5月28日至2015年4月的上述四项费用，经查，嘉某公司是以进行涉案项目开发为目的而设立的公司，公司成立后，未从事与项目工程无关的其他经营活动，亦无任何盈利，在签订本约的订约机会彻底落空后，嘉某公司准备通过签订本约进行涉案工程开发获得盈利的期待利益也已丧失，故虽预约合同已成功签订，但为签订预约合同和准备签订本约所支出的费用已无从弥补，构成订立预约合同和准备签订本约所支付的各项费用损失。经计算，2010年1月至2010年5月20日上述四项费用损失为151902元，根据前述认定，某区政府应当予以赔偿。对于2013年5月28日至2015年4月的上述四项费用，虽然2013年5月28日某区政府开始堤防工程的加固的开工建设，但预约合同约定将来订立本约的内容不限于堤防工程一项，某区政府也从未向嘉某公司发出过解除预约合同的通知，同时，从双方的沟通事实看，嘉某公司持续向某区政府请示汇报，试图通过变通方式参与项目开发，某区政府亦成立联合调查组，认可预约合同有效性，同意与嘉某公司协商，并曾考虑过嘉某公司提出的200亩建设用地的请求，至2015年4月7日嘉某公司再次向某区政府进行请示，2015年4月27日，某区政府作出区政府常务会议纪要，决定对审计确定的项目支出费用予以解决，审计不确定的费用，通过司法途径解决后，嘉某公司对于订立本约的期待方彻底无望，因此，2013年5月28日至2015年4月的上述四项费用亦属合理支出，经核算，此期间的四项费用损失为500328.4元，某区政府应当予以赔偿。嘉某公司2010年1月至2010年5月20日及2013年5月28日至2015年4月27日期间支付的四项费用的损失，共计652230.4元。加上原审法院认定的3676656元，共计4328886.4元。

对于水利勘察代理费，原审法院以收费主体为个人为由不予支持，除该理由外，考虑到嘉某公司未提交证据证明收费主体从事了与项目有关的实质性事务工作，原审法院的该项认定并无不当。

对于烟酒副食、礼品费，嘉某公司称在餐饮费外单独购买，用于项目的前期推进，两项费用发生在2010年1月至2015年4月期间，虽有发票证明实际发生，但费用共700余万元，过于庞大，考虑到嘉某公司未进一步举证证实上述开支的合法性与合理性，本院不予支持。

对嘉某公司主张的注册资本 1000 万元的利息损失。嘉某公司股东履行对嘉某公司的法定出资义务向嘉某公司缴纳注册资本 1000 万元，嘉某公司就注册资本主张利息损失无法律依据，本院不予支持。

此外，从嘉某公司在履行预约合同中并无违约行为，却因某区政府的原因双方未能签订本约合同，嘉某公司的信赖利益严重受损，而上述认定的嘉某公司损失应远低于嘉某公司所受的实际损失，某区政府却已实际享受嘉某公司的艰苦努力所取得的工作成果带来的利益等因素考量，从利益衡平出发，在上述损失认定的基础上，本院酌情认定某区政府应另行赔偿嘉某公司损失 200 万元。上述损失合计 6328886.4 元。

092 主张律师未解决问题拒付千万元律师费被判败诉[*]

> **阅读提示**：就律师费支付发生争议，官司一直打到最高人民法院实属罕见。本案中委托人提出律师将双方商定的 100 万元律师费篡改为 1000 万元、律师事务所未按约履行提供法律服务的义务等理由，主张不应支付律师费。实际上委托人已通过书面方式认可律师事务所已完成委托事务，法院据此认定律师事务所完成了委托事务，委托人因此败诉。

裁判要旨

委托人与律师事务所签署合同对律师事务所完成委托事务予以认可，应认定律师事务所完成了委托事项，委托人应按约支付报酬。

案情介绍

1. 六枝特区宏某发煤矿有限公司（以下简称宏某发煤矿）作为聘请方、贵州合某律师事务所作为受聘方签订《法律服务合同》约定，"聘请方在完全解决六枝特区宏某发煤矿与六枝工某（集团）有限责任公司某煤矿预划矿区范围重叠纠纷后九十日内应当向受聘方支付本次法律顾问费壹仟万元整"。

---

[*] 案件来源：六枝特区宏某发煤矿有限公司、邓某法律服务合同纠纷再审审查与审判监督民事裁定书，最高人民法院（2017）最高法民申 4487 号。

2. 后双方签署《法律服务补充合同》约定，"受聘方指派的律师张某提供的法律服务完全解决了六枝特区宏某发煤矿与六枝工某（集团）有限责任公司某煤矿预划矿区范围重叠纠纷。……在本《法律服务补充合同》签订之日起九十日内，由聘请方向受聘方支付双方在《法律服务合同》中约定的法律顾问费壹仟万元整……"

3. 贵州合某律师事务所向六盘水中院起诉，请求宏某发煤矿、邓某（宏某发煤矿投资人）支付拖欠的法律顾问费950万元、违约金438.308万元。六盘水中院认为，补充合同不仅对贵州合某律师事务所已经履行服务合同的义务进行了确认，也对约定的服务费再次进行了确认，故足以认定贵州合某律师事务所已经完成委托事务。故判决宏某发煤矿、邓某支付贵州合某律师事务所法律服务费950万元、违约金127.258万元。

4. 宏某发煤矿、邓某不服，上诉至贵州省高院，主张《法律服务合同》《法律服务补充合同》是贵州合某律师事务所的律师张某欺骗说其是贵州省高院的法官而签订的；张某将双方商定的100万元法律服务费篡改为1000万元；贵州合某律师事务所未按合同的约定履行提供法律服务的义务。贵州省高院判决驳回上诉，维持原判。

5. 宏某发煤矿、邓某仍不服，向最高人民法院申请再审，主张贵州合某律师事务所未完成合同约定事项，预划矿区范围重叠纠纷并未得到解决。最高人民法院裁定驳回宏某发煤矿、邓某的再审申请。

实务要点总结

签署每一份书面文件都应当逐字逐句阅读，如对文件记载的事实不认可，应拒绝签字。签字后再主张书面文件记载的事实与真实情况不符，难以获得支持。如果存在受欺诈或受胁迫的情形，应在法定期限内请求法院或者仲裁机构变更或者撤销合同，但应提供受欺诈或受胁迫的证据。

相关法律规定

《中华人民共和国合同法》（已失效）

第四百零五条 受托人完成委托事务的，委托人应当向其支付报酬。因不可归责于受托人的事由，委托合同解除或者委托事务不能完成的，委托人应当向受托人支付相应的报酬。当事人另有约定的，按照其约定。

《中华人民共和国民法典》

第九百二十八条 受托人完成委托事务的，委托人应当按照约定向其支付报酬。

因不可归责于受托人的事由，委托合同解除或者委托事务不能完成的，委托人应当向受托人支付相应的报酬。当事人另有约定的，按照其约定。

法院判决

以下为该案在法院审理阶段，裁定书中"本院认为"就该问题的论述：

案涉《法律服务合同》和《法律服务补充合同》是双方当事人真实意思表示，不违反法律、行政法规的强制性规定，合法有效。邓某再审并未否认其签字的真实性，亦未提供证据证明上述合同签订时存在欺诈、胁迫等应予撤销情形，上述合同对双方当事人均具有法律约束力，双方当事人应当按照约定履行自己的义务。《法律服务合同》第三条约定，"聘请方在完全解决六枝特区宏某发煤矿与六枝工某（集团）有限责任公司某煤矿预划矿区范围重叠纠纷后九十日内应当向受聘方支付本次法律顾问费壹仟万元整"。《法律服务补充合同》约定，"在受聘方指派的律师张某提供的法律服务下，六枝特区宏某发煤矿与六枝工某（集团）有限责任公司某煤矿预划矿区范围重叠纠纷得到了圆满解决以后，聘请方在受聘方指派的律师张某提供的法律服务下，于二○一三年十月二十四日根据……与贵州路某喜义工矿股份有限公司达成《兼并重组整合协议》和《兼并重组整合补充协议》，按照《法律服务合同》第二条的规定，受聘方指派的律师张某提供的法律服务完全解决了六枝特区宏某发煤矿与六枝工某（集团）有限责任公司某煤矿预划矿区范围重叠纠纷。鉴于聘请方已经根据《法律服务合同》第四条的规定，与六枝工某（集团）有限责任公司履行了《采矿权转让意向协议》和《采矿权转让意向协议的补充协议》，由六枝工某（集团）有限责任公司放弃了将六枝特区宏某发煤矿原采矿权范围划入某煤矿的意向约定……现在聘请方与受聘方经友好协商一致，就《法律服务合同》达成如下补充条款：一、在本《法律服务补充合同》签订之日起九十日内，由聘请方向受聘方支付双方在《法律服务合同》中约定的法律顾问费壹仟万元整……"从上述约定内容看，双方对法律服务费用约定明确，宏某发煤矿和邓某对贵州合某律师事务所已经圆满完成委托事务予以认可，并补充约定了具体的款项支付时间。二审判决依据上述合同约定，认定贵州合某律师事务所完成了委托事项，并适用《合同法》第四百零五条的规定判决宏某发煤矿和邓某支付相关费用，并无不当。

宏某发煤矿和邓某的再审主张不符合《民事诉讼法》第二百条规定的应当再审情形，对其再审请求，本院不予支持。

093 提供拿地居间服务是否有效？仅完成部分义务时如何确定居间报酬*

> **阅读提示**：我国房地产开发、矿业开发等领域的行政审批手续较为冗杂，催生出部分个人以帮助企业办手续为业，该类法律关系是否有效？双方对报酬发生争议时法院应如何认定？本案例认定该类法律关系为居间合同关系，合法有效；在居间人仅履行完成部分合同义务的情形下，法院可根据居间人的劳务酌情确定居间报酬。

裁判要旨

一、居间人按照委托人要求从事办理房地产开发规划、土地出让手续的居间活动，由委托人支付相应的居间报酬，在双方意思表示真实的情形下，不违反法律、行政法规的强制性规定，合法有效。

二、居间人履行了居间合同约定的部分义务，促成了合同目的部分实现，双方对此种情况如何支付报酬未约定的，法院可根据居间人的劳务合理确定居间报酬。①

案情介绍

1. 2011年1月18日，新疆天某房地产开发有限公司（以下简称天某公司）与张某华签订《居间协议》，约定张某华接受天某公司委托，就芳某湖"时代新城"小区开发项目（用地面积17.5公顷），负责办理完该项目规划、土地出让手续、芳某湖农场开发协议，天某公司向张某华支付居间报酬600万元（转账支付200万元，商铺折抵400万元）。

2. 2011年4月21日，天某公司工作人员唐某奇向张某华出具收条，载明"今收到张总某部局委办文件（2011）25号、规划一本正本"。2011年8月19日，天

---

* 案件来源：新疆天某房地产开发有限公司、张某华居间合同纠纷再审审查与审判监督民事裁定书，最高人民法院（2018）最高法民申678号。

① 《合同法》已失效，现相关规定见《民法典》合同编第二十六章关于中介合同的规定。

某公司法定代表人孙某宽向张某华出具收条，载明"用地规划许可证及选址意见书"。天某公司参加公开挂牌，竞得1.5079公顷土地使用权，于2013年3月29日与某国土资源局签订《国有建设用地使用权出让合同》。

3. 张某华向新疆生产建设兵团第六师中院起诉，请求：天某公司向张某华支付200万元，交付价值400万元的折抵商铺并办理产权手续或者支付400万元。新疆生产建设兵团第六师中院认为，张某华未完成居间服务事项，判决驳回张某华的诉讼请求。

4. 张某华不服，上诉至新疆高院生产建设兵团分院。新疆高院生产建设兵团分院根据公平原则，并考虑张某华完成部分居间事务、为天某公司提供媒介服务的客观情况，酌情认定由天某公司给付张某华居间报酬75万元。

5. 天某公司不服，向最高人民法院申请再审。最高人民法院裁定驳回天某公司的再审申请。

实务要点总结

第一，居间合同是居间人向委托人报告订立合同的机会或者提供订立合同的媒介服务，委托人支付报酬的合同。因此只有居间人促成合同成立，才能要求支付报酬。而在居间人仅就部分合同标的促成合同成立、未完全实现委托人目的的情形下，法院可根据公平原则确定居间报酬。

第二，居间人未促成合同成立的，不得要求支付报酬，但可以要求委托人支付从事居间活动支出的差旅费等必要费用。

相关法律规定

《中华人民共和国合同法》（已失效）

第四百二十四条 居间合同是居间人向委托人报告订立合同的机会或者提供订立合同的媒介服务，委托人支付报酬的合同。

第四百二十六条 居间人促成合同成立的，委托人应当按照约定支付报酬。对居间人的报酬没有约定或者约定不明确，依照本法第六十一条的规定仍不能确定的，根据居间人的劳务合理确定。因居间人提供订立合同的媒介服务而促成合同成立的，由该合同的当事人平均负担居间人的报酬。

居间人促成合同成立的，居间活动的费用，由居间人负担。

《中华人民共和国民法典》

第九百六十一条　中介合同是中介人向委托人报告订立合同的机会或者提供订立合同的媒介服务，委托人支付报酬的合同。

第九百六十三条　中介人促成合同成立的，委托人应当按照约定支付报酬。对中介人的报酬没有约定或者约定不明确，依据本法第五百一十条的规定仍不能确定的，根据中介人的劳务合理确定。因中介人提供订立合同的媒介服务而促成合同成立的，由该合同的当事人平均负担中介人的报酬。

中介人促成合同成立的，中介活动的费用，由中介人负担。

法院判决

以下为该案在法院审理阶段，裁定书中"本院认为"就该问题的论述：

从一审法院给孙某鹏、于某（均系某勘测设计研究有限责任公司副总经理）、张某国（芳某湖农场基建科科长）所作的谈话笔录，可以证实张某华在签订《居间协议》前后就该"时代新城"小区的项目立项、命名报审、规划、审批等方面做了一定的服务协调工作。从天某公司法定代表人孙某宽及工作人员唐某奇出具的收条可以证实，张某华交付了项目规划正本、用地规划许可证和选址意见书，为"时代新城"项目做了部分前期工作，履行了合同约定办理项目规划的义务。从天某公司与某国土资源局签订《国有建设用地使用权出让合同》可以证实，张某华促成"时代新城"项目中1.5079公顷土地的《国有建设用地使用权出让合同》的订立。虽然，上述出让土地只是项目用地总面积17.5公顷中的一部分，不完全符合《居间协议》约定的支付条件，但张某华履行了协议所约定的部分义务，也促成了合同目的部分实现，双方对此种情况如何支付报酬虽未约定，但《合同法》第四百二十六条第一款规定："居间人促成合同成立的，委托人应当按照约定支付报酬。对居间人的报酬没有约定或者约定不明确，依照本法第六十一条的规定仍不能确定的，根据居间人的劳务合理确定。因居间人提供订立合同的媒介服务而促成合同成立的，由该合同的当事人平均负担居间人的报酬。"二审法院结合张某华在推动项目规划完成，促成部分合同目的实现等方面的基本事实，酌情由天某公司支付张某华75万元居间报酬，并无不当。天某公司称该项目的规划等并不是在张某华的居间服务下完成，张某华并未完成居间协议约定委托事项的理由不成立。

第十章　合同的诉讼

094 法院判决发生错误裁判时能否申请国家赔偿*

> **阅读提示**：最高人民法院在本案判决书中认为，在案情复杂、法律适用存在争议的情形下，由于正常的认识偏差导致的法律适用错误不属于国家赔偿的范围。
>
> 本案历经六次审理程序，至终审判决作出时，由于审理期限过长，客观上当事人应承担的违约金计算期限亦已随之延长。当事人申请再审时据此主张，由于法院以前的审判结论与多年后的审判结论相反，导致其承担的违约金过高，应当依法进行减免，否则诉请国家赔偿。最高人民法院经审理认为，该项再审申请理由不能成立。

裁判要旨

在案情复杂、法律适用存在争议的情形下，由于正常的认识偏差导致的法律适用错误不属于国家赔偿的范围。上级法院依法纠错正是依法保护民事主体的合法权利的程序价值所在。

案情介绍

1. 2008年7月21日，中国中某国际控股公司（以下简称中某公司，委托人）与中国远某集团有限责任公司（以下简称远某公司，受托人）就进口棕榈油一事签订《委托代理进口协议》，进口棕榈油数量2750吨（±2%），总金额3433127.5美元。

---

* 案件来源：中国中某国际控股公司、中国远某集团有限责任公司进出口代理合同纠纷再审审查与审判监督民事裁定书，最高人民法院（2017）最高法民申1914号。

2. 远某公司向北京二中院起诉，请求：中某公司给付拖欠货款、代理费及逾期付款违约金。

3. 北京二中院于 2011 年 9 月 19 日裁定：驳回远某公司的起诉；远某公司不服，上诉至北京高院，北京高院裁定：驳回上诉，维持原裁定；远某公司不服，向最高人民法院申请再审，最高人民法院裁定对本案进行提审，于 2015 年 10 月 12 日裁定：由北京二中院继续审理本案。

4. 北京二中院审理后，于 2016 年 7 月 25 日判决：中某公司向远某公司支付货款 14060169 元及违约金（自 2008 年 10 月 23 日起至款项付清之日止，按照日万分之五标准计算），支付代理费 164072.11 元。

5. 中某公司不服，上诉至北京高院。北京高院于 2016 年 11 月 29 日判决：驳回上诉，维持原判。

6. 中某公司仍不服，向最高人民法院申请再审，主张法院判决由中某公司向远某公司承担违约金过高、承担时间过长，这是由法院以前的审判结论与多年后的审判结论相反造成的，即便要求中某公司承担，中某公司只能承担合理合法范围内的，法院应当依法进行减免，否则诉请国家赔偿。最高人民法院于 2017 年 6 月 30 日裁定驳回中某公司的再审申请。

实务要点总结

律师接到客户咨询、声称发生错案、拟起诉国家赔偿的，应告知法院裁判文书出现错误不属于可申请国家赔偿的法定情形。明确告知当事人，针对裁判文书的错误，可通过二审程序、审判监督程序纠正，而不是诉请国家赔偿。

根据《国家赔偿法》的规定，民事诉讼和行政诉讼中可申请国家赔偿的范围仅限于违法采取对妨害诉讼的强制措施、保全措施或者对判决、裁定及其他生效法律文书执行错误，造成损害。

相关法律规定

《中华人民共和国国家赔偿法》（2012 年修正）

第三十八条 人民法院在民事诉讼、行政诉讼过程中，违法采取对妨害诉讼的强制措施、保全措施或者对判决、裁定及其他生效法律文书执行错误，造成损害的，赔偿请求人要求赔偿的程序，适用本法刑事赔偿程序的规定。

法院判决

以下为该案在法院审理阶段，裁定书中"本院认为"就该问题的论述：

……

（三）关于本案是否应在刑事案件执行终结后由远某公司另诉以及认定远某公司的实际损失为1406万余元是否正确的问题。如前所述，刑事案件与民事案件在价值取向、保护法益、责任形式、证明标准、举证责任承担等方面均存在不同。因同一法律事实分别产生刑事法律关系和民事法律关系的，构成刑事责任和民事责任的聚合，刑事责任的承担并不能否定民事责任的承担。刑事案件没有执行终结也并不影响民事案件的受理和审理。为避免民事权利人（同时为刑事被害人）双重受偿，可在执行中对于刑事追赃与民事责任，依据实体责任的认定进行综合处理。因此，刑事案件未执行终结并不意味着民事案件不能受理。由于刑事案件和民事案件审理的法律关系和救济的法益不同，本案所涉刑事判决书认定远某公司实际损失的标准和依据与本案一二审法院认定的标准和依据存在不同，并不违反法律规定和客观事实。本案一二审法院依据中某公司基于《委托代理进口协议》而提出的诉请，认定远某公司的损失为远某公司开立信用证支付的金额扣减追回的赃款、中某公司支付的保证金后的数额，并无不当。

二、原审法院适用法律是否错误

（一）一二审法院根据《最高人民法院关于在审理经济纠纷案件中涉及经济犯罪嫌疑若干问题的规定》第三条的规定判决中某公司承担合同责任是否属于适用法律错误。《最高人民法院关于在审理经济纠纷案件中涉及经济犯罪嫌疑若干问题的规定》第三条规定："单位直接负责的主管人员和其他直接责任人员，以该单位的名义对外签订经济合同，将取得的财物部分或全部占为己有构成犯罪的，除依法追究行为人的刑事责任外，该单位对行为人因签订、履行该经济合同造成的后果，依法应当承担民事责任。"如前所述，赵某征在与远某公司签订《委托代理进口协议》时具有代理中某公司签订该协议的身份和权限，其以中某公司的名义与远某公司签订《委托代理进口协议》构成表见代理。远某公司以《委托代理进口协议》有效、远某公司已完全履行《代理合同》项下的义务、中某公司构成违约为由，诉求中某公司承担违约责任，一二审法院据此认定案涉《委托代理进口协议》有效、中某公司承担合同责任符合《最高人民法院关于在审理经济纠纷案件中涉及经济犯罪嫌疑若干问题的规定》第三条的规定，并无不当。

（二）刑事判决与民事判决是否存在法律冲突。在民刑交叉案件中，由于救济的法益不同、责任形式不同,刑事案件与民事案件对于刑事被害人或者民事权利人的救济方式并不相同。在刑事判决明确进行追赃,民事判决判决责任人承担民事责任的情形下,应对追赃与民事责任的认定和执行进行协调。在民事案件审理过程中,追赃款应从民事责任人赔偿范围内进行扣减。在执行过程中,执行法院应结合民事责任、刑事责任的认定,确定民事责任人应承担的民事责任范围和赃款的退还对象,避免民事权利人(刑事被害人)双重受偿。在民事案件已经执行完毕、刑事被害人的民事权益得到全部救济的情形下,因罪犯是民事责任的最终责任人,民事案件的责任人承担完民事责任后有权向罪犯追偿,因此,赃款应退还民事责任人。本案中,中某公司已全部履行本案项下全部给付义务,故案涉追赃款应给付中某公司。一二审法院未明确该事项虽存在不当,但该不当不影响本案实体审理结果。

095 借贷案件审理中,法院未依申请调取银行流水是否程序违法[*]

> **阅读提示:** 本案系一起典型的民间借贷虚假诉讼,经最高人民法院审理,依法查明案件中的资金流向事实,指出原审法院的程序违法之处,纠正原审判决的审理结果,并对债权人妨碍民事诉讼的不法行为予以制裁。

裁判要旨

最高人民法院在本案判决书中认为,一般情况下,公司的法定代表人有能力获得公司的银行账户明细,但在公司实际由债权人控制的情形下,法定代表人申请调取公司银行明细,法院未予准许的做法违反法定程序。

本案中申请人林某妍所提交的《厦门元某投资有限公司历史明细》等证据能够证明,汇入元某投资公司的 3000 万元款项基本上已经被洪某海转入其实际控制的其他账户,相应的债权已经归于消灭,且元某投资公司账户实际由债权人洪某海控制,福建高院未准许林某妍调取元某投资公司的银行明细的申请,存在程序错误。《民事诉讼法》第六十四条第二款规定:"当事人及其诉讼代理人因客观原因不能自行收集的证据,或者人民法院认为审理案件需要的证据,人民法院应当调查

---

[*] 案件来源:林某妍、洪某海民间借贷纠纷再审民事判决书,最高人民法院(2018)最高法民再 28 号。

收集。"本案中民间借贷关系存在特殊之处,洪某海出借的款项并非如通常情形下交由债务人泛某公司和林某妍支配和使用,而是交付至元某投资公司并由债权人洪某海实际掌管,林某妍虽为元某投资公司登记的法定代表人,但公司实际由洪某海所控制的事实决定了林某妍客观上难以自行收集元某投资公司的账户往来明细。因此,福建高院不予准许林某妍调查取证申请的做法,不仅在实质上违反了法定程序,也导致案件基本事实认定错误。

案情介绍

1. 2013年7月,林某华实际控制的泛某公司与杏某公司签订购买杏某湾商务营运中心11号楼的意向书后,为履行该意向书中关于变更公司注册地以便符合招商政策并享受购房优惠的约定,林某华和林某妍向工商登记机关申请了以其父女二人为投资人的元某资产公司和元某投资公司的名称预核准登记。

2. 因资金困难,2014年1月29日,林某妍及泛某公司与洪某海以《承诺函》的方式达成了借款8000万元用以购买前述房产的合意,元某投资公司90%股权和元某资产公司90%股权暂由洪某海代持以保证洪某海的借款资金安全。

3. 洪某海依约向元某资产公司汇入5000万元、向元某投资公司汇入3000万元,林某妍依约办理了两公司的股东变更等工商登记手续。洪某海实际控制了元某投资公司公章、法定代表人(工商登记为林某妍)名章以及银行账户。

4. 2015年4月,洪某海就上述8000万元借款中的3000万元向厦门中院提起诉讼,请求:林某妍、泛某公司归还借款3000万元和资金占用费,承担律师费375800元,元某投资公司承担连带保证责任。厦门中院判决支持了洪某海的诉讼请求。

5. 林某妍不服,上诉至福建高院。二审期间,林某妍申请法院调取元某投资公司的账户往来明细,福建高院以元某投资公司是本案当事人,其有义务亦有能力提供其财务凭证为由未予准许。福建高院判决:驳回上诉,维持原判。

6. 福建高院判决作出后,林某妍在报纸上刊登元某投资公司营业执照遗失公告和公章、法定代表人私章遗失声明,重新刻制了公司印章和法定代表人名章,并据此向银行调取了《厦门元某投资有限公司历史明细》。林某妍以此为新证据向最高人民法院申请再审。最高人民法院再审改判:林某妍、泛某公司向洪某海返还借款本金700739元及相应的利息,元某投资公司承担连带清偿责任。

实务要点总结

第一,"害人终害己",以隐瞒事实的方式提起虚假诉讼,法院有权根据情节轻重处以罚款、拘留,该等行为甚至可能构成犯罪。最高人民法院在本案判决书中明确指出:"将另行制作决定书对洪某海予以制裁。"

第二,债务人应尽可能地通过抵押、质押、保证等方式为借款提供担保,不应将实际使用借款的企业交由债权人控制,以此作为借款的担保。该行为将给债权人带来提起虚假诉讼的可乘之机,且在诉讼中债务人将面临巨大的举证难度。

相关法律规定

《中华人民共和国民事诉讼法》(2023 年修正)

第六十七条 当事人对自己提出的主张,有责任提供证据。

当事人及其诉讼代理人因客观原因不能自行收集的证据,或者人民法院认为审理案件需要的证据,人民法院应当调查收集。

人民法院应当按照法定程序,全面地、客观地审查核实证据。

第一百一十四条 诉讼参与人或者其他人有下列行为之一的,人民法院可以根据情节轻重予以罚款、拘留;构成犯罪的,依法追究刑事责任:

(一)伪造、毁灭重要证据,妨碍人民法院审理案件的;

……

《最高人民法院关于审理民间借贷案件适用法律若干问题的规定》(2020 年第二次修正)

第十五条 原告仅依据借据、收据、欠条等债权凭证提起民间借贷诉讼,被告抗辩已经偿还借款的,被告应当对其主张提供证据证明。被告提供相应证据证明其主张后,原告仍应就借贷关系的存续承担举证责任。

被告抗辩借贷行为尚未实际发生并能作出合理说明的,人民法院应当结合借贷金额、款项交付、当事人的经济能力、当地或者当事人之间的交易方式、交易习惯、当事人财产变动情况以及证人证言等事实和因素,综合判断查证借贷事实是否发生。

《中华人民共和国刑法》(2023 年修正)

第三百零七条之一 以捏造的事实提起民事诉讼,妨害司法秩序或者严重侵害他人合法权益的,处三年以下有期徒刑、拘役或者管制,并处或者单处罚金;情节严重的，处三年以上七年以下有期徒刑，并处罚金。

单位犯前款罪的，对单位判处罚金，并对其直接负责的主管人员和其他直接责任人员，依照前款的规定处罚。

有第一款行为，非法占有他人财产或者逃避合法债务，又构成其他犯罪的，依照处罚较重的规定定罪从重处罚。

司法工作人员利用职权，与他人共同实施前三款行为的，从重处罚；同时构成其他犯罪的，依照处罚较重的规定定罪从重处罚。

法院判决

以下为该案在法院审理阶段，判决书中"本院认为"就该问题的论述：

关于二审法院审理程序是否违法的问题。

《民事诉讼法》第六十四条第二款规定："当事人及其诉讼代理人因客观原因不能自行收集的证据，或者人民法院认为审理案件需要的证据，人民法院应当调查收集。"在本案二审期间，林某妍申请法院调取元某投资公司的账户往来明细，二审法院以元某投资公司是本案当事人，其有义务亦有能力向二审法院提供其财务凭证为由未予准许。在一般情况下，因林某妍系元某投资公司的法定代表人，应当有能力获得公司的银行账户明细，因此原审法院未予准许该申请符合一般情形下的处理原则。但二审法院未能注意到本案中民间借贷关系的特殊之处，洪某海出借的款项并非如通常情形下交由债务人泛某公司和林某妍支配和使用，而是交付至元某投资公司并由债权人洪某海实际掌管，林某妍虽为元某投资公司登记的法定代表人，但公司实际由洪某海所控制的事实决定了林某妍客观上难以自行收集该证据原件。而且，在林某妍已经将该证据线索提交法院，书面说明不能自行收集证据原件的原因且申请法院调取的情况下，该证据是否真实已然成为人民法院认定本案基本事实需要调查、收集的证据。因此，二审法院不予准许该调查取证申请的做法，不仅在实质上违反了法定程序，也导致案件基本事实认定错误。因此，原审法院未调取元某投资公司的银行流水以查证本案借贷关系发生、消灭等法律事实，审理程序存在明显不当之处。

096 刑事案件正在追赃期间能否提起民事诉讼，如何民事执行*

> **阅读提示**：最高人民法院在本案裁定书中认为，因同一法律事实分别产生刑事法律关系和民事法律关系的，刑事责任的承担并不能否定民事责任的承担，但应对追赃与民事责任的认定和执行进行协调。
>
> 本案例明确了刑民交叉案件中刑事判决明确进行追赃的情形下，民事责任的认定和执行规则。

裁判要旨

一、因同一法律事实分别产生刑事法律关系和民事法律关系的，构成刑事责任和民事责任的聚合，刑事责任的承担并不能否定民事责任的承担。刑事案件没有执行终结也并不影响民事案件的受理和审理。为避免民事权利人（同时为刑事被害人）双重受偿，可在执行中对刑事追赃与民事责任，依据实体责任的认定进行综合处理。

二、在刑事判决明确进行追赃，民事判决判决责任人承担民事责任的情形下，应对追赃与民事责任的认定和执行进行协调。在民事案件审理过程中，追赃款应从民事责任人赔偿范围内进行扣减。在执行过程中，执行法院应结合民事责任、刑事责任的认定，确定民事责任人应承担的民事责任范围和赃款的退还对象，避免民事权利人（刑事被害人）双重受偿。在民事案件已经执行完毕、刑事被害人的民事权益得到全部救济的情形下，因罪犯是民事责任的最终责任人，民事案件的责任人承担完民事责任后有权向罪犯追偿，因此，赃款应退还给民事责任人。

案情介绍

1. 2008年7月21日，中国中某国际控股公司（以下简称中某公司，委托人）与中国远某集团有限责任公司（以下简称远某公司，受托人）就进口棕榈油一事签订《委托代理进口协议》，进口棕榈油数量2750吨（±2%），总金额3433127.5

---

* 案件来源：中国中某国际控股公司、中国远某集团有限责任公司进出口代理合同纠纷再审审查与审判监督民事裁定书，最高人民法院（2017）最高法民申1914号。

美元。

2. 远某公司与中某公司、华某油脂公司签订《油脂接卸储存三方协议》，约定：华某油脂公司为中某公司认可的仓储单位，上述棕榈油的所有权始终归远某公司所有，华某油脂公司凭远某公司发出的书面传真指示放货。

3. 远某公司在上述业务中主要与时任中某公司贸易分公司总经理助理兼二部经理赵某征接洽。

4. 2749.825 吨棕榈油于 2008 年 7 月 31 日已经全部进入华某油脂公司油罐。远某公司于 2008 年 8 月 4 日向华某油脂公司出具棕榈油 300 吨的《货物放行通知单》。其后赵某征据此伪造了一份棕榈油 2430 吨的《货物放行通知单》，并以中某公司的名义出具了《出库通知单》，指示华某油脂公司将上述棕榈油移交给煮某乐公司。

5. 另案刑事判决认定：闵某军伙同赵某征，私自以中某公司名义与远某公司签订委托代理进口棕榈油合同，并采取伪造远某公司提货单据的手段，使煮某乐公司在没有支付相应货款的情况下，骗取远某公司上述合同项下的棕榈油 2392 吨，造成该公司损失人民币 1476 万元。赵某征因犯合同诈骗罪、国有企业人员滥用职权罪被判处有期徒刑二十年，并判决继续追缴煮某乐公司、闵某军、赵某征的犯罪所得，按比例发还被害单位。截至本案一审庭审时，远某公司收到刑事判决执行法院发还案款人民币 1098042 元。

6. 远某公司向北京二中院起诉，请求：中某公司给付拖欠货款、代理费及逾期付款违约金。北京二中院判决：中某公司向远某公司支付货款 14060169 元及违约金，支付代理费 164072.11 元。

7. 中某公司不服，上诉至北京高院。北京高院判决驳回上诉，维持原判。

8. 中某公司仍不服，向最高人民法院申请再审，主张生效的刑事判决已对远某公司所造成的损失作出了法律途径的追偿，若再要求中某公司承担民事责任并承担违约金，远某公司就可得到刑事、民事双重补偿。最高人民法院裁定驳回中某公司的再审申请。

实务要点总结

第一，企业应当做好对管理人员权责和印章的内部控制管理，不相容职务应当相互分离，不应当将关键权限集中授权给一人。本案中法院认定赵某征的行为构成表见代理的理由之一是：案涉《委托代理进口协议》是赵某征利用合法贸易合同夹带该协议偷盖的真实的中某公司 6 号合同专用章。远某公司在签订合同前，亦对中某公司经营地以及相关证照进行了考察、验证。在办理涉案棕榈油进出口许可证时，远某公司申报过程中使用的是中某公司电子密钥向商务部提交文件，并与销售商签订《销售合同》，远某公司据此有理由相信合同相对方系中某公司，相信赵某征是代表中某公司与其签订代理合同。

第二，刑事判决已经认定进行追赃，并不必然成为民事免责的理由，此时人民法院仍可作出与刑事判决认定损失相重合的民事赔偿责任，但为了避免双重受偿，在执行程序中应当对受偿对象进行明确与协调。需关注的是，根据最高人民法院的裁判观点，在民间借贷诉讼中，借款事实与刑事判决认定的非法吸收公众存款事实重合的，应驳回出借人提起的民事诉讼。但该情形下出借人可诉请担保人承担担保责任。

相关法律规定

《中华人民共和国合同法》（已失效）

第四十九条　行为人没有代理权、超越代理权或者代理权终止后以被代理人名义订立合同，相对人有理由相信行为人有代理权的，该代理行为有效。

第五十四条　下列合同，当事人一方有权请求人民法院或者仲裁机构变更或者撤销：

（一）因重大误解订立的；

（二）在订立合同时显失公平的。

一方以欺诈、胁迫的手段或者乘人之危，使对方在违背真实意思的情况下订立的合同，受损害方有权请求人民法院或者仲裁机构变更或者撤销。

当事人请求变更的，人民法院或者仲裁机构不得撤销。

《中华人民共和国民法典》

第一百七十二条　行为人没有代理权、超越代理权或者代理权终止后，仍然实施代理行为，相对人有理由相信行为人有代理权的，代理行为有效。

第一百四十八条　一方以欺诈手段，使对方在违背真实意思的情况下实施的民事法律行为，受欺诈方有权请求人民法院或者仲裁机构予以撤销。

《最高人民法院关于在审理经济纠纷案件中涉及经济犯罪嫌疑若干问题的规定》（2020年修正）

第三条　单位直接负责的主管人员和其他直接责任人员，以该单位的名义对外签订经济合同，将取得的财物部分或全部占为己有构成犯罪的，除依法追究行为人的刑事责任外,该单位对行为人因签订、履行该经济合同造成的后果,依法应当承担民事责任。

法院判决

以下为该案在法院审理阶段,裁定书中"本院认为"就该问题的论述:

……

(三)关于本案是否应在刑事案件执行终结后由远某公司另诉以及认定远某公司的实际损失为1406万余元是否正确的问题。如前所述,刑事案件与民事案件在价值取向、保护法益、责任形式、证明标准、举证责任承担等方面均存在不同。因同一法律事实分别产生刑事法律关系和民事法律关系的,构成刑事责任和民事责任的聚合,刑事责任的承担并不能否定民事责任的承担。刑事案件没有执行终结也并不影响民事案件的受理和审理。为避免民事权利人(同时为刑事被害人)双重受偿,可在执行中对刑事追赃与民事责任,依据实体责任的认定进行综合处理。因此,刑事案件未执行终结并不意味着民事案件不能受理。由于刑事案件和民事案件审理的法律关系和救济的法益不同,本案所涉刑事判决书认定远某公司实际损失的标准和依据与本案一二审法院认定的标准和依据存在不同,并不违反法律规定和客观事实。本案一二审法院依据中某公司基于《委托代理进口协议》而提出的诉请,认定远某公司的损失为远某公司开立信用证支付的金额扣减追回的赃款、中某公司支付的保证金后的数额,并无不当。

二、原审法院适用法律是否错误

(一)一二审法院根据《最高人民法院关于在审理经济纠纷案件中涉及经济犯罪嫌疑若干问题的规定》第三条的规定判决中某公司承担合同责任是否属于适用法律错误。《最高人民法院关于在审理经济纠纷案件中涉及经济犯罪嫌疑若干问题的规定》第三条规定:"单位直接负责的主管人员和其他直接责任人员,以该单位的名义对外签订经济合同,将取得的财物部分或全部占为己有构成犯罪的,除依法追究行为人的刑事责任外,该单位对行为人因签订、履行该经济合同造成的后果,依法应当承担民事责任。"如前所述,赵某征在与远某公司签订《委托代理进口协议》时具有代理中某公司签订该协议的身份和权限,其以中某公司的名义与中远公司签订《委托代理进口协议》构成表见代理。远某公司以《委托代理进口协议》有效、远某公司已完全履行《代理合同》项下的义务、中某公司构成违约为由,诉求中某公司承担违约责任,一二审法院据此认定案涉《委托代理进口协议》有效、中某公司承担合同责任符合《最高人民法院关于在经济纠纷案件中涉及经济犯罪嫌疑若干问题的规定》第三条的规定，并无不当。

（二）刑事判决与民事判决是否存在法律冲突。在民刑交叉案件中，由于救济的法益不同、责任形式不同，刑事案件与民事案件对于刑事被害人或者民事权利人的救济方式并不相同。在刑事判决明确进行追赃，民事判决判决责任人承担民事责任的情形下，应对追赃与民事责任的认定和执行进行协调。在民事案件审理过程中，追赃款应从民事责任人赔偿范围内进行扣减。在执行过程中，执行法院应结合民事责任、刑事责任的认定，确定民事责任人应承担的民事责任范围和赃款的退还对象，避免民事权利人（刑事被害人）双重受偿。在民事案件已经执行完毕、刑事被害人的民事权益得到全部救济的情形下，因罪犯是民事责任的最终责任人，民事案件的责任人承担完民事责任后有权向罪犯追偿，因此，赃款应退还给民事责任人。本案中，中某公司已全部履行本案项下全部给付义务，故案涉追赃款应给付中某公司。一二审法院未明确该事项虽存在不当，但该不当不影响本案实体审理结果。

097 刑事追赃未获足额救济时能否通过民事诉讼寻求救济[*]

> **阅读提示**：在合同纠纷案件中，会出现合同一方当事人在订立或履行合同的过程中出现违法犯罪等情形。《刑法》第六十四条规定："犯罪分子违法所得的一切财物，应当予以追缴或者责令退赔；对被害人的合法财产，应当及时返还……"当事人的合同行为涉嫌违法犯罪，法院会依法作出刑事判决，并追缴违法所得，返还被害人财产。那么当法院判决追赃未能得到足额救济时，被害人能否通过民事诉讼再次寻求救济？在本案例中，作出生效判决的法院给出了否定答复。

裁判要旨

在刑民交叉案件中，如果民事纠纷和刑事犯罪系由同一法律事实引起，犯罪分子给被害人造成的损失已经刑事判决所确认并责令退缴、退赔，即使能否实际追缴到位尚不清楚，人民法院在民事诉讼中对相应损失都不再支持。

---

[*] 案件来源：甲公司诉乙公司代理进口合同纠纷案再审二审判决书，北京市高级人民法院（2009）高民终字第1145号。

案情介绍

1. 乙公司法定代表人邹某某代表乙公司与甲公司签订《代理进口协议书》，约定乙公司委托甲公司为其代理进口复合铝板。后甲公司依约签订了进口合同，并开具了受益人为丙公司、金额为 298.2 万美元的远期信用证，代乙公司履行了付款义务。

2. 乙公司未偿还上述款项，于 2001 年 3 月 6 日向甲公司出具《确认函》，确认其欠付甲公司货款 298.2 万美元。甲公司就该款项于 2001 年 9 月 11 日向北京一中院提起民事诉讼，并于 2001 年 10 月 25 日，双方达成民事调解书。

3. 在执行过程中，北京一中院发现该民事案件纠纷涉嫌犯罪，遂侦查。经查明，乙公司的法定代表人邹某某在明知没有货物进口的情况下，虚构已进口货物的事实，并向甲公司提供虚假的海关报关单等，骗取甲公司 298.2 万美元（折合人民币 2468.7978 万元）。该款由乙公司非法占有，至今不能偿还，构成信用证诈骗罪。判决继续追缴上述款项，发还甲公司。

4. 刑事判决生效后，北京一中院对民事纠纷进行再审。再审期间，甲公司以乙公司未按生效刑事判决为由，请求判令乙公司赔偿上述本金。

5. 北京一中院再审撤销原调解书，对该请求不予支持。

6. 甲公司不服，提起上诉。北京高院判决驳回上诉，维持原判。

实务要点总结

第一，民刑交叉案件中，基于同一事实主张退缴、退赔的，法院在判决时始终支持"先刑后民"的原则，若刑事判决未能履行，被害人应当优先考虑申请刑事强制执行，通过查询、扣押、冻结被执行人财产等刑事执行方式实现款项的追缴。以执行完毕方式结案后，发现被执行人的财产有被隐匿、转移等情形的，应当重新立案执行。

第二，民事纠纷与刑事犯罪所涉及的若不是同一事实，刑事判决对该部分款项没有约束力，则被害人依然可以通过民事诉讼的方式，基于该款项所对应的民事法律关系起诉，而不会受到刑事判决的限制。

相关法律规定

《最高人民法院关于在审理经济纠纷案件中涉及经济犯罪嫌疑若干问题的规定》（2020年修正）

第十一条 人民法院作为经济纠纷受理的案件，经审理认为不属经济纠纷案件而有经济犯罪嫌疑的，应当裁定驳回起诉，将有关材料移送公安机关或检察机关。

《最高人民法院关于适用刑法第六十四条有关问题的批复》

河南省高级人民法院：

你院关于刑法第六十四条法律适用问题的请示收悉。经研究，批复如下：

根据刑法第六十四条和《最高人民法院关于适用〈中华人民共和国刑事诉讼法〉的解释》第一百三十八条、第一百三十九条的规定，被告人非法占有、处置被害人财产的，应当依法予以追缴或者责令退赔。据此，追缴或者责令退赔的具体内容，应当在判决主文中写明；其中，判决前已经发还被害人的财产，应当注明。被害人提起附带民事诉讼，或者另行提起民事诉讼请求返还被非法占有、处置的财产的，人民法院不予受理。

法院判决

以下为该案在审理阶段，判决书中"本院认为"部分就该问题的论述：

关于甲公司主张乙公司赔偿本金24687978元及该款自1997年2月13日至2008年10月8日期间贷款利息损失的问题，因甲公司在本案中提出的有关证明其与乙公司存在代理进口合同法律关系的证据，已为生效的刑事判决书所认定。根据生效的刑事判决书的认定，甲公司主张的24687978元本金已经生效的刑事判决书判令向乙公司继续追缴并发还给本案原告甲公司，故甲公司在本案中再要求乙公司赔偿该款没有事实和法律依据，本院再审不予支持。

098 信访能否中断民事诉讼时效并延长起诉期限[*]

> **阅读提示**：最高人民法院在本案裁定书中认为，信访构成民事诉讼时效中断的法定事由。
>
> 信访是中国特有的一大纠纷解决机制，各级政府设立了专门的信访机构。《最高人民法院关于审理民事案件适用诉讼时效制度若干问题的规定》规定，权利人向有权解决相关民事纠纷的国家机关、事业单位、社会团体等社会组织提出保护相应民事权利的请求，诉讼时效从提出请求之日起中断。
>
> 信访是否也属于诉讼时效中断的事由？最高人民法院认为，信访行为可中断民事诉讼时效。但是信访行为并非行政诉讼法相关司法解释规定的"由于不属于起诉人自身的原因超过起诉期限的，被耽误的时间不计算在起诉期间内"的法定事由。

裁判要旨

通过向相关行政职能部门进行信访的方式主张权利，属于诉讼时效中断的法定事由。

本案法院认定李某开的起诉未超过诉讼时效的原因在于：根据双方还款协议约定，李某翔应在2011年6月30日前将最后一期工程款向李某开给付完毕，而李某翔并未支付上述款项。李某开在此之后一直通过向相关行政职能部门进行信访等方式主张权利，符合诉讼时效中断的法定事由。

案情介绍

1. 李某翔、姜某将承包的某工程施工项目转包给李某开。

2. 因建设工程施工合同产生纠纷，施工人李某开于2015年向齐齐哈尔中院起诉，请求李某翔、姜某支付工程款450万元及利息。李某翔辩称，即使债务依然存在，李某开自签订还款协议中约定的还款日期届满之日起（2011年6月30日）也应开始计算诉讼时效，李某开的起诉明显已超过诉讼时效，法院应予驳回。齐齐哈

---

[*] 案件来源：李某开与李某翔、张某等建设工程施工合同纠纷申诉、申请民事裁定书，最高人民法院（2017）最高法民申937号。

尔中院认为，李某开主张权利并未超过诉讼时效。该院判决支持了李某开的诉求。

3. 李某翔随后向黑龙江省高院上诉、向最高人民法院申请再审时，均主张李某开的起诉已超过法定的诉讼时效，黑龙江省高院、最高人民法院均未支持李某翔的该项主张。

实务要点总结

第一，最高人民法院在本案判决书中认为，信访构成民事诉讼时效中断的法定事由。所以，当事人信访等应注意保存证据，作为未来行使诉讼权利的证据。民事诉讼时效中断的事由包括当事人提出要求、对方同意履行义务、当事人提起诉讼、仲裁、信访等。对方当事人抗辩认为起诉已超过诉讼时效的，当事人可以通过上述事由主张诉讼时效中断予以抗辩。但是诉讼时效期间从权利被侵害之日起超过二十年的，人民法院不予保护。

第二，根据相关司法解释的规定，承包人未取得建筑施工企业资质的建设工程施工合同无效，但建设工程经竣工验收合格，承包人仍有权请求参照合同约定支付工程价款。

相关法律规定

《中华人民共和国民法总则》（已失效）

第一百九十五条 有下列情形之一的，诉讼时效中断，从中断、有关程序终结时起，诉讼时效期间重新计算：

（一）权利人向义务人提出履行请求；

（二）义务人同意履行义务；

（三）权利人提起诉讼或者申请仲裁；

（四）与提起诉讼或者申请仲裁具有同等效力的其他情形。

《中华人民共和国民法典》

第一百九十五条 有下列情形之一的，诉讼时效中断，从中断、有关程序终结时起，诉讼时效期间重新计算：

（一）权利人向义务人提出履行请求；

（二）义务人同意履行义务；

（三）权利人提起诉讼或者申请仲裁；

（四）与提起诉讼或者申请仲裁具有同等效力的其他情形。

《最高人民法院关于审理民事案件适用诉讼时效制度若干问题的规定》（2020年修正）

第十一条 下列事项之一，人民法院应当认定与提起诉讼具有同等诉讼时效中断的效力：

（一）申请支付令；

（二）申请破产、申报破产债权；

（三）为主张权利而申请宣告义务人失踪或死亡；

（四）申请诉前财产保全、诉前临时禁令等诉前措施；

（五）申请强制执行；

（六）申请追加当事人或者被通知参加诉讼；

（七）在诉讼中主张抵销；

（八）其他与提起诉讼具有同等诉讼时效中断效力的事项。

第十二条 权利人向人民调解委员会以及其他依法有权解决相关民事纠纷的国家机关、事业单位、社会团体等社会组织提出保护相应民事权利的请求，诉讼时效从提出请求之日起中断。

法院判决

以下为该案在法院审理阶段，裁定书中"本院认为"就该问题的论述：

关于本案是否超过诉讼时效的问题。根据原审查明的事实，李某开一直采取派人看管案涉房屋以及向相关行政职能部门进行信访的方式主张权利，前述事实符合诉讼时效中断的法定事由。李某翔、姜某主张本案超过法定诉讼时效的再审申请理由不能成立。

099 民事案件与刑事案件非基于同一事实的，人民法院对相应民事案件应予受理*

阅读提示：在同一案件中，当事人的行为可能会因同时侵犯不同的权益，而需要承担不同性质的责任。《民法典》第一百八十七条规定："民事主体因同

---

* 案件来源：某农商行诉某银行合同纠纷案再审裁定书，最高人民法院（2019）最高法民再230号。

一行为应当承担民事责任、行政责任和刑事责任的，承担行政责任或者刑事责任不影响承担民事责任……"在刑民交叉案件中，若已有裁判认定当事人需要承担刑事责任时，受害人再请求其承担民事责任，法院是否应当受理？在本案例中，最高人民法院将刑事案件与民事案件是否基于同一事实，作为法院是否应当受理案件的判断标准之一。

裁判要旨

法人或者非法人组织的法定代表人、负责人或者其他工作人员的职务行为涉嫌刑事犯罪或者刑事裁判认定其构成犯罪，受害人请求该法人或者非法人组织承担民事责任的，因被诉当事人不是刑事案件被告人、起诉的基本事实为刑事被告人的行为是否构成表见代理，刑事案件也不完全是同一事实，对此人民法院应予受理。

案情介绍

1. 某融资公司发起设立资管计划，声称该计划受益权由某银行担保。某农商行购买了该资管计划受益权，同时与某银行签订《资产业务合作协议》，约定某银行于2016年8月25日受让资管受益权，并一次性支付受益权转让价款。

2. 融资方通过在某银行景县支行成立的银行账户，收到了某农商行支付的收益权价款。并按约支付了2015年4月29日以前利息，但后续利息与回购价款至今未支付。

3. 实际上，该《资产业务合作协议》系肖某与李某某为骗取外地银行资金所签订，在此过程中，两人还伪造公章、印章以及融资企业的财务报表、某银行内部数据报表等资料，构成刑事犯罪。

4. 某农商行依据《资产业务合作协议》要求某银行受让资管受益权，并一次性支付收益权转让款项。某银行以经办该业务的副董事长李某某涉嫌犯罪为由，拒绝承担责任。故某农商行诉至河北省高院，请求某银行支付资管受益权转让价款及相应的利息。河北省高院裁定对该起诉不予受理。

5. 某农商行不服，向最高人民法院提起上诉。最高人民法院裁定驳回上诉，维持原裁定。

6. 某农商行不服，向最高人民法院申请再审。最高人民法院作出裁定，本案由河北省高院立案受理。

实务要点总结

第一，即使民事案件与刑事案件并非基于同一事实，民事案件也应满足《民事诉讼法》第一百二十二条所规定的案件受理条件，否则，人民法院无法受理案件。

第二，在民事案件尚未受理时，若法院以案件涉嫌犯罪为由移送至公安机关，可以先以《全国法院民商事审判工作会议纪要》第一百二十八条的规定作为依据，积极与法官沟通，说服办案法官民事案件事实与刑事案件事实并非同一事实，进而受理民事案件。

相关法律规定

《中华人民共和国民法典》

第一百八十七条 民事主体因同一行为应当承担民事责任、行政责任和刑事责任的，承担行政责任或者刑事责任不影响承担民事责任；民事主体的财产不足以支付的，优先用于承担民事责任。

《最高人民法院关于在审理经济纠纷案件中涉及经济犯罪嫌疑若干问题的规定》（2020年修正）

第一条 同一自然人、法人或非法人组织因不同的法律事实，分别涉及经济纠纷和经济犯罪嫌疑的，经济纠纷案件和经济犯罪嫌疑案件应当分开审理。

第十一条 人民法院作为经济纠纷受理的案件，经审理认为不属经济纠纷案件而有经济犯罪嫌疑的，应当裁定驳回起诉，将有关材料移送公安机关或检察机关。

《全国法院民商事审判工作会议纪要》

128.【分别审理】同一当事人因不同事实分别发生民商事纠纷和涉嫌刑事犯罪，民商事案件与刑事案件应当分别审理，主要有下列情形：

（1）主合同的债务人涉嫌刑事犯罪或者刑事裁判认定其构成犯罪，债权人请求担保人承担民事责任的；

（2）行为人以法人、非法人组织或者他人名义订立合同的行为涉嫌刑事犯罪或者刑事裁判认定其构成犯罪，合同相对人请求该法人、非法人组织或者他人承担民事责任的；

（3）法人或者非法人组织的法定代表人、负责人或者其他工作人员的职务行为涉嫌刑事犯罪或者刑事裁判认定其构成犯罪，受害人请求该法人或者非法人组织承担民事责任的；

（4）侵权行为人涉嫌刑事犯罪或者刑事裁判认定其构成犯罪，被保险人、受益人或者其他赔偿权利人请求保险人支付保险金的；

（5）受害人请求涉嫌刑事犯罪的行为人之外的其他主体承担民事责任的。

审判实践中出现的问题是，在上述情形下，有的人民法院仍然以民商事案件涉嫌刑事犯罪为由不予受理，已经受理的，裁定驳回起诉。对此，应予纠正。

法院判决

以下为该案在审理阶段，裁定书中"本院认为"部分就该问题的论述：

某农商行主张《资产业务合作协议》系时任某银行副董事长李某某代表某银行签订，其在签订合同时向某农商行出具了某银行各种证照、经审计的某银行三年财务报表、某银行法人授权书、法定代表人授权书等证明文件，且合同的签订地点为某银行副董事长李某某办公室，某银行应因构成表见代理或过错承担相应的民事责任。而某农商行的主张是否成立、是否有证据支持，需要受理案件并经过实体审理和裁判，直接不予受理不当。根据《民法总则》第一百八十七条"民事主体因同一行为应当承担民事责任、行政责任和刑事责任的，承担行政责任或者刑事责任不影响承担民事责任；民事主体的财产不足以支付的，优先用于承担民事责任"的规定，上述涉嫌合同诈骗犯罪的事实即使与本案《资产业务合作协议》为同一事实，也可能面临民事责任问题，而不能简单地以行为构成犯罪为由不受理民事案件。由于本案客观上存在民事争议且本案被诉当事人不是刑事案件被告人、事实与刑事案件也不完全是同一事实，理应受理后确定其是否应承担民事责任。

100 如何判断民刑交叉案件是否构成"同一事实"*

> **阅读提示**：民刑案件是否构成"同一事实"，是选择刑事程序吸收民事程序还是"刑民并行"程序的核心标准。该标准也直接影响到受害人救济途径的选择，因此最高人民法院基于本案例，给出了判断"同一事实"的具体方法。

---

* 案件来源：曹妃甸某银行诉迁西某商贸公司等金融借款合同纠纷案民事再审裁定书，最高人民法院（2020）最高法民再238号。

裁判要旨

如何认定刑事案件与民事案件交叉中涉及的事实是"同一事实",总体上看,应该是民事案件与刑事案件的主体相同,且案件基本事实存在竞合或者基本竞合的,可以认定民事案件与刑事案件构成"同一事实"。如果民事案件当事人双方与刑事案件的主体不一致的,不能认定为"同一事实"。刑事案件定罪量刑的事实与民事案件的基本事实无关的,即使主体相同,也不构成"同一事实"。

案情介绍

1. 曹妃甸某银行与迁西某商贸公司、唐山某公司签订《借款协议》,约定曹妃甸某银行向迁西某商贸公司提供借款,由唐山某公司提供抵押担保。

2. 抵押到期后,迁西某商贸公司未能按期偿还,曹妃甸某银行向河北省唐山市中院起诉,请求判令迁西某商贸公司偿还借款,唐山某公司承担抵押担保责任。唐山中院裁定驳回曹妃甸某银行的起诉。

3. 曹妃甸某银行不服该裁定,以本案是金融借款合同纠纷,与董某某涉嫌的职务侵占罪基于不同的事实应当分别审理为由提出上诉。

4. 河北省高院裁定驳回上诉,维持原裁定。曹妃甸某银行不服,向最高人民法院申请再审。

5. 最高人民法院裁定撤销河北省高院及唐山中院所作裁定,指令唐山中院对本案进行审理。

实务要点总结

同一事实的判断不能任由法官掌握,代理律师应当通过案件主体与量刑事实进行预先判断,以灵活应对不同情况。

在民刑案件基于同一事实的情况下,通常根据"先刑后民"的原则,通过刑事判决维护被害人的合法权益,后又因为"一事不再理"原则,以刑事程序吸收民事程序。但也存在例外情形,如侦查机关决定不立案时,受害人依然可以通过民事诉讼的方式采取救济,此时人民法院应当受理。因而,即使民刑案件是基于同一事实,也不要立刻放弃通过民事诉讼进行救济的可能。

相关法律规定

《中华人民共和国民事诉讼法》（2023 年修正）

第一百二十二条 起诉必须符合下列条件：

（一）原告是与本案有直接利害关系的公民、法人和其他组织；

（二）有明确的被告；

（三）有具体的诉讼请求和事实、理由；

（四）属于人民法院受理民事诉讼的范围和受诉人民法院管辖。

《最高人民法院关于在审理经济纠纷案件中涉及经济犯罪嫌疑若干问题的规定》（2020 年修正）

第一条 同一自然人、法人或非法人组织因不同的法律事实，分别涉及经济纠纷和经济犯罪嫌疑的，经济纠纷案件和经济犯罪嫌疑案件应当分开审理。

第十一条 人民法院作为经济纠纷受理的案件，经审理认为不属经济纠纷案件而有经济犯罪嫌疑的，应当裁定驳回起诉，将有关材料移送公安机关或检察机关。

《全国法院民商事审判工作会议纪要》

128.【**分别审理**】同一当事人因不同事实分别发生民商事纠纷和涉嫌刑事犯罪，民商事案件与刑事案件应当分别审理，主要有下列情形：

（1）主合同的债务人涉嫌刑事犯罪或者刑事裁判认定其构成犯罪，债权人请求担保人承担民事责任的；

（2）行为人以法人、非法人组织或者他人名义订立合同的行为涉嫌刑事犯罪或者刑事裁判认定其构成犯罪，合同相对人请求该法人、非法人组织或者他人承担民事责任的；

（3）法人或者非法人组织的法定代表人、负责人或者其他工作人员的职务行为涉嫌刑事犯罪或者刑事裁判认定其构成犯罪，受害人请求该法人或者非法人组织承担民事责任的；

（4）侵权行为人涉嫌刑事犯罪或者刑事裁判认定其构成犯罪，被保险人、受益人或者其他赔偿权利人请求保险人支付保险金的；

（5）受害人请求涉嫌刑事犯罪的行为人之外的其他主体承担民事责任的。

审判实践中出现的问题是，在上述情形下，有的人民法院仍然以民商事案件涉嫌刑事犯罪为由不予受理，已经受理的，裁定驳回起诉。对此，应予纠正。

法院判决

以下为该案在审理阶段，裁定书中"本院认为"部分就该问题的论述：

本案中，在由唐山某公司提供抵押担保的借款法律关系中，存在出借人曹妃甸某银行与借款人迁西某商贸公司之间的借款关系以及出借人曹妃甸某银行与唐山某公司的抵押担保关系两种法律关系，而担保人唐山某公司法定代表人董某某个人涉嫌职务侵占罪，并不涉及担保法律关系。刑事案件的犯罪嫌疑人与借款法律关系中的担保人并不重合。唐山某公司提供担保与董某某个人涉嫌职务侵占罪两个行为实施的主体不同，且民事案件争议的事实与构成董某某刑事犯罪的要件事实也不同，唐山某公司因董某某刑事犯罪所受损失与本案审理的借款担保法律关系无关，曹妃甸某银行请求迁西某商贸公司、唐山某公司承担还款责任的责任主体与刑事案件的责任主体并不一致。故本案审理的借款担保法律关系与董某某涉嫌职务侵占罪并非基于同一法律事实，应适用"刑民分离"的原则。曹妃甸某银行对迁西某商贸公司、唐山某公司提起民事诉讼，符合《民事诉讼法》规定的起诉条件，法院应予受理。原审以董某某利用职务便利所涉犯罪行为与本案所涉贷款存在关联为由，裁定驳回曹妃甸某银行的起诉，事实和法律依据不足。原审裁定适用法律不当，予以纠正。裁定本案指令一审法院审理。

图书在版编目（CIP）数据

判决书中的合同法：最高人民法院经典案例评析及合同法律实务指南/唐青林，李舒主编；牛国梁，李佳聪副主编. -- 2版. -- 北京：中国法治出版社，2025.4. -- ISBN 978-7-5216-4428-9

Ⅰ. D923.65

中国国家版本馆CIP数据核字第20240U2M76号

策划编辑：赵　宏　　　　　　　　　　　　封面设计：杨泽江
责任编辑：王　悦

判决书中的合同法：最高人民法院经典案例评析及合同法律实务指南
PANJUESHU ZHONG DE HETONGFA：ZUIGAO RENMIN FAYUAN JINGDIAN ANLI PINGXI JI HETONG FALÜ SHIWU ZHINAN

主编/唐青林，李舒
副主编/牛国梁，李佳聪
经销/新华书店
印刷/河北鑫兆源印刷有限公司
开本/710毫米×1000毫米　16开　　　　印张/28.75　字数/439千
版次/2025年4月第2版　　　　　　　　　2025年4月第1次印刷

中国法治出版社出版
书号 ISBN 978-7-5216-4428-9　　　　　　定价：99.00元

北京市西城区西便门西里甲16号西便门办公区
邮政编码：100053　　　　　　　　　　　传真：010-63141600
网址：http：//www.zgfzs.com　　　　　编辑部电话：010-63141831
市场营销部电话：010-63141612　　　　印务部电话：010-63141606

（如有印装质量问题，请与本社印务部联系。）